最上川
(北村山郡大石田町)

東根の大ケヤキ
(東根市)

紅花

蔵王の樹氷
(山形市)

# 史跡・文化財

### 城輪柵跡（酒田市）
きのわのさくあと・さかた

### 旧鐙屋（酒田市）
きゅうあぶみや・さかた

### 羽黒山五重塔（鶴岡市）
はぐろさんごじゅうのとう・つるおか

### 上杉神社（米沢市）
うえすぎじんじゃ・よねざわ

慈恩寺
(寒河江市)

山寺立石寺
(山形市)

山形県郷土館「文翔館」
(旧山形県庁舎 山形市)

日向洞窟
(東置賜郡高畠町)

祭り・芸能

酒田港まつり
（酒田市）

黒森歌舞伎
（酒田市）

黒川能
（鶴岡市）

上杉まつり
（米沢市）

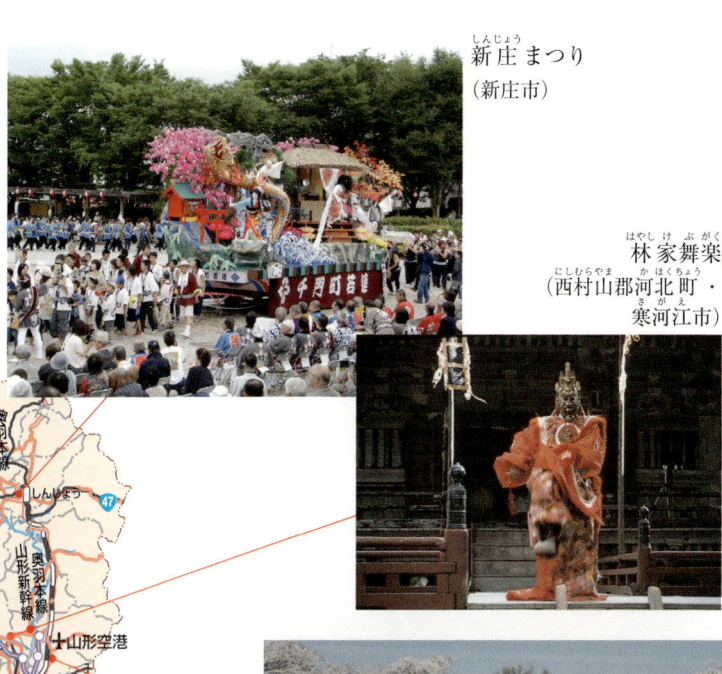

新庄まつり
(新庄市)

林家舞楽
(西村山郡河北町・寒河江市)

人間将棋
(天童市)

花笠おどり
(山形市)

民田なす
(鶴岡市)

だだちゃ豆
(鶴岡市)

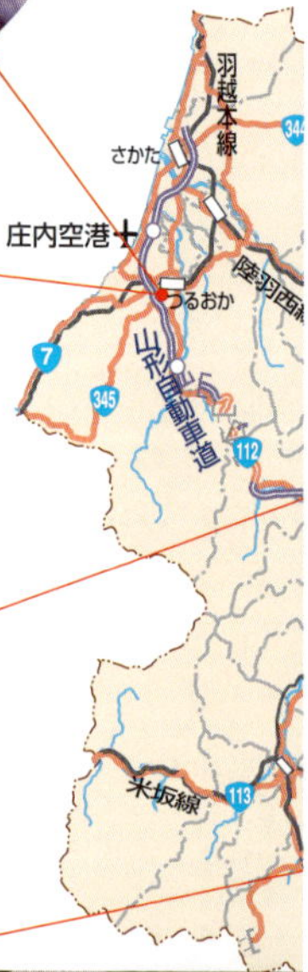

月山自然水
(西村山郡西川町)

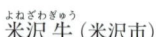

米沢牛(米沢市)

くじら餅
(新庄市)

ラ・フランス

さくらんぼ
(東根市)

いも煮(山形市)

もくじ　　赤字はコラム

# 置賜

❶ 城下町米沢 ---------------------------------------------------- 4
　　米沢城跡／上杉神社／米沢城下町／林泉寺／上杉家墓所と法音寺／
　　法泉寺／米井と熊野堂／宮坂考古館／堂森善光寺／舘山城址／千眼
　　寺と色部家中／成島八幡神社／笹野観音堂／直江石堤／米沢八湯／
　　上杉治憲敬師郊迎跡

❷ まほろばの里 ------------------------------------------------- 25
　　白竜湖／赤湯温泉／古峯堤／熊野大社／珍蔵寺／梨郷神社／日向洞
　　窟／安久津八幡神社／まほろばの古墳／亀岡文殊堂

❸ 越後路に沿って ---------------------------------------------- 36
　　諏訪神社／天神森古墳／掬粋巧芸館／萩生城址／大塚城址／宇津峠
　　／黒沢峠の石畳／最上川の源流／大宮子易両神社

❹ 舟運のおもかげ ---------------------------------------------- 43
　　久保ザクラ／船玉大明神碑／さくら回廊／總宮神社と遍照寺／瑞龍
　　院／深山観音堂／鮎貝城址／伝統工芸／草木塔／剣先不動尊

# 村山

❶ 茂吉のふるさと上山 ------------------------------------------ 58
　　上山城跡／武家屋敷／春雨庵跡／上山温泉／高楯城跡／葉山古窯跡
　　群／中山城跡／旧尾形家住宅／五巴神社／宿場町楢下／斎藤茂吉／
　　斎藤茂吉記念館

❷ 県都山形と蔵王 ------------------------------------------------ 72

山形城跡／最上義光歴史館と山形美術館／山形県立博物館と山形市郷土館／宝光院／千歳山／石鳥居／蔵王山／谷柏古墳群／奥羽における関ヶ原の戦い―長谷堂合戦／菅沢古墳／文翔館／教育資料館／県都の景観／専称寺／光明寺／国分寺薬師堂／馬見ヶ崎川と芋煮会／鳥海月山両所宮／嶋遺跡／吉祥院／高原古墳

❸ 山寺立石寺と天童 ---------------------------------------------- 103

山寺根本中堂／山寺奥之院／格知学舎／舞鶴山と建勲神社／天童広重と将棋駒／佛向寺／若松寺／石佛寺／みなとまち寺津／成生二階堂屋敷跡／西沼田遺跡公園／明治法律学校の創設者宮城浩蔵

❹ 寒河江から六十里越え ------------------------------------------ 118

山野辺城跡／長崎城跡／平塩熊野神社／寒河江城跡／寒河江八幡宮／慈恩寺／白岩義民の供養碑／岩根沢の三山神社(旧日月寺)／口之宮湯殿山神社／大日寺跡／出羽三山と六十里越街道／楯山公園／漆川古戦場／大沼の浮島／左沢の町並みの変遷／佐竹家住宅／谷地八幡宮／紅花資料館／谷地どんが祭り

❺ 東根と村山 -------------------------------------------------- 139

大塚古墳／長瀞城跡／東根城跡／養源寺／若宮八幡神社／与次郎稲荷神社／百姓一揆の伝統／若木神社／小松沢観音堂／関山街道／楯岡城跡／最上徳内／日本一社林崎居合神社／河島山遺跡／葉山

❻ 尾花沢と大石田 ---------------------------------------------- 153

上町観音堂／念通寺と龍昌寺／芭蕉・清風歴史資料館／養泉寺／鈴木清風／荒楯跡／延沢城跡／延沢銀山遺跡／御所山／山刀伐峠／角二山遺跡／井出楯跡／西光寺／大石田町立歴史民俗資料館／高野一栄宅跡／最上川舟運と大石田河岸／乗船寺／善翁寺／向川寺

もくじ

# 最上

❶ 小国川に沿って ……………………………………………………… 174
　猿羽根峠／長沢和紙と民俗行事／小国城跡／義経伝説と芭蕉／旧有路家住宅／馬産地と信仰

❷ 城下町新庄 ……………………………………………………………… 180
　新庄城址／宝暦の飢饉と昭和の雪害救済運動／戸沢家墓所／東山の遺跡／新庄まつりと鹿子踊／鳥越八幡神社／旧矢作家住宅／昭和集落

❸ 鮭川の流れ ……………………………………………………………… 186
　金山城跡／真室城跡／真室川の白鳳仏／庭月観音

❹ 最上峡 …………………………………………………………………… 191
　清水城跡／肘折温泉／合海の津から最上峡へ／今熊野神社

# 田川

❶ 城下町鶴岡とその周辺 ………………………………………………… 200
　山王日枝神社／旧風間家住宅／鶴ヶ岡城跡／藩校致道館跡／鶴岡カトリック教会天主堂／藤沢周平記念館／致道博物館／本鏡寺／常念寺と寺小路／化けものまつり／総穏寺／遠賀神社と井岡寺／金峯山／由豆佐売神社と長福寺／田川八幡神社／水上八幡神社／荒倉神社／気比神社

❷ 大山から加茂港へ ……………………………………………………… 218
　大浦城(大山城)跡・十五里ヶ原古戦場跡／椙尾神社／善寶寺／庄内の味覚／加茂港

❸ あつみ温泉と鼠ヶ関 …………………………………………………… 223
　あつみ温泉／小国城跡／鼠ヶ関番所跡／山戸能と山五十川歌舞伎／関川古戦場跡

もくじ

### ❹ 黒川能の里と出羽三山 ---------- 227
丸岡城跡／春日神社／黒川能／注連寺／大日坊／即身仏信仰と湯殿山／旧遠藤家住宅／正善院黄金堂／羽黒山と三神合祭殿／出羽三山と六十里越街道／いでは文化記念館／玉川寺／松ヶ岡開墾場

### ❺ 旧東田川郡 ---------- 239
東田川文化記念館／藤島城跡／平形館跡／横山城跡／乗慶寺／楯山城跡／熊野神社／清河八郎記念館

## 飽海

### ❶ 湊町酒田 ---------- 250
本間美術館／泉流寺・徳尼公廟／日和山公園／日枝神社（日吉町）／光丘文庫／本間家旧本邸／旧鐙屋／山居倉庫／亀ヶ崎城跡／酒田市美術館／酒田市の国登録文化財／土門拳記念館／黒森歌舞伎／飛島

### ❷ 出羽国府・城輪柵周辺 ---------- 266
城輪柵跡／新田目城跡／堂の前遺跡／一条八幡神社

### ❸ 砂越城跡・松山城跡周辺 ---------- 270
砂越城跡／新山延年／生石板碑群／松山城大手門／松森胤保／總光寺庭園／阿部記念館／松山能

### ❹ 鳥海山の里，遊佐 ---------- 276
出羽国一ノ宮鳥海山大物忌神社吹浦口ノ宮／鉄道の父，佐藤政養／出羽国一ノ宮鳥海山大物忌神社蕨岡口ノ宮／杉沢比山／吹浦遺跡と小山崎遺跡／遊佐荘と大楯遺跡／永泉寺／玉龍寺／芭蕉もウォーク，浜街道／旧青山家住宅

---

あとがき／山形県のあゆみ／地域の概観／文化財公開施設／無形民俗文化財／おもな祭り／有形民俗文化財／無形文化財／散歩便利帳／参考文献／年表／索引

もくじ

[本書の利用にあたって]

1. 散歩モデルコースで使われているおもな記号は，つぎのとおりです。なお，数字は所要時間(分)をあらわします。
   ........................ 電車　　　　　　＝＝＝＝＝＝ 地下鉄
   ──────── バス　　　　　　・・・・・・・・・・・・・・・ 車
   ------------ 徒歩　　　　　　～～～～～～ 船

2. 本文で使われているおもな記号は，つぎのとおりです。
   🚶　徒歩　　　🚌　バス　　　✈　飛行機
   🚗　車　　　　⛴　船　　　　🅿　駐車場あり
   〈M▶P.○○〉は，地図の該当ページを示します。

3. 各項目の後ろにある丸数字は，章の地図上の丸数字に対応します。

4. 本文中のおもな文化財の区別は，つぎのとおりです。
   国指定重要文化財＝(国重文)，国指定史跡＝(国史跡)，国指定天然記念物＝(国天然)，国指定名勝＝(国名勝)，国指定重要有形民俗文化財・国指定重要無形民俗文化財＝(国民俗)，国登録有形文化財＝(国登録)
   都道府県もこれに準じています。

5. コラムのマークは，つぎのとおりです。
   泊　歴史的な宿　　　憩　名湯　　　食　飲む・食べる
   み　土産　　　　　　作　作る　　　体　体験する
   祭　祭り　　　　　　行　民俗行事　芸　民俗芸能
   人　人物　　　　　　伝　伝説　　　産　伝統産業
   ‼　そのほか

6. 本書掲載のデータは，2013年10月末日現在のものです。今後変更になる場合もありますので，事前にお確かめください。

# 置賜 *Okitama*

松が岬公園（米沢城本丸跡）入口に立つ「毘」「龍」の旗

旧西置賜郡役所（小桜館）

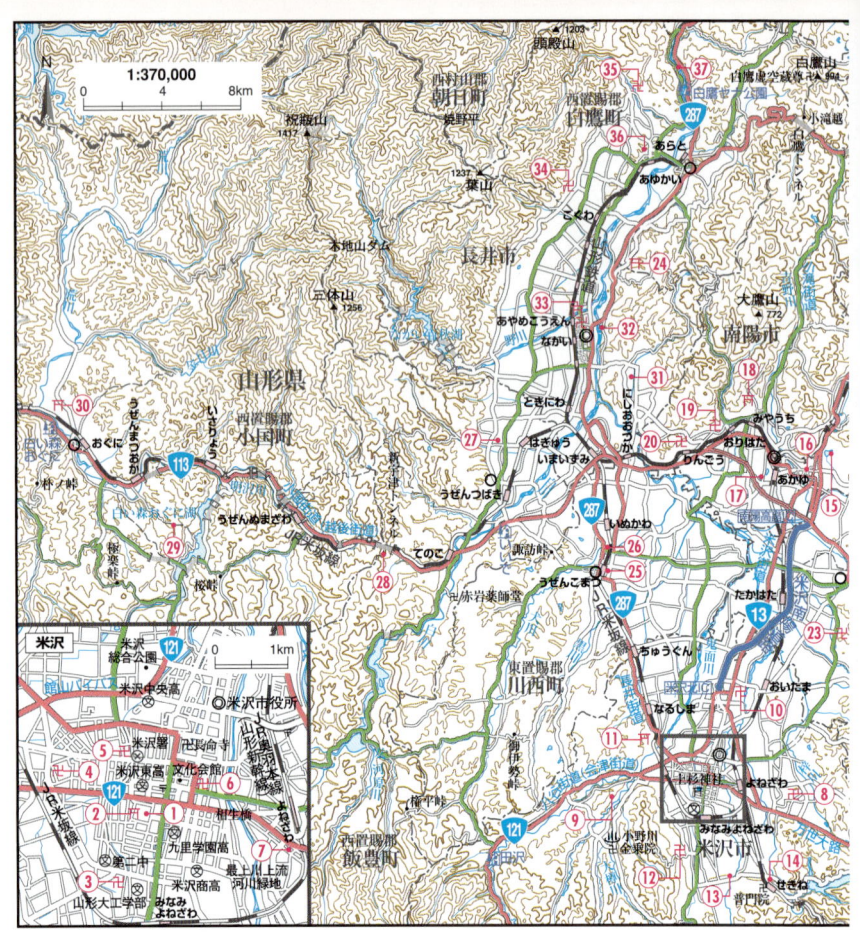

| | | | |
|---|---|---|---|
| ①米沢城跡 | ⑩千眼寺と色部家中 | ⑲珍蔵寺 | ㉙黒沢峠の石畳 |
| ②上杉神社 | ⑪成島八幡神社 | ⑳梨郷神社 | ㉚大宮子易両神社 |
| ③林泉寺 | ⑫笹野観音堂 | ㉑日向洞窟 | ㉛久保ザクラ |
| ④上杉家墓所と法音寺 | ⑬直江石堤 | ㉒安久津八幡神社 | ㉜船玉大明神碑 |
| ⑤法泉寺 | ⑭上杉治憲敬師郊迎跡 | ㉓亀岡文殊堂 | ㉝總宮神社と遍照寺 |
| ⑥米井と熊野堂 | ⑮白竜湖 | ㉔諏訪神社 | ㉞瑞龍院 |
| ⑦宮坂考古館 | ⑯赤湯温泉 | ㉕天神森古墳 | ㉟深山観音堂 |
| ⑧堂森善光寺 | ⑰古峯堤 | ㉖掬粋巧芸館 | ㊱鮎貝城址 |
| ⑨舘山城址 | ⑱熊野大社 | ㉗萩生城址 | ㊲剣先不動尊 |
| | | ㉘宇津峠 | |

## ◎置賜モデルコース

1. 市街地循環バス上杉神社前バス停 _2_ 伝国の杜 _1_ 松岬神社 _1_ 祠堂跡 _1_ 上杉神社 _1_ 稽照殿 _1_ 菱門橋 _2_ 旧上杉伯爵邸 _1_ 色部長門追念碑 _4_ 直江兼続屋敷跡 _5_ 大手門前通り・御入水川 _2_ 九里学園高校(竹俣家屋敷跡) _1_ 武者道 _1_ 大町 _6_ 南部公園・東町皇大神宮・金剛愛染明王堂 _5_ 御入水川・一宮神社 _2_ 旧米沢高等工業学校本館 _3_ 林泉寺・堀立川 _7_ 与板町 _3_ 五十騎町 _5_ 饗霞館跡 _3_ 上杉神社 _3_ 上杉神社前バス停

2. 市街地循環バス上杉神社前バス停 _3_ 上杉神社 _1_ 稽照殿 _1_ 祠堂跡 _1_ 松岬神社 _1_ 伝国の杜 _3_ 九里学園高校(竹俣家屋敷跡) _6_ 米井 _6_ 興譲館跡 _7_ 北寺町 _6_ 色部屋敷跡・越後番匠町 _5_ 神達明神 _2_ 白子神社 _1_ 堀立川・法泉寺・文殊堂 _6_ 龍言寺 _5_ 御守町 _10_ 上杉神社 _3_ 上杉神社前バス停

3. JR奥羽本線米沢駅 _5_ 宮坂考古館 _1_ 信濃町 _7_ 松川(最上川) _5_ 東寺町 _5_ 大町 _1_ 武者道 _1_ 九里学園高校(竹俣家屋敷跡) _2_ 大手門前通り・御入水川 _5_ 直江兼続屋敷跡 _4_ 色部長門追念碑 _1_ 旧上杉伯爵邸 _2_ 菱門橋 _1_ 上杉神社 _1_ 稽照殿 _1_ 祠堂跡 _1_ 松岬神社 _1_ 伝国の杜 _12_ 米井 _15_ JR米沢駅

4. JR奥羽本線・山形鉄道フラワー長井線赤湯駅 _5_ 結城豊太郎記念館 _2_ 烏帽子山八幡宮 _5_ 白竜湖 _8_ 稲荷森古墳 _7_ 古峯堤 _10_ 熊野大社 _5_ 珍蔵寺・夕鶴の里 _5_ 梨郷神社・板碑 _20_ JR・山形鉄道赤湯駅

5. JR奥羽本線高畠駅 _15_ 亀岡文殊堂 _20_ 安久津八幡神社・うきたむ風土記の丘 _15_ 白竜湖 _5_ 烏帽子山八幡宮 _2_ 結城豊太郎記念館 _12_ 熊野大社 _18_ 稲荷森古墳 _15_ 資福寺跡 _10_ JR高畠駅

6. JR米坂線羽前松岡駅 _15_ 黒沢峠休憩所 _60_ (黒沢峠の石畳) 市野々側 _15_ JR米坂線小国駅

7. 山形鉄道フラワー長井線長井駅 _15_ あやめ公園 _5_ 總宮神社・遍照寺 _20_ 船玉大明神碑 _20_ 白つつじ公園 _6_ 久保ザクラ _8_ 玉林寺 _10_ 山形鉄道長井駅

3

# 城下町米沢

直江兼続によって築かれ，上杉家の歴史が刻んだ城下町。かわらない町割は，多くの遺品や子孫とともに往時を物語る。

**米沢城跡** ❶
0238-22-5111（米沢市役所）
〈M▶P.2.5〉米沢市丸の内1-4-13 Ｐ
JR奥羽本線米沢駅🚌市街地循環バス右回り上杉神社前
🚶5分

堀に囲まれた本丸が残る680年続いた古城

米沢市街の中心に米沢城跡（松が岬公園）がある。米沢城は1238（暦仁元）年、長井荘地頭大江時広が城館をおいたことに始まるといわれる。日本の本州をまっすぐ横断する2街道の中央に位置する米沢・会津は奥羽地方の出口を押さえる要所であり、初めは伊達氏が相馬—米沢—村上の街道を押さえ、拠点も伊達→高畠→米沢と移動させた。以降、晴宗・輝宗・政宗の約50年間、米沢は伊達氏が支配した。

1591（天正19）年、関東の徳川家康の背後を固め、東北の伊達政宗を抑えようとした豊臣秀吉は、伊達氏を北の岩出山（宮城県）に移し、米沢に蒲生氏郷配下の蒲生郷安を入れた。郷安は米沢城を松ヶ岬城と命名。7年後、秀吉は上杉氏を会津120万石に封じ、上杉景勝を会津に、その家臣直江兼続を米沢に入れた。秀吉の死後、豊臣・上杉と対立し、時勢をつかんだ徳川家康は、景勝を米沢30万石に減封。兼続は家臣約6000人の生活保障のため水利・築城・新田開発などに手腕を振るうと同時に、敵対した山形の最上氏、故郷奪回を望む伊達氏、会津を押さえた徳川氏の侵攻に備え、鉄砲開発と防衛力の高い城下町の建設に力をそそいだ。兼続が築いた米沢城は、天守閣や高い石垣を築かず、本丸は館と堀・土居で構成され、防衛機能は城下町の広がりのなかにもたせるという、典型的な東日本の城

祠堂がおかれた本丸東南隅の高台

である。豊富な経験と人材を有し、地形や以前の町割の制約をほとんど受けず、戦乱の末期に直江兼続の采配で築かれた米沢城下町は、日本の城下町の1つの完成形であるといえよう。

本丸の巽(東南)角には石垣を施した高台が築かれ、藩祖謙信の遺骸をまつる祠堂がおかれた。三の丸からも望むことができたこの祠堂は、上杉家の象徴であり精神的支柱であった。明治政府の廃城令によって御三階など城郭施設が取りこわされると、米沢城は翌1874(明治7)年に松が岬公園として市民に開放された。

現在は、本丸跡地に上杉神社、上杉家の宝物を収納・展示する稽照殿、藤原氏族上杉家の氏神である春日神社、藩主の崇敬を受けた二の丸・三の丸の稲荷神社を合祀した福徳稲荷神社がある。隣接する二の丸跡地にある松岬神社は、上杉神社が明治政府より別格官幣社の社格を与えられ祭神を上杉謙信のみとしたため、合祀されていた上杉鷹山をまつるためにあらたに創建された神社であり、その後、米沢の発展のためにつくした上杉景勝・直江兼続・細井平洲・竹俣当綱・莅戸善政を合祀した。その向かいには置賜文化ホ

上杉神社周辺の史跡

ール・能舞台と米沢市上杉博物館からなる伝国の杜,旧上杉伯爵邸(上杉記念館)があり,さらにその南側に9代藩主上杉鷹山の隠殿であった餐霞館跡がある。

## 上杉神社 ❷
0238-22-3189
〈M▶P.2,5〉 米沢市丸の内1-4-13 Ｐ
JR奥羽本線米沢駅🚌市街地循環バス右回り上杉神社前🚶3分

祭神上杉謙信
上杉家の宝物を守る

1578(天正6)年3月の上杉謙信急死に始まる跡目争い(御館の乱)で分裂した上杉家は,織田信長の攻勢も受け存亡の危機に直面した。若き当主上杉景勝とそれを支える直江兼続は,家臣団統合の精神的支柱として謙信の遺骸に甲冑を着け,甕に入れて春日山城内にまつった。遺骸は上杉氏の転封とともに米沢に移り,米沢城本丸高台の祠堂に安置され,甕の左には善光寺如来尊像の厨子が,右には謙信の泥足毘沙門天像が配された。堀を挟んだ二の丸南部(現,伝国の杜から児童会館)には供養のための真言宗寺院21カ寺がおかれた。

1871(明治4)年,祠堂は謙信を祭神とする上杉神社と改称,その後の公園化にともない遺骸は御廟所に移され,二の丸の法音寺も御廟所前に移転した。1919(大正8)年の米沢大火で社殿が焼失すると,米沢出身の建築家伊東忠太により現在の神殿が建てられ,稽照殿・絵馬殿・舞楽殿も造営された。正面の舞鶴橋は栗子隧道工事の石工により高畠石でつくられたもの。南側の菱門橋は,かつては本丸御殿奥から三の丸の塩硝(鉄砲用黒色火薬)蔵に抜ける橋であり,「秘し門橋」の意。塩硝蔵の一角は三の丸でありながらさらに堀で囲まれ,路上にも柵が設けられて出入りが厳しく制限されていたが,江戸幕藩体制が確立し,天下が泰平になると蔵は廃され,その後は屋敷や役所などを経て,上杉鷹山隠居所餐霞館がおかれた。

また,松が岬公園はサクラの名所としても知られ,米沢上杉まつり(4月29日の例大祭〜5月3日,時代行列・武禘式・上杉行列・川中島合戦など),2月の上杉雪灯籠まつりの会場としても賑わう。

公園南側には旧上杉茂憲邸鶴鳴館(上杉伯爵邸)がある。大正時代の大火後に中條精一郎により再建。入母屋造総ヒノキの和風建築邸宅の奥には,浜離宮(東京都中央区)を模した庭園が広がる。現在は上杉記念館として開放され,郷土料理を食することができる。

庭園から西に抜けた所に立つ色部長門追念碑は,戊辰戦争(1868

# 米沢城下町

コラム

すべての要素を完備した上杉の威信を伝える城下町

　伊達氏・蒲生氏の時代の米沢は推定7000人規模の小さな町であった。そこに上杉氏が推定3万人を引き連れて移入し、直江兼続の指揮のもと、全面的な米沢城下町の建設に取り組んだのである。

　まず、川底が浅く氾濫しやすい松川（最上川）を盆地南部の石堤と城下町横まで築いた蛇堤で制御し、その西側の宅地化・水田化を実現した。そして荒地開墾のため、南原には堀立川と御入水川が、西原には木場川が開削された。木場川の取水口「帯刀堰」の呼称は、武士の手による開削であったことを今に伝えている。堀立川は城の裏手（西側）区間ではせきとめて幅約25mの堀と化す構造で、屋敷地と林泉寺・禅林寺（法泉寺）とを隔て西方浄土の演出にも一役買った。御入水川は城内上級家臣屋敷の上水道としてこまかく分流され、木場川は城外西側の中級家臣屋敷の上水道とされた。

　慶長出羽合戦（1600年）後まもない当時、対立関係にあった最上・伊達・徳川氏が米沢に侵攻する場合は城下東方に布陣せざるをえないことを見越し、兼続は城の正面を東向きに定め、本丸・二の丸を本陣と見立てた鶴翼の陣形に家臣団屋敷を配置した。すなわち二の丸背後に本陣守備の五十騎町（上杉景勝本上田衆）をおき、左（北）から御守町（謙信警護）・直峯町（直江兼続実家の樋口家旗本）・御徒町（上杉定勝旗本）・与板町（直江家旗本）を並べ、二の丸両側には謙信旗本馬廻組（南側谷地小路・元馬口労町など）・武田家家臣信州衆（北側屋代町）、前面門東町には上級家臣の広大な屋敷が並べられた。三の丸の北・東・南を囲む堀・土居は最上・福島・会津街道からの侵入への備えでもあり、その外側を囲む町人町は大砲から城郭を守る目隠しとなった。さらにその外側の北・東・南寺町は城下防衛の外壁の役目をにない、前面を流れる松川は天然の堀となり、その前を広大な原方町（城内に収容しきれず城外に配された下級家臣団集落）が守り、その前を羽黒川が流れた。原方衆は街道警備をになうと同時に田畑を開墾し、半士半農で生計を立てながら藩の収入不足・農民不足を補った。とくに南原にはかつての姿を残す屋敷が今なお多い。また、決壊の恐れのある箇所の堤の裏手におかれた石垣町・六十在家町（芳泉町）は、石堤・蛇堤の維持管理もになった。

　その後、米沢市街地は2度の大火に見舞われ建造物は多くが失われたが、土地区画や道路はかわることがなく、400年前につくられた町割は現在もほぼその姿をとどめている。

〜69年)で上杉軍を率いて戦死した色部久長を顕彰・慰霊する碑である。戦後、明治政府による戦争首謀者の追及に対し、米沢藩は久長の名を出すことで処刑者を出さずに済んだことから、久長を米沢の恩人として1963(昭和38)年に建てられた。

　伝国の杜東側駐車場向かいの東に延びる細道はかつての大手門前通り(当時の道幅は北に4倍ほどの広さ)、その先の九里学園高校(木造校舎「米沢女子高等学校校舎」は国登録)は上杉家重臣竹俣家屋敷跡であり、上杉鷹山の藩政改革のリーダーとして活躍した竹俣当綱は松岬神社にまつられている。竹俣家の屋敷門は大正時代に林泉寺(米沢市林泉寺)に寄贈された。

　伝国の杜南側駐車場向かいの南に延びる道路の側溝は、御入水川である。かつてはここから二の丸堀(現、駐車場)を越えて二の丸・本丸まで流し込まれた上水道であった。その東側の住宅地が直江兼続屋敷跡であり、二の丸の巽(東南)の方角を押さえると同時に御入水川を監視できる場所であった。

[上杉神社稽照殿]

　上杉神社の宝物を納める神社北側の稽照殿も、伊東忠太の設計である。上杉謙信・上杉景勝・直江兼続・上杉鷹山関係の遺品や遺墨のほか、平安時代から明治時代初期までの絵画・書・武具・仏具・陶磁器・服飾類など、国重要文化財を含む約1000点を収蔵。

　絵画には、謙信遺品の絹本著色毘沙門天像・紫綾金泥両界曼荼羅図・絹本著色阿弥陀三尊像(いずれも国重文)などがある。書では高野山(和歌山県)からもたらされた紙本墨書綜芸種智院式附輪羯磨蒔絵筥、紺紙金字後奈良天皇宸翰般若心経(いずれも国重文)を始め、謙信筆の武田信玄討伐祈願文や景勝へのイロハ手習書、直江兼続陣中韻書

紫糸威伊予札五枚胴具足(上杉景勝所用)

金小札浅葱糸威二枚胴具足(直江兼続所用)

などがある。刀剣では関東管領家の伝家の宝刀ともいえる太刀無銘(伝元重)や長巻無銘(伝片山一文字)、出陣の軍神祭に用いた剣無銘(身に梵字及七星の金銀象嵌がある、禡祭剣)、太刀(伝倫光)、そして秀吉から拝領した鑓銘城州埋忠作文禄二年十二月日(いずれも国重文)などがある。甲冑では飯綱権現の前立を掲げた謙信所用の色々威腹巻(国重文)、日輪の前立を掲げ上杉・豊臣両家の家紋を入れた景勝所用の紫紺威伊予札五枚胴具足(県文化)、「愛」の前立を掲げた直江兼続所用の金小札浅葱糸威二枚胴具足などがある。服飾類も謙信・景勝・兼続所用の実用品が揃う。なかでも伝上杉謙信・上杉景勝所用、紅地雪持柳桐文平絹胴服・金銀襴緞子等縫合胴服・紫白地竹雀丸文綾腰替小袖・紺緋羅紗袖替羽織、そして兼続の浅葱地花葉文緞子胴服は国重文。ほかにも、袈裟や水晶苧高数珠など謙信の僧としての一面を伝えるもの、毛氈鞍覆や紺地日の丸など関東管領としての一面を伝えるものなど、長尾上杉家の原点ともいえる品々が揃っている。

またここでは上杉鷹山の足跡もたどることができる。なかでも1767(明和4)年17歳で米沢藩を背負ったときにその意志をしたためた墨書和歌「民の父母」、1785(天明5)年に藩主を治広に譲るときに贈った「伝国の辞」は、米沢を語るうえで欠かすことができない。また、師である儒学者細井平洲との交流を記録した書状もみることができる。

松が岬公園から東南に徒歩15分、市立南部小学校の南に東町皇大神宮(祭神天照皇大神・手力男命・松尾大神)と金剛愛染明王堂が並び立つ。ここは米沢城三の丸の巽(東南)の方角にあたる。南部公園(秀公園)は三の丸堀跡であり、西に広がる敷地は兼続配下であった志駄修理の屋敷跡地である。ここと対を成す三の丸乾(北西)角には龍言寺(景勝の実父長尾政景菩提寺)と徳昌寺(直江家菩

上杉鷹山「民の父母」

提寺,現存せず,跡地に長慶寺)がおかれた。

## [米沢市上杉博物館]

　上杉氏関係文化財数千点を保存活用するために創設された米沢市上杉博物館は,上杉神社東南の大きな建物伝国の杜内にある。

　織田信長から謙信に贈られた紙本金地著色洛中洛外図(上杉本洛中洛外図屛風,国宝)は狩野永徳23歳の作品と考えられ,六曲一双の屛風いっぱいに京都の風景・風物,あらゆる身分の人びと2485人が表情豊かに描き込まれている。このほか紙本著色廐図(県文化),川中島合戦図屛風,大坂御陣之図や,上杉景勝像・直江兼続像などがある。また,越後国頸城郡絵図・瀬波郡絵図(国重文)や米沢城本丸・二の丸を正確に200分の1に記した松岬城堞図,各種城下絵図など,貴重な図面資料も多い。太刀銘助宗(国重文)は松岬神社創建のおりに,上杉家から寄贈されたものである。

　鎌倉～明治時代の「上杉家文書(2018通4帖26冊)附歴代年譜(325冊)両掛入文書箱等並赤簞笥(3合2棹)」(国宝)は,上杉家の歩みを詳細に伝える史料である。なかでも簞笥内の文書は受け取ったままの姿で保存されており,相手や場に応じた手紙の折り方など通信文化の歴史を伝える稀少な資料となっている。このほか直江状写がある。「かてもの版木」は1783(天明3)年の大凶作に鷹山が糧となる草木を選ばせ,調理法を記し,領内に頒布したものである。

## 林泉寺 ❸

0238-23-0601

〈M▶P.2,5〉米沢市林泉寺1-2-3　P
JR奥羽本線米沢駅🚌市街地循環バス右回り山大正門または二中前🚶5分

謙信が学んだ越後の名刹上杉家・重臣たちの菩提寺

　上杉神社の南約1kmの堀立川西岸に,春日山林泉寺(曹洞宗)がある。1617(元和3)年,新潟県上越市の春日山城に隣接する林泉寺が,上杉家の米沢移封にともなってこの地に移ったものである。寺号は長尾能景が父重景の法名からとり,山号は謙信のとき春日明神を境内にまつったことに由来する。謙信が林泉寺で修業し,不識庵謙信と号したことはよく知られている。

　山門は大手門正面にあった侍組竹俣家屋敷(現,九里学園高校地)の門を移したもので,武家門の形である。山門をくぐって左手の墓地の中央上杉家墓所は上杉家の夫人や支侯の墓所である。景勝

直江兼続夫妻の墓

夫人菊姫、2代藩主定勝夫人市姫、3代藩主綱勝に嫁し19歳で死去した保科正之の娘媛姫、鷹山の側室お豊の墓などが並ぶ。その右隣が、織田信長に滅ぼされた武田家から姉菊姫を頼ってきた信玄6男武田大膳太夫信清の墓(県史跡)である。そして右手奥に、米沢藩の基礎を築いた直江兼続夫妻の墓(県史跡)がある。さらに本堂の裏に進むと、米沢三名園の1つに数えられる庭園が広がる。このほか墓地内には、越中(現、富山県)魚津城で織田の大軍を迎え撃ち一族ともに壮烈な最期を遂げた勇将吉江宗信、陸奥(現、宮城県)白石城を伊達政宗に攻めとられ憤懣やる方なく徳川家康との決戦を主張した侍大将甘糟景継、赤穂事件で討死した新貝弥七郎、絵画の名手で餐霞館の作庭をした小田切寒松軒ら、上杉家家臣の墓所が並ぶ。

堀立川を挟んで林泉寺の東隣が山形大学工学部キャンパスである。正門内右手の警務員室に申し出ると、旧米沢高等工業学校本館(国重文)を見学できる。紡績・染色・電気の3科で始まるこの学校の建設にあたっては、鷹山の殖産興業策で誕生し、明治時代以降も士族機として発展した米沢織のさらなる飛躍を期し、上杉家家臣馬廻組の人びとがみずから屋敷を引き払って敷地と資金を提供して、1910(明治43)年に開校となった。ルネサンス様式の校舎はイギリス人の設計によると伝えられる。正面に車寄せのある中央舎は1階が事務室・応接室、2階が校長室・応接室・会議室、そしてバルコニーとなっており、全長94mにおよぶ左右の胴舎・翼舎が教室となっ

旧米沢高等工業学校本館

ている。外壁は下見板張，内部は漆喰壁で階段まわりや天井に意匠がこらされている。

キャンパス東端の細道に沿う川は，直江兼続の城下建設のときに開削された御入水川である。道路を挟んで北向かいの一宮神社は，この地の鎮守として大己貴命・少彦名命をまつったのが始まりで，奈良時代には出羽一宮・置賜総鎮守となった。明和年間（1764～72）には林泉寺北隣におかれ北の白子神社と氏子を争ったが，藩主の裁定で本丸を境に城下町南半分の住民を氏子とする産土神とされた。

## 上杉家墓所と法音寺 ❹

0238-22-2095（法音寺）

〈M▶P.2,5〉米沢市御廟1-1869　P
JR奥羽本線米沢駅🚌市街地循環バス右回り
御廟所西口🚶3分

上杉謙信以下歴代藩主の墓所と位牌を守り続ける

上杉神社の西約1.5kmの杉木立が米沢藩主上杉家墓所（国史跡）である。初めは本丸謙信祠堂の火災避難所であったが，景勝の死去に際し，東西109m・南北181mの墓域を定め位牌をまつってから，藩主墓所となった。地元では「御廟所」「御霊屋」とよばれている。五輪塔の墓石を覆う廟殿は，7代藩主までが入母屋造，鷹山のとき養父重定の遺骸を土葬とし廟殿も宝形造にかえられた。1カ所に江戸時代を通じた歴代藩主の墓所が揃うのは全国的にも珍しい。1876（明治9）年，謙信の遺骸を本丸祠堂から遷し，厨子と軍扇を添えて，参道の正面奥に一段高い一間社流造の廟殿を建ててまつった。

墓所前を守る八海山法音寺（真言宗）は，かつて二の丸内において謙信祠堂の供養を行った21カ寺の僧録で，謙信の遺骸とともにこの地に移り現在も供養を続けている。越後上杉氏の時代に帰依を受けて春日山城に入り，信濃善光寺（長野県）の如来尊像を安置すると伝え

上杉家墓所（御廟所）

られるが秘仏である。寺宝として、謙信が毘沙門堂に掲げおいた米沢城本丸祠堂内の泥足毘沙門天像が、歴代藩主の位牌とともに安置されている。ほかに、越後渡来の菅谷不動尊像、信濃善光寺から伝来したと思われる金銅舎利塔(県文化)、密教法具の金銅五鈷鈴・金銅五鈷杵(ともに県文化)など、鎌倉時代初期の作とみられるすぐれた金工品がある。

西側の国道121号線から市立西部小学校に至る住宅街は、「直江町」(旧町名「他屋町」)である。この付近に、直江兼続下屋敷「直江田屋」があったためと伝えられる。

西部小学校正門前から約900m南下し、信号を右折して約150m先を左折しさらに100mほど進むと、右手に「鷹山公籍田之遺跡」碑(籍田の碑)が立っている。前年、愛宕山で雨乞いの祈願をした上杉鷹山が、1772(安永元)年、農業振興を願い中国の故事に倣って籍田の礼を行った場所である。これは、君主みずからが田を耕し収穫した米を祖先に備えるという儀式で、4反歩余りの田を藩主・奉行・代官・農民らで耕すのである。儒学者細井平洲にも高く評価された籍田の礼は歴代藩主に受け継がれ、藩主在国の年の恒例儀礼となった。

## 法泉寺 ❺

〈M▶P.2, 5〉米沢市 城西2-1-4 **P**
0238-23-4515
JR奥羽本線米沢駅🚌市街地循環バス左回り法泉寺西🚶2分

*上杉景勝が開基 直江兼続の学問寺*

上杉神社の北約500mの堀立川西岸に立つ恵日山法泉寺(正法宗)はもとを禅林寺といい、開基は上杉景勝、開山は九山宗用、1618(元和4)年直江兼続によって建てられた。兼続は、林泉寺で学問を修め足利学校を保護する関東管領家を継いだ上杉謙信の下で育てられ、京都の五山文学を中心によく学問を修めた。そして、会津興徳寺の学問僧九山を足利学校で学ばせて米沢に招き、九山とみずからの蔵書をあわせて学問所禅林文庫を開いたのである。赤い欄干の文殊橋がかつての入口で5000坪余りの寺域をもつ大寺院であったが、大正時代の米沢大火後に中央に道路が切られ現在の姿になった。文殊堂は禅林寺2世絶山のとき、禅林文庫の鎮守として開創。現在の寺号は、2代藩主定勝の3女の戒名法泉院からとられた。文庫は4代藩主綱憲の学問所、9代鷹山の藩校興譲館へと受け継がれた。

城下町米沢

石田三成供養碑

　庭園は米沢三名園の1つで,詩会が数多く開かれた場所。なかでもその規模において鷹山主催の詩会は有名である。庭園の一部は道路により失われたが,文殊堂境内に今もその姿を遺している。また境内には,第二次世界大戦後に興譲館から移され文庫跡に立つ先聖殿,石田三成供養碑(住職口伝),兼続・九山・鷹山・雲井龍雄の詩碑,法泉院殿や吉良上野介義央室梅嶺院らの墓所などがある。

　堀立川を渡って50mほど行くと,712(和銅5)年創建と伝えられる白子神社(祭神火産霊神・埴山姫命・大宣都姫命)がある。この地で養蚕が始められ桑の林が白くみえたことから,人びとはここを白子村とよび,蚕菅神社を建て祭神を白子明神としたと伝えられ,米沢はこの神社の門前町として生まれたとも伝えられている。南の一宮神社が本丸以南の住民を氏子とし,以北の住民が白子神社の氏子となった。社宝には932(承平2)年征夷大将軍小野良春が社殿を再興したときのものと伝えられる鬼瓦,5代藩主綱憲のとき白子大明神が父吉良義央の推挙で正一位を贈られたのを記念して寄進した扁額,1767(明和4)年鷹山が大検令の達成のために白子神社に2度にわたり奉納した誓詞がある。その文面は,駐車場右奥の碑にみることができる。

　白子神社東隣の警察署を中心とする南北約300mが馬場跡である。鉄砲を重視した直江兼続は三の

鬼瓦(白子神社)

丸の射撃訓練場も想定して直線の馬場を設置した。300mは鉄砲の有効射程距離である。警察署から東に50mほどの通りを南に曲がった所にある神達明神は，直江兼続が小田原（現，神奈川県）出征のおりに富士山麓の社から譲り受けた曽我兄弟の木像をまつり，その管理を実家樋口家に任せたものである。この辺りは三の丸北部のほぼ中心であり，兼続が樋口屋敷をおくことで米沢城北部の押さえとしたものと考えられる。

## 米井と熊野堂 ❻  〈M▶P. 2.5〉米沢市大町5-4-27
JR奥羽本線米沢駅🚌市街地循環バス右回り大町🚶すぐ

「米沢」が湧き出した米井
米沢を護る熊野堂

米沢信用金庫本店駐車場奥の小さな祠に古い井戸がまつられている。かつて米のとぎ汁のような白い水が湧き，米井とよばれた。この湧水が「米沢」の語源ともいわれ，米沢城三の丸の鬼門を守る聖地とされた。2代藩主定勝のとき，城下の修験道触頭大善院がここに移されて熊野堂を建て，もともと城下町の東西南北にあった熊野堂とあわせて熊野修験の結界を張り，米沢の守護とした。

信用金庫前の交差点から西にアーケード街を50mほど進むと，左手に小道がある。これは武者道（武士道）とよばれ，原方町に住む家臣が買物にきた際に身分の違う農民・町人とは別に裏口から入れるようにと，城下町南端から商人町の裏側を通された道である。この道に入ると，右手駐車場の南側に盛土がみえる。三の丸を囲んだ土居の遺構であり，盛土の手前部分の駐車場から側溝までが三の丸堀跡である。土居の向こうが三の丸上級家臣団屋敷地，足元の武者道から東に広がる区域が町人町となる。武者道を少し南下すると右手にホテルがあるが，ここも三の丸堀跡であり，ホテルの西隣にも土居の遺構をみることができる。

三の丸土居の遺構（周囲に歴史公園を整備中）

城下町米沢

## 宮坂考古館 ❼
0238-23-8530　〈M▶P.2〉米沢市東1-2-24 P
JR奥羽本線米沢駅🚶6分

上杉家臣団の遺品を守り稲富流砲術を保存・伝承

　JR米沢駅から南に2つ目の交差点角にある宮坂考古館は，郷土史家宮坂善助がみずから発掘した考古資料のほか，第二次世界大戦後の苦しい時期に米沢から流出しそうになる上杉家臣団の遺品を収集，保存・展示しており，甲冑56点・鉄砲29点・鉄砲付属品23点・刀剣67点・刀鍔150点・陣羽織31点・屏風14点・書画67点など収蔵物は多岐にわたる。とくに甲冑は，関東管領上杉憲政所用素懸紫糸威黒塗板物五枚胴具足，謙信が能登（現，石川県）七尾城攻略の際に着用したと伝えられる素懸白綾威黒皺韋包板物腹巻，上杉景勝が徳川家康との決戦に臨み着用しようとしたといわれる浅葱糸威黒皺韋包板物二枚胴具足，直江兼続が最上軍と長谷堂城で戦った際に着用したと伝えられる梵字（普賢菩薩）の前立の浅葱糸威錆色塗切付札二枚胴具足，4代藩主綱憲所用の本小札紺糸威胴丸（いずれも県文化）が注目される。ほかにも，傾奇者で知られる前田慶次所用の朱漆塗紫糸素懸威五枚胴具足南蛮笠式は人気が高い。

　また，ここに収蔵される10～30匁筒を主とする鉄砲は江戸時代から「上杉の雷筒」と称され，稲富流砲術を伝承する米沢藩古式砲術保存会および上杉砲術隊によって米沢上杉まつりはもちろんのこと，東京オリンピック・札幌オリンピックなどのデモンストレーションにも出演。また，火縄銃を日本に伝えたポルトガルにも訪問し，交流している。

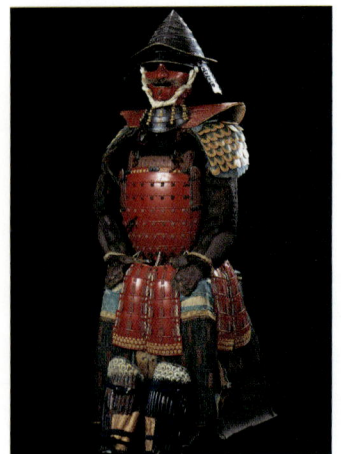
朱漆塗紫糸素懸威五枚胴具足南蛮笠式
（前田慶次所用）

## 堂森善光寺 ❽
0238-28-1638　〈M▶P.2〉米沢市万世町堂森山下375
JR奥羽本線米沢駅🚶30分，または🚌万世・市役所線桑山公園前🚶10分

　桑山公園前バス停で下車すると，北方に堂森山がみえる。南麓に

ある松心山善光寺(真言宗)は807(大同2)年開山と伝えられるが、寺伝が焼失して詳細は不明。鎌倉幕府初代政所別当大江広元が寒河江荘・長井荘の地頭職を与えられ、子の時広が長井に入って以来、善光寺は長井荘の保護所として崇敬された。

寺宝の1つに、肖像彫刻としては珍しい木造伝長井時広夫妻坐像(県文化)がある。また1358(延文3)年、住僧本聖仁光が大般若経の書写につくした記録がある。山寺立石寺(山形市)所蔵の大般若経がそれであり、当時の文化水準と寺格の高さを示すものといえる。本尊は金銅製の善光寺式三尊像で、室町時代の作と伝えられる。また、木造阿弥陀如来立像(県文化)は俗称「見返り阿弥陀」といわれ、左後ろを見下ろし救いの手を伸ばしたさまは、還幸を誘う姿といわれる。

約400年前に前田慶次が当寺を仮の住処とし、晩年は堂森山西麓に無苦庵を結んだ慶次ゆかりの寺院でもあり、境内中央に前田慶次供養塔が建てられている。

> 平安時代初頭開山の古刹
> 前田慶次ゆかりの寺

## 舘山城址 ❾

0238-21-6111(米沢市教育委員会)

〈M▶P.2〉米沢市舘山矢子町
JR奥羽本線米沢駅🚌米沢・田沢線舘山発電所前
🚶すぐ

> 越後への出口を押さえる伊達氏の山城

舘山発電所前バス停に立つと、目の前の丘陵が舘山城址である。鬼面川・大樽川に挟まれた要害の地で、足元に越後街道を見下ろす交通の要衝でもある。標高306〜317mの位置に東西約350mにおよぶ曲輪跡が確認されており、土塁と堀切で3つに分かれていて、城全体の残存状態は非常に良好である。東側丘陵先端部の最大の曲輪は東北電力舘山発電所施設によって一部がこわされたが、大手口前の屋敷跡・井戸、幅広い上り道から曲輪に入る虎口などが発掘された。その西隣の曲輪がいわゆる本丸で、南北70m・東西60mの方形に整地され、周囲の土塁・堀切の規模もほかに比べて大きい。もっとも高い位置にある第3の曲輪は物見台であり、麓におりる道も確認された。また、丘陵の裾野一帯も城域であり、発掘調査により山城を防衛する役割をもった家臣団屋敷跡が確認されている。700mほど北で鬼面川より取水する木場川が北に大きく湾曲しているのも、舘山城の堀跡を利用したためと伝えられる。

城下町米沢

舘山城が本格的な山城として発達するのは戦国時代末期，伊達氏の時代と推測される。伊達晴宗の時代から機能し，輝宗が隠居所として舘山城に入り，さらに1587（天正15）年に政宗が舘山に赴いて縄張りをし築城計画を開始した旨の記録もある。現松が岬公園の本城に対し，戦時の詰の城の役割をになったと考えられている。しかし，あらたな築城工事が完了しないうちに，政宗は豊臣秀吉によって岩出山に移封された。江戸時代に入ると，直江兼続のもとで米沢城下町建設が進められ，舘山城下にはあらたに上杉家臣団屋敷がつくられた。その地域には現在も「舘山」の町名がついている。

　バス停から東に1.2kmほどの交差点付近は東に行くほど低くなり，一の坂とよばれている。南北に走る細道に入ると西側が急に高くなっており，ここにかつて高低差を利用した土塁があったことを伝えている。土塁は伊達氏の時代に築かれ，蒲生氏によってその上に防風のマツが並べ植えられてからは並松土手とよばれた。

　交差点から南に250mほど行くと，左手に一ノ坂遺跡（国史跡）の案内板がある。縄文時代前期初頭の石器工場跡で，全長43.5mの大型竪穴住居と8棟の竪穴住居が連続する連房式竪穴住居・墓跡が発掘された。失敗作や石器のかけらを含めると石器だけで200万点におよぶ遺物が発見され，墓からは瑪瑙の装身具なども出土している。ここで製作された石器は東北南部・関東・中部地方の遺跡から確認されている。

## 千眼寺と色部家 中 ⑩
0238-37-3708

〈M▶P.2〉米沢市窪田町窪田1861　P
JR奥羽本線米沢駅🚌米沢・窪田線窪田🚶10分

名将色部の家中集落　米沢北面の守りの要

　窪田バス停の南の信号交差点を西に行った所に普光山千眼寺（曹洞宗）がある。1457（長禄元）年に北越の岩船郡平林（現，新潟県村上市）に千眼寺を建立した色部氏は，自立性の強い国人として戦国の世を生き抜いてきたが，上杉謙信のときについに家臣化，その後，色部長真は色部家の将来を直江兼続に託した。以後，色部氏は上級家臣として米沢に移り，窪田の地に4万坪余りの家中集落が築かれて千眼寺も移された。

　集落内では日の字形の通路の両側に短冊形に住宅を設け，幕末には124人の家臣が住んでいた。家臣のほとんどは無禄で屋敷畑と諸

色部家墓所

士開きの田畑を耕作し, ナスなどの野菜を栽培して城下に販売し生計を立てた。集落東南角に立つ千眼寺(せんじゅかんのん)は, 本尊は千手観音であるが, 平安時代末期の作とみられる木造勢至菩薩坐像(せいし), および清龍寺(せいりゅうじ)(廃寺)に伝来した鎌倉時代の木造阿弥陀如来立像(ともに県文化)が寺宝とされる。本堂前には色部家墓所が定められている。

　境内には本堂のほかに保呂羽堂(ほろは)・仁王堂・観音堂・太子堂などがある。豊臣政権に加わった上杉家が仙北地方(秋田県)の太閤検地(たいこうけんち)を行った際, 兼続の仕置を引き継いだ色部氏は地元の保呂羽権現に安全祈願をし, 無事に役目をはたした。家中の者たちはこれを感謝し, 色部氏は懇願して像を譲り受け保呂羽堂を建立した。1641(寛永18)(かんえい)年, 窪田村に病害虫が発生したので作神の保呂羽堂の縁の下の砂を田畑に撒(ま)いたところ病害虫は退散し, 収穫した米で感謝の餅を搗(つ)いて捧げたことから, 以来12月4日の年越祭(としこし)には氏子の若者が何俵もの餅を搗いて参詣者に振舞う裸(はだか)の餅搗きの行事が行われている。

　千眼寺東側にある黒井堰(くろいぜき)は, 五十騎組出身の黒井忠寄(ただより)が執政莅戸(しっせい)善政と前藩主上杉鷹山の藩政改革の下で開削したものである。米沢から北条郷(ほうじょうごう)(米沢市北部から南陽市までの地域)にかけて広がる平野は水利が悪く, 溜池に頼るなどして耕作していたが, 原野も多く残り, 干害に悩まされた。そこを貫流する黒井堰は, 最上川の豊かな水を運び, この地を豊穣の里にかえたのである。糠野目福沢(ぬかのめふくざわ)の喜多院(たいん)に功績をたたえた石碑がある。その後, 忠寄は飯豊山(いいでさん)をくりぬき白川に灌漑(かんがい)用水を流す飯豊山穴堰(あなぜき)(県史跡)の開削中に急逝した。

**成島八幡神社**(なるしまはちまんじんじゃ) ⑪　〈M ▶ P. 2〉米沢市広幡町成島(ひろはたまち)1058
0238-37-5129　JR奥羽本線米沢駅🚗20分

　伊達政宗が岩出山転封に際し, 成島八幡神社(祭神誉田別命(ほんだわけ))の分霊を奉じて大崎八幡神社(おおさき)に合祀したことはよく知られる。国道287号線(長井街道)を北上し鬼面川に架かる松ヶ根橋(まつがね)を渡ってすぐ左折

すると、杉木立の中に成島八幡神社がある。山裾には鬼面川、西は中世の矢子城に連なり、北は軸長約60mの前方後円墳の成島古墳と山続きであり、神社そのものにも空堀がめぐらされて、あたかも城郭に似た立地である。

777(宝亀8)年、光仁天皇の命で征夷大将軍大伴駿河麿が宇佐八幡を勧請し戦勝を祈ったのが始まりと伝えられ、坂上田村麻呂・源義家も尊崇した。現在の拝殿は1383(永徳3)年伊達宗遠により、本殿は3代藩主上杉綱勝により造営され、1928(昭和3)年伊東忠太の手により大修理が行われた。かつては領主の保護のもと周囲に一月在家から十二月在家および壬生在家の集落がおかれて供奉された。神社には社殿造営の棟札43枚が残され、鎌倉評定衆長井宗秀・長井時春・伊達宗遠らの名がみえる。社宝の木造門神坐像2体(県文化)と、別当寺龍宝寺が廃寺になったときに末寺成宝寺に移された神像1体とは、もともと1組の八幡三尊像(誉田別命・神功皇后・仲津姫)であった。ほかに菩薩面・羅陵王の2つの舞楽面が伝わる。境内の裏山は旧上杉家の遊山場で、鳴州園という景勝地で知られた。

上杉鷹山の時代、米沢藩では日用消耗品の自給を目指して窯場がつくられ、成島焼が誕生した。担当が相良清左衛門厚忠にかわると、彼は相馬(現、福島県相馬市)に派遣されて技術を修得し、素朴な味わいのある甕・小鉢・片口などの生産が始まった。その後、清左衛門は窯場を子右衛門に継がせ、京に出て土人形に打ち込み相良人形を創作。相撲取り・大黒天・おしくらまんじゅうなど数十種類あって、現在も初代以来の型でつくられ続けている。第二次世界大戦後、一時途絶えたが、相良隆氏(米沢市下花沢)が復活し、米沢の郷土玩具として愛好されている。

坂上田村麻呂も尊崇した西(成島荘)の八幡社

笹野観音堂 ⑫
0238-38-5517
〈M▶P.2〉米沢市笹野本町5686-5
JR奥羽本線米沢駅🚗15分、または🚌米沢・白布温泉線笹野大門前🚶7分

米沢市南原の西側に横たわる斜平山は山全体が四季折々に美しく彩りをかえ、市民に愛されている。その山麓にある笹野観音堂(長命山幸徳院笹野寺、真言宗)は、806(大同元)年の創建以来、歴

1200年の歴史をもち歴代藩主が篤く信仰

代領主の信仰が篤く，とくに上杉時代には初代景勝・2代定勝・3代綱勝・4代綱憲のときに修理が行われ，9代鷹山による改築後に火災で焼失したものの，12代斉憲が再建し，現在に至る。釈迦堂には室町時代の作とみられる釈迦如来像が安置され，境内には1832(天保3)年に大町の豪商渡部伊右衛門が造立した1丈5尺(約5m)の露座の延命地蔵菩薩石仏がまつられている。毎年1月17日に行われる十七堂祭(越年祭)では柴灯護摩供養が催され，お火渡りの儀式が行われる。地元ではアジサイ寺としても親しまれている。置賜三十三観音霊場 第19番札所でもある。

また，ここは会津街道をにらむ城下防衛の要所でもあり，直江兼続は笹野観音林に鉄砲60挺を備え，東側一帯に原方町南原五ヶ町がおかれた。同様に，城下南方では熊野林(太田町)に61挺，北方では長町林(春日)に30挺・熊野林(塩井町)に60挺・徳昌寺林(徳町)に60挺・成島八幡林に30挺が配備された。

笹野一刀彫は削りかけ手法の民芸品で，コシアブラ・サツグルミなどの材料をサルキリ・チジレという独特の刃物で細工し，おたかぽっぽ・造花・干支の動物などの縁起物がつくられている。起源は不詳だが，上杉鷹山が農家の副業として奨励してから盛んになった。各工房，笹野民芸館で絵付け体験が可能。

笹野観音堂

**直江石堤 ⓭** 〈M▶P.2, 22〉米沢市李山海老沢
JR奥羽本線米沢駅🚗約15分，または🚌米沢・白布温泉線八ヶ代🚶20分

米沢を洪水から守り続けた堅固な石の壁

八ヶ代バス停から東にまっすぐ行くと，松川(最上川)に架かる海老ヶ沢大橋に出る。橋の西側袂に，道路と交差するように石の堤防(谷地河原堤防〈直江石堤〉)が延びる。河川敷の直江石堤公園を散策すると，大橋と北側下流の海老ヶ沢橋の中間辺りで石堤がもっと

も厚くなる(最大幅12m)。松川はこの付近がもっとも氾濫しやすく，直江兼続はここを水防の要所とみて家臣団を動員，総延長約3kmにおよぶ石堤を築いた。この水防と堀立川・御入水川による灌漑で，南原の広大な荒地の水田化が実現した。工法は玉石の空積みといわれ，径1m以上の大石で土台をかため側面・上面に径数十cmの石を敷き詰めた。兼続は石堤の西側に，石堤と並行するように原方石垣町(がきまち)をおいた。ここは石堤決壊時には直に被害を受ける所であり，住民は自発的に石堤の維持管理をになったのである。さらに石堤の北には高さ約1.5mの堤が約8kmも延長され，城下町全域を水害から守り，城下域拡大を実現させた。こちらは玉石を積んだ小型の石堤であるが，とくに城下町にさしかかる要所は並行しておかれた原方六十在家町(ろくじゅうざいけまち)(芳泉町(ほうせんまち))が維持管理をになった。蛇堤(へびづつみ)とか谷地河原川除(かわよけ)とよばれる。

　直江兼続は第2の水防策として，堤防の外に白旗松(しらはたまつ)をぎっしり植えつけた。鷹山の時代には藩の借金返済のため伐採売却の話も出たが，歴史遺産だからと中止になったという逸話がある。見事な松林であったということだが，明治時代の大暴風雨でことごとく倒れ，現在は以降に育ったマツが往時を偲ばせる。

　海老ヶ沢大橋を渡り最上川東岸の道を約4km南下すると，舗装道路が終わる所に水の神貴船(きふね)神社がある。その西側が，最上川から堀立川に取水する猿尾堰(さるお)であることから，直江兼続が堀立川を開削したときにその守護と

直江石堤の上部

関根駅周辺の史跡

# 米沢八湯

コラム

温泉街・霊湯・秘湯
米沢は温泉の宝庫

　市の南側に吾妻連峰を抱える米沢市は、温泉にも恵まれている。もっとも歴史の古い五色温泉は1300年以上も前の開湯と伝えられる。直江兼続が長男景明に湯治をさせたことから「霊湯温泉」ともよばれ、上杉家守り湯となって栄えた。「宗川旅館」のみの1軒宿で、子宝の湯としても知られる。

　834(承和元)年、小野小町が父を訪ねる旅の途中で発見したと伝えられる小野川温泉は、米沢最大の温泉街である。1589(天正17)年には伊達政宗が骨折で湯治をした記録もあり、江戸時代には「殿様の湯」も設けられた。温泉街中央の共同浴場「尼湯」の裏手に薬師堂が、街の西を流れる大樽川の対岸に甲子大黒天の御堂があり、そのすぐ上の小町山公園の一角が小野小町の居住跡と伝えられる。小野川の地域住民は環境保全にも努め、ホタルの里として環境省の「ふるさといきものの里百選」に選定されている。

　860(貞観2)年、滝の下の岩穴で一夜を明かした猟師が夢にあらわれた不動尊のお告げで発見したと伝えられるのが大平温泉。「滝見屋」のみの1軒宿で、上杉鷹山も細井平洲とここを訪れたことが記録されている。

　標高850mの吾妻山中にある白布温泉は蔵王(山形)・信夫(福島)温泉とともに奥州三高湯として古くから知られ「白布高湯」ともよばれている。1312(正和元)年開湯と伝えられ、直江兼続は人目につかず硫黄・木炭の豊富なこの地に鉄砲鍛造所をおき、鉄砲生産の先進地近江(現、滋賀県)国友より吉川惣兵衛、和泉(現、大阪府)堺より和泉屋松右衛門を招き研究開発にあたらせた。彼らを世話した「東屋」「西屋」は現在も営業している。東屋前には「直江城州公鉄砲鍛造遺跡」碑が建てられている。彼らは、開発および1000挺の製造を終えると城下鉄砲屋町に移って量産に入り、米沢でつくられた鉄砲は大坂の陣でその威力を発揮した。西屋は江戸時代の建物が現役で使用されており、ファンも多い。

　白布温泉の奥、天元台ロープウェー湯元駅から約1kmのぼった標高1126mの新高湯温泉は、1821(文政4)年に発見され、「吾妻屋旅館」の1軒宿である。

　湯の沢温泉は兄源頼朝に追われ平泉に向かう途中に米沢に立ち寄った源義経の家来が発見したと伝えられる。吾妻連峰の懐深くには滑川温泉「福島屋」と姥湯温泉「桝形屋」があり、いずれも特色のある1軒宿である。

堀・室沢堰・帯刀堰は「直江兼続治水利水施設群」として2008（平成20）年度土木学会選奨土木遺産に認定された。

### 上杉治憲敬師郊迎跡 ⑭
0238-35-2750（普門院）

〈M ▶ P.2, 22〉 米沢市関根13928
JR奥羽本線米沢駅🚌米沢（松原）関根線普門院口
🚶5分

「敬師の教え」の舞台　鷹山の心を刻む史跡

　普門院口バス停西の丁字路角に上杉治憲敬師郊迎跡（国史跡）碑と宝井馬琴の敬師之郷碑が立つ。1796（寛政8）年9月6日，前藩主上杉治憲（鷹山）は恩師の儒学者細井平洲の3回目の米沢下向に際してここまで郊迎した。2人は街道沿いの羽黒神社で再会をはたし，ゆるやかな坂を並んで歩き，新築した岩上山普門院（真言宗）で旅路の慰労をした。鷹山46歳，平洲69歳，19年ぶりの対面であった。その至誠の礼は人びとの心を打ち，敬師の姿勢は模範とされ，1945（昭和20）年以前には修身の教科書にも載せられた。

　大正時代の初め，この美談を顕彰するため，普門院境内に一字一涙の碑が建立された。これは，平洲がこの感激を記して高弟樺島石梁に宛てた書簡の一節を刻んだもので，「一字一涙」とはこの書簡を読んだ平洲の弟子神保蘭室（藩校興譲館督学）の跋文「一巻の国牌，執って文を読めば一字一涙，人をして慨焉として往日を憶はしむ」による。

　鷹山は帰途もここまで郊送し，別れを惜しんだ。普門院では敬師にまつわる遺物を寺宝として大切に保管している。

# ② まほろばの里

太古の人びとの暮らしから、近現代の生業・産業まで1万年の人間の営みがぎゅっと詰まったタイムカプセル。

### 白竜湖 ⓯
0238-43-5230（南陽市観光協会）
〈M▶P.2, 26〉南陽市赤湯 Ⓟ
JR奥羽本線赤湯駅🚗10分

*竜伝説が残る原始以来の湖*

　南陽市北東部、赤湯バスターミナルから国道13号線バイパスに出て左に1kmほど北上すると、右手に白竜湖がみえてくる。白竜湖とその周囲の高畠町北部まで広がる平地約1000haは太古の湖「置賜湖盆」の名残りで、「大谷地」とよばれる湿地帯だった。自然条件が周辺と異なるため、高山寒冷地の植物であるツルコケモモ・アサヒランや湿地植物のサギソウ・トキソウなど百数十種の植物が育成し、白竜湖泥炭形成植物群落として県天然記念物に指定されている。元来この一帯の湿田は泥炭層を挟んで地下水に浮いた「浮田」で、おもに萱刈場として利用されてきた。昭和時代なかばまでは田舟や田下駄を用いた独特の水田風景が展開されていたが、1963（昭和38）年から始まった水利改良事業により湿地は急速に縮小し、植物相もかわり、現在では面積約1km²、深さ約2mの白竜湖となっている。

　白竜湖西から北東に長く続く国道13号線の鳥上坂はかつては交通の難所で、米沢と山形を結ぶ主要街道は現在の県道5号線「小滝街道」であった。

### 赤湯温泉 ⓰
0238-43-2156（南陽市役所赤湯温泉事務所）
〈M▶P.2, 26〉南陽市赤湯
JR奥羽本線赤湯駅🚶20分

*平安時代以来の歴史をもつ殿様も庶民も愛した温泉町*

　赤湯温泉は、1093（寛治7）年の平師妙の乱の際に源義家の弟義綱が草刈八幡のお告げで発見、家来たちを湯に入れるとたちまち傷が治ったが、湯が血で赤く染まったことから「赤湯」の名がついたという伝説がある。江戸時代には湯治場として、また出羽三山登拝者や金山の鉱夫らの宿場町として栄えると同時に、米沢市小野川温泉と並んで上杉藩の温泉場として「殿様の湯」がおかれ御殿守・湯守が任命された。温泉街北の烏帽子山麓にある旅館「御殿守」は代々御殿守を世襲してきた御殿の湯で、館内資料室には上杉謙信・景勝・定勝・鷹山や直江兼続・細井平洲らの書が保存・展

まほろばの里　25

結城豊太郎記念館表門

示されている。とくに鷹山は赤湯温泉を好んだようで，みずからも頻繁に足を運んだほか，藩の絵師関原長秀に命じて「丹泉八勝」（通称「赤湯八景」）を描かせている。また当館は，1881（明治14）年の明治天皇東北巡幸の際の行在所ともなった。

温泉街の東端にある旅館「瀧波」は，上杉藩の山守をつとめた庄屋伊藤家の曲屋，高畠町の武家屋敷から移した薬医門など趣のある建物群で，鷹山の書を始め書画・古美術なども展示している。

赤湯市街のほぼ中央にある結城豊太郎記念館は，昭和の戦時下に大蔵大臣・日本銀行総裁をつとめた赤湯出身の結城が，郷土の人びとのために自己所有の書庫を横浜より移築し所蔵愛用品のすべてを町に寄贈して創設された臨雲文庫に始まる。表門として薩摩藩江戸御隠居屋敷表門を結城に譲った井上準之助は，高橋是清とともに結城を育てた財界人であった。2万点を超える収蔵品の中には，

赤湯駅周辺の史跡

日本や中国の古典・書籍のほか，大正時代以降の膨大な写真帖や戦時財政関係の重要文書類，刊行物や政財界要人からの書簡類も数多く含まれ，近代日本史の史資料の宝庫ともなっている。

温泉街の北にある<u>烏帽子山八幡宮</u>(祭神応神天皇・菅原道真・鳴雷神)は源義綱の勧請と伝えられる。1903(明治36)年建立の神明造の鳥居は高さ11m，継目のない1本石の鳥居としては日本一である。

烏帽子山八幡宮の北西約500m，JR奥羽本線沿線に二色根の古刹<u>薬師寺</u>(天台宗)がある。東北地方を歩いた延暦寺の慈覚大師が858(天安2)年，この地で青色と赤色をした石仏を発見し，本尊として薬師寺を創建したと伝えられる。本尊の前仏は衣文などに藤原様式を伝える<u>木造薬師如来坐像</u>(県文化)で，像高87.8cm，寄木造，鎌倉時代の作と推定される。また，1556(弘治2)年に奉納された<u>蒔絵絵馬</u>(県文化)があることでも知られる。蒔絵絵馬は置賜に3点(二色根薬師寺，米沢市広幡町成島八幡神社・上小菅一宮神社)，中尊寺(岩手県)に1点，田村神社(福島県)に2点あるのみの稀少なものである。

### 古峯堤 ⓱
0238-43-2324(南陽市沖郷公民館)

〈M▶P.2, 26〉南陽市高梨
JR奥羽本線赤湯駅🚶12分

赤湯駅西口から南西方面にたくさんの溜池がある。この辺りは南を流れる最上川に水が流れ出るため水利の便が悪く，吉野川の旧流跡の窪地を堤で区切った溜池がつくられた。市立沖郷中学校裏の<u>古峯堤</u>が最大である。池の中央を橋のように横断する堤が築かれ，その真ん中に古峯神社がまつられている。かつては集落が沖に浮かぶ島のように散在していた様子から，沖郷の地名がついたといわれる。

沖郷小学校南の細道を東に行くと，左手に鍋田の大

古峯堤

まほろばの里

符神社があり、境内には「大念仏」碑が立っている。毎年4月15日、市の無形民俗文化財に指定された念仏踊「デンデコ踊り」が奉納される。この踊りは1773(安永2)年の干ばつのおりに、上杉鷹山が農民に雨乞いを指示して生まれたと伝えられ、参道で踊る雨乞いの「道行き」と、境内で踊る感謝をあらわす「いれは」がある。念仏踊は、かつては沖郷・高畠(屋代)を中心に盛んに行われたが、今ではわずかに伝承または復元されているのみであり、そのなかで昔の姿のまま伝承されているのがこの鍋田の念仏踊である。

> 人びとの命を支えた溜池群雨乞いの祈りを伝える念仏踊

## 熊野大社 ⑱

0238-47-7777

〈M▶P.2〉南陽市宮内3476-1　P

山形鉄道フラワー長井線宮内駅 🚶15分

　山形鉄道宮内駅の北約800mの地に、「日本三大熊野」の1つとされる熊野大社がある。806(大同元)年、平城天皇勅命による再興とされ、創建の古さがうかがえる。また、石段下の高さ約30mの大イチョウ(県天然)は、源義家が1087(寛治元)年、後三年合戦の必勝祈願の際に植えさせたものと伝えられる。境内には拝殿・二宮神社・土社神社社殿(いずれも県文化)を始め多くの摂社があり、付属の考古館には熊野大権現の本尊であった鉈彫りの形式を伝える阿弥陀・薬師・観音像を始め、上杉謙信が川中島の戦いのおりに持ち帰ったとされる善光寺銘華鬘3面、境内から出土した一字一石経や銅板打出懸仏、羅陵王の面などを収蔵している。舞楽や稚児舞などの伝統的な芸能や神事が守り継がれており、県外からの参詣者も多い。

> 「日本三大熊野」の1つ平安時代初頭に勅令で再興

熊野大社拝殿

　境内入口に立つ碑に刻まれた安部右馬助は、越後(現、新潟県)からこの地に土着した土豪である。上杉氏の会津移封にともなって宮内に入った上杉家家臣尾崎重誉の陪臣となり、奥羽における関ヶ原

の戦いで武功を挙げた。その後，大社の前に広がる宮内の町割を行い，関根村開発・北条郷十数カ村（南陽市一帯）開墾や白竜湖の大谷地開墾，河川改修・堤造成などを推し進めて，30万石に減封された上杉家直江体制の一端を支えた。旧深沼村（現，高畠町）の結城治部，中山城代横田利信らも同様の業績で知られている。1629（寛永6）年，右馬助は北条郷代官兼金山奉行に任じられ，北条郷経営・熊野大社の維持・金山経営に尽力した。

　熊野大社から約400m東の県道5号線（小滝街道）は，かつては米沢と山形を結ぶ主要街道だった。1600（慶長5）年慶長出羽合戦の際，上杉軍約2万が長谷堂から引き揚げた道でもある。南に向かって平地が開ける金山平館には1598（慶長3）年の上杉氏会津移封から1601年の米沢移封までの間，直江兼続を後ろだてとする色部氏が入って街道の守りをかためた。宮内に入ってこれを支えた尾崎氏は兼続の母の実家である。色部氏の館は熊野大社の北約3km，金山の東禅院の北東にあったが，米沢に移る際には焼き払われたという。県道をさらに北に8kmほど行くと，右手に赤山集落の案内板がある。明治時代から昭和時代に銅山が経営され，県外からも労働者を集めた。集落入口に県道を見下ろすように立つ社は願掛け地蔵尊である。西向かいの高倉山はその昔，この地蔵尊の導きで発見されたと言い伝えられる金山であり，金山奉行のもとに江戸時代初期の上杉藩財政の支えとなった。現在，南陽スカイパークがある十分一山も金山の1つであり，金山に入る道で十分一税を徴収したことに由来するといわれている。

**珍蔵寺 ⑲**　〈M▶P.2〉南陽市漆山1747-1 P
0238-47-2264　山形鉄道フラワー長井線おりはた駅🚶10分

鶴の恩返し伝説の古刹「羽前エキストラ」の生産地

　山形鉄道おりはた駅の北西約500mにある鶴布山珍蔵寺（曹洞宗）は，1460（寛正元）年開山，伊達政宗時代には名刹として知られていた。1804（文化元）年につくられた『鶴城地名選』には，寺号の由来となった金蔵と鶴との話が伝えられ，各地に伝わる鶴の恩返し伝説の中でももっとも古い記述とされる。付近には織機川・鶴巻田・羽付などの古くからの地名も残っている。石段をのぼり右に折れて山門をくぐると，右手には1984（昭和59）年奉納の伝説を刻んだ

まほろばの里

梵鐘があり，正面奥に鶴布山の扁額を掲げた1807（文化4）年再建の本堂が立つ。

珍蔵寺右手の道を約300m行くと，語り部の館と資料館からなる夕鶴の里がある。ここはかつての多勢金上製糸場に隣接する地である。金上製糸は明治政府の殖産興業政策の中で開かれた製糸工場で，富岡製糸場（現，群馬県）から指導者を招き，機械化も進めて品質向上をはかった結果，いぶし銀のような光沢を放つその製品は「羽前エキストラ」として輸出生糸の目玉となった。1904（明治37）年アメリカ・セントルイス博覧会では，米沢製糸場の最高賞についで金上製糸場と長谷川製糸場（高畠町）が金賞を受けた。現在，敷地内には三条実美の揮毫による「殖産益国」碑が立つ。

**梨郷神社** ❷
0238-45-2180
〈M▶P.2〉南陽市竹原984 P
山形鉄道フラワー長井線梨郷駅 🚶12分

産土神の合祀神社
県内最古の板碑が立つ

山形鉄道梨郷駅の北約600mの梨郷神社は，1910（明治43）年，砂塚の塩釜神社に周辺の梨郷正八幡神社，和田宮ノ浦神社・八千鉾神社，竹原稲荷神社を合祀したものである。

神社入口の約50m手前左手の木立の中に，県内最古の板碑が立つ。3基並んだうち向かって左端の「正元元（1259）年」「大日如来（梵字）」が刻まれたものがそれである。残り2基は制作時期不明だが，左端のものと同時期の可能性もある。板碑とは，鎌倉時代から室町時代に関東を中心に流行した，石碑に梵字・仏・五輪塔などを彫ってまつった供養塔であり，鎌倉幕府支配にともなって関東から置賜に移入したものと考えられる。置賜では南陽市・川西町に多く，とくに年代銘が読めるものは南陽市に多い。

梨郷神社板碑

## 日向洞窟 ❷①
0238-52-4472(高畠町社会教育課文化係)

〈M▶P.3〉 東置賜郡高畠町竹森字姥ヶ作山 P

JR奥羽本線高畠駅🚗30分

縄文時代の始まり 1万年前の住まい

　魚介・鳥獣類の狩場だった「置賜湖盆」の東には凝灰岩丘陵地が広がっており，水蝕などによる自然洞窟が多い。JR高畠駅の北東約5kmの日向洞窟(国史跡)は，そこから出土した土器・石器が「縄文時代草創期」という1万年を遡る年代区分設定のきっかけになった記念碑的な遺跡である。洞内からは貝類・魚類・ヒキガエルやキジ・カモ・ハクチョウ・カラスなどの鳥類，シカ・イノシシ・クマ・オオカミ・ウサギなどの哺乳類の遺物もみられ，当時の生活がうかがえる。近くにも，上下2洞からなる火箱岩洞窟(大字安久津)，3つの洞窟・岩陰からなり草創期研究に大きく貢献した一の沢洞窟(大字時沢)，入口は狭いが内部の天井が高くなった大立洞窟(大字高畠)などがあり，いずれも縄文時代草創期から人間が生活していた国史跡である。なかでも大立洞窟は，断続的ではあるが平安時代まで使用されていた。

一の沢洞窟

## 安久津八幡神社 ❷②
0238-52-2924

〈M▶P.3, 32〉 東置賜郡高畠町安久津2043-2 P

JR奥羽本線高畠駅🚗15分

源義家の守護神 東(屋代荘)の八幡社

　数多くの住居跡洞窟や古墳が密集し古代からの繁栄ぶりがうかがえるこの地に，860(貞観2)年，地元豪族の協力を得て慈覚大師の発願で阿弥陀堂が建立された。後三年合戦(1083〜87)ののち源氏勢力が東北におよぶと，源義家が鎌倉鶴岡八幡宮分霊を勧請し，八幡神社となったと伝えられる。以来，西の成島八幡宮(現，米沢市)に対し東八幡宮と称され，往時には12の坊が軒を並べ崇敬を集めてきた。

　境内の中央にある室町時代末期創建の舞楽殿(県文化)は方2間宝

まほろばの里

安久津八幡神社三重塔

形造で，たびたび修復されるも創建当時の面影を残し，阿弥陀堂のあった東を向いて立っている。境内入口左手の三島池の中島に立つ3間四方の三重塔(県文化)は1625(寛永2)年の創建で，1790(寛政2)年に烈風のため倒壊したが7年後に再建された。入口右手に再建前の建物の一部が残されている。釘は使わず，回り縁に擬宝珠勾欄をめぐらし斗栱間には彫刻が施され，象頭や獅子頭をかたどった木鼻が突き出している。毎年5月3日の春祭には古式ゆかしい倭舞が本殿(県文化)で，田植舞が舞楽殿で奉納され，また9月15日の秋祭には境内の的場で行われる流鏑馬の神事と延年の舞が奉納される。神社の左裏手をのぼって行くと，小さな円墳が縦に並んでいるのが認められる。

　神社の西隣には，復元された竪穴住居などを有する歴史公園を挟んで，県立考古資料館うきたむ風土記の丘がある。日向洞窟などの国史跡洞窟遺跡群出土資料のほか，縄文時代前期の押出遺跡(現，国道13号線南陽バイパス)の出土品(1041点が国重文)など，内容の濃い展示となっている。

　神社の南西に広がる高畠の町は，平安時代末期の奥州藤原氏族樋爪五郎季衡に始まる城下町である。現在の町立高畠小学校辺りが

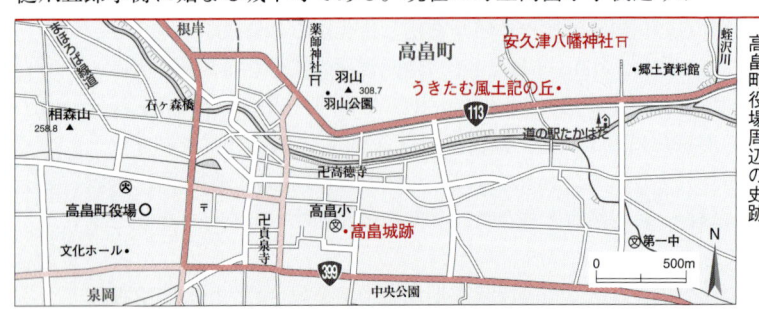

高畠町役場周辺の史跡

32　　　置賜

# まほろばの古墳

コラム

前方後方墳から前方後円墳、群集墳まで、豊富な古墳群

　置賜には4〜8世紀につくられた数多くの古墳がある。

　古墳時代を概観すると、5世紀古墳時代中期にヤマト政権の象徴である前方後円墳が東北南部に至ったとされる。一方で横穴式石室をもつ小規模な円墳もつくられたが、645（大化元）年の薄葬令で前方後円墳が築造されなくなると、地方の有力豪族層も数多く円墳を築造し始め群集墳を形成した。8世紀奈良時代に入ってからの古墳は終末期古墳ともよばれる。

　JR赤湯駅から800mほど南下し、東に約500m行くと稲荷森古墳（国史跡）がある。主軸長約96m、後円部が3段の前方後円墳で、発掘された底部穿孔土師器などから4世紀末のものと推定される。古墳時代中期初頭の前方後円墳としては出羽地方最北であり、この地がヤマト政権勢力域の北限だったと推測できる。

　川西町にも20基の前方後円墳があるが、こちらは薄葬令以後のものであり、形状もヤマト政権の形式と異なり、さらに群集墳のように山腹に密集し重なり合うものや2体を埋葬したものまであることから、ヤマト政権にはつながらない者たちが独自につくったものとみられる。天神森古墳（県史跡）は大規模な前方後方墳であり、4世紀古墳時代前期のものである。

　置賜地方に残る円墳のほとんどが終末期古墳で、とくに数が多いのは南陽・高畠・川西である。

　南陽市には12の古墳群がある。二色根古墳（県史跡）は薬師寺の入口手前を左に進んだ所で、1933（昭和8）年の調査で人骨・須恵器・鉄鏃・和同開珎などが出土した。上野山居沢山の蒲生田山古墳群からは刀剣などが発掘された。

　高畠町には確認されたものだけで70基以上の古墳がある。そのうち羽山・加茂山・北目・源福寺・味噌根・安久津・鳥居町の各古墳を総称する安久津古墳群35基と清水前古墳群（ともに県史跡）は、安久津八幡神社から2km以内に密集している。羽山古墳は1号古墳のみが保存されているが、1894（明治27）年に石槨の中から翡翠・瑪瑙の勾玉など玉類650個と金環19個（県文化）を始め、直刀・人骨・須恵器などが出土した。このほか、金原中野目の金原古墳は県内最大の横穴式古墳である。

　川西町には、前述の前方後円墳群も含む大規模な下小松古墳群（国史跡）が、町北西部の丘陵上に広がっている。

「屋代城」「鐘ヶ城」と称された高畠城跡で、校地西側に三の丸堀の一部が残っている。陸奥・出羽交通の要衝地にあるこの城は、とくに1380（天授6）年に長井氏を滅ぼした伊達宗遠が居城としてからは、

まほろばの里　33

3代約150年間にわたり置賜の中心となった。1598(慶長3)年からは上杉家の支城とされるが、1664(寛文4)年に幕府領となり、一時は織田氏3代(1767〜1830)の居城ともされた(その後、織田氏は天童に移る)。

### 亀岡文殊堂 ㉓
0238-52-0444(大聖寺)

〈M▶P.2〉 東置賜郡高畠町亀岡4028-1 P
JR奥羽本線高畠駅高畠駅🚗10分、または🚌米沢行亀岡文殊前🚶5分

日本三大文殊の一 兼続・慶次らの短冊を保存

亀岡文殊前バス停から東に約500m、文殊山の麓に立つ亀岡文殊堂は、日本三大文殊の随一として中納言格を与えられた名刹である。平安時代初期に法相宗の徳一上人が創建したと伝えられ、江戸幕府5代将軍徳川綱吉が帰依してからは、幕末まで幕府より朱印地100石を賜った。現在の文殊堂は1914(大正3)年に伊東忠太の設計で改築されたものである。中世には村名も文殊寺と記されていたが、江戸時代からは村名が亀岡村、別当が大聖寺(真言宗)と改称された。本尊は大日如来、ほかに明治時代初期の廃仏毀釈の際に安久津八幡本地堂から移された聖観音・阿弥陀・勢至の三尊が安置されている。なかでも高さ186cmで寄木造の木造聖観音立像(県文化)は、鎌倉時代末期の特徴をもつ。

1602(慶長7)年、上杉景勝・直江兼続・前田慶次・大国実頼を始めとする上杉家の面々27人がここで詩歌会を催した。連歌様式で漢詩と和歌を織りまぜた「漢和連句」の作品はおのおの短冊にしたためられ、そのほぼ全部が「直江兼続等詩歌百首帖」として現在も大聖寺に保管されている。

南東へ約3kmの元和田高房神社の石鳥居(県文化)は、高さ2.6m、横間2.3mの「頗る古雅なる」(『和田村誌』)形をしており、柱の中胴が膨らんでいて「天文

亀岡文殊堂

七(1538)年九月十八日」の銘が刻まれている。

　高畠から赤湯行きのバスで津久茂へ向かい,さらに西へ1kmほど行くと,最上川東岸の夏刈の地に伊達家の菩提寺であった資福寺跡がある。ここは置賜盆地の中心にあたり,資福寺は鎌倉時代に長井時秀によって創建されたが,伊達氏はここを学問寺として保護した。境内には伊達家代々の墳墓があったと伝えられるが,現在は伊達儀山政宗・輝宗らの4基の五輪塔が残っている。

## ③ 越後路に沿って

越後街道は，かつての米沢城下・大町の札の辻から下越黒川までの約100kmの道程で，13の峠を越える難所もあった。

### 諏訪神社 ㉔
0238-42-4612　〈M▶P.2〉東置賜郡川西町上小松5161 P
JR米坂線羽前小松駅 🚶25分

＊若者たちの心意気が地域の力をよびおこす

　JR羽前小松駅から県道8号線を西に約1.8km行き，約300m北上した所にある諏訪神社(祭神建御名方命・八坂刀売命)は，和銅年間(708〜715)に創設された県内諏訪信仰の発祥の地と伝えられ，古くから小松の産土神として信仰されてきた。上杉家が入部すると社領50石が寄進された。1872(明治5)年郷社に列せられた。毎年8月になると，諏訪神社の社殿前で小松豊年獅子踊(県民俗)が奉納される。踊りには，大念仏や田楽の要素も織り込まれ，上小松の若者たちによって継承されている。

　川西町小松と西置賜郡飯豊町松原を結ぶ標高280mの諏訪峠は，越後街道十三峠越えの最初の峠で，小松の町は宿場町として栄えた。近年，町の東側国道287号線沿いに大型店舗や新興住宅街ができている。

### 天神森古墳 ㉕
〈M▶P.2〉東置賜郡川西町上小松
JR米坂線羽前小松駅 🚶10分

＊前方後方墳から前方後円墳へ

　東北地方の成立期の古墳は，弥生時代の方形周溝墓の形態の影響を受け，方形を基調としていることが指摘されているが，JR羽前小松駅前の交差点から国道287号線を約400m北上し，東に約100m進んで米坂線の踏切を渡った先の丁字路を約130m南下した東側にある天神森古墳(県史跡)は，主軸が76.5mの前方後方墳である。前方部の撥形の形状や出土した穿孔壺形土器などから，県内でも古く4世紀末の築造と推定される。前方後方墳としては東北最大級の規模を誇る。遺跡の西方眺山丘陵の下小松古墳群(国史跡)には，約200基の古墳が築かれるが，もっとも北に位置する陣が峰1号墳は4世紀中葉の前方後方墳である。

　北に隣接して，1994(平成6)年に開館した川西町フレンドリープラザがある。直木賞作家故井上ひさしの蔵書を収蔵する「遅筆堂文庫」と町立図書館・劇場を併設して多彩な事業が展開されている。

小松の町の中心部から，北方約1.5km，JR米坂線犬川駅の北西約150m，眺山丘陵の東方約500mに古代置賜郡衙跡と推定されている道伝遺跡がある。建物跡や農具・鐙，絵馬などの木製品，墨書土器などが多数出土した。「寛平八(896)年」記銘の木簡の解読などから，8世紀から10世紀にかけての官衙遺跡と考えられ，高畠町の「小郡山」，南陽市の「郡山」との関連が注目される。出土遺物は，川西町埋蔵文化財資料展示館(現在休館中)に収納されている。

　犬川駅から北に約600m，東に約450mの龍蔵神社境内には，「もうこひ」として伝わる供養塔がある。薬研彫りでキリーク(阿弥陀如来)の種字と「弘安二(1279)年」の年紀が刻まれている。鎌倉時代の蒙古襲来の歴史が，ひっそりと伝えられていることに感動を覚える。

## 掬粋巧芸館 ㉖　〈M ▶ P.2〉東置賜郡川西町中小松2911　P
0238-42-3101　　JR米坂線羽前小松駅 🚶 13分

宿場町の伝統を受け継いだ民間博物館

　小松の町内は，鉤形に曲がった城下町特有の道を残しているが，JR羽前小松駅から国道287号線を1kmほど北上すると犬川に架かる橋の手前に掬粋巧芸館がある。かつての小松の地主で造り酒屋を営む井上家10代庄七がみずから収集した中国や朝鮮，日本の陶磁器類をもとに設立したもので，1932(昭和7)年当時，東京以北で初めての民間の博物館であった。おもな収蔵品の中には，染付飛鳳唐草文八角瓢形花生(元代，国重文)，磁器青磁凸花文瓶・陶器黄瀬戸茶碗などの逸品や木造釈迦如来立像，上杉家の家臣甘糟景継の甲冑(紺糸威胴丸，県文化)も所蔵している。

　羽前小松駅から南に約300m，西に約1.2kmの所には，山本周五郎の小説『樅の木は残った』で知られる，仙台藩伊達騒動の中心人物原田甲斐宗輔の祖父宗時の時代，天文年間(1532〜55)までの居城原田城址がある。城跡を含む一帯は置賜公園となって，「日本一」を競うダリアの花が咲き乱れる。

染付飛鳳唐草文八角瓢形花生

越後路に沿って

また，置賜公園の東隣にある真言宗 松光山大光院は，貞観年間（859〜877）弘法大師の高弟真済僧正の開山と伝えられる古刹で，中国宋時代の福建省建窯窯で焼成されたと推定される兎毫文天目茶碗（県文化）は，米沢藩主上杉家から明治時代初期に林泉寺（米沢市）に伝わり，さらに法音寺（米沢市）を経て大光院の所有になったという。大光院の山裾を少し南方におりると，原田氏の菩提寺であった東陽寺（曹洞宗）がある。

## 萩生城址 ㉗
0238-86-2411（飯豊町観光協会）

〈M▶P.2〉西置賜郡飯豊町萩生　P
JR米坂線萩生駅🚶20分

戦国時代の有力国人領主のたたずまい

　JR萩生駅から約1.5km西にある萩生城址は，伊達領国下の有力武将国分氏の居館跡で，現存する水堀や水田，土塁などの景観と明治時代初期の地籍図などから復元すると，主郭部と出丸を配した複郭式の平城で，館めぐりの町割も確認できる。出丸跡は恩徳寺と石現文殊堂の境内地になっている。城域を中心に西方に阿弥陀堂と諏訪神社，北方には国分氏の菩提寺である吉祥寺（曹洞宗）がある。

　萩生城址から北に約1.2km，西に約900mにある，天養寺（真言宗）観音堂（県文化）は，1414（応永21）年に再建されたという。桁行3間・梁間3間の宝形造であるが，四方に縁庇をめぐらし外壁で覆っているので方五間堂にみえる。本尊は，高さ176.9cm，カツラの一木造の木造聖観音立像（県文化）で，平安時代後期の作とされる。境内から観音堂にあがる苔むした石段の前に，「敷石供養塔」がある。置賜三十三観音霊場第4番札所。観音堂境内入口南東に，中村原土壇（県史跡）がある。山岳修験の祈禱壇で，かつては土壇が4基あったという。

天養寺観音堂

# 大塚城址

コラム

中世の景観のなかで

置賜盆地には中世の「館」や「在家」に系譜を引く地名が多い。狭い小路や水田の一部に堀跡や藪の中に土塁跡が残っていることがある。山形鉄道フラワー長井線西大塚駅の東約2.5km、車で10分ほどの東置賜郡川西町西大塚にある大塚城址は、戦国大名伊達氏の有力武将大塚氏が居城とした。高徳寺の東側に最上川の河岸段丘を利用した城跡がある。今に残る牛谷家の門は、大塚城の大手門を移したものと伝えられている。復元図を手がかりに、遠い中世と対話してみるのもおもしろい。

また、JR米坂線羽前小松駅の北西約900mの所にある新山神社一帯は、伊達氏天文の乱（1542～48年）後、晴宗政権を支えた牧野宗仲の居城小松城址で、1570（元亀元）年、伊達輝宗に背いた宿老中野宗時・牧野久仲父子が、一族郎党と籠もった。連郭式の平城で一部堀形を残している。城跡の盛土の一部は、1922（大正11）年米坂線の開通にあたって線路に敷かれたという。

大塚城址復元図（『日本城郭大系3』より作成）

## 宇津峠 ㉘

〈M▶P.2〉西置賜郡飯豊町手ノ子
JR米坂線手ノ子駅🚶30分

バードの心に響いたもの

イギリスの女性旅行家・紀行作家のイザベラ・バードが、1878（明治11）年、新潟から小国を経由して宇津峠に到着、置賜盆地を望んで「アジアのアルカディア」と驚嘆する。その伏線として、手ノ子の宿に集まってきた群衆の思いがけない「民度」の高さに「心をひどく打たれる」体験をしている。蒸し暑さのなかを冷風を送ってくれたことへのチップを受け取らずに、扇子にサインを求めたというのである。『日本奥地紀行』を片手に、森林浴をかねて追体験してみてはいかがだろうか。

飯豊町添川の常福院（真言宗）の木造不動明王及び二童子立像（県文化）は、明治時代になってから西村山郡西川町大井沢の大日寺から譲渡されたものであるが、寄木造で玉眼嵌入し、彩色が施

されている。室町時代初期の三尊像の様式を伝えている。

### 黒沢峠の石畳 ㉙
0238-62-2416（小国町観光協会）
〈M ▶ P.2〉 西置賜郡小国町黒沢 P
JR米坂線羽前松岡駅 🚶30分

掘り出された越後街道を歩く

　越後・米沢街道は，1884（明治17）年，山形県初代県令三島通庸による「小国新道」（当時の新道跡は，片洞門の絶景を経て石造眼鏡橋にたどりつく）の開削によって歴史的役割を終えたが，1980（昭和55）年の「歴史の道・越後街道」調査で，黒沢峠道の土中に敷石（石畳）が埋もれていることが確認され，地元有志らの整備・保存運動が続けられている。

　1996（平成8）年，黒沢峠（419m）から大里峠（487m）までの越後・米沢街道が「歴史の道百選」（文化庁）に選定され，2008年には「越後米沢街道・十三峠（71km）」が「日本風景街道」（国土交通省）に登録されている。「萱野峠敷石惚れ掘れ探検隊」など，地元住民との交流も行われている。追分石や，雪崩遭難供養碑などにも触れてみて，当時を偲んでみてはどうか。

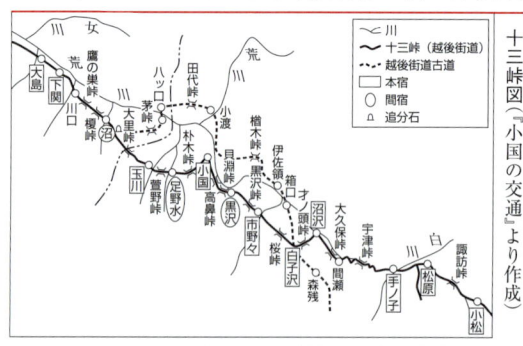

　小国盆地を西流する横川流域に旧石器時代の遺跡がある。JR米坂線小国駅の北約1kmにある横道遺跡からは，関東地方に分布の中心をもつ茂呂型ナイフ形石器に近いナイフ形石器が出土している。小国駅の東側，荒川と横川が形成したそれより一段高い

十三峠図（『小国の交通』より作成）

黒沢峠の石畳

# 最上川の源流

コラム

置賜盆地をうるおす3つの源

①母なる川の源：河川法によれば最上川は山形県と福島県との県境にある西吾妻山(2035m)，「火焔の滝」を源流とする松川を始め，県内各地から428の支流を集め，河口の酒田までの長さ229kmを流れる。流域面積は，山形県の78%におよぶ。②源流の森：飯豊山を分水嶺とする置賜白川の上流に，都市と農山村との交流を目的とした源流の森という施設がある。その近くには，1967(昭和42)年の羽越水害で封印を解かれた上屋地遺跡(旧石器時代)がある。

③飯豊山の穴堰(県史跡)：飯豊山を源とする玉川は，荒川となって新潟県に西流するが，江戸時代に米沢藩内の干害を解消するため，黒井忠寄の建議により，飯豊山の山腹に隧道を開削し，玉川の水を置賜白川に流すことになった。この大事業は，1799(寛政11)年に開始され，1818(文政元)年に長さ約200mの穴堰となって，置賜地方の広大な面積をうるおすことになった。

河岸段丘上にある東山遺跡から出土したおもな石器は，ナイフ形石器や石刃であるが，「東山型ナイフ形石器」として標識石器となっている。

　小国盆地の西方新潟県境の沖庭山(730m)の山頂に沖庭権現の社と神体の巨石が鎮座する。古くから小国郷の人びとの崇拝を受け，明治時代初期の神仏分離令後も「権現」のままで，獅子踊りを伝承している。

## 大宮子易両神社 ㉚
0238-62-2347

〈M▶P.2〉 西置賜郡小国町大宮237 P
JR米坂線小国駅🚶30分

　JR小国駅の約3.5km北西にある大宮子易両神社は，社伝によれば，712(和銅5)年，遠江国周智郡事任神社(現，静岡県周智郡森町)から大己貴命を勧請し，大宮神社の社殿を造営したという。さらに，子易神社が勧請されて安産・子育て・子授けの神と

大宮子易両神社

越後路に沿って　41

して広く崇敬され，置賜地方には女性だけの「大宮講」を残している。安産祈願で訪れた妊婦が「安産枕」を借りていく風習も引き継がれている。一方，大宮地内では，出産の際の穢れ(赤不浄)を嫌って，産屋を建てる珍しい風習を伝えていた。

　小国は，古来より越後との境で，物や人，文化の交流があった。町の南方，小国の町を見下ろす丘は，「県社山」とよばれており，上杉神社が分祠されている。本家の上杉神社が明治時代になって県社に列せられたことによる。

安産を願って

## ④ 舟運のおもかげ

かつて最上川舟運を支えた力が，地域おこしの原点の1つになっている。

**久保ザクラ** ㉛
0238-88-5279(長井市観光協会)

〈M▶P.2〉長井市上伊佐沢字蜂屋敷2021 P
山形鉄道フラワー長井線 南長井駅🚶40分

水と緑と花の長井

長井の市街地の東側を，国道287号線と並行して最上川が北進し，南に桜大橋，北に長井橋がある。桜大橋を渡り二重坂を越えると伊佐沢地区に入る。伊佐沢小学校のグラウンドの南東部に伊佐沢の久保ザクラ(国天然)の老木がある。

1924(大正13)年，県内ではもっとも早く国指定の天然記念物となった，推定樹齢1200年のエドヒガンの巨樹で，遠く坂上田村麻呂と土地の長者久保氏の娘玉女との悲恋物語を伝える。根周り10.8m・幹囲8.1m・高さ16m。種蒔ザクラともいわれ，天保・弘化年間(1830～48)頃は広い枝張りから4反ザクラともよばれていた。米沢藩主も花見にきたという。別説に，永禄年間(1558～70)，伊達氏の家臣で当地の館主桑島将監が，妻お玉の死を悲しんで二重坂の道筋に祭壇を築いて供養し，サクラを1株植えたともいう。

久保ザクラから東へ約600mにある館照山玉林寺(曹洞宗)は，お玉の菩提を弔うために桑島将監が建立したもので，開基「如来院殿玉林妙江大姉」の墓碑がある。

伊佐沢念仏踊(県民俗)は，玉林寺の落慶法要に奉納したことに始まると伝承されている。また一説には，米沢藩主の民情視察の際に，久保ザクラの下で踊ったのが始まりともいう。踊り手が男性で，サクラの造花をつけた纏持ちを中心に，行司・力士・鳥毛ふり・奴ふり・枕などが派手な装束とおどけた所作で，笛と太鼓の囃子にあわせて自在に踊る。僧形をした「道心坊」が鉦を叩い

伊佐沢の久保ザクラ

舟運のおもかげ

て踊る姿に，本来の念仏踊りの名残りがみられる。

　山形鉄道フラワー長井線長井駅から800mほど東進して国道287号線と出合う所に，長井市立長井小学校第一校舎(国登録)がある。前身は，1873(明治6)年「啓蒙学校」，1882年「平章学校」。木造2階建ての第一校舎は，1933(昭和8)年当時の大規模な学校建築を今に残している。併設の教育資料館には，運動会の移りかわり，60年前頃の学校の様子，学童疎開の様子など，創立以来の貴重な資料が展示されている。なお，資料館の一般開放日は創立記念日(5月25日)と秋の慈愛まつりの日のみである。

　国道287号線沿いに白つつじ公園がある。天明(1781～89)の飢饉に際し，窮民救済事業として屋敷内につくらせた築山の「七兵衛つつじ」を，明治時代になってから有志の厚意で移植し，整備したという。5月頃，樹齢700年といわれる琉球種の古木を始め，白ツツジが一面に雪が積もったように咲き誇る。

## 船玉大明神碑 ㉜　〈M▶P.2〉長井市小出八幡山下　P
### 山形鉄道フラワー長井線あやめ公園駅🚶20分

最上舟運の賑わいを今に伝える

　最上川流域の幕府領の年貢米を江戸に廻漕する輸送路が1672(寛文12)年に成立した。下関(現，山口県)を迂回し，北国海運と瀬戸内海運を結んだ西廻り海運がその後に与えた影響は大きい。

　置賜地方は，最上川の上流にあたるが五百川峡谷の難所があり，元禄年間(1688～1704)以前には通船はできなかった。米沢藩の御用商人西村久左衛門が難所を開削し，通船を完成させたのは1694(元禄7)年9月のことであった。総工事費は1万7000両余りと伝えられている。

　左沢(現，大江町)・荒砥(現，白鷹町)・長井・糠野目(現，高畠町)に米沢藩の船屋敷が設置され，長井の宮船場は

「船玉大明神」の石碑

# さくら回廊

コラム

時代を越えて咲き誇るサクラ

長井市には、国指定天然記念物のサクラの巨樹がある。1つは、「伊佐沢の久保ザクラ」、もう1つは、「草岡の大明神ザクラ」で、いずれも樹齢1200年と推定されるエドヒガンである。最上川の堤防沿いには、ソメイヨシノの「千本ザクラ」が咲き誇る。

白鷹町にも、県指定天然記念物の「薬師ザクラ」(高玉)を始め、「釜の越ザクラ」(高玉)など推定樹齢800年を超えるエドヒガンの古木がある。

南陽市赤湯の「烏帽子山千本ザクラ」から白鷹町荒砥までの山形鉄道フラワー長井線の沿線(約43km)は、4月の中旬を迎えると、それぞれが花を競って、春爛漫のさくら回廊の風情をみせてくれる。

その中継基地として米沢藩の表玄関の様相を帯び、やがて小出(現、長井市)にも船場が築かれ商人荷物の取引で繁栄した。山形鉄道あやめ公園駅から県道253号線を東進して、長井橋を渡りすぐ南に折れると、数基の石碑が目につく。「船玉大明神」の石碑から、舟運の安全を祈る祖先の想いが伝わってくる。

長井橋から西へ800mほど行くと「文教の杜ながい」がある。旧丸大扇屋(県文化)は、1628(寛永5)年に宮村十日町で荒物や太物の商売を始め、最上川舟運が開通すると、京・大坂との反物・呉服類の取引によって栄え、7代目長沼忠兵衛は、宮村の肝煎もつとめるなど、昭和時代戦前まで呉服商兼地主として発展した。道路に面して店蔵・小間屋門・店屋が並ぶ、この地方の典型的な町屋の様式を残し、戸の美しい縦格子と「嘉永五(1852)年、大坂より購入」の記載がある仏壇、天保年間(1830～44)の味噌蔵なども含め、財団法人文教の杜ながいが管理し公開している。近接して長沼孝三彫塑館や小桜館(旧西置賜郡役所)がある。この辺り一帯には、戦国時

小出船場跡碑

舟運のおもかげ　45

土偶の広場

代,伊達政宗の重臣片倉小十郎が生まれた宮村館の遺構が残る。

山形鉄道フラワー長井線羽前成田駅から北西へ,踏切を渡ってまもなく,「西館」という小字名に行き当ると,館堀の一部と長屋門を構える平吹家がある。「正応二(1289)年」の紀年銘を刻む板碑がある。頭頂部や基部も欠損しているが薬研彫りの種字「ア(胎蔵界大日如来)」を確認することができる。羽前成田駅南西の成田地区にも「館の内」などの小字地名があり,中世文書(飯沢文書,県文化)を伝える飯沢家がある。

長井市西部にある朝日連峰南西部の葉山断層崖(通称西山)の裾野,羽前成田駅の西約3kmには,遺跡公園梨の木平縄文の森がある。周囲は古代の丘として整備され,縄文生活を体験できる。土偶の広場では,日本各地の土偶のレプリカと触れあうことができる。土偶の広場の150mほど南にある古代の丘資料館では,長井市の宮遺跡・長者屋敷遺跡から発掘された資料などを展示している。

古代の丘資料館の約500m東にある市立西根小学校の北方に,草岡の大明神ザクラ(国天然)がある。エドヒガンの巨木で,根本に大きな空洞があるが,高さは18.8m,枝張りは東西・南北とも10mを超える。独眼竜伊達政宗が,鮎貝城(現,白鷹町)攻略に際し敗れて逃れてきて,このサクラに隠れて命拾いしたという伝説がある。

1598(慶長3)年,越後の上杉景勝は会津に転封になった。会津・出羽置賜・庄内仙北・佐渡の120万石のうち,庄内・置賜は重臣直江兼続に統治させ,最上領・越後領・置賜・庄内の境界を通る山岳道路の開削に着手した。草岡から葉山(1264m)—大朝日岳(1870m)—大鳥川の上流,田沢鱒淵に至る全長約60kmの「庄内直路」は,現在も朝日軍道跡として,幕張松・鑓立坂など軍団の通行を示す地名や道形が残されている。

### 總宮神社と遍照寺 ㉝
0238-88-3348／0238-88-2285

〈M▶P.2〉長井市横町14-24 P／14-8 P
山形鉄道フラワー長井線あやめ公園駅🚶5分

　山形鉄道あやめ公園駅から県道253号線を約180m東進し，右折して北へ200mほど向かうと，杉木立の森がみえる。延暦年間（782〜806）に坂上田村麻呂が創建したと伝える總宮神社である。1593（文禄2）年，下長井の50カ村余りの神社を宮村大明神に合祀して，下長井郷の総社とした。1600（慶長5）年，上杉氏は「宮村神領」として50石の知行を与えた。本殿は1782（天明2）年の再建であるが，屋根の勾配と流れるような美しい反りと総ケヤキ造の豪壮な社殿は重厚感がある。

　總宮神社の東側に接してある金剛山遍照寺（真言宗）は，奈良時代の行基による開基と伝えられているが，室町時代に宥日上人により中興されて以来，「奥の高野」とよばれた。伊達氏・上杉氏の祈願寺として，かつては置賜各地に34カ寺の末寺をもち，總宮大明神や鐘楼・諸堂が連なる一山寺院であった。明治時代に，奈良長谷寺の末寺になって現在に至っている。境内には，置賜三十三観音霊場第10番札所馬頭観音堂があり，運慶作の伝承がある迫力に満ちた木造馬頭観世音菩薩立像（県文化）をまつっている。

　總宮神社北西の低地にあやめ公園が開園したのは，フラワー長井線が長井まで開通した1914（大正3）年のことである。1930（昭和5）年，山形新聞社が主催した「山形県一名所」の県民投票で第1位当選をはたした。500種100万本が花を競っている。

總宮神社（左）と遍照寺馬頭観音堂（右）

### 瑞龍院 ㉞
0238-85-6136（白鷹町役場商工振興係）

〈M▶P.2〉西置賜郡白鷹町高玉4069 P
山形鉄道フラワー長井線蚕桑駅🚶40分

　山形鉄道蚕桑駅の約2km北西にある稲荷山瑞龍院（曹洞宗）は，寺伝によれば，1453（享徳2）年伊達持宗の頃，遠州物外性応を

信仰のふるさと

伊達家ゆかりの勅願所の風格

舟運のおもかげ　47

開山として，その弟子実庵祥参の開創とされている。伊達氏の庇護の下，1485(文明17)年に勅願所に列し，最盛期には末寺500カ寺と伝えられ，曹洞宗布教の一大拠点であった。文明年間(1469〜87)に建立された山門は，名刹に相応しい様式と風格を備えている。本堂のほか，竜門図書館や稲荷堂があり，寺の西方約800mには，水垢離に利用された龍門の滝がある。

高玉の円福寺(真言宗)の銅造観音菩薩立像(県文化)は，7世紀末の白鳳期の風格が伝わってくる小金銅仏(像高29.5cm)である。秘仏として人の目に触れることはなかったが，江戸時代までは，西山山麓の観音堂にあったと言い伝えられている。

## 深山観音堂 ㉟
0238-85-6136(白鷹町役場商工振興係)
〈M▶P.2〉西置賜郡白鷹町深山3315-1 P
山形鉄道フラワー長井線荒砥駅 🚶10分

今に残る阿弥陀堂の姿

山形鉄道荒砥駅の約4km北西にある深山観音堂(観音寺〈天台宗〉観音堂，国重文)は，桁行3間・梁間3間の宝形造。観音堂と称しているが，太い円柱や舟肘木の曲線などの特徴から，平安時代の様式を伝える阿弥陀堂で，現在の堂宇は室町時代に再建されたものと推定されている。

深山観音堂

現在の観音堂は，1956(昭和31)年の解体修理後，大規模な屋根の葺き替え工事を行い，柿葺きから茅葺きとなった。千手観音を本尊とする深山観音は，置賜三十三観音霊場第8番札所でもある。

## 鮎貝城址 ㊱
0238-86-0086(白鷹町観光協会)
〈M▶P.2〉西置賜郡白鷹町鮎貝字桜館3303 P
山形鉄道フラワー長井線四季の郷駅 🚶10分

かつての、最上領との境目の城址

戦国時代末期の鮎貝城主は鮎貝宗重で，伊達政宗の側近の談合衆であったが，嫡子宗信は，1587(天正15)年最上氏と通じて政宗に背いた。政宗は鮎貝城を攻め，町郭に火をつけ宗信は逃れるが，

48　置賜

# 伝統工芸

コラム

産

長井紬と白鷹紬

　山形鉄道フラワー長井線に蚕桑駅があるが、その由来となった蚕桑村は、1889(明治22)年、江戸時代の横田尻・山口・高玉の3カ村が合併して成立し、1947(昭和22)年荒砥町ほか4カ村と白鷹町に合併されるまで存続した。米沢藩9代藩主上杉治憲(鷹山)の藩政改革以後、産業振興策として養蚕と絹織物(米沢紬)を奨励し、以後米沢織物は基幹的産業として発展してきた。

　村々では、副業として「お蚕様」を育て、養蚕講を催し、豊作を祈願した。白鷹町高玉の円福寺観音堂南側の養蚕殿本尊は馬上姿の「鷹山治憲大権現」である。

　明治時代に入って、小出村(現、長井市)の竹田清五郎らが紬絣の改良に取り組み、製品を長井紬として統一し、粗製乱造の弊をなくした。長井紬は、明治30年代頃から米琉の名(琉球紬に似た米沢紬)で知られるようになった。

　昭和時代初期には、十王村(現、白鷹町)の小松米蔵らの手で白鷹お召が完成した。長井市内の業者で組織される、長井紬織物工業協同組合で長井紬を、白鷹町内の業者で組織される米琉織物工業協同組合では、本場米琉と白鷹お召を白鷹紬としておもに生産している。

　長井紬と本場米琉はいずれも手染めで、伝統的な高機による手織りである。白鷹お召は、亀甲と十字絣の模様が特徴である。長井紬・白鷹紬はその独特な味わいと丈夫な品質で広く愛用され、1976(昭和51)年には、米沢草木染とともに置賜紬の名で、国の伝統的工芸品に指定された。

　なお、長井・白鷹地方には、ほかに成島焼を復活させた長井市今泉の和久井窯や、白鷹町深山の伝統工芸村の深山和紙(県無形)や深山焼などの伝統工芸が伝承されている。

白鷹式高織機

宗重の功績を賞し2男宗益に家を継がせ一家の上座においた。上杉氏が会津に移封になると、中条三盛が鮎貝城代として配置された。

　山形鉄道四季の郷駅から約300m北上し、左折して郵便局のある通りを西に約100m進み、右折して約100m北上した所にある鮎貝城址には鮎貝八幡宮が立つ。本殿(県文化)は、天保年間(1830〜44)の建築であるが、総ケヤキの白木造で、巧緻な彫刻が施されている。

舟運のおもかげ　　49

荒砥鉄橋

八幡宮は，元来，鮎貝字八幡の地に創建されていたが，1896（明治29）年に現在地に移築された。1624（寛永元）年，上杉定勝は社領25石を寄進して社殿を改修し，上杉家代々の祈願所として崇められた。

　四季の郷駅の約650m北にある常光寺（浄土宗）の層塔（県文化）は，石英粗面岩質凝灰岩の七重の層塔で，造立の趣旨は，1579（天正7）年に中津川備後守の娘の菩提を弔うため，権大僧都法印智海を導師として建てたという。

　山形鉄道フラワー長井線の最上川橋梁（荒砥鉄橋）は，2008（平成20）年度土木学会選奨土木遺産に認定された。もともとは120年前に東海道本線木曽川（愛知・岐阜県）に架けられた英国製の最古の鉄橋で，1923（大正12）年に短縮改良して長井線に設置され，現在も歴史の証言者，そしてシンボルとして貴重な土木遺産である。1921（大正10）年に移築されたJR左沢線の羽前長崎最上川鉄橋とは，同じ場所から転用された双子である。

　山形鉄道フラワー長井線荒砥駅の南向かい，最上川の右岸に，荒砥城址（八乙女八幡神社）の森がみえる。戦国時代は，伊達領国と最上領国との境目の城として何度か改修普請が行われている。1598（慶長3）年，上杉景勝が越後から会津へ移封になると，米沢城の直江兼続を筆頭に28の支城に城代が配置されるが，荒砥城代には泉沢久秀が任じられている。彼は，景勝の直臣団上田衆で，財務担当の奉行として会津定詰であった。

　荒砥城址に八乙女八幡神社が建立されている。社伝では，寛治年間（1087〜94）に源義家が奥州下向の際，当地で霊夢をみて戦勝を得たことから，神恩に感謝して京都石清水八幡の分霊を勧請した際に，8人の乙女に舞楽を奏させて奉納したという。

　八乙女八幡神社の約1km北東にある光明山称名寺（真言宗）は，

# 草木塔

コラム

「いのちを大切にするこころ」の系譜

　自然界の生きとし生けるあらゆるものの「いのち」を畏敬し、共生しようとする自然観がある。それは、はるか幾千年前の縄文時代まで遡り、森羅万象すべてのものに霊魂が宿るという自然崇拝（アニミズム）に淵源を求めることができる。

　置賜地方には、「草木塔」、「草木供養塔」などと刻まれた、全国でも珍しい供養塔が分布している。古くは、1780（安永9）年銘の米沢市塩地平に所在するものから、明治・大正・昭和時代におよび、なかには、米沢市梓山に所在する2mを超えるものもあり、造立への熱い思いと強いエネルギーが伝わってくる。自然保護運動の高まりとともに、あらたに加わった平成時代の草木塔もある。

　安永年間（1772～81）の米沢藩は、9代藩主上杉治憲（鷹山）による藩政改革が進められていた。漆・桑の植樹による殖産興業策、なかでも山村の振興が図られていた。おりしも、1772（安永元）年の大火で、江戸屋敷が焼失し、その復興のために大量の木材が御林から切り出されたという。豊かな恵みに感謝し、その木霊を供養し、跡に植林された新しいいのちのすこやかな成長を願ったことは、容易に推察されるところである。

　また、米沢市入田沢に所在する碑文に「一佛成道　観見法界　草木国土　悉皆成仏」という経文の一部が刻まれているものもある。自然界の草や木や虫にも、森も山にも、すべてのものに仏性が宿り、その「いのち」を大切にしなければならないという。飯豊町天養寺観音堂境内に所在する参道の敷石を供養する「階供養塔」もある。

　石文として刻むことによって、人びとの連帯を確かめあい、より強いつながりを求めていったものであろう。「草木塔」は、現代の私たちに、「いのちを大切にするこころ」の系譜を強く訴えている。

草木供養塔（米沢市入田沢）

746（天平18）年行基の開山と伝えられ、もとは法相宗。ここには、厳しい詮索を受けたキリシタン信者が遺した起請文や十字架を始め、歴史資料が多い。文書の1通は、1636（寛永13）年、佐野原村

舟運のおもかげ　51

(現，白鷹町)の隼人ら4人が転宗を誓って称名寺に提出した起請文であるが，9年後に領外キリシタンの自白によって，一家5人が捕えられ，妻は獄死，隼人は江戸の牢獄に送られている。

### 剣先不動尊 �37
0238-86-0086（白鷹町観光協会）

〈M▶P.2〉西置賜郡白鷹町佐野原
山形鉄道フラワー長井線荒砥駅🚌10分または🚌大瀬行佐野原🚶1分

最上川舟運の証人として

1694(元禄7)年，西村久左衛門が「黒滝の瀬」の岩を砕き，左沢より上流の最上川舟運の便を開くと，最上川沿いの菖蒲(現，白鷹町)・宮・糠野目に船場がつくられ，米沢藩の物資の集散地となった。

開削は難工事で，山形鉄道荒砥駅から国道287号線を約2.5km北上すると黒滝橋があり，さらに1.5kmで道の駅「白鷹ヤナ公園」がある。そこから約1km進んだ所にある佐野原の剣先不動尊には工事に先立って堂を再建した際の棟札や普請成就を祈願して奉納された鰐口がある。この剣先不動尊については，開削の時に，深い川淵から大蛇が浮き上がったので不動尊の利剣が天から降りてきて，この大蛇を退治したという伝説が残っている。黒滝橋から当時開削された「舟道」を確認することができる。

菖蒲から下流には，かつていくつかの簗場があり，アユやウナギなどが獲れたが，1961(昭和36)年上郷ダム(朝日町大滝)ができて消滅した。その後1984年下山地区に簗場が復活し，ヤナ公園・鮎茶屋ができ，道の駅「白鷹ヤナ公園」として整備されている。

黒滝付近の舟道

荒砥駅の約1.2km北東にある松林の丘陵一帯は，白鷹町ふるさと森林公園として整備され，町民の憩いの場所になっている。1986年，保養センター関連工事中に，大平山から尾根伝いに続く笠松山か

ら、経塚が2基発見され、凝灰岩製の外容器・青銅製の経筒・刀子などが出土した。笠松山経塚遺跡1・2号として復元され見学に供している。

県道17号線をさらに北東に進み、中山地区に入る。東方に白鷹山がみえてくる。白鷹町を始め、山形市・上山市・南陽市・山辺町の境界点に位置し、山頂に虚空蔵尊をまつる堂宇があり、虚空蔵山ともよばれている。「高い山」信仰でも知られ、古来置賜・村山方面から多数の参拝者が集まり、養蚕神としての信仰も篤かったので、護符を求めたり、参拝者同士で養蚕期の雇用契約を結んだりもしたという。

*Murayama* 村山

文翔館(山形県旧県庁舎)

山寺の弥陀洞

## ◎村山モデルコース

1. JR奥羽本線かみのやま温泉駅 10 上山城 3 観音寺 3 上山温泉源泉(足湯) 1 正中二年大日板碑 3 浄光寺 10 武家屋敷 5 春雨庵跡 5 栗川稲荷神社 15 蟹仙洞 7 JRかみのやま温泉駅

2. JR奥羽本線山形駅 8 山形市役所 1 山形県旧県庁舎・県会議事堂 8 教育資料館(旧山形師範学校本館) 10 国分寺薬師堂・護国神社 5 千歳公園待合所 10 JR山形駅

3. JR奥羽本線天童駅 10 佛向寺 3 天童市旧東村山部役所資料館 5 出羽桜美術館 8 観月庵 5 建勲神社 10 将棋供養塔 3 天童古城記念碑 15 天童民芸館 10 広重美術館 10 JR天童駅

4. JR左沢線寒河江駅 5 寒河江八幡宮 10 慈恩寺 5 長登観音 15 岩根沢の三山神社 15 寒河江ダム展望台 45 JR寒河江駅

5. JR奥羽本線東根駅 30 東根城跡 5 東の杜資料館 40 JR東根駅 5 光寺梵鐘 10 若宮八幡神社 10 養源寺 5 御殿屋 10 上町観音堂 15 「みちのく」風土記の丘 15 花沢待合所

6. JR奥羽本線大石田駅 10 尾花沢市

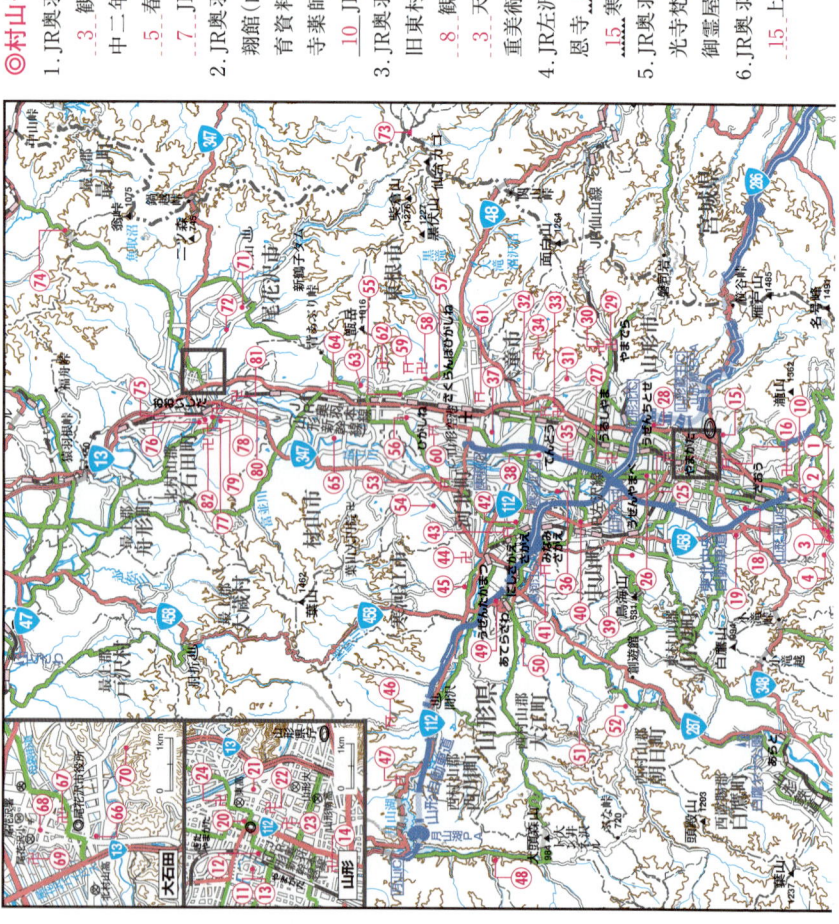

長井市・南陽市・高畠町・川西町

丘資料館 20 念通寺 5 龍昌寺 10 芭蕉・清風歴史資料館 5 鈴木清風邸 5 諏訪神社 5 知教寺 5 薬師堂 5 養泉寺 5 尾花沢代官所跡 10 尾花沢待合所

①上山城跡
②武家屋敷
③春雨庵跡
④高楯城跡
⑤楽山古窯跡群
⑥中山城跡
⑦旧尾形家住宅
⑧五巴尼神社
⑨宿場町楢下
⑩斎藤茂吉記念館
⑪山形城跡
⑫最上義光歴史館と山形美術館
⑬山形県立博物館と山形市郷土館
⑭宝光院
⑮千歳山
⑯石鳥居
⑰蔵王山
⑱谷柏古墳群
⑲嶋沢古墳
⑳文翔館
㉑教育資料館
㉒養称寺
㉓光明寺
㉔国分寺薬師堂
㉕鳥海月山両所宮
㉖鴫遺跡
㉗吉祥院
㉘高原古墳
㉙山寺根本中堂
㉚山寺奥之院
㉛格知学舎
㉜舞鶴山と建勲神社
㉝佛向寺
㉞若松寺
㉟石佛寺
㊱みなとまち寺津
㊲成生三階堂屋敷跡
㊳西沼田遺跡公園
㊴山野辺城跡
㊵長崎城跡
㊶平塩熊野神社
㊷寒河江城跡
㊸寒河江八幡宮
㊹慈恩寺
㊺白岩義民の供養碑
㊻岩根沢の三山神社(旧日月寺)
㊼口之宮湯殿山神社
㊽大日寺跡
㊾楯山公園
㊿漆川古戦場
51大沼の浮島
52佐竹家住宅
53谷地八幡宮
54紅花資料館
55大塚古墳
56長瀞城跡
57東根城跡
58養源寺
59若宮八幡神社
60于次郎稲荷神社
61若木神社
62小松沢観音堂
63楯岡城跡
64日本一杜林崎居合神社
65河島山遺跡
66上町観音堂
67念通寺と龍昌寺
68芭蕉・清風歴史資料館
69養泉寺
70荒楯跡
71延沢城跡
72延沢銀山遺跡
73御所山
74山刀伐峠
75角舘二山遺跡
76井出楯跡
77西光寺
78大石田町立歴史民俗資料館
79高野一栄宅跡
80乗船寺
81善翁寺
82向川寺

57

# 茂吉のふるさと上山

本県を代表する温泉地の1つ上山市はまた,戦国時代以来の城下町でもある。周囲には数多くの史跡が点在する。

## 上山城跡 ❶
023-673-3660 〈M▶P.56, 59〉上山市元城内3-7 Ｐ
JR奥羽本線かみのやま温泉駅🚶12分

温泉街の中心 月岡公園に聳える

　JRかみのやま温泉駅から県道13号線(羽州街道)に出て北進し,西に曲がると小高い丘陵にたどり着く。この一帯が月岡公園で,復元された上山城(月岡城)が聳える。1982(昭和57)年,市立の博物館として完成したもので,市のシンボルとなっている。上山城の起源は1535(天文4)年に斯波一族の武衛義忠が月岡城を築いて移ったものであり,その後,里見・坂・松平(能見)・蒲生・土岐の各氏が入部し整備を重ね,東に前川,西と南に沼沢という天然の要害を利用した平山城特有の一二三段の構成をもつ華麗な城郭となった。しかし,1692(元禄5)年に幕府領になるにおよび,本丸御殿や隅櫓,石垣などが破却され,以後再建されることはなかった。その後,1697年に松平(藤井)氏が入封し,174年間10代にわたって城主となり,明治維新を迎えた。城郭は廃藩置県で再び破却され,わずかな堀のみを残すだけとなった。旧本丸跡に立つ月岡神社は,藤井松平氏の祖松平利長と信一父子をまつるもので,1877(明治10)年に建立されたものである。また近くには,小さいながらも蔵王連峰を借景とする本丸庭園が残っている。江戸時代初期に上山藩に配流された沢庵宗彭が設計したと伝わる名園で,作庭当時藩主だった土岐家の江戸上屋敷にあった石灯籠も寄進され「土岐灯籠」とよばれている。

　月岡公園は春は県内有数のサクラの名所となり,また秋には世相を風刺した「かかし祭り」が開催され,冬は奇祭

上山城

58　　村山

「カセ鳥」の行事が行われるなど,四季を通じて楽しむことができる。カセ鳥は江戸時代からの正月行事で,ケンダイという蓑のようなものをかぶり,頭から水をかけられながら,商売繁盛や火の用心を祈願して市内をまわる。

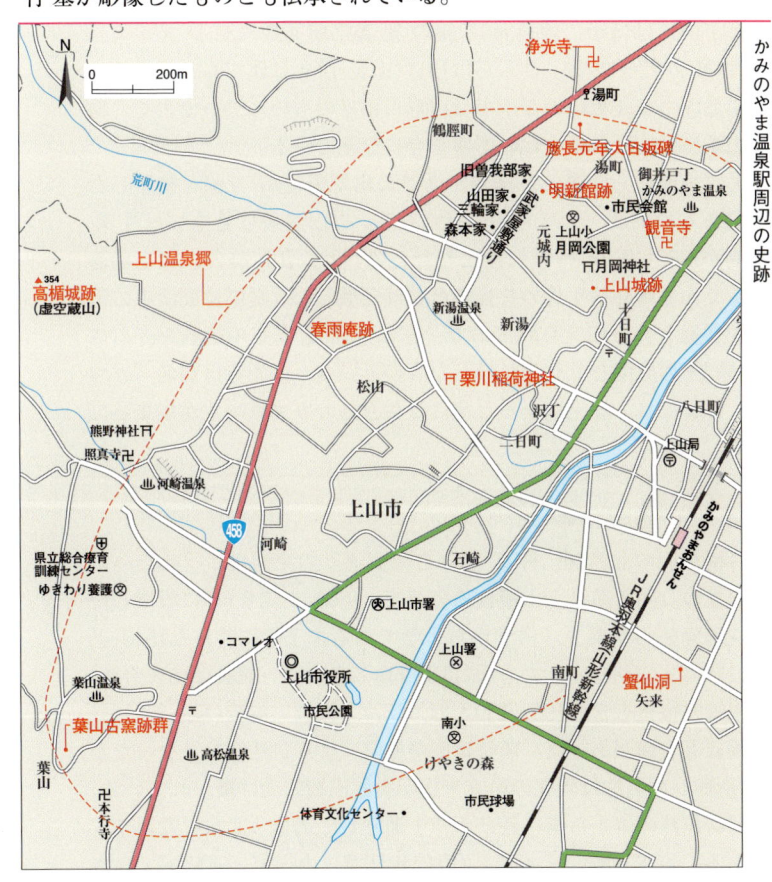

月岡公園から市民会館脇を通り,右折してすぐの場所に観音寺(真言宗)がある。ここは最上三十三観音第10番札所にあたり,湯ノ上観音とよばれて信仰が篤い。創建は1109(天仁2)年道寂和尚の開山とされ,本尊の聖観世音菩薩は小野篁の護り本尊とも,行基が彫像したものとも伝承されている。

かみのやま温泉駅周辺の史跡

浄光寺庭園

　観音寺から北西方面に進み湯町の旅館街に出て，上山温泉源泉の先を右手にのぼった所に安山岩の自然石を利用した正中二年大日板碑（県文化）がある。1325（正中2）年に亡き両親の追善供養のために造立されたものである。市内にはほかに国道348号線の狸森字前丸森に應長元年大日板碑（県文化）がある。こちらは1311（応長元）年に建てられたもので，村山地区の在銘板碑のなかでは山形市山寺のものについで古く，白鷹山系に栄えた仏教文化の影響を今に伝えている。

　大日板碑から北進し，湯町バス停に出て国道457号線を横断した所にあるのが浄光寺（浄土宗）である。上山温泉を発見した月秀和尚が1459（長禄3）年に開山したといわれ，江戸時代には上山藩藩主である藤井松平氏の菩提寺となり発展した。庭園は配流中の沢庵が作庭したと伝えられており，左は京都龍安寺の裏庭を，右は桂離宮の庭園をそれぞれ模したものという。浄光寺は別名「ガマ寺」とよばれ，春先になると池には数百匹のガマガエルが集まってくる。

武家屋敷 ❷
023-672-1111（上山市商工観光課）
〈M ▶ P. 56, 59〉上山市鶴脛町1丁目　Ｐ（上山城跡）
JR奥羽本線かみのやま温泉駅 15分

中級武家住宅を今に伝える4軒

　月岡公園の北西側，仲丁通りと沼口通りの東南角に明新館跡の碑が立つ。明新館は上山藩校の名前で，1809（文化6）年に設置した藩校天輔館の学風を，古学から官学である朱子学に改めた1840（天保11）年に，幕府の林大学頭により命名された。職員は15人前後，学生は寄宿生も含め100～130人で，江戸・大坂・越後（現，新潟県）長岡にも支館があった。藩校は廃藩置県により自然廃絶となったが，「明新館」の名称は現在の県立上山明新館高校に受け継がれている。

　明新館跡の碑から南に延びる仲丁通りが，通称「武家屋敷通り」である。現在4軒の武家屋敷（旧曽我部家・山田家・三輪家・森本

武家屋敷山田家

家)が残り、一帯は趣のある景観となっている。
　曽我部家は宗旨奉行、大目付などを歴任した一族で、屋敷は寄棟、茅葺きの木造平屋建て、武家中門造で、内部には鑓掛場や刀置場、上段など、外には釣瓶井戸や水琴窟などが残り、当時の中級武家住宅の様子を今に伝えている。山田家は寺社奉行や勘定奉行など重職を任されていた家柄で、主屋の建築年は1804(文化元)年と推定され、若干の改修はあるものの、主材の変更が少なく貴重な文化財となっている。三輪家は100石、10人扶持の家禄を与えられ、側用人や藩校明新館の教師になった家臣である。住宅の建築年代は山田家と同じ頃と推定され、木造平屋建て、寄棟、茅葺き、武家中門造で、これも中級程度の武家屋敷である。森本家は藩主随伴役を多くつとめた家柄で、住宅は文久年間(1861〜64)以前に別家が建てたものを、森本家が藤井松平氏に従って上山に入府した1697(元禄10)年以降、改修が加えられたものである。建物は、木造平屋建て、武家中門造、寄棟、茅葺きで玄関や座敷まわりが見事である。

### 春雨庵跡 ❸
023-672-0824
〈M ▶ P.56, 59〉上山市松山2-10-12 P
JR奥羽本線かみのやま温泉駅 🚶15分

配流の沢庵禅師がこよなく愛した庵

　武家屋敷から南進し、駅前から西に延びる県道104号線を渡り、200mほど進むと、春雨庵跡(県史跡)がある。ここは1629(寛永6)年、紫衣事件により江戸幕府からこの地に配流された、京都大徳寺の僧沢庵宗彭がすごした所である。時の上山城主土岐頼行は草庵を寄進して手厚く遇し、沢庵はここを春雨庵と号した。この間の沢庵の行動はあまり制限されておらず、松島(現、宮城県)や千歳山(現、山形市)に遊び、さまざまな藩士とも交流があったという。3年後、幕府の天海僧正の請いにより赦されて江戸に帰り、品川に東海寺を開き、春雨庵もそこに移した。現在の建物は1953(昭和28)年に復元されたもので、茶の水を汲んだ山の井や座敷などがある。

春雨庵

春雨庵跡から県道104号線を駅前方面に進むと、坂道をくだる途中に栗川稲荷神社(祭神倉稲魂命)がある。社は1697(元禄10)年に上山入府が決まった松平(藤井)氏によって、旧領備中国庭瀬(現、岡山市)から遷されてきたものである。以前から松平氏の尊崇を受けていたが、上山への赴任途中で、武蔵国栗橋(現、埼玉県久喜市)まできたときに利根川の水害を事前に察知し、被害が避けられたということから、ますます信仰が篤くなったという。そのため栗橋の栗と利根川の川をとり、栗川稲荷と名づけられた。当時は上山城の鎮守社として城内にあったが、明治維新後に荒廃したため、憂いた十日町の清水屋が現在の場所に遷座した。周辺の人びとだけでなく遠方からも信仰が篤く、正面からのぼる参道には、奉納された120基を超える石灯籠と1000余りの赤鳥居がトンネルのように続き、訪れる人を圧倒する。

JRかみのやま温泉駅に戻り、南に向かい、奥羽本線(山形新幹線)の踏切を渡った所にあるのが、蟹仙洞である。ここは、当地で大正時代に製糸業を営んでいた長谷川謙三氏が収集した美術工芸品を公開するため、1951(昭和26)年に設立された私設博物館である。展示品の見どころは漆工芸品と日本刀や甲冑などであり、国の重要文化財指定のものとして、楼閣人物填漆箪笥1基と備前国長船兼光銘の太刀など4口(盗難のため行方不明)、県文化財指定として擬

栗川稲荷神社

# 上山温泉

コラム 憩

イザベラ・バードも訪れた奥羽三楽郷

上山温泉は1458(長禄2)年に肥前国(現,佐賀県)杵島郡の月秀和尚が巡錫中に,沼辺から霊泉が湧出し,脛に傷のあるツルが足を浸しているのをみて温泉を発見したのに始まると伝えられている。この湯は「鶴脛の湯」とよばれるようになり,上山温泉が誕生した。江戸時代には湯野浜(鶴岡市)・東山(福島県会津若松市)と並び「奥羽三楽郷」の1つと称されるほどの賑わいをみせた。月岡公園の北側が旧温泉(湯町)で,西側の新湯は上山城がこわされた後の1922(大正11)年に発見され,旅館がつぎつぎと建てられるようになっていった。その後,南西方面に,高松(1922年),葉山(1948年),河崎(1954年)などの温泉が開かれ,総称して上山温泉郷とよばれている。現在は三十数軒の旅館やホテルが立ち並ぶ本県を代表する温泉地の1つとなっている。

1878(明治11)年に当地を訪れたイギリス人イザベラ・バードは『日本奥地紀行』でつぎのように書いている。「上ノ山は清潔で空気がからりとしたところである。美しい宿屋が高いところにあり,楽しげな家々には庭があり,丘を越える散歩道がたくさんある。(中略)もしここが外国人の容易に来られる場所であったら,美しい景色を味わいながら各方面にここから遠足もできるから,彼らにとって健康的な保養地となるであろう」。

上山温泉郷には7カ所の共同浴場と5カ所の足湯がある。共同浴場の料金はいずれも100円だが,洗髪するためにはもう100円が必要だ。洗髪代を払うと湯が出る水道蛇口の取っ手をもらえるという,おもしろいシステムである。

上山温泉源泉

宝珠堆朱盆など6点を所蔵,計4000点余りを展示している。建物は旧長谷川家の住居をそのまま利用していて,土蔵や日本庭園がある。

## 高楯城跡 ❹   〈M▶P.56, 59〉上山市鶴脛町虚空蔵  Ⓟ
JR奥羽本線かみのやま温泉駅🚗10分(駐車場) 🚶20分

市街地の西に位置する山城跡

JRかみのやま温泉駅から西方を望むと,三角形の山がみえるが,これが高楯城跡のある虚空蔵山(別名亀ヶ岡山,354m)である。駅前から国道458号線に出て南進し,松山バス停から右折,住宅地の中を西にのぼっていくと,古い鳥居と高楯城跡の標識があらわれて

茂吉のふるさと上山　63

駐車場がある。そこから登山道を20分ほど歩くと頂上で、山頂には虚空蔵神社が立ち、蔵王連峰や上山市街の眺望が広がる。高楯城は最上氏の祖である斯波兼頼の曽孫満長によって応永年間(1394〜1428)初期頃築城されたといわれ、以後しばしば最上氏、伊達氏の争乱の場となる。1535(天文4)年伊達稙宗の侵攻時、居を構えていた武衛義忠がこれを破り、東方の天神森に月岡城(上山城)を築いて、その後移った。さらに1600(慶長5)年、上杉軍が山形を攻めた奥羽における関ヶ原の戦いのとき、上山勢がこの高楯城に拠って戦い、勝利を収めたという。

　城は山頂を主郭として、西側に二ノ郭、北側に三ノ郭をもち、空堀も備えた東西500m・南北300mほどの大規模なもので、中世山城の姿を今に残す、貴重な遺構となっている。

　1932(昭和7)年、頂上近くで新種と思われるナナカマドが1株だけ発見されて、でわのはごろもななかまど(県天然)と命名された。自然生の株としては世界で唯一のもので、根周り約32cm、高さ約6.5mある。5月下旬に開花する。

## 葉山古窯跡群 ❺
023-672-5454(旅館古窯)

〈M ▶ P.57, 59〉上山市葉山5-20 P
JR奥羽本線かみのやま温泉駅 🚌 高松葉山温泉行終点
🚶 5分

山形盆地古窯跡群の南端　須恵器窯跡

　国道458号線の高松葉山交差点を西に折れ、葉山温泉街の坂道をのぼって行くと、旅館「古窯」の敷地内に須恵器窯跡(県史跡)がある。1957(昭和32)年この旅館の新築中に、南向き斜面に約2mの間隔で3基発見されたもので、今は3号窯の上半部のみ保存されている。窯跡としては本県初の調査が行われ、年代は8世紀後半、窯は幅1.4m、全長6mのかまぼこ型の断面をもつ半地下式無段登り窯と推定されている。ここからは甕や壺、杯や蓋など数々の須恵器が出土している。

　葉山窯跡を南端として、上山市西部の丘陵地帯から山形市松原にかけて、8〜9世紀の古窯群が連なっている。三千刈・弁天・久保手・小松原などの窯跡群が須恵器を産出していて、最上郡衙などに供給する官窯であったと考えられている。

　高松葉山交差点からさらに国道458号線を南に700mほど進むと高

松観音として親しまれている光明院(真言宗)がある。現在の建物は1872(明治5)年に再建されたもので、鳥居と仁王門が併設されており、神仏習合の様式を残している。本尊の聖観音像は行基の作と伝えられ、最上三十三観音のなかでは最南端に位置し、第11番札所となっている。

## 中山城跡 ❻ 〈M▶P.57〉 上山市中山 P
JR奥羽本線羽前中山駅 徒歩15分

置賜と村山の境界 往古、争奪の地

　JRかみのやま温泉駅から奥羽本線で米沢方面に1駅乗車すると、羽前中山駅である。ここは往古、置賜と村山の境を成してきた地で、羽前中山駅から国道13号線を800mほど北へ進むと、境界石とされてきた掛入石が残る。巨大な安山岩塊であったが、明治時代の奥羽線敷設工事により一部がそこなわれて現在に至っている。

　羽前中山駅から国道を横断し西南に坂をのぼると旧中山小学校跡で、この裏山に中山城跡がある。中山地区は、もと置賜郡に属し、領主である米沢の伊達輝宗は、対山形の最前線としてこの地を重要視し、永禄・元亀年間(1558〜73)に家臣中山弥太郎に命じ天守山(344m)に中山城を築かせた。天守山は天然の要害を成していて、比高約100mの山頂は平坦で、縦約10m・横約12m・高さ約3mの石組みの天守台が今も残っている。中山城にはその後、蒲生領となったときには蒲生郷可が、さらに上杉領となってからは、横田旨俊が配された。1600(慶長5)年、上杉対最上の慶長出羽合戦のときには、一帯は戦場となり、上山合戦とよばれた。中山集落から東方、前川ダムへ向かう途中の広河原古戦場跡には首塚が、さらにダムを越えて赤坂集落の手前、上の台古戦場跡には大将塚がある。

　駅の南方を200mほど進むと、丘の上に白髭神社(祭神久延彦命)が立つ。近江高島(現、滋賀県高島市)の白鬚神社を勧請した

中山城跡遠景

茂吉のふるさと上山

ものとされ，伊達政宗や上杉景勝など歴代米沢領主も社領を寄進した。正面の鳥居は江戸時代末期から明治時代初期に奉納されたもので，参道をのぼると神社からは中山集落全体を見渡すことができる。

　中山地区には2つの明治時代初期の石橋が残り，市の有形文化財に指定されている。1つは前川ダムに向かう国道13号線沿いにある堅磐橋で，1878(明治11)年，山形県令三島通庸によって架けられた2連のアーチ橋であり，めがね橋ともよばれている。もう1つは1880年，三島通庸が中山を通る米沢街道を整備した際に，架橋されたアーチ式の中山橋で，銘柱に「奈可やまはし」と刻まれている。

## 旧尾形家住宅 ❼
023-674-3477
〈M ▶ P. 57〉上山市下生居170　P
JR奥羽本線かみのやま温泉駅🚌生居行宮生公民館前
🚶すぐ

*江戸時代の庄屋住宅 中門造曲り家*

　上山市街地の東にひときわ目立つ山がある。三吉山(574m)とよばれ，上山のシンボルになっている。JRかみのやま温泉駅から東に進み，須川と国道13号線を越えると山根の集落に着く。朱塗りの鳥居が立つ麓から登山口までは，車の乗入れができる。登山口から整備された遊歩道を30分ほどのぼっていくと，あいついだ凶作飢饉で多くの餓死者を出したために，1837(天保8)年に秋田の太平山三吉大明神の分霊を勧請したといわれる三吉神社(祭神大物主神・大山祇神)に至る。ここからは上山市内の眺望が開ける。

　山根集落から北約600mの仙石地区に入り，東へ800mほどのぼっていくと，奇岩怪石の峡谷の中に岩観音がある。当時は西国に巡礼することは困難なことだったので，仙石村の庄屋工藤左衛門が134体の観音像を3年の歳月をかけて彫りあげ，1858(安政5)年に完成させたものである。

　三吉山の南，国道13号線から県道263号線に入り500mほどで宮脇八幡神社(祭神応神天皇)に到着する。1093(寛治7)年，源義家が戦勝祈願し，1356(正平11)年，斯波兼頼が創建したと伝えられている古社で，現在の社殿は1600(慶長5)年に再建され，1705(宝永2)年に修造されたといわれている。境内には樹高約15m・目通り幹囲5.5m，樹齢300年以上と推定される宮脇八幡宮のけやきが聳えている。

旧尾形家住宅

宮脇から宮生のY字路を左手に進み、市立宮生小学校から300mほどの所に旧尾形家住宅(国重文)がある。尾形家は中世豪族の家系で、江戸時代には代々下生居村の庄屋をつとめてきた上層農家である。住宅は17世紀に建てられたと推定され、中門造曲り家とよばれる茅葺き屋根の堂々たる大型民家である。建坪が約100坪(323㎡)あり、母屋は桁行13間・梁間5間の木造平屋建て寄棟造となっている。釘類をいっさい使用しない工法で建てられており、中央に広い土間をもち、それに続く広間は一段高く、下・中・上と続く座敷はさらに高く構成されており、家の格式の高さがうかがえる。周囲が1.28mもある大黒柱を始め、漆や栗材を用いた手斧削りの柱が、黒光りをして力強く立ち並んでいる。

五巴神社 ❽  〈M►P.57〉 上山市牧野  P
JR奥羽本線かみのやま温泉駅 🚌 菖蒲行牧野 🚶すぐ

庄屋屋敷跡に立つ上山一揆首謀者の供養碑

旧尾形家住宅のある下生居地区からまっすぐ南に約1km進むと、牧野地区である。この牧野郷は須川対岸の本庄郷とともに板碑・石幢・石仏が数多く残る地域である。1318(文保2)年の追分板碑と天神板碑を最古のものとして、鎌倉時代のものが6基、室町時代のものが15基みつかっており、この地域の中世における仏教文化の隆盛を感じとることができる。

牧野地区のほぼ中央に五巴神社がある。庄屋屋敷跡に立つ神社で、1747(延享4)年におきた上山一揆の指導者、牧野村庄屋の太郎右衛門を始めとする5人の

五巴神社の上山一揆供養碑

茂吉のふるさと上山

霊をまつっている。上山一揆とは，凶作が続いた当時，この付近の農民約3000人が藩当局に年貢軽減などを要求して集結した事件で，一揆の願いは聞き入れられたものの，首謀者5人が処刑された。

1896（明治29）年に供養碑（くよう）が建立され，その後1922（大正11）年に社殿が建てられた。牧野一帯は干し柿の産地としても知られ，晩秋の風物詩になっている。

### 宿場町楢下（しゅくばまちならげ） ❾ 〈M▶P.57〉 上山市楢下 P
#### JR奥羽本線かみのやま温泉駅🚌赤山行楢下（あかやま）🚶すぐ

羽州街道や旅籠が残る街道の宿場町

牧野地区から南に須川を渡り県道13号線に出て東南に進むと，ほどなく楢下集落に入る。ここは秋田・山形方面より七ヶ宿（しちかしゅく）を経て陸奥国桑折宿（むつこおりしゅく）で奥州（おうしゅう）街道に合流する，羽州街道の出羽国最南端の宿場であった。津軽（つがる）・久保田（くぼた）・庄内など奥羽の13藩が参勤交代（さんきんこうたい）の際に利用し，また背後に金山峠（かねやま）を控えるという地理的条件から，多くの武士が行き交い物資が搬入され，出羽三山詣（さんざんもう）でなどたくさんの人びとが集まった。現在でも歴史的な町並みが保存されており，2つの脇本陣（わきほんじん）や石造りの橋，茅葺きの屋敷がみられる。

旧丹野家住宅（たんの）（県文化）は，羽州街道を往来する大名や上級武士の宿泊や休息に利用された脇本陣であった。建築年代は明らかではないが，1757（宝暦7）年に楢下の大水害があった直後の建築と推測されている。建物は「平入り曲り家」といい，曲がりの部分が街道の逆側を向いている。丹野家は江戸時代に庄屋をつとめた豪農で，屋号（ごう）を「滝沢屋」（たきざわや）と称した。現在は内部が資料館として活用されている。もう1つの脇本陣である「庄内屋」の旧粟野家（あわの）は庄内藩主の定宿（じょうやど）で，拝領品が遺されている。そのほか大黒屋（だいこく）・山田屋・武田家（たけだ）が市の文化財に指定されている。

地区内を流れる金

旧丹野家住宅（滝沢屋）

# 斎藤茂吉

コラム 人

郷土を愛し続けたアララギ派歌人

斎藤茂吉は、1882(明治15)年、南村山郡金瓶村(現、上山市金瓶)の農家、守谷伝右衛門・いく夫妻の3男として生まれた。幼少より「神童」といわれ、その才能にいち早く気づき、茂吉を導いたのは菩提寺宝泉寺の佐原篤応和尚であった。茂吉は和尚から『日本外史』などの歴史書や中林梧竹流の書、宗教について学んだが、この時代の影響は成長してからも茂吉の心に深く残った(歌集『赤光』の名前は、小さい頃宝泉寺でみた「地獄極楽図」からとったものだといわれている)。

14歳の夏、茂吉は郷土出身の医師斎藤紀一を頼って上京し、医学の道に進んだ。のちに斎藤家の婿養子となり、1910(明治43)年には東京帝国大学医科を卒業し、やがて養父紀一の跡を継いで、1927(昭和2)年に精神科医として(青山)脳病院の院長に就任した。

学業を修めるかたわらで茂吉は、正岡子規の詩文に心を打たれて文学に開眼していった。子規門下の伊藤左千夫に師事し、作歌活動を開始、大正・昭和時代を通じて歌壇の主流を成した「アララギ」に参加して活躍することになる。1913(大正2)年、茂吉は歌集『赤光』を出版し、一躍脚光を浴びる。その後、『あらたま』『白き山』など生涯に17の歌集と1万8000首近くの歌を世に出し、日本近代短歌史に大きな影響を与えた。

のど赤き　玄鳥ふたつ
　屋梁にゐて　足乳根の母は
死にたまふなり
　(『赤光』所収)

茂吉の故郷を慕う気持ちは、30回におよぶ帰郷の数がよく物語っている。疎開した戦中から戦後にかけては長く滞在し、この間、故郷金瓶のほか、最上川の畔の大石田に住まいし、多くの傑作を生み出した。

最上川　逆白波の　たつまでに　ふぶくゆふべと　なりにけるかも(『白き山』所収)

故郷の山河を深く愛し続けた斎藤茂吉は、1953年2月、70歳でその生涯を閉じた。

斎藤茂吉像(斎藤茂吉記念館)

山川には2つの橋が架かる。上流は新橋、通称めがね橋で1880(明治13)年に竣工、下流が覗橋で1882年に完成した。ともに初代県令三島通庸により架けられた石造りのアーチ橋で、市の文化財に指定

楢下の覗橋

されている。新橋は建造費の7割が住民の立替金で、完成後は利用者から通行料を徴収し弁済にあてた。覗橋は費用の全額を地区で負担した。

楢下集落から県道を峠方面に1kmほど向かった所に、金山鉱山とともに土岐氏の資金源の1つであったといわれる赤山鉱山跡がある。江戸時代初期に金銀銅などの採掘がなされ、1967(昭和42)年まで小規模な産出が続けられていた。

## 斎藤茂吉記念館 ⑩
023-672-7227
〈M ▶ P.56〉上山市北町字弁天1421 P
JR奥羽本線茂吉記念館前駅 🚶 3分

蔵王連峰を一望 茂吉の遺稿遺墨

JR茂吉記念館前駅の東隣、蔵王連峰を一望するサクラとマツで囲まれたみゆき公園内に斎藤茂吉記念館がある。この公園は、1881(明治14)年の明治天皇東北巡幸の際に行在所として使用された環翠亭(1981年に復元)を記念して名づけられた。茂吉は第二次世界大戦時の疎開中にここから蔵王を眺め、歌を詠み、思索に耽ったという。記念館には自筆の原稿や色紙・短冊・手紙などの書籍類のほか、茂吉と交友のあった文人の手紙や原稿も多く収められており、近代文学史を知るうえでの貴重な資料が展示されている。また、公園内には茂吉が愛した箱根強羅(神奈川県)の書斎であった童馬山房書屋も移築されている。

記念館から県道267号線に出て北進し、須川を渡ると、茂吉が生まれ育った金瓶集落に入る。金

斎藤茂吉記念館

**土矢倉古墳群（1号墳）**

瓶バス停から左折，西進して100mほどの所に，茂吉生家がある。生家の先には茂吉が学んだ金瓶学校が，さらにその隣には茂吉の墓がある宝泉寺（浄土宗）が立つ。墓碑は自筆のもので，茂吉が生涯師と仰いだ佐原窿応和尚の墓と並んでおり，脇には茂吉が生前に植えた1本のアララギが立つ。

　茂吉記念館前駅の南西約400mに位置する弁天交差点から県道12号線を蔵王エコーラインに向かって500mほど東進すると，国道13号線手前の老人ホーム敷地内に土矢倉古墳群（県史跡）がある。東西に3基並んでおり，東から1号墳・2号墳・3号墳とよばれている。1号墳は径約13m・高さ約2.5m，3号墳は径約15.2m・高さ約2.1mの円墳で，2号墳は長軸約17m，後円部約10.7mの前方後円墳である。3基とも周溝と葺石をともない，墳頂近くの竪穴式石室には箱式石棺を有し，また埴輪を出土している県内では珍しい古墳で，6世紀後半に築造されたと考えられている。

## ❷ 県都山形と蔵王

斯波氏の城下町に始まり、統一山形県の県都となった山形は、商都・軍都として発展し、県内第一の都市となった。

### 山形城跡 ⓫
023-641-1212（山形市公園緑地課）

〈M▶P.56, 73〉山形市霞城町1　P
JR奥羽本線山形駅🚶15分

斯波兼頼が築き最上義光が整備した戦国時代・近世の居城

　JR山形駅東口のすぐ東南の道路脇には、子の聖大権現をまつる正楽寺（天台宗）がある。境内には1357（延文2）年の北朝年号が刻まれた高さ70cmほどの阿弥陀板碑がある。駅前通りを東に出て北へ1kmほどの所に山形城跡（国史跡）の霞城公園がある。北進する道路の途中、公園の東側に位置する所には豊烈神社がある。最後の山形藩主水野氏が移封の際に祖先をまつる神社を遷座したもので、境内には、戊辰戦争（1868～69年）直後、藩の責任を一身に背負って処刑された同藩主席家老水野三郎右衛門元宣の塑像が立っている。10月6日の例祭日には紅白各4騎の騎士が競う打毬（県民俗）が奉納される。豊烈神社の道路向かいを東に入ると、1910（明治43）年頃に建設された日本聖公会東北教区山形聖ペテロ教会礼拝堂（国登録）があり、豊烈神社の南の道路を東に約400m入った所には、1927（昭和2）年建設の山形市立第一小学校校舎・門柱及び柵（国登録）がある。

　山形城は1356（延文元）年羽州探題として入部した斯波兼頼が築城し、その後最上氏11代義光が文禄・慶長年間（1592～1615）に改築し現在の原型をつくったとされる。本丸・二の丸・三の丸の3重の堀と土塁をもつ東西約1.6km・南北約1.5kmの壮大な輪郭式の平城であった。

　堀と土塁で画された二の丸内は公園として整備され、1991（平成3）年には櫓門・多門櫓・高麗門・土塀を備えた二

山形城二の丸東大手門

村山

の丸東大手門が復元された。二の丸東大手門を入ってすぐの広場には、合戦に向かう最上義光の銅像が立っている。石垣には積み上

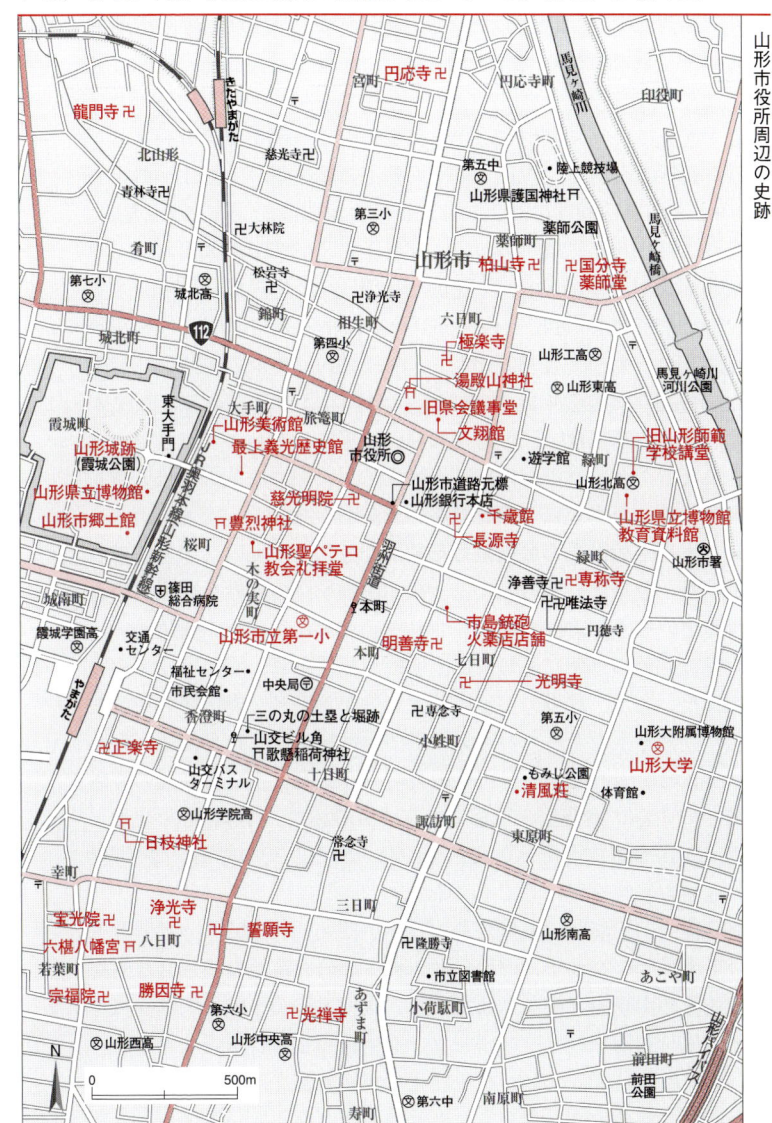

山形市役所周辺の史跡

げる際に刻んだ刻印がみられ，土塁には土塀の基礎となった土塀石の痕跡が残る。2003年以降本丸一文字門石垣などの復元も進んでいる。三の丸の土塁と堀跡は，山形駅から東に約400m進んだ歌懸稲荷神社(祭神稲倉魂命ほか)西側で，山交ビル角バス停脇などにみることができる。

　最上義光は，1600(慶長5)年，奥羽における関ヶ原の戦いともいわれる長谷堂合戦で，直江兼続率いる上杉軍を退け，村山・最上・庄内と秋田県由利郡におよぶ57万石の領地を得た。最上氏改易後，山形城には，鳥居忠政(1622年)，保科正之(1636年)が入封し，その後は幕府領(1643年)，松平直基(1644年)，松平忠弘(1648年)，奥平昌能(1668年)，堀田正仲(1685年)，松平直矩(1686年)，松平忠弘(1692年)，堀田正虎(1700年)，松平乗佑(1746年)，幕府領(1764年)，秋元凉朝(1767年)，水野忠精(1845年)とめまぐるしく領主が交代した。山形藩は，江戸時代初期には東国の押えとして重要な役割をになったが，しだいに石高が減少し，天保の改革失政後入封した水野氏は，わずかに5万石であった。

　最上義光時代に山形城拡張と町割がなされ，本丸・二の丸には居館・役所・蔵など，三の丸には上級・中級家臣の屋敷を配置，郭外は西側をのぞく三方に町割がなされた。城郭に近い羽州街道沿いに町人屋敷，その外側に一般家臣団屋敷が配置され，職人町などもつくられた。また，郭外の要地には大寺院がおかれ，非常時の防塁としての役割をもたされた。町人屋敷では区域ごとに市日商業が行われ，三日町・五日町・六日町・七日町・八日町・十日町などの町名が残っている。家臣団の役掌に由来する鉄砲町・小姓町や交通・輸送にかかわる旅籠町・小荷田町，職人町としての銅町・肴町などの地名も当時を偲ばせてくれる。

　廃藩後，山形城跡は荒廃が進んだが，1896(明治29)年，日清戦争後の軍備拡張のなかで，旧山形城本丸・二の丸跡地を利用した歩兵第32連隊の山形誘致がなされた。第二次世界大戦後は，中学校校舎などの施設利用を経て，スポーツ・文化施設を含む市民公園となった。日露戦争(1904〜05年)後，将兵らが凱旋記念に約1000本のサクラを植え，霞城公園は現在もサクラの名所となっている。

# 最上義光歴史館と山形美術館 ⓬
023-625-7101／023-622-3090

〈M▶P.56,73〉山形市大手町1-53　Ⓟ／大手町1-63　Ⓟ
JR奥羽本線山形駅🚶15分

二の丸東大手門につながるミュージアムゾーン

　二の丸東大手門に入る通りの北側には、最上義光歴史館と山形美術館がある。山形市制施行100周年にあたり開館された最上義光歴史館は、山形の町作りのもととなった最上家や山形城の歴史などを紹介しており、最上義光の兜や指揮棒、最上義光等連歌巻(県文化)、紙本著色四季花鳥図(狩野玄也筆、六曲屏風、県文化)、最上家関係書状、大太刀などが展示・保管されている。

　同じ敷地の中にある山形美術館は、日本の美術、フランス近代美術、郷土関係美術を中心に作品収集・展示がなされており、美術団体の展覧会場としても活用されている。所蔵品では、「安永八(1779)年」の年紀がある紙本淡彩奥の細道図(与謝蕪村筆、六曲屏風、国重文)のほか、出羽三山巡礼句(芭蕉筆)、絹本著色溪間野雉図(渡辺崋山筆)、絹本著色慈母観音図(谷文晁筆)、絹本著色熊野舟行図(谷文晁筆)、紙本淡彩浅絳山水図(田能村竹田筆)、紙本墨画米点山水図(岡田半江筆)、絹本著色紅花屏風(横山華山筆、六曲屏風)、絹本著色細雨図(川合玉堂筆、六曲屏風)、紙本著色松鷲梅孔雀図(熊代熊斐筆、六曲屏風)、紙本淡彩富士見西行図(長沢蘆雪筆)、紙本淡彩若竹蜻蛉図(高橋草坪筆)、紙本淡彩山形県景観画集(高橋由一筆、いずれも県文化)などがある。また、山形市出身で近代彫刻の先駆者の１人である新海竹太郎作の銅造ゆあみ(県文化)などが展示されている。

最上義光歴史館

県都山形と蔵王

## 山形県立博物館と山形市郷土館 ⓭
023-645-1111／023-644-0253

〈M▶P.56, 73〉山形市霞城町1-8 P／霞城町1-1 P
JR奥羽本線山形駅 🚶15分

霞城公園東南部に広がる歴史・文化的景観

　二の丸東大手門の南には，明治百年記念事業の一環として設立された山形県立博物館がある。地学・植物・動物・考古・歴史・民俗・教育の7部門を擁し，山形県を中心に，自然・人文に関する資料を広く収集し，その保存・調査研究を進め，それらを展示している。館内展示は「豊かな自然とその恵み」「山形の大地に刻まれた歴史」「近代山形くらしのうつりかわり」の3室に分かれ，最上川河床から発見され，約800万年前に生息していた新種海牛の化石として世界的に注目されたヤマガタダイカイギュウ化石(県天然)，山形県西ノ前遺跡(舟形町)出土の土偶附土偶残欠(国宝)，刀剣類・鉄片・工具類・土器・馬具類からなる山形市の大之越古墳出土品(県文化)，ニセミノ(県民俗)などが展示・保管されている。

　霞城公園南東隅には，現在の山形市立済生館病院敷地内から移築した旧済生館本館(国重文)を利用した山形市郷土館がある。済生館本館は1878(明治11)年9月に竣工した擬洋風建築物で，木造3階の塔屋(三層楼)と廻廊からなる。山形県令三島通庸が構想した山形県立病院で，太政大臣三条実美により「済生館」と命名された。

　塔屋の1階は変形の八角形の平面で正面前半部に吹放しのベランダをつけ，内部は中央に1室を設け，両脇を通路として西側に階段を備えている。2階は正十六角形の大広間で，2階よりらせん階段で階段室(中3階)に達し，3階は正八角形の小室になっている。2階・3階と中3階にはそれぞれ，前面にバルコニーが設けられており，外観は4層にみえ

山形市郷土館

る。復元は北面になっているが、移築前は東面であった。

　塔屋背面後半部には、円形(十四角形)の吹放し手摺付廻廊を設け、前半部は梯形状の小室を左右各3室、後半部の背面中央に1室、その左右に各1室を設けている。

　館内には、医学・医療資料のほか、医師養成のため1880年に招かれたオーストリア人医師アルブレヒト・フォン・ローレツの資料、市内の開業医が収集した『解体新書』や『本草綱目』なども展示されている。

## 宝光院 ⓮

023-622-8327／023-622-7796

〈M▲P.56, 73〉山形市八日町2-1-57　P
JR奥羽本線山形駅🚶10分

奥羽の驍将最上義光ゆかりの2つの寺院

　JR山形駅から南に約700mの所に、最上義光の帰依を受け、江戸時代には278石の朱印地を有した宝光院(天台宗)がある。1622(元和8)年、鳥居忠政が山形城の大改修を行った際、本丸内の建物を最上家ゆかりの寺院に分与したが、宝光院本堂(県文化)は現存する唯一の遺構である。桁行9間半・梁間6間の単層寄棟造、茅葺き屋根、書院造の武家住宅で、起り破風のついた玄関がある。内部には全面に金銀箔を貼った満月・弦月の欄間や桜花を彫った釘隠し、紅白牡丹などの狩野派の絵が描かれた杉戸があり、最上義光銘鉄鉢、絹本刺繍文殊菩薩像、県内最古とされる1816(文化13)年建立の仏足石などがある。駅から宝光院に向かう途中の日枝神社は、斯波兼頼が近江(現、滋賀県)日枝社より分霊・勧請したとされ、「お山王さま」とよばれ、八日町にあったが、1904(明治37)年に新道開通にともない現在地に遷された。

　宝光院の南東には、広い境内を有する六椹八幡宮(祭神誉田別尊・比咩大神・息長帯比売命)がある。前九年の役(1051～62年)で当地を訪れた源頼義・義家父子が、クヌギの大木が6本あることに由来する当地の八幡大神に、「陸奥

六椹八幡宮

の苦を抜く」に通じるとして戦勝祈願したという。斯波兼頼以来最上氏の祈願所と定められ，社殿造営や神田寄進がなされた。「鉄砲町のお八幡様」とよばれ，江戸時代には，十日町以南と横町以北とで，宮町の鳥海月山両所宮と城下の氏子を二分した。境内には城下の商人らが奉納した石灯籠や常夜灯・狛犬などがある。

六椹八幡宮の南には，最上氏や江戸幕府から寺領を安堵され，最上三十三観音第8番札所六椹観音(本尊聖観音像)として知られる宗福院(天台宗)がある。宗福院の東にある勝因寺(臨済宗)は，1286(弘安9)年の建立と伝えられ，山形地方でもっとも早く創建された禅宗寺院である。六椹八幡宮東の浄光寺(日蓮宗)には，鉄造毘沙門天立像がある。また，誓願寺(真言宗)は立春の厄払い行事である豆まきなどで知られ，門前は東進してきた羽州街道が北進する要所であった。もとの羽州街道にあたる道路を西進して五日町の踏切を越えて北に入った所の静松寺(臨済宗)には，藤原定家筆紙本墨書明月記断簡(県文化)がある。

六椹八幡宮から東に約600m，県立山形中央高校に隣接する地に光禅寺(曹洞宗)がある。1596(慶長元)年最上義光が七日町に創建した慶長寺が前身で，義光の菩提所であった。笹谷街道に通じる要地に位置し，当時は堀をめぐらす七堂伽藍が配されており，元和年間(1615〜24)に年号寺号禁止令で光禅寺と改称したと伝えられる。山形に入封した鳥居忠政は，当寺を長源寺と号して父の菩提寺とし，光禅寺を城下南部に移し，義光と4人の殉死者の遺骨を改葬したとされる。最上義光・家親・義俊3代の墓があり，江戸時代の寺領は275石であった。約900坪の流水式庭園は江戸時代初期の遠州流林泉で，紙本金地著色葡萄棚図屛風や旧光明寺跡出土の「永

光禅寺庭園

和二(1376)年」銘阿弥陀板碑がある。本堂北側放生池のめがね橋には,「明治二十一(1888)年石工二代松田駒蔵」と刻んである。三日町には,いたか町神楽が伝えられている。

## 千歳山 ⓯  〈M ▶ P.56〉 山形市前田
JR奥羽本線山形駅🚌県庁前行終点🚶15分(登り口まで)

*山形市街の南東に位置するシンボルの山*

　山形市街の南東部に標高471.1mの千歳山がある。全山アカマツに覆われ,円錐形のなだらかな曲線が美しく,山形の名勝として,古くから歌にも詠まれている。旧名を阿古耶と称したとされ,「あこやの松」は『平家物語』や『源平盛衰記』などにみられるほか,『夫木和歌抄』には「陸奥の　あこやの松に　木がくれて　いでたる月の　出でやらぬかな」の歌がある。斯波兼頼が山形城築城の際,城正面の西側中腹に稲荷神社社殿を再建して千歳万歳にかけて天下泰平・五穀豊穣を祈願したことから千歳山とよぶようになったという。千歳山北東麓には阿古耶姫伝説で知られる万松寺(曹洞宗)がある。阿古耶姫伝説は公卿の娘阿古耶姫と千歳山の松の精霊との悲恋の話であり,ほかにあこやの松を訪ねる藤原実方の娘中将姫の伝説もある。1772(明和9)年建立の仏殿があり,山門は山形城の大手門を移築したともいわれる。

　千歳山の南,瀧山北西麓にあたる平清水は窯業集落として知られる。文化年間(1804〜18),福島県勿来の陶工小野藤治平が当地に窯を築いたのが始まりとされ,幕末期には十数窯におよんだ。国道13号線山形バイパスから恥川に沿って入った耕龍寺(曹洞宗)は,十一面観音像を本尊とし,最上三十三観音第6番札所になっている。耕龍寺からさらに入った平泉寺(天台宗)には,平清水の地名や寺号が由来する小池がある。平泉寺は,斯波兼頼が祈願所として寺領270石を寄進し,松平・奥平・堀田氏ら山形藩主の帰依を受けた。氏家相模守銘鉄鉢や華鬘型絵馬があり,当寺に安置されている6尺3寸(約1.92m)の大仏頭は,17世紀後半奥平氏が千歳山西麓に大仏殿を建立し釈迦如来大仏像をつくろうとしたときのものとされる。江戸時代初期に大庄屋をつとめた平清水(佐久間)家の庭には根周り3.5m,根元で2幹に分かれた推定樹齢1000年を超すヒイラギ(県天然)の古木がある。

県都山形と蔵王

石行寺観音堂

平清水に南隣する小立から西蔵王に向かう途中にある、岩波の戸神山南東に位置した所に石行寺(天台宗)がある。行基が開山して慈覚大師(円仁)が中興したと伝えられ、鎌倉時代以降は瀧山信仰の中心寺院の1つであった。石行寺に伝わる大般若経(折本仕立、県文化)は、住僧安玄らが1353(文和2)年から1375(応安8)年にかけて書写したもので、料紙は近郷の郷士や僧侶らが寄進したものであった。115巻(うち1巻は平泉寺所蔵)が現存するが、南北朝の年号を併記して当時の世相が記入されている、貴重な文献である。

石行寺観音堂(県文化)は、方3間の建物で、円柱に舟肘木を載せ、正面に桟唐戸を用い、屋根は茅屋根形銅板葺きの宝形造で、四方に縁をめぐらしている。棟札・墨書などから室町時代末期の建造と推定されている。本尊は十一面観音像で、最上三十三観音第7番札所になっている。

## 石鳥居 ⓰

023-641-1212(山形市教育委員会文化財保護課)

〈M▶P.56〉山形市鳥居ヶ丘9
JR奥羽本線山形駅🚌蔵王温泉行元木
🚶1分

農業の神として信仰を集めた瀧山への民衆の思い

山形市の南東に位置する西蔵王の瀧山は、早くから水神・作神信仰が広がり、山麓一帯には仏教文化圏が形成されていたと考えられている。瀧山山麓には三本木沼・羽龍沼・二ッ沼・古龍湖・盃湖など湖沼が多く点在するが、これらは山麓地域の重要な水源であり、水利慣行がつくられ、信仰の対象ともされていった。三本木沼の東側斜面からは、10世紀末頃と推定される三本木窯跡が発見され、山岳信仰との関連も考えられている。

十日町を通り上山に向かう国道112号線の元木バス停近くの鳥居ヶ丘には、凝灰岩製の古風な鳥居(国重文)がある。高さ3.51m、左柱径97.2m・右柱径92.3mで、笠木と島木は1石から掘り出した

成沢八幡神社鳥居

ものであり，貫は柱を貫通せず，両側から穴を彫って差し込んでいる。瀧山を背景にして西面して立っており，平安時代から鎌倉時代の瀧山信仰全盛期のものと考えられ，日本最古の石鳥居とされている。

　国道を南進すると，成沢南バス停から東に入った成沢八幡神社にも同時期と思われる八幡神社鳥居(国重文)がある。凝灰岩製で，高さ4.36m，柱径95.5m，笠木と島木は1石からなり，貫は両柱を貫通している。現在は南面して立っているが，瀧山への参道に造立されたものをのちに移転したと伝えられる。

　標高130mほどの館山には，南北580m・東西350mにおよぶ成沢城跡がある。14世紀末に斯波兼頼の孫兼義が北西の泉出館から移り築城したと伝えられる。鳴沢川が天然の内堀となり，館山との間に城主の居館や家臣団屋敷が広がっていたと考えられており，宿町をも包み込んだ宿城の構造を有していたとされる。成沢の地に伝わるドンヅキ唄は，二ッ沼改修の共同作業でうたった男女の色恋を織り込んだ歌であるが，徳良湖(尾花沢市)築堤工事に伝えられ，のちに「花笠音頭」に発展したといわれる。また，成沢田植踊が伝えられ，成沢八幡神社の北西約180mにある常善寺のシダレザクラが知られている。

　成沢に南隣する半郷から南東に入ると蔵王温泉への道になる。松尾山前バス停の近くには，旧松應寺観音堂(松尾山観音堂，国重文，天台宗)がある。方3間の宝形造で，円柱に屋根は茅葺き，正面に1678(延宝6)年に付加された1間

松尾山観音堂

の向拝がある。頭貫木鼻や簔束の形，虹梁の絵様などに室町時代後期の地方的特色がみられる。堂内には，高さが3.26mある巨大なカツラの一木造の木造十一面観音立像（県文化）があり，欠失部分があるが11世紀頃のものと考えられる。観音堂は最上三十三観音第9番札所になっている。3.03mの木造菩薩形立像（伝勢至菩薩，県文化）もカツラの一木造，十一面観音立像と同時代で同じ仏師の作と推定されている。半郷地区には松尾バヤシと松尾願人踊が伝えられ，松尾山のヒガンザクラとカツラが知られている。

### 蔵王山 ⑰

023-694-9328（蔵王温泉観光協会）

〈M▶P.56, 83〉山形市蔵王温泉
JR奥羽本線山形駅🚌蔵王温泉行終点🚶登り口すぐ

温泉とスキーで賑わう山形県を代表する観光地

松尾山観音堂前の坂道をのぼり朱塗りの大鳥居をくぐると蔵王温泉への道となる。JR山形駅からバスで45分ほどの蔵王温泉は，高湯温泉とか蔵王高湯ともよばれ，硫化水素ガスをともなう強酸性の温泉で，白布（米沢市）・信夫（福島市）とともに奥羽三高湯の1つとされた。鎮守の酢川温泉神社（祭神大国主命・少彦名命・須佐之男命・迦遇突智神）は，『日本三代実録』の貞観15（873）年6月26日条に従五位下を授与されたとあり，開湯もそれ以前に遡ると考えられている。江戸時代には宿屋17軒に店屋が約30軒あり，その数は一定以上ふやさないこととされた。夏季の入湯者がとくに多かった。蔵王山噴火や飢饉があった天保年間（1830～44）には入湯者が減少したが，幕末には増加して1万人を超すようになった。

山形県と宮城県の境をなす蔵王山は，奥羽山脈中南部に位置する火山連峰の総称で，主峰熊野岳（1840.5m）や刈田岳（1758m）と火口湖「御釜」（五色沼）などを中心に，北は雁戸山（1484.6m）から南は屏風岳（1817.1m）・不忘山（1705.3m）および，一帯は蔵王国定公園になっている。有史以来の蔵王火山の活動の記録は数多く，1794（寛政6）年の噴火では村山地方一帯に火山灰が降り，近年では1940（昭和15）年にも噴煙があった。蔵王の名称は熊野岳や刈田岳の山頂にまつられる蔵王権現によるとされるが，古くは「わすれずの山」とよばれたと考えられている。古来刈田岳山頂には刈田嶺神がまつられ，『続日本紀』や『延喜式』にもその名がみえる。中世から近世にかけては蔵王修験が確立し，登山口は出羽側（山形県）に上山

口・半郷口(高湯口)・宝沢口, 陸奥側(宮城県)に遠刈田口があった。上山口は安楽院(本山派)が支配し, 半郷口には松尾院(本山派)があり, 宝沢口には三乗院(当山派)などがあった。1868(明治元)年の神仏分離令以後は, 各登山口の別当は神職となり, 蔵王信仰は形をかえていくことになった。

蔵王山は1950(昭和25)年, 毎日新聞社主催「全国観光地百選」の山岳部門で第1位となり, 温泉を基地にした広大なゲレンデやロープウェイ・リフト整備なども進み, 登山やスキーの観光地としてその名が世界に知られるようになった。とりわけ, 地蔵岳西斜面など標高1500mから山頂にかけて生育するアオモリトドマツに冬の季節風があたって生まれる樹氷は,「アイスモンスター」ともよばれ, 熊野岳周辺に群生するコマクサとともに蔵王のシンボルとなっている。

### 谷柏古墳群 ⑱ 〈M▶P.56〉山形市大字谷柏
JR奥羽本線蔵王駅🚶25分

*盆地西部に点在する終末期群集墳*

上山を起点とする須川は山形南部のほぼ中央から西部地区を迂回する形で北上し, 最上川にそそいでいる。JR蔵王駅は, 須川の西側で成沢地区の対岸に位置する。駅前を走る上山に向かう道路はかつての羽州街道であり, 須川の常磐橋は県令三島通庸が5連のアーチをもつ石造の眼鏡橋を架けた場所である。松原・黒沢には宿駅がおかれ, 黒沢の問屋であった渡辺久右衛門家には, 1881(明治14)年に山形県を巡幸した明治天皇が休憩した小休所が保存されている。松原には愛染神社のサクラがあり, その西北にあたる津金沢の熊野神社境内には, 根周り9.3m, 最長幹囲10.5m, 高さ約33mで樹齢約1000年と推定される津金沢の大スギ(県天然)がある。松原の天神山遺跡からは, 古墳時代後期にあたる6世紀前半の土師器が出

長谷堂城跡

土している。

　蔵王駅から西方に2.5kmほど進んだ谷柏の丘陵には，谷柏古墳群（県史跡）がある。丘陵や山麓から傾斜面にかけて25基の古墳群が分布し，3つの支群に分かれているが，開墾や土砂流出のために墳丘の状態はあまりよくない。すべて径7〜10mの円墳で，扁平な石英安山岩の石材を組み合わせた長さ1.5〜2mほどの箱式石棺を有している。副葬品はほとんどないが，勾玉や鉄剣などがみつかっており，7世紀以降の終末期古墳と考えられている。中谷柏の谷柏遺跡からは，縄文時代後期・弥生時代中期・古墳時代前期の土器が出土している。

　谷柏古墳群がある丘陵の西隣で，小滝街道とよばれる国道348号線沿いの城山には，長谷堂城跡と最上三十三観音第12番札所の長谷堂観音（長谷山長光院，真言宗）がある。小滝街道は，第二次世界大戦後，生活綴方教育運動の機運をうながすきっかけとなった『山びこ学校』を生んだ山元地区を経て，宮内（南陽市）や荒砥（白鷹町）方面に通じている。街道を挟んで城山の西方約700mには，最上氏家臣坂紀伊守光秀を中興開基とする清源寺（曹洞宗）がある。清源寺には紙本著色坂紀伊守像（県文化），紙本金地著色薄図屏風や，野辺沢能登守満延が円同寺（中山町）からもってきたとされる「嘉吉三癸亥（1443年）八月七日」の銘がある梵鐘（県文化）がある。近くには，日本を代表する刀匠の1人として高い評価を得て，芸術性の高い名刀を制作してきた刀工（刀劔鍛造）上林恒平（県文化）の鍛刀場がある。

　谷柏の北隣二位田にある明円寺（浄土真宗）の尚古館には，同地区の百々山遺跡出土の縄文土器や筏山遺跡の弥生土器など考古・民俗資料が収集・展示されている。

# 奥羽における関ヶ原の戦い―長谷堂合戦

コラム

兼続の攻撃に耐え忍んだ長谷堂城の攻防

天下を二分する関ヶ原の戦いがおきた1600(慶長5)年9月，時を同じくして，山形では直江兼続が率いる上杉軍と山形城主最上義光軍との間に長谷堂合戦が繰り広げられた。

これより先，天下取りを目指す徳川家康は，上洛要請を拒否する会津の上杉景勝を攻めるため小山(現，栃木県)まで兵を進めたが，石田三成の挙兵を知って兵を西に向けた。三成と気脈を通じた兼続は，家康に通じた最上義光を討つべく最上攻めを始めた。上杉軍は最初に，白鷹山中にある最上支城の畑谷城(山辺町)を攻め，城主江口五兵衛らは壮絶な最期を遂げた。

上山合戦では機先を制した最上軍が上杉軍を敗退させたものの，白岩・寒河江・谷地・山辺などの諸城は落ち，長谷堂城は山形城を守る最後の砦となった。

長谷堂城は南北約670m・東西約400mの独立丘陵につくられた山城で，山形に入る街道を守る重要拠点であった。主郭は南北約55m・東西約60mあり，山腹には曲輪や横矢掛り・切岸・土塁・堀などの防御施設が効果的に配置されている。

半月におよんだ長谷堂城の攻防では，上杉軍は鉄砲をもって攻撃したが，長谷堂城の最上軍は城主志村光安を中心にその攻撃に耐え抜いた。やがて，関ヶ原の戦いでの三成側の敗北が伝えられると，兼続は菅沢山の陣を払いみずから退却の指揮をとり米沢に引き上げて行った。このとき，最上軍の猛追撃がなされたが，上杉軍の撤退ぶりは見事なもので，義光自身も兜に銃弾を受けながら命拾いしたと伝えられる。

長谷堂合戦については，『最上記』や『奥羽永慶軍記』など多くの軍記物に書かれ，『長谷堂合戦図屏風』にも描かれている。なお，家康の上洛要請を拒否し自分らの正当性を述べた「直江状」が会津征討のきっかけとされるが，その真偽については意見が分かれている。

長谷堂城二重横堀

---

**菅沢古墳** ⑲　〈M ► P.56〉山形市大字菅沢
　　　　　　　JR奥羽本線蔵王駅🚶40分

谷柏古墳群の西北約2kmに位置するすげさわの丘には，菅沢古

墳2号墳(県史跡)がある。菅沢古墳群は3基の円墳からなり、2号墳は直径52m・高さ5mの大きさで、2段構築で周壕がめぐらされている。墳頂部・中段部・墳麓部から円筒・朝顔形埴輪とともに家・甲冑・盾・靫などの形象埴輪が発見され、5世紀後半頃のものと推定されている。円墳としては規模や内容ともに東北有数のものであり、山形市西部を中心として大きな勢力を誇った大首長が存在していたことを示している。

> 大首長の存在を彷彿とさせる東北有数の円墳

菅沢の北隣柏倉には、環状集石など縄文時代後期を代表する窪遺跡や、縄文時代後期から奈良・平安時代にわたる複合遺跡の坊屋敷遺跡がある。1747(延享4)年、下総佐倉(現、千葉県)藩領のうち村山郡内の約2万石が陸奥棚倉(現、福島県)藩領になると、棚倉藩は柏倉に陣屋を設置してその支配にあたった。1763(宝暦13)年、同領地が再び佐倉藩領になると陣屋は受け継がれ、1870(明治3)年までその役割をになった。敷地は東西60間・南北100間で、四方を石垣で囲み、家臣団はすべて陣屋内に居住していた。文久年間(1861～64)の陣屋役人は72人にのぼっている。また柏倉の八幡神社には木造女神坐像がある。

すげさわの丘の東を南北に走る国道458号線を北上すると、県民の森を通り白鷹町に通じる国道17号線と交わる。その交差点から西に1kmほど入った道路の南に大之越古墳がある。直径14.5mの円墳で周壕があり、同じ墳丘から方向を異にする上下2基の箱式石棺が発見された。上の石棺からは長さ94.8cmの単鳳式環頭太刀や長さ84cmの鉄剣ほか多くの鉄製品が発見され、さらに下の石棺からは馬具飾り金具もみつかっている。環頭太刀内環の鳳凰には金箔が残り、国内の単鳳環では最古の部に属する。出土した土器の特徴などから5世紀末の築造とされ、ヤマト政権との関連が考えられている。大之越古墳出土品(県文化)は県立博物館に保管されている。

さらに北進した村木沢の文殊山にある良向寺(真言宗)には木造文殊菩薩騎獅像と文殊様の夫婦杉があり、村木沢から山形駅に向かう国道271号線を西進した飯塚町の楊柳寺(曹洞宗)には「延文二(1357)年」銘の弥陀三尊板碑がある。

出羽丘陵には大沼・荒沼・玉虫沼などの湖沼が点在するが、これ

らは麓の農村の重要な用水源であった。国営最上川中流農業水利事業の一環として，1981（昭和56）年に完成した西部幹線トンネルは，最上川の水を朝日町四ノ沢で取水し，出羽丘陵を貫通して，山辺町根際に抜ける延長約9.4kmのわが国最長の農業用水トンネルである。工事中の2度の爆発で命を失った18人の慰霊塔が，山形盆地を見下ろす根際のトンネルの真上に立てられている。

## 文翔館 ⑳
023-635-5500
〈M ▶ P. 56, 73〉山形市旅籠町3-4-51 [P]
JR奥羽本線山形駅 🚌 沼の辺行市役所前 🚶 1分

*大正ロマンを今に伝えるレンガ造りの県庁舎*

　JR山形駅から東に向かう県道16号線は，山形県庁を経て笹谷街道に通じている。駅から700mほどの所で南北に交差する国道112号線は，羽州街道として古くから城下の中心となってきた通りである。十日町の角を北進すると，デパートや専門店などがある七日町商店街を通り，市役所・裁判所・県民会館などの公共施設が並ぶ一角に至り，北端には通りを一望する形で文翔館とよばれる山形県旧県庁舎及び県会議事堂（国重文）が立っている。例年8月5〜7日の3日間，この道で花笠まつりのパレードが繰り広げられる。

　山形県の県庁舎は，統一山形県の初代県令三島通庸が1877（明治10）年に旅籠町の万日河原に建てたのが始まりである。また，1883年には県会議事堂が建てられた。その後，1911年5月の山形市北大火によって最初の県庁舎および議事堂は類焼し，1913（大正2）年から工事が始められて1916年に竣工したのが，現存する建物である。設計はジョサイア・コンドルの内弟子でこの建物に命を捧げた東京都出身の田原新之助で，顧問として米沢出身の工学士中條精一郎が参画している。旧県庁舎はイギリス・ルネサンス様式を基調として計画されたレンガ造りで，正面は半地下式の3階建てで，外回りの壁面は石貼りとし，1階部分を江戸切仕上げにしてグランドフロア

文翔館

県都山形と蔵王　87

風にみせている。総面積6350㎡，高さ27mで，屋根は正面中央を寄棟造とし，上に時計台を設け，各隅を宝形造としている。屋根はスレート葺きで要所にドーマーウィンドウを開けている。平面はロの字形で，1階は機械室や倉庫・宿直室，2階以上を執務室としており，車寄せからは2階に入り，中央に吹抜けの階段室を設けている。3階は正面中央を正庁とし，その東側に貴賓室・知事室・高等官食堂・郡市長控室など主要な部屋が配置されている。中央階段には意匠をこらし，大理石の独立柱やステンドグラスで飾り，各階天井は小梁（こばり）をみせた漆喰（しっくい）塗り天井としている。

　旧県会議事堂は旧県庁舎の西に並び，レンガ造りで小屋組みは木造，屋根はスレート葺きである。正面は2階建てとして議員や参与員の控室を設け，後部は平屋建ての議場にしている。議場は公会堂として市民も利用できるように計画されたのが珍しく，床は平坦で奥に演壇を設け，前方は列柱を並べた3廊式の内装になっており，中央部分は美しいボールト天井としている。

　旧県庁舎および旧県会議事堂は，明治時代以来の様式建築の正統を受け継ぎ，その中に新しい意匠を取り入れた大正時代初期のレンガ造り公共建築として，数少ない遺構とされる。建設にあたっては石材や木材など山形県産の材料を積極的に利用するなど地方性が考慮されたことも特色となっている。

　旧県会議事堂の西側に隣接する湯殿山神社（ゆどのさん）（祭神大山祇命（おおやまつみ）・大己貴命（おおなむち）・少彦名命）は，1876(明治9)年，県令三島が最初の山形県庁を建設する際，地鎮祭（じちんさい）を行うにあたり本道寺（西川町（にしかわまち））湯殿山神社より分霊を勧請（がんじょう）したもので，当初は旅籠町雁島にあって県都山形の鎮守とされてきたが，山形市の新庁舎建築にあたり，現在地に移されたものである。

### 教育資料館（きょういくしりょうかん）㉑
023-642-4397　〈M▶P.56, 73〉山形市緑町（みどりちょう）2-2-8　[P]
JR奥羽本線山形駅［バス］沼の辺北高前［徒歩］1分

　文翔館から遊学館（ゆうがくかん）（山形県生涯学習センター・山形県男女共同参画センター・山形県立図書館の複合施設）前を経て東に500mほど進むと，旧山形師範学校本館（国重文）を利用した山形県立博物館教育資料館がある。県令三島は，教育を重要施策の1つにあげ，1878

*教育資料館　山形を偲ばせる洋風建築と展示資料*

# 県都の景観

コラム

人びとに新しい時代を告げた県都の景観

　明治国家成立後，政情安定と中央集権化の確立は地方政治の課題であったが，統一山形県が成立したのは1876(明治9)年のことであった。初代県令は薩摩出身の三島通庸で，県都は山形の地とされた。

　三島は大久保利通の信任を得て，統一山形県に相応しい県都づくりと富国強兵に向けた殖産興業を課題として県政に取り組んだ。彼は，山形旅籠町旧万日寺跡を県庁舎新築地と定め，地元商人ら876人からおよそ1万円の献金をさせたが，その手法は脅しや不当拘束をともなう強権的なものであった。また，予定地内の住居撤去も，雪の中，病人・産婦らの哀願も許さず，火をつけると脅し強引に撤去させたため，一家転住・発狂者も出たといわれる。こうして，県庁舎を始め，師範学校・警察署・製糸場・勧業博物館・済生館(病院)・水力機織場・千歳園(勧業試験場)・監獄署などの施設をわずか3年余りの歳月でつくりあげ人びとを驚かせた。

　1878(明治11)年，山形の地を訪れたイギリス人女性旅行家イザベラ・バードは『日本奥地紀行』の中で「大通りの奥の正面に堂々と県庁があるので，日本の都会には珍しく重量感がある」と評している。

　この県都の景観が，3つの手法で今日に伝えられている。1つはまだ日が浅い写真技術によるもので，三島は東北初の写真館を開業していた菊池新学を御用写真師に任じて，県庁前の大通りや建物の1つひとつを撮影・記録させた。2つは絵画によるもので，三島は近代洋画の先駆者といわれる高橋由一を招いて，重厚な県都の姿を描かせている。3つは錦絵によるもので，七日町八文字屋五十嵐太右衛門より出版された着色大判錦絵「山形県新築之図」には，南西方角から鳥瞰した賑やかな県都の街並みが描かれている。高橋の絵は菊池の写真をもとに描いたものと思われ，構図が同じである。菊池がとった県庁舎側からみた大通りの写真には，立ち並ぶ近代建築物の間に七日町以南の風景が垣間見られるが，その違いは歴然である。

　三島はこのほかにも道路・隧道・橋梁・堤防・用水堰・建造物など数多くの土木事業を手がけて，「土木県令」「鬼県令」ともよばれたが，新築された県都の景観こそが，人びとに新しい時代の到来を感じさせるシンボルそのものであった。

(明治11)年，旅籠町に時計塔付3層洋風建築の山形県師範学校を創設した。その後，同校舎は手狭になり，1901年に現在地に新築することになった。ルネサンス様式を基調とした木造桟瓦葺きの2階

**教育資料館**

建てで，左右対称の美しさと落ち着いた風情があり，1階と2階の境のコーニス(胴蛇腹)に特徴がある。屋根には中央に櫛形，両端部に切妻形の破風をつけ，その間に丸形の屋根窓，また棟中央には塔屋を設けている。ラウンドアーチ型の飾り窓や軒下の手の込んだ意匠・装飾，羽目板の斜め張りなども見どころとされる。正面は片廊下式で，1階は校長室・職員室・教室，2階は貴賓室・塔屋口・教室となっている。隣接する旧山形師範学校講堂(県文化)は木造平屋建で，屋根は切妻造・桟瓦葺きで，本館と同時期のものと考えられている。東西両妻部に切妻形飾破風がみられ，東面に庇をつけて入口とし，中央にアーチ窓が設けられている。

　文翔館より七日町方面に300mほど進んだ山形銀行本店脇の四辻の西北側に山形県の道路基点とされた山形市道路元標がある。その四辻を西に入った仏壇・仏具店長門屋の敷地内に慈光明院(天台宗)がある。慈光明院には，明治時代初期に廃寺となった慈恩寺禅定院の本尊で「寛元五(1247)年」銘の五輪塔を内蔵する木造阿弥陀如来坐像(県文化)と観音・勢至菩薩などが移されており，「建治三(1277)年」銘の銅造薬師如来立像(県文化)など多くの仏像が安置されている。本堂の外観は土蔵造であるが内観は平泉(現，岩手県平泉町)の中尊寺金色堂を模して改装されている。金銅装笈(国重文)の背面には「永享二暦庚戌(1430年)二月日羽州慈恩寺禅定院」の漆銘がある。ほかに，紙本墨書東大寺庄園文書目録(残巻，仁平三〈1153〉年四月廿九日，国重文)，紙本墨書華厳孔目章発悟記(巻第五，凝然筆。弘安九〈1286〉年九月十九日撰述の奥書あり，国重文)や，藤原定家筆願文(県文化)，日野切(藤原俊成筆，県文化)，絹本淡彩東都佃島住よし図・京都嵐山図・浪花住吉月出見の浜図(安藤広重筆，県文化)などが所蔵されている。

村山

山形銀行本店脇の四辻を東に進み北に入った所に，山形藩主鳥居忠政の菩提所長源寺(曹洞宗)がある。1869(明治2)年，戊辰戦争の首謀者として藩の責任を一身に背負い，長源寺庭にて刎首の刑を受けた山形藩家老水野三郎右衛門の墓が建てられている。長源寺の東通りに面して料亭千歳館(主屋・客室ちとせ・客室つる，国登録)がある。主屋の西側正面はポーチのある洋風な造りで，「ちとせ」や「つる」などの客室は，洋風と和風をかね備えたモダンな造りとなっている。

## 専称寺 ㉒

023-622-5981　〈M▶P.56,73〉山形市緑町3-7-67
JR奥羽本線山形駅🚌関沢行専称寺口🚶1分

最上義光が愛娘を弔った山形城下最大の伽藍

　教育資料館の南約300mに位置する寺町の一角に専称寺(浄土真宗)がある。1483(文明15)年に蓮如の直弟子願正坊が高擶村(現，天童市)に創建したことに始まると伝えられる。最上義光は，豊臣秀吉から追放・切腹を命じられた関白豊臣秀次に仕えていたために京都三条河原で斬首された娘駒姫を悼み，1596(慶長元)年，菩提を弔うために同寺を山形城下に移した。その後，現在地に3町四方の土地と寺領14石を寄進し，真宗寺院を集めて寺町を形成させ，笹谷街道に通じる要地とした。1849(嘉永2)年の「山形社寺調町々高明細帳写」によれば，境内地は3万9450坪あり，1703(元禄16)年建立の本堂は桁行16間・梁間13間で山形城下最大の伽藍を誇っていた。単層入母屋造・二重垂木の本堂を中心に，慶長年間(1596〜1615)の建築とされる書院，庫裏，鐘楼(県文化)が配置されており，梵鐘(県文化)には「羽州最上山形　慶長十一(1606)年丙午六月吉日　三条住人天下一道仁准之」の銘がある。京都三条の名工西村道仁の作品は義光の命により3点つくられたとされるが，県内に残存するのは専称寺のものだけになっている。専称寺には，ほかに絹本著

専称寺

色願正上人像・絹本著色義光夫人像・砧青磁筍節花瓶（いずれも県文化）があり，1738（元文3）年から1875（明治8）年までの「寺林日記」は，城下の様子を知るうえでも貴重な資料となっている。
日露戦争の最中である1905年8月から12月までの約4カ月間，専称寺は近くの浄善寺・唯法寺（ともに浄土真宗）とともにロシア人俘虜42人の収容所となった。『山形俘虜収容所日誌』にはロシア人俘虜との微笑ましい交流の様子もうかがえる。また，根周り7.5mの専称寺の大イチョウは，雪降イチョウともよばれている。

## 光明寺 ㉓

023-622-4069  〈M▶P.56, 73〉山形市七日町5-2-12
JR奥羽本線山形駅🚌沼の辺行本町🚶10分

斯波兼頼が建立し絵伝を伝える時宗の中心的寺院

専称寺から東南に500mほど入った所に光明寺（時宗）がある。1375（永和元）年，時宗に傾倒した斯波兼頼が山形城内に1寺を建立して隠棲したことに始まり，最上義光時代には二の丸東大手門出入口近くにあり，時宗の触頭とされた。17世紀なかばの絵図には七日町に広大な境内地がみられ，1648（慶安元）年には1760石の朱印地を与えられている。約8000坪の敷地には，本堂・書院のほか正福院・歓喜院・徳願寺・一念寺などがおかれ，家来22人を配していた。光明寺には，最上義光が1594（文禄3）年に京都の絵師で狩野永徳の弟狩野宗秀に依頼して描かせた紙本著色遊行上人絵（国重文，奈良国立博物館寄託）や彩箋墨書最上義光等連歌巻「賦春何連謌」，絹本著色斯波兼頼画像などがある。「遊行上人絵」は時宗の開祖一遍と2代他阿の伝記を描いた全10巻からなる絵巻で，狩野派に土佐絵風を加味した圧巻とされ，詞書は清浄光寺33世他阿の筆によっている。

光明寺北西の明善寺（浄土真宗）の本堂（国登録）は，米沢出身の建築家伊東忠太が設計し，1935（昭和10）年に完

光明寺

成したものである。明善寺の北側には，1927(昭和2)年，防犯と防火のため鉄筋コンクリートで建てられた市島銃砲火薬店店舗(国登録)と市島家住宅蔵がある。光明寺の南東に位置するもみじ公園は，斯波兼頼以来祈願所とされ，神仏分離令により1870(明治3)年に廃寺となった宝幢寺(真言宗)跡である。宝幢寺は最上義光の時代に寺領1370石を有し，領内真言宗の僧録司の地位を与えられた。廃寺後，建物の多くは他寺院に移築されたが，園内には清風荘(旧宝幢寺書院，国登録)が残っている。

　道路を挟んでもみじ公園の東に位置する所に，国立大学法人山形大学小白川キャンパスがある。小白川キャンパスは，1920(大正9)年に山形高等学校が設立された地で，1949(昭和24)年，山形師範学校・山形青年師範学校・米沢工業専門学校・県立農林専門学校を加えて新制大学として生まれかわった。学内の附属図書館・附属博物館には，中条家文書 附 中条家家譜類(国重文)や県内村文書など多数の古文書が保管され，注口土器(白須賀遺跡出土，県文化)，弥生土器(上竹野遺跡出土，県文化)，上柳渡戸八幡山遺跡出土品(県文化)などの考古資料や，高橋由一原画の絹本手彩色三島県令道路改修記念画帖(県文化)がある。

　山形大学前の道路を南下すると県道16号線と交差し，東に進むと山形県庁に至る。県庁を経て，国道286号線を山形自動車道山形蔵王IC方向に向かい，旧笹谷街道に重なる国道をそのまま仙台方面へ進むと，馬見ヶ崎川の対岸に懸崖造の唐松観音堂(曹洞宗)がある。1661(寛文元)年，山形藩主松平忠弘が鬼門の守護仏として京都清水寺の舞台を模して建立したもので，現在の御堂は1976(昭和51)年に再建されたものである。最上三十三観音第5番札所になっている。同じ釈迦堂地区の法来寺(曹洞宗)には京都清凉寺式で鎌倉時代の作とされる木造釈迦如来立像(釈迦堂安置，県文化)と宮殿があり，下宝沢地区には木造蔵王権現立像，滑川の禅昌寺(曹洞宗)にはヒガンザクラがある。馬見ヶ崎川上流の上宝沢にある松留遺跡からは，縄文時代中〜晩期の土器や弥生時代前・中期の土器が出土しており，埋葬施設とも推定されている。

### 国分寺薬師堂 ㉔
023-622-7769
〈M ▶ P. 56, 73〉山形市薬師町2-8-88
JR奥羽本線山形駅🚌沼の辺行千歳公園待合所🚶1分

祭典日には植木市で賑わう「お薬師さま」

　千歳公園待合所バス停で降りると，すぐ北側に薬師公園がある。三島通庸が1879(明治12)年に馬見ヶ崎川の荒地を開墾してつくらせた千歳園を移したので，千歳公園ともよばれる。公園内には，「お薬師さま」の名で親しまれる柏山寺(天台宗)の国分寺薬師堂がある。聖武天皇の勅願により行基が建立した出羽国分寺とされ，もとは鮭川左岸の長嶺にあったものを最上義光が移したとも，斯波兼頼が入封の際に庄内から移したともいわれる。江戸時代には，寺領320石余りを有し，立石寺とともに天台宗の触頭であった。1911(明治44)年の市北大火で全焼し，旧宝幢寺本堂を移したのが，現在の薬師堂である。移築前の旧宝幢寺本堂は，1883(明治16)年に山形県会議事堂が新築されるまで仮議事所として使用され，自由民権運動などにもかかわった初期の県会議員らが議論を交わした。旧山形県会仮議事堂(県史跡)は，総ケヤキ造り，東西約26m・南北約15mの単層入母屋造で，堂内には議長と書記を正面にしてU字形に議員席が配置され，入口右側に傍聴席，その奥に新聞記者・警部・官吏傍聴席，左奥に県令席が設けられた。毎年5月8〜10日には薬師堂祭典がなされ，同時に開かれる植木市は日本三大植木市の1つとされている。

　薬師堂の北側に位置する山形県護国神社は，1869(明治2)年，戊辰戦争で戦死した旧薩摩藩士を慰霊するために創立したのが始まりとされ，その後，山形(県)招魂社・山形県護国神社と称して，戊辰・日清・日露戦争から第二次世界大戦までの戦没者約4万柱を合祀している。

　千歳公園から西に向かう県道19号線に

国分寺薬師堂

村山

# 馬見ヶ崎川と芋煮会

コラム

荒れ川から転じた市民の憩いの川

　蔵王山の主峰熊野岳に源を発する馬見ヶ崎川は，山形城下や山形盆地南東部の農業用水や生活用水として重要な役割をになってきた。防原町を扇頂とする扇状地の面積は大きくはないが，扇頂部と扇端部の標高差は110mあり，古くから氾濫を繰り返した荒れ川であった。扇央部では一部伏流して扇端部で湧出がみられ，その水は城濠にも利用された。城下絵図などによれば，近世初期までは小白川から山形城三の丸濠の側を通り江俣を経て須川と合流していた。

　鳥居忠政が山形に入部した翌1623(元和9)年，馬見ヶ崎川が大洪水となり大きな被害をもたらしたので，1624(寛永元)年に盃山を切り崩し対岸には大石垣を築いて流路を変更したとされる。このとき，馬見ヶ崎川を利用する村々の願いであらたな用水堰も定められ，笹堰・御殿堰・八ヶ郷堰・宮町堰・双月堰の5堰の基礎がつくられた。

　江戸時代以降90回を超える洪水の記録のなかでも，1812(文化9)年，1824(文政7)年には流死者も出，1723(享保8)年，1890(明治23)年，1913(大正2)年には多くの家屋が浸水・流失している。分水や引水など水利をめぐり，用水堰上流地域と下流地域，あるいは下流地域同士の争論や訴訟も少なくなかった。

　1913年の氾濫の後，堅固な堤防をつくるため，浚渫した川床の土砂を利用して現在の緑町一帯5万坪の埋立工事を行った。1971(昭和46)年，上流に蔵王ダムがつくられ洪水調節と灌漑，水道水確保がはかられた。

　馬見ヶ崎川の河原では，いつの頃からか，職場・学校の仲間や家族とともに，石のかまどで里芋を煮て食べる芋煮会が秋の風物詩となった。保存の難しい里芋を冬前に消費する風習は古くからあったといわれ，東北各地に里芋などを使った鍋料理の風習がみられる。明治・大正時代の馬見ヶ崎川河川工事の際，工夫らが食べた鍋物が始まりとする説もあるが，芋煮会が一般化したのは第二次世界大戦後のことである。

　村山地方の芋煮は，里芋と牛肉・こんにゃく・ネギなどを入れて醤油味で煮る。1989(平成元)年からは，毎年9月の第1日曜日に馬見ヶ崎川の河川敷を会場として「日本一の芋煮会フェスティバル」が開催され，直径6mの大鍋で3万食の芋煮が振舞われている。

交差する新築西通りの西側で，文翔館の北方に位置する所に極楽寺(浄土宗)がある。木造阿弥陀如来坐像(県文化)は鎌倉時代前期のも

のとされ、境内からは「文和五(1356)年」の阿弥陀板碑が発見された。文翔館のある場所にも以前は、山形藩主松平忠弘から土地を拝領して建立した念仏寺があり、万日寺ともよばれて信仰を集めていた。しかし、万日寺は1872(明治5)年に廃寺となり、この地に県庁が建てられることになった。

## 鳥海月山両所宮 ㉕
023-623-0460

〈M▶P.56〉 山形市宮町3-8-41 P
JR奥羽本線山形駅🚌県立中央病院行両所宮前🚶
5分

**「お宮様」の愛称で親しまれる城下北部の鎮守**

薬師堂から県道19号線を西に進むと旧羽州街道にあたる県道22号線と重なるが、その交差点から700mほど北進すると円応寺(真言宗)がある。斯波兼頼の創建と伝えられ、兼頼が山形に入部した翌年にあたる延文二(1357)年板碑(県文化)があり、円応寺建立年とも合致する。「延文」は北朝年号であり北朝勢力と信仰の動向を探る資料になっている。円応寺は、最上三十三観音第4番札所である。

円応寺の北西約550m、県道22号線から西に入ると鳥海月山両所宮がある。倉稲魂命(鳥海山の大物忌大神)と月夜見命(月山の月読尊)を祭神とする。町を戦火から守る城下北部の鎮守として、南部の六椹八幡宮とともに崇敬され、「お宮様」と親しまれている。社伝によれば、源頼義が安倍氏征討の際の神恩に報いるため、1063(康平6)年に勧請・創建したとされる。承安年間(1171～75)には炭焼き藤太の子金売吉次が宮殿や楼門を寄進し、吉事宮とよばれたとも伝える。斯波兼頼入封以来代々の城主に尊信され、最上義光は、成就院(真言宗)を別当として1150石の社領を寄進し、社殿を再建した。通りに面して壮麗雄大な姿をみせている間口約10m・奥行約6mの随身門は、1781(天明元)年に建立されたものである。拝殿

鳥海月山両所宮随身門

の東隣にある城輪神社は1579(天正7)年の建立で, 山形市内最古の社殿とされる。3000坪の境内には城下の商人が通船安全を祈願して奉納した石造狛犬1対がある。京都・大坂から酒田・米沢まで県内外の取引のあった商人の名が記されている。旧暦7月1日から1年間作物や米飯を土中に埋めて作柄を占う穀だめしや年の始めの榊祭りなどの神事がある。

旧羽州街道沿いで宮町の北隣に位置する銅町は, 斯波兼頼が山形に入封したときに鋳物師を集め築城の際に必要なものを供給させたと伝えられ, 最上義光のときに鋳物師・鍛冶師集団が定住する町としてつくられたとされる。山正鋳造の高橋敬典は, 山形の良質な川砂と粘土や砂鉄を原材料として, 柔和で美しい茶の湯釜(国重文)を完成させ, 1999(平成11)年に重要無形文化財保持者(人間国宝)となった。

JR北山形駅西口を出て西に入った所に龍門寺(曹洞宗)がある。1470(文明2)年, 山形城主最上義秋が先代義春の菩提を弔うために城中に建て, 義光時代に現在地に移されたとされる。義春と義光の父義守の五輪墓があり, 曹洞宗の触頭であった。曹洞宗大本山總持寺の住職であった峨山禅師が着用したと伝えられる袈裟(県文化)が残っている。

### 嶋遺跡 ㉖  〈M ▶ P.56〉山形市島
JR左沢線羽前山辺駅 🚶15分

旧六十里越街道に重なる国道112号線の江俣交差点から県道20号線を北進すると, 大型商業施設が立ち並ぶ島地区がある。その中心部にあたる公園に嶋遺跡(国史跡)がある。馬見ヶ崎川扇状地扇端部の低湿地に位置し, 6世紀末から7世紀前半の古墳時代後期集落跡とされる。打込み柱式の住宅跡1棟や東西2間・南北3間の高床倉

嶋遺跡

県都山形と蔵王

庫のほか，数棟の建物跡が確認されている。倉庫からはねずみ返しやはしご，炭化した籾がみつかっている。ほかに，木製の鍬・鋤・杵・大足などの農耕具や，木製馬具・弓・矢・装身具などの用具類，モモ・クリ・アサ・ヒメグルミなどの種子も出土している。多量の土師器とともに須恵器も少量発掘されている。付近には，弥生土器や石鏃・石斧・石包丁などの石器が出土した弥生時代中期の江俣遺跡がある。

> 柱式住居や高床倉庫が並ぶ古墳時代の集落跡

国道112号線を寒河江方面に進み，陣場集落から西に入ると山辺に通じる道となる。須川を挟んで山辺町に隣接する鮨洗には，川に沿って宝積院（真言宗）がある。JR羽前山辺駅から近く，周辺は須川の洪水に見舞われることもしばしばであった。1871（明治4）年，誓願寺（山形市八日町）より木造十一面観音立像（国重文）が移された。カヤの一木造で，像高51.5cm，衣文は流麗で，豊満で均整のとれた体軀と優雅で引き締まった面相をもち，平安時代初期の仏像とされる。もとは宝幢寺にまつられていたもので，1870（明治3）年に同寺が廃寺となった際，末寺である誓願寺に移され，さらに末寺の宝積院に譲渡された。

江俣交差点から国道112号線を北進し，東北中央自動車道を越えた東側に，中野城跡がある。面積は17町2反余りで，東側342m・西側360m・南側200m・北側300mほどの堀と土塁がめぐらされていた。応永年間（1394～1428）に最上満直の2男満基によって築かれたとされる。満基の子満氏は最上宗家を継ぐことになったが，その後も中野城主の家系から宗家の後継者が出された。山形城主となった義守の後継をめぐり義光と対立した弟の義時は中野城主となったが，対立は収まらず1575（天正3）年切腹を命じられた。1622（元和8）年の最上氏改易で廃城となったが，現在の市立大郷小学校の敷地が城の中心部にあたる。楯・馬場宿・籠の町・馬洗場・馬合・的場・七日市場・侍町などの地名が残り，都市的空間が広がっていたことが想像される。

中野の隣，須川の東岸に位置する船町には船町河岸があった。最上義光が最上川舟運を開いた際に城下の外港として設置したとされ，清水・大石田と並ぶ三河岸の1つであった。1723（享保8）年

に大石田の川船差配役独占が廃止されると船町河岸も繁栄し、文政年間(1818～30)以降は船町の3問屋が佐倉藩領の年貢米・諸物産輸送を独占した。1836(天保7)年、船町問屋らは酒田に出張問屋を設置して、船に積んで川をのぼらせる上せ荷物の諸費用を増加させたが、郡内各領惣代から船町独占化禁止の訴えがなされた。1842年、出張問屋が廃止され、下り荷物は従前どおり荷主に便利な河岸で船積みし、荷揚げは寺津(現、天童市)周辺をのぞきすべて船町で荷揚げすると決められ、上せ荷物の船町独占が維持された。明治時代に入り主導権は寺津河岸に移り、明治30年代の奥羽線開通により河岸としての機能を失った。

### 吉祥院 ㉗
023-684-8026

〈M ▶ P.56〉山形市千手堂509
JR奥羽本線山形駅 🚌 漆山経由天童温泉行千手堂 🚶 5分

「出羽一仏」と称された量感豊かな観音像を安置

銅町から馬見ヶ崎川に架かる千歳橋を渡り、西に折れると、JR奥羽本線の西側を併走する旧羽州街道(県道22号線)に入る。街道を北へ約4km進んだ千手堂には、吉祥院(天台宗)がある。737(天平9)年、国内に悪疫が流行した際に聖武天皇が、行基に命じて国ごとに釈迦像などを安置させたといわれ、行基の創建と伝えられる。漆山村(現、山形市漆山)から移されたとする説もあるが、1360(延文5)年斯波兼頼が本堂を再建し、1415(応永22)年に最上満家が大修繕を行い、その後歴代の山形城主に厚く保護された。本尊の木造観世音菩薩立像(国重文)は、像高175cmのケヤキの一木造で、古くから「出羽一仏」と称されてきた。両腕の半分は欠損しているが、頭部がやや大きく量感豊かな体軀に特色があり、翻波式衣文の名残りがあって、平安時代初期(10世紀)のものと推定されている。像高176cmと169cmの2体の木造菩薩形立像(県文化)は、いずれも一木造の素地のままで、平安時代中期(11世紀)のものとされるが、面

千手堂吉祥院

県都山形と蔵王

容や衣文の表現の違いから作者は別人と考えられている。ほかに，木造菩薩形立像および天部立像や木造絵馬がある。吉祥院観音堂および宮殿も古く，最上三十三観音第3番札所になっている。最上義光が納めた扁額には「奉納第一番千手堂」とあり，当初は第1番札所であった。

　吉祥院の南方に位置する七浦や境田町からは多くの遺跡がみつかっている。七浦遺跡は弥生時代中期の水稲農耕文化を示す遺跡で，弥生土器や石包丁などの石器が出土しており，境田遺跡群からは弥生時代の遺物や平安時代の多数の遺構がみつかっている。また，弥生時代中期の千手堂南河原遺跡からは，壺2個体・甕1個体を一組とする組合せ壺棺墓が発見されている。立谷川扇状地の扇端に近い漆山の衛守塚古墳群は，古墳時代前期末から後期前半の古墳群でかつて十数基あったとされる。2号墳は直径11m，高さ1.5mの円墳で，周溝がめぐらされ丸太列がみられる。

### 高原古墳 ㉘　〈M ▶ P.56〉山形市高原町
JR奥羽本線山形駅 🚌 荒谷経由天童行大の目 🚶20分

盆地東部の首長勢力を語る古墳の数々

　JR山形駅から沼の辺行きバスに乗り，千歳公園待合所バス停で下車する。バス停から馬見ヶ崎橋を渡り北進する県道19号線は山寺街道とよばれている。山寺街道を500mほど進んだ東側に**印鑰神明宮**（祭神天照大神・豊受大神）がある。737（天平9）年，陸奥鎮守府将軍大野東人が東北経営の際に伊勢内宮に蝦夷平定を祈願して銀鑰を授かり，それを安置したのが始まりとされる。「お神明さま」とよばれ，江戸時代には徳川家光より35石の朱印地が安堵された。五穀豊穣を祈り感謝して奉納する山家田植踊や甘酒祭の神事がある。馬見ヶ崎川洪水後近くから発見された蕨手刀が保管されている。山家町の修験一明院跡とされる糠塚には，**貞治七（1368）年阿弥陀板碑**（県文化）がある。高さ約1.3m・幅約44cm・厚さ約30cmで，「月山行人結衆等，已上百余人敬白」の銘があり，行人を連れて月山参詣をした記念碑と考えられている。

　山寺街道が国道13号線山形バイパスと交差する大野目交差点よりバイパスを南へ約500m行き，左折して東進すると，**龍泰寺**（曹洞宗）に突き当たる。門前には，行蔵院住職で斯波兼頼の相談相手と

高原古墳

なった道覚阿闍梨を供養した「康安二(1362)年」銘の板碑のほか、「延文五(1360)年」銘と「応安元(1368)年」銘の板碑がある。また、同寺には、1629(寛永6)年に奉納された高原植木踊図絵馬がある。高原植木踊(県民俗)は高原町に伝わる願人踊で、伊豆国(現、静岡県)三津生まれの三喜和尚という僧が伝えたとされる。単衣の裾からげ、股引・脚絆・鉢巻・襷がけの姿で、鉦・太鼓・歌い手の囃子にあわせて1～5人の踊り手が踊る。龍泰寺南方の野伏山(234.1m)には最上四十八館の1つである山家館跡がある。

　龍泰寺の約400m北西に高原古墳(県史跡)がある。小丘陵上に5基の箱式石棺が発見され、そのうちの1号墳が現存している。石棺は長さ2.56m・幅70cm・深さ46cmで、隙間は粘土で目張りをし、側壁を板材で組み、扁平な数枚の蓋石で覆った大型の箱式石棺であった。他の石棺からは鉄鏃・管玉などが出土しており、6世紀末から7世紀前半のものと考えられている。高原古墳の北側の青野には、1920(大正9)年の調査では39基の円墳が数えられたとされるお花山古墳群がある。古墳時代前期から後期への移行期の様相をもつとされる。1982(昭和57)・83年、山形自動車道建設前に24基が発掘調査され、木棺や箱式石棺からお花山古墳群出土品(県文化)が出土し、山形県埋蔵文化財センターに保管されている。1号棺より出土した変形捩文鏡を始め、メノウ製勾玉・碧玉製管玉・ガラス製小玉・紡錘車・竪櫛・鉄剣・鉄鏃・土師器片など755点と円筒埴輪片・鉄鏃片は、いずれも5世紀後半頃のものと考えられている。これらの古墳は、それまでの大首長による支配体制が崩れ、各地に勢力をもつ中小首長が台頭する時期を示すとされている。

　山寺街道を進みJR仙山線と交わる風間地区には六面幢がある。仙山線高瀬駅の東約370mの風立寺(天台宗)には鎌倉時代の宝篋印塔があり、高瀬川上流にあたる上東山の見滝寺(曹洞宗)にはシ

県都山形と蔵王　101

ダレザクラ，高沢の清雲寺(時宗)には高沢の開山スギ(県天然)がある。また，上東山には鹿楽招旭踊が伝えられている。上東山には，馬見ヶ崎川上流の滑川からべにばなトンネルを抜けて行くこともできる。

# 山寺立石寺と天童

東北の名刹山寺から、将棋駒といで湯の里天童に続く。天童の文化には東村山郡の中心地としての気風が漂っている。

## 山寺根本中堂 ㉙
023-695-2816（山寺観光案内所）
〈M▶P.56〉山形市山寺 P
JR仙山線山寺駅 🚶 7分（登り口まで）

霊地山寺の登り口に不滅の光を放つ根本中堂

　JR山寺駅で降りると、目の前に凝灰岩からなる奇岩の間に堂宇が点在する壮大な山寺（国名勝・国史跡）の景色が広がる。山寺の正式名称は、宝珠山阿所川院立石寺（天台宗）という。松島瑞巌寺（宮城県）・平泉中尊寺（岩手県）・恐山円通寺（青森県）などを建立した慈覚大師（円仁）が、860（貞観2）年に清和天皇の勅命を受けて建立したとされ、東北屈指の天台教学の大道場となった。一時、鎌倉幕府5代執権北条時頼の命で禅宗に改められたが、旧に復し、斯波兼頼入部の際には山形城の鬼門にあたるとして保護された。最上一族の争いのなかで、天童氏に攻撃されて堂宇などを焼失した。再興後、比叡山延暦寺（滋賀県）の法灯で復活し、延暦寺が織田信長に焼討ちされたときには、当寺の法灯が奉還された。江戸時代には朱印地1420石を与えられた。

　山寺は天台宗の寺院である一方で、死後に魂の帰るべき山として庶民信仰・先祖供養の山としても多くの信仰を集めた。この地方では、死者供養のため歯骨を山寺の奥之院納骨堂に納め、卒塔婆や碑を建てる習俗があり、慰霊のための卒塔婆や後生車が数多くみられる。8月6日の夜から翌朝にかけて行われる山寺夜行念仏の習俗（国選択無形民俗文化財）は成仏できずにいる魂を供養するものであり、翌7日の磐司祭で奉納される獅子踊は殺生禁断の聖地となったことにより命を救われた獅子などの獣が感謝する姿をあらわしたものとされる。

　山寺駅から立谷川を渡っ

立石寺根本中堂

てすぐ左側に対面石とよばれる大石がある。慈覚大師が開山にあたり、この地方を支配していた磐司磐三郎という猟師とこの上で対面し、仏道を広める拠点として山を明け渡してもらったと伝えられる。みやげ物店や食堂が並ぶ門前町を通り、登山口から石段をのぼると立石寺中堂(根本中堂、国重文)がある。正平年間(1346〜70)に斯波兼頼が再建したと伝えられ、慶長年間(1596〜1615)に大修理がなされた。間口5間・奥行5間、前面に1間の向拝をつけた銅板葺き・入母屋造で、ブナ材の建築物では日本最古といわれる。内部は外陣と内陣に格子で仕切られ、内陣中央の宮殿には本尊である木造薬師如来坐像(国重文)が安置され、須弥壇前には安土桃山時代からの不滅の法灯がともされている。薬師如来坐像は像高129.7cmのカツラの一木造で、「元久二(1205)年」の修理銘があり平安時代の作と考えられている。

　山寺の大イチョウで知られる日枝神社をすぎると秘宝館(宝物館)がある。高さ107.5cm、幅47cm・厚さ18.2cmの安山岩でできた天養元(1144)年如法経所碑(国重文)を始め、木造釈迦如来立像、木造薬師如来立像、木造阿弥陀如来立像、木造伝教大師坐像、「寛喜三(1231)年」の刻銘がある木製曼荼羅懸仏、無銘で伝舞草とされる太刀、「慶長十三(1608)年戊申十月二十六日」の銘がある鰐口(いずれも県文化)のほか、石塔婆・笹塔婆など多くの寺宝が展示・保管されている。

## 山寺奥之院 ❸⓪

〈M ▶ P.56〉 山形市山寺
JR仙山線山寺駅 🚶50分

全山の奇岩怪石に広がる東北屈指の霊的世界

　念仏堂と鐘楼を経て山門を入ると、800段を超える石段がある登山道が奥之院まで続く。最初にあらわれる姥堂は地獄と極楽浄土との境であり、岩清水で心身を清めてのぼる場所とされた。仁王門までの途中には、1689(元禄2)年5月27日(新暦7月13日)にこの地を訪れた俳聖松尾芭蕉の句「閑さや岩にしみ入蟬の聲」の短冊を埋めたせみ塚がある。参道のそばには、六字名号(南無阿弥陀仏)と戒名を書いた木柱に車を嵌め込んだ無数の後生車がおかれている。石段をさらにのぼると右側にみえてくる弥陀洞とよばれる巨岩には、長い間の風雨がつくり出した阿弥陀如来の姿が浮き上がり、

立石寺奥之院

岩壁に刻まれた数多くの板塔婆が霊的世界を感じさせる。

仁王門から石段をのぼり進むと，江戸時代の十二支院に数えられた性相院・金乗院・中性院が立ち並ぶが，現在は一般の人は立入禁止になっている。金乗院から右に折れて進むと，胎内くぐりを抜けて胎内堂に至る。急斜面の岩を鎖をたどりながら進み，昼なお暗い樹林を眼下に地獄谷の岩壁をのぼると釈迦が峰・釈迦堂へと続く。ここは修行僧の行場とされ，準提堂・六観音・血の池を経て中性院の前にたどり着く。

奥之院の正式名称は如法堂という。慈覚大師が持ち歩いた釈迦如来と多宝如来を本尊とし，石墨草筆を使った写経がなされている。奥之院には，結婚式の場面を描いたムカサリ絵馬などの多くの絵馬や写真・人形が奉納されており，結婚前や入学前に亡くなったわが子への親の思いがみる者の心を打つ。奥之院脇には毎日卒塔婆供養が行われる大仏殿があり，前には金灯籠や仏足石がある。奥之院にのぼる石段を左に入ると十二支院の1つである華蔵院があり，その手前にある岩屋内に立石寺三重小塔(国重文)が安置されている。高さ2.5mの柿葺きの木造小塔で，相輪に「永正十六(1519)年」の銘がある。柱間は45cmで三手先の組物を組みあげ，木鼻飾りの彫刻は室町時代の様相を伝える。

性相院や金乗院から胎内くぐりと反対方向に進むと，開山堂があり，すぐ脇の突き出た岩の上には立石寺納経堂(県文化)が立っている。この岩は百丈岩とよばれる巨岩で，仁王門から見上げるとその大きさ

立石寺三重小塔

山寺立石寺と天童

に圧倒される。納経堂は，方1間の宝形造・銅板葺きの小堂で，1599(慶長4)年に最上義光が家臣に命じて建立したとされる。以前，納経堂の下には如法経所碑が建てられていたが，落雪のため転落して折損した。碑には入阿らが妙法蓮華経1部8巻を書写して慈覚大師の霊窟に奉納したと記されている。開山堂下には慈覚大師の遺体が安置されていると伝えられてきた入定窟がある。調査の結果，長さ1.83mの黒漆塗り・漆箔仕上げの木棺からは，火葬骨2体・非火葬骨3体の骨片と9世紀頃の制作と思われる木造慈覚大師頭部のほか，「康元二(1257)年」銘の木造五輪塔(ともに国重文)などがみつかっている。開山堂から岩の間を抜けると五大堂があり，ここからは山寺の景観が一望できる。

門前町からJR仙山線に沿って東に約600m進むと，最上三十三観音第2番札所の千手院(天台宗)がある。立谷川を挟んで山寺一山の対面にあたる丘陵には山寺芭蕉記念館や山寺後藤美術館がある。山寺芭蕉記念館には，海北友松筆の紙本墨画君子対棋図・君子騎馬図，池大雅筆の紙本墨画小葉台貼屏風，青山永耕筆の紙本著色紅花屏風(いずれも県文化)のほか，芭蕉会式懐紙・蛙合短冊・紙本墨書芭蕉書簡・おくのほそ道(丈草筆写)などの芭蕉関係資料が保管されている。

**格知学舎** ㉛
023-653-7468(豊安財団)
〈M▶P.56, 107〉 天童市貫津字上貫津72 P
JR奥羽本線天童駅🚗15分

地域のリーダーを養成した通称「チョンマゲ学校」

JR天童駅から東に1kmほどの天童温泉から国道13号線を越えて，山形県教育センター・市立津山小学校を経て上貫津地区に入ると，昌林寺(曹洞宗)の門前に至る。かつては天台宗で，17世紀前半までは松林寺と記していた。この寺の木造十一面観音像懸仏(国重

格知学舎

106　村山

天童駅周辺の史跡

文)はカツラ材でつくられ，直径36cm，全面に漆箔を施している。1228(安貞2)年に奉納されたもので，県内の銘のある懸仏の中でもっとも古い。

さらに東に約600m行くと，格知学舎(県史跡)に到着する。浄土真宗の学僧本沢竹雲は貫津村名主結城六右衛門の招聘に応じ，1869(明治2)年にこの地に私塾を開設した。この格知学舎は，翌年ここ五老山の麓に落成したものである。

主屋は，桁行18m・梁間8.1mの和風木造総2階建てで，1階4部屋，2階2部屋は，教室や講堂・住居などに使用された。食堂・炊事場・物置の付属建物もある。まわりを囲む京風のタカオカエデの樹木が静閑さを添えている。

1946(昭和21)年までの約70年間に，村山一円の地主層の180余人の子弟が，師と起居をともにして仏教・儒学などの教育を受け，地域社会に大きな影響を与えた。その思想的背景を語る格知学舎関係資料(経書・歴史書・地誌・道徳書・絵図や入門帳・書跡類など3種5312点，県文化)は，北側に立つ収蔵庫に保管・展示されている。

格知学舎からさらに沢伝いに進むと東漸寺跡に至る。平安時代末期の天台宗の寺院跡と推定される。

東漸寺跡からさらに山道をのぼっていくとジャガラモガラに達す

山寺立石寺と天童

る。凸凹のことを地元では，ジャガジャガモガモガといったが，雨呼山(905.5m)の西斜面に東西約90m・南北約570m，深さ約100mのくぼ地，その中でもとくに南端の東西30m・南北62mのすり鉢状のくぼ地があり，無数の風穴から冷気が吹き出ている。この冷気に影響されて，ここでは底にくだるにつれて灌木から草木に変化し，初夏には百花繚乱の世界が現出される。県指定の天然記念物である。姥捨伝説が残るジャガラモガラの御霊を供養しようと，大和言葉で唄う供養踊りもできた。周辺にはキャンプ場を備えた森林ふれあい広場や森林遊歩道も整備されている。

### 舞鶴山と建勲神社 ㉜

023-653-0289(建勲神社)

〈M▶P.56, 107〉 天童市天童字城山1043-5(建勲神社） P
JR奥羽本線天童駅🚗15分(建勲神社)

全山が城山、山頂には神社 現在は市民の憩いの公園

天童市は羽州街道沿いの宿場町として栄え，舞鶴山(241.8m)の北で温泉が発見されてからは保養・観光の町としても繁栄した。天童市のシンボルの1つ舞鶴山に城館を構えたのは，南北朝時代の南朝方の武将北畠天童丸であったといわれ，天童の地名もこの天童丸に由来するといわれている。1356(延文元)年，北朝方の斯波兼頼が山形に入部し，その子孫たちが各地に分封されていったが，舞鶴山に居館を構えたのは斯波兼頼の孫の頼直で，以後天童氏を称した。

JR天童駅の南東約1kmの所にある舞鶴山は，全山が城山で主郭は山頂の愛宕神社の鎮座する平場である。舞鶴山一帯は市民の憩いの公園(天童公園)になっている。人間将棋は4月下旬に，2000本のサクラが咲き乱れる山頂で開催される。

城の西麓，佛向寺のすぐ北に建勲神社がある。天童藩主であった織田信敏が，

**舞鶴山から天童市街を臨む**

# 天童広重と将棋駒

コラム

小藩の財政難を救った広重版画と将棋駒

　幕末の頃の天童藩は2万石の小藩で、苦しい財政事情に絶えず悩まされた。その対策として考えられたのが、天童広重と将棋駒である。

　歌川広重は「東海道五十三次」など有名な浮世絵を残し、当代一流の浮世絵師であった。その頃、天童藩の家老で江戸詰めであった吉田専左衛門は、狂歌で知り合った広重の絵を使うことに思い至った。すなわち、広重に依頼して広重の絵を領内の豪農や商人に献金の額に応じて配ったのである。これは版画ではなく、肉筆画であることから天童広重として珍重され、文政年間（1818～30）頃から1858（安政5）年まで、約30年間にわたり200幅ほどが配られて、藩の財政を支える一助となった。1997（平成9）年には温泉街に広重美術館が開館した。

　また日本一の生産を誇る将棋駒も、勤王の志士として知られる家老吉田大八が用人野呂太夫と相談し、米沢藩の家臣から天童藩士に学ばせたものである。生活苦にあえぐ下級武士の手内職として始められた。

　天童は全国の将棋駒の95％を生産し、年産400駒の差し駒や床置きの王将・左桂馬などがつくられている。将棋駒には上物の彫駒や書駒、スタンプ駒がある。木地材は手頃な値段のものはホウの木を用い、高級になるにつれてイタヤ、ハビロ・マキ・ツゲなどが用いられる。

　将棋の色彩は湯の町天童にあふれている。JR天童駅から温泉までの王将通り、旅館にも王将があり、みやげ物などにも駒の名がつけてある。

　4月下旬、サクラの咲き乱れる天童公園（舞鶴山公園）で人間将棋が行われる。2mの王将石碑の前で、一般公募の人たちが、戦国時代の兵士や腰元に扮し、駒となり、プロ棋士の対局で動くという行事である。駒作りを地場産業とする天童ならではの風物詩である。

王将石碑

先祖の織田信長をまつるため1870（明治3）年に建てたものである。もとは、上のほうにあったが、1884年現在地に移された。元日参りや毎年5月3日に行われる祭典は、県内外からの参拝者で賑わう。隣のつつじ公園では、毎年5月中旬に、ヤマツツジ約1万本が咲き

山寺立石寺と天童

誇る。神社への登拝口に，天童藩士吉田大八が戊辰戦争(1868〜69年)で藩の責を一身に負って自刃した観月庵がある。

また，舞鶴山の東側，国道13号線から市立第一中学校に至る一帯は八幡山古戦場跡で，1580年代に最上氏と天童氏とが最後の激戦を交えた。

### 佛向寺 ㉝
023-653-2276
〈M▶P.56, 107〉天童市小路1-8-16 P
JR奥羽本線天童駅 🚶10分

一向上人ゆかりの浄土宗佛向寺派総本山

JR天童駅から舞鶴山のほうに10分ほど歩くと，西麓に佛向寺(浄土宗)がある。時宗七派の1つで一向上人ゆかりの寺である。1278(弘安元)年，成生荘地頭二階堂氏の保護のもとに，成生荘大清水に建てられ，14世紀末に当地に移ったと伝える。現在，浄土宗佛向寺派総本山で，建物は1825(文政8)年に建てられたものである。毎年11月17日の開山忌に，一向上人踊躍念仏(国民俗)が踊られる。民衆の間で行われた念仏踊りと違って，儀礼化されたものであるといわれる。

境内には幕末の勤王家吉田大八の墓や凝灰岩製の聖観音像が立っていて，観音像の隣にはアーンク(胎蔵界大日如来)を種子にもつ大型板碑も立っている。石仏・板碑ともに鎌倉時代の文化財である。

佛向寺の南隣に天童市立旧東村山郡役所資料館(旧東村山

佛向寺板碑と石仏

旧東村山郡役所資料館

郡役所，県文化）がある。この建物は1879（明治12）年，東村山郡役所としてつくられたもので，文明開化期の洋風建築である。1985（昭和60）年の復元工事で現在の姿になった。天童藩関係資料や明治維新前後の資料を中心に240点余りを展示している。1881（明治14）年の明治天皇の東北巡幸の際，行在所としても使用された。

佛向寺から北に進むと，舞鶴山の北麓に天童民芸館がある。「東京行進曲」をうたい日本女性初の流行歌手として一世を風靡した佐藤千夜子の生家を移築したものである。民俗資料や骨董品約5万点を展示している。

人口6万数千人の天童市に，広重美術館・天童市美術館・出羽桜美術館の3つの美術館がある。広重美術館は天童温泉街にある浮世絵専門の美術館であり，滝の湯ホテルによる私立の施設である。3代にわたる歌川広重の作品などをみることができる。1997（平成9）年にオープンした。天童市美術館は市役所の北側にあり，天童出身の今野忠一の作品や，寄贈された熊谷守一の作品が常時展示されている。出羽桜美術館は県道22号線沿いの出羽桜酒造にある。高麗青磁や李朝の陶磁器および工芸品を中心に日本の六古窯の逸品が展示されている。

## 若松寺 ㉞

023-653-4138

〈M▶P.56〉 天童市山元2205-1　P
JR奥羽本線天童駅🚗15分

JR天童駅から国道13号線を越えて山元地区から谷あいの道を進み若松地区に入る。若松の集落は，もと若松寺に仕える坊によって成立した門前集落で，12の坊があった。さらにのぼると若松寺（天台宗）に着く。その間駅から約8kmである。多くの参拝者は自動車で山頂まで行く。旧参道の鳥居から約600mの杉木立の道は，やや急勾配である。

本堂の観音堂（国重文）は桁行5間・梁間5間の入母

若松寺観音堂

山寺立石寺と天童

屋単層造・杮型銅板葺きで，室町時代末期の建造物である。寺伝によれば行基が開山し，のち慈覚大師が山頂から現在地に移したとなっている。本堂内陣には径76cmの金銅聖観音像懸仏(国重文)が安置されている。1263(弘長3)年に成生荘政所の藤原真綱が奉納したものである。懸仏の脇に郷目右京進貞繁が奉納した板絵著色神馬図(国重文)がある。

最上三十三観音第1番札所でもあり，花笠音頭に「めでためでたの若松様よ」と唄われ，縁結びの観音としても有名である。

出雲大社と並び称される縁結びの観音様

## 石佛寺 ㉟
023-655-3392
〈M▶P.56, 113〉 天童市高擶北135 P
JR奥羽本線高擶駅🚌高擶経由天童温泉行高擶四辻🚶3分

凝灰岩の石仏群がある高擶の寺

JR高擶駅から南に1.2kmほどの清池工業団地に中世の曹洞宗寺院永源寺があり，大きな板碑と六面石幢が立っている。ここから北西の奥羽本線の線路沿いに上遠矢塚古墳がある。古墳時代後期の円墳で，土器や人骨などが出土した。

さらに線路を越えて西に進むと高擶集落に入る。この集落に一向上人俊聖の開基と伝える石佛寺(浄土宗)がある。石佛寺は案内板によると「石佛寺は弘安年間(1200年代後半)に一向上人俊聖の開基と伝えられ，もとは，旧山寺街道沿い(バイパスの東側)にあったもので，そこにはいまでも『真砂井』といわれる井戸や板碑などが残っている。ここにある石仏は，もともと旧石佛寺跡にあったものである。いずれも凝灰石製で背部が舟形になっており，かなり風化している。(鎌倉時代)」とある。石佛寺の石仏群は1971(昭和46)年に市指定有形文化財になっている。

旧石佛寺跡から300mほど北に果樹園の中を行くと，高さ4m，柱間3mもの大きな荒谷の石鳥居(県文化)があるが，これは山寺立石寺の境内にあった山上仲

石佛寺の石仏群

願行寺

社の鳥居であり，石佛寺の総門として西の玄関口であった。また，この辺りはかつて南北に走る中世の大道との交差点でもあった。

石佛寺のすぐ西に，蓮如の高弟の願正上人の開山と伝えられる願行寺(浄土真宗)がある。願正上人によって山形平野における浄土真宗の布教が始まったといわれている。寺宝に本願寺証如が下賜したという六字名号と方便法身画像がある。

高擶集落は城館の集落でもある。高擶城は近世の村絵図や明治時代の地籍図によると，本丸・二の丸・三の丸の堀がめぐらされ，都市的な場を包み込んでいた。今も堀跡の一部を確認することができる。1580(天正8)年頃の天童氏と最上義光との抗争で，高擶城主は天童方に味方し，のちにこの城は最上家の領国支配の拠点として，江戸時代初期まで使用されたという。

高擶駅周辺の史跡

## みなとまち寺津 ㊱

〈M▶P.56〉天童市寺津 P
JR奥羽本線天童駅🚌寺津行終点🚶10分

JR天童駅から寺津行のバスに乗って西方へ6kmほど行くと，かつて最上川舟運で栄えた寺津に着く。寺津は須川が大きく湾曲して最上川に合流する地点に位置し，湾曲部の丸淵河岸は現在も三日月湖として残っている。山形城下からの諸荷物は，寺津の南方約7kmにある船町(現，山形市)から川船に載せて須川をくだり，寺津で大きいひらた舟に乗りかえて最上川をくだった。

寺津が最上川舟運の河岸として正式に認可されたのは1723(享保

須川と最上川が合流する河川交通の要地

山寺立石寺と天童

寺津河岸

　8)年のことで，この頃の寺津には問屋・旅籠屋・料理屋・そば屋・銭湯などが軒を並べていたという。1758(宝暦8)年の，最上川船への商人積荷のうち45％が寺津河岸のもので，大石田河岸につぐ繁栄ぶりだった。そのため上流の船町河岸としばしば争いを引きおこしているが，現在はわずかに河岸跡がわかる程度である。

　寺津河岸があった地点の東方に日枝神社があり，すぐ脇に法体寺(曹洞宗)がある。日枝神社の瑞元の森は鬱蒼たるスギの木立で神秘的である。法体寺はかつて天台宗法泰寺と称され，応永年間(1394～1428)に，寺津に居館を構える寺津甲斐守が菩提所として建立したといわれている。郷目貞繁筆の『双津幅羅漢図』と『紙本水墨画雨鴉図』がある。

　寺津から北東約2kmの所に願正壇がある。浄土真宗の蓮如の高弟の願正上人が1477(文明9)年に，出羽国に入り草庵を営み布教活動をした場所といわれ，記念の石碑が立っている。

願正壇

**成生二階堂屋敷跡** ㊲　〈M▶P.56〉天童市大清水二階堂 P
JR奥羽本線天童駅🚗10分

　JR天童駅から車で北西の大富・寒河江方向に5分ほど行くと成生集落に着く。ここは乱川扇状地末端の湧水地帯に位置し，弥生時代から多くの集落が営まれていた。市立成生小学校の南西にある

114　　村山

地蔵池遺跡や原口遺跡などがそれである。また、高木の石田遺跡からは1万枚もの古銭が出土している。まさしく、高木から成生・大清水にかけての一帯は、かつての成生荘の中心であった。そもそも成生の地名は作物が豊かに稔る豊穣の地ということからきている。

大清水集落の北、乱川のすぐ南に成生二階堂屋敷跡がある。居館の東側と北側に1辺が約120m・幅12m・深さ1mの堀があり、方1町の典型的な鎌倉時代の居館跡である。成生荘の地頭である二階堂氏の居館という説もあるが確証はない。また、館内に一向上人が佛向寺を建て、のちに舞鶴山の西麓に移転したともいわれているが、これも確証はない。成生荘はほぼ現在の天童市を荘域とする皇室領荘園で、地頭の二階堂氏は1263(弘長3)年、若松寺に懸仏を奉納している。

二階堂屋敷の南に14世紀後期、天童頼直が拠った居館という成生館跡があり、土塁と堀の一部が残っている。成生館に隣接する薬師神社は館の守護神として勧請されたものだが、とりわけ境内の12本の大ケヤキはじつに見事である。

大清水から窪野目の方向に行く途中に一楽壇という塚があり、1402(応永9)年の板碑がある。現在、徳昌寺(曹洞宗)で保管している。ここから南下して蔵

天童IC周辺の史跡

乱川扇状地にある典型的な鎌倉時代の居館跡

薬師神社

増に向かう。蔵増集落は戦国時代に蔵増楯があった所で、その全域が都市的な場であった。かつては、2重・3重の堀をめぐらした輪郭式の城であったが、現在は西小路の付近に堀跡を確認するのみである。城内には寺が多く、その多くは浄土真宗の寺である。そのなかの1つ西稱寺の境内には城主の娘の萩姫が使用したという「化粧井戸」がある。また、西常得寺には最上義光の長男の義康を射殺したという土肥半左衛門の供養塔が巨木(俗称「化け杉」)の下にある。城主は最上氏一族の倉津安房守である。蔵増の西を流れている古川付近の船戸は、江戸時代に最上川舟運の河岸があった所である。

## 西沼田遺跡公園 ㊳

聖徳太子の時代の農村集落遺跡

023-654-7360

〈M▶P. 56, 115〉 天童市矢野目3295 🅿

JR奥羽本線天童駅🚌5分、またはJR寒河江行西沼田遺跡公園前🚶1分、または東北中央自動車道天童IC🚗5分

　JR天童駅から車で西に5分ほど行くと、天童市西沼田遺跡公園に着く。山形盆地のほぼ中央部で、地下水の豊富に湧き出る水田地帯である。1985(昭和60)年の県営圃場整備事業にともなう発掘調査により、6世紀を中心とする古墳時代後期の農村集落遺跡であることが確認された。古墳時代の東北地方のムラの様子を知ることができる。1987年に国史跡に指定された。

　2004(平成16)年度までの調査により、平地式住居14棟、高床倉庫2棟が確認されたほか、河川跡や水田にともなう畔畔状遺構・溝・井堰などの遺構が確認されている。また、建築部材や木製の農具、炭化米やクルミ、モモの種といった有機質や織物に関する遺物も大量に出土し、私たちの祖先が暮らした古墳時代の暮らしを総合的に知るこ

西沼田遺跡公園

# 明治法律学校の創設者宮城浩蔵

コラム **人**

ボアソナードの愛弟子の法律学者

宮城浩蔵は1852（嘉永5）年4月15日に，天童藩の藩医武田玄々（直道）の2男として天童乙9番地で生まれ，1865（慶応元）年に同藩家老の宮城家に養子に入った。実父直道も，天童町の有力商人佐藤伊兵衛家より藩医の武田家に入婿している。なお，浩蔵の縁筋には，山形済生館の創業者である祖父の8代佐藤伊兵衛を始め，山形の豪商で叔父の長谷川直則（吉郎治，山形県選出の最初の貴族院議員）らがいる。

1868（慶応4）年，浩蔵は吉田大八の下で戊辰戦争に参加した。翌1869（明治2）年上京し兵学やフランス語を学んでいた。その後，藩から貢進生に選ばれ大学南校に転じ，さらに1872年に司法省明法寮に転校した。激動期なので，浩蔵の学んだ学校もめまぐるしくかわるのである。司法省明法寮でようやく落ち着き，フランス法学者リベロール，ブスケ，ボアソナードから法律学を学んだ．

1876年に，ボアソナードからの推薦でパリ大学やリヨン大学で法律学や政治学を修め，フランス法律学士の学位を得，1880年帰国した。

1881年に，浩蔵は岸本辰雄，矢代操とともに，明治法律学校（現，明治大学）を創設し教頭として日本刑法・治罪法の指導にあたった。また，法律取調報告委員に任じられ民法・商法・民事訴訟法の草案作成に参与したほか，『刑法講義』『刑法正義』を出版し，明治の法律学の中心人物として活躍した。彼は郷土愛に燃え，後輩の育成に深い理解を示し支援を行っていた。後年に国際司法裁判所所長として活躍した安達峰一郎も，浩蔵に保証人になってもらうなど世話になった1人である。

1890年に第1回衆議院選挙が行われるや，山形に戻って立候補し第1位で初当選した。宮城は議員生活をしながら代言人（弁護士）の免許を受け，東京新組合代言人会長になり，起草委員として刑法改正の任にあたった。

1892年再び衆議院議員選挙で当選したが，翌1893年2月腸チフスにより逝去した。享年41であった。後年，第一次西園寺内閣組閣難航のおり，西園寺は「宮城がいてくれたらナ」と，側近にもらしたという。

なお，山形市の千歳公園に「宮城浩蔵顕彰碑」が立てられている。この碑の篆額は西園寺公望の筆に，碑文は中江篤介（兆民）の撰によるものである。

とのできる貴重な遺跡である。
遺跡からは月山や葉山を望むことができる。

山寺立石寺と天童

## ④ 寒河江から六十里越え

寒河江荘の地頭大江氏ゆかりの地と寺社を訪ね，湯殿山信仰にまつわる史跡を歩いてみよう。

**山野辺城跡** ㊴
023-664-5033（山辺町ふるさと資料館）
〈M▶P.56〉東村山郡山辺町山辺30 P
JR左沢線羽前山辺駅 徒 5分

山野辺城主は最上義光の4男
日本海側最北端の前方後円墳

　JR羽前山辺駅から西へ800mほど進むと，町立山辺小学校のある高台に着く。ここが山野辺城跡であり，江戸時代初期に最上義光の4男義忠が1万6000石で城主となり，山野辺氏を称した。江戸時代後期の絵図面によると，本丸の周囲に二の丸・三の丸・四の丸が配置されていた。町の南の浄土寺（浄土宗）から北の西岸寺（浄土真宗）まで，江戸時代には160軒もの店が立ち並び，青苧や木綿などの商いで賑わったという。

　また，山野辺城の北方には沢を挟んで高楯城があった。現在の天満神社一帯がその主郭と比定されている。山野辺城主山野辺義忠が帰依したという専念寺（浄土真宗）は城の南西にあり，高楯城主武田信安による開基と伝えられる了廣寺（浄土真宗）はその北西にある。了廣寺から西に約1km進むと安国寺（曹洞宗）がある。室町時代，足利尊氏・直義が南北朝内乱の戦死者を弔うために各国に1つずつ建立した寺院である。1356（延文元・正平11）年，斯波兼頼が羽州探題として山形に入部してのち，寒河江にいる南朝方の大江氏を牽制する意図を含んで，この地に安国寺を建立したと思われる。安国寺から，さらに北西へ約1.5km進むと白鷹丘陵上に坊主窪古墳群がある。1号墳は，日本海側内陸最北端の前方後円墳で，この一帯にはかつて40基もの円墳があったという。

　羽前山辺駅の南方，県立山辺高校の南に広がる水田地帯では，長地式坪内割りの

安国寺楼門

条里制遺構が確認されている。その南西の大塚集落からは古墳時代の土師器もみつかっており、集落の西方、普広寺(曹洞宗)の裏山からは数多くの経塚遺物が出土している。また、須川の西岸に広がる三河尻集落には三河観音堂(最上三十三観音第13番札所)がある。

## 長崎城跡 ⑳
023-662-2175(中山町立歴史民俗資料館)

〈M▶P.56〉東村山郡中山町長崎字古城
JR左沢線羽前長崎駅 🚶 7分

大江氏家臣の中山氏が開拓
オナカマ信仰の聖地岩谷

　JR羽前長崎駅から東へ約600m、国道112号線沿いに樹齢500年と伝えられる大きなイチョウの木がある。これが、長崎城本丸跡を示す楯の大イチョウである。鎌倉時代、承久の乱(1221年)で後鳥羽上皇方について敗れた大江親広は寒河江荘に逃れ、その家臣中山忠義は初め伏熊(現、大江町)に居住した。室町時代、7代中山継信のとき、最上川南岸の沼尻郷とよばれていた湿原地帯を開拓して居館を構え、長崎楯・中山城とも称した。現在の町名は、城主中山氏にちなんだものである。

　楯の大イチョウの東方、二の丸跡に中山氏の菩提寺円同寺(曹洞宗)があり、歴代の墓碑と位牌を守っている。かつて同寺にあった「嘉吉三(1443年)癸亥八月七日」の銘がある梵鐘(県文化)は、現在山形市長谷堂の清源寺にある。なお、8代城主中山朝政の墓所と伝えられる玄蕃壇は、羽前長崎駅から300mほど北の道路沿いに位置し、江戸時代中期の最上川の洪水で寺が現在地に移転する前の旧境内に残されたものである。

　円同寺から東へ約300m、中山町役場の前に市神石がある。江戸時代、最上川沿いの船着場として、また出羽三山参詣の宿場町として六斎市が開かれるほど賑わったことを物語るものである。

　町役場の南方、上町の修験光秀院には金銅大日如来坐像があり、道路沿いの六角堂にまつられている。江戸時代中期、湯殿山行者善竜海の発願によるもので、出羽三山信仰の広まりを示すものである。町役場から南へ約1.2km、達磨寺(曹洞宗)は江戸時代初期に寒河江の澄江寺末として開かれた寺であり、同寺から東へ約1.3km、須川左岸沿いには推定樹齢600年のお達磨のサクラ(県天然)がある。

寒河江から六十里越え　　119

柏倉家住宅

　羽前長崎駅から西へ約2km、岡地区には柏倉家住宅(県文化)がある。江戸時代中期に山形藩堀田領蔵増組の大庄屋をつとめた柏倉九左衛門家はこの地区を代表する邸宅である。同家は江戸時代を通じて土地集積を重ね、明治時代以後に県内屈指の大地主となった。正面の長屋門をくぐると茅葺き屋根の豪壮な住宅、阿弥陀如来像を安置する佛蔵、書院造で漆仕上げの座敷蔵などが見学できる。また、3月1日から4月3日(3月3日をのぞく水曜日休館)に催される柏倉家ひな人形展では、幕末から明治時代に収集された古今雛や珍しい五人官女などを公開している。

　岡地区からさらに西へ約5kmの岩谷地区に、岩谷十八夜観音堂がある。かつて、ここはオナカマ信仰の中心で、仏や神を降ろすオナカマ、いわゆる口寄せ巫女の聖地であった。オナカマが神降ろしや託宣の際に使うトドサマ、口寄せに用いる梓弓、祈禱や占いに用いる数珠などさまざまな品がこの観音堂に納められていた。これら江戸時代中期から大正時代にかけての岩谷十八夜観音庶民信仰資料(オナカマ習俗資料)951点(国民俗)は、現在は羽前長崎駅から北へ約500mの所にある中山町立歴史民俗資料館に収蔵されている。

平塩熊野神社 ❹　〈M▶P.56〉寒河江市平塩字上条　P
0237-86-0165　　　JR左沢線寒河江駅🚗10分

紀州の熊野大社から勧請道六神を争奪する御塞神祭

　JR寒河江駅から南西方向に約4km、最上川右岸の段丘上に位置し、村山盆地の西側白鷹丘陵の裾辺部にあたる集落が平塩で、721(養老5)年、行基が紀州熊野(現、和歌山県)から勧請したという平塩熊野神社(祭神伊弉諾命ほか)がある。源頼義・義家父子が戦勝祈願のため鏡2面を奉納するなど、古くから武将の信仰を集め、江戸幕府からは149石余りの朱印を受けている。

　社殿は神仏習合の色合いが濃く、外陣・内陣・内々陣と仕切ら

平塩熊野神社木造伝十王坐像

れた仏堂形式となっており，明治時代初期の神仏分離令までは神仏両式をもって祭祀を掌り，真言宗の16坊で組織された一山衆が祭事や加持祈禱をとり行ってきた。堂内には平安時代後期の作とみられる木造伝十王坐像2軀（県文化）がある。

　神社の年中祭礼として，旧暦の小正月（1月15日）には御塞神祭が行われる。マツの生木でつくられた長さ15〜30cmの道六神（男根）や板札が，入魂の神事の後白装束の一山衆によって集落の中ほどにある塞の神の前で待ち受けた群衆に撒かれるもので，道六神を手に入れると家内安全や子宝などの福を授かるといわれ，壮絶な争奪が繰り広げられる。また，4月3日の例祭には平塩舞楽（県民俗）が奉納される。

　寒河江駅から南へ約1.5km，最上川に架かる高瀬大橋の手前には高瀬山古墳（県史跡）がある。大正年間（1912〜26）の調査では十数基の群集墳が認められ，その後箱式石棺をもつ径約18mの円墳が確認された。さらに，一帯の高瀬山遺跡群では600棟を超える古代の竪穴住居跡・掘立柱建物跡の存在が明らかとなり，縄文時代から中世に至る幅広い内容をもつ集落跡であることがわかった。現在は最上川ふるさと総合公園として整備され，近くには落衣観音（最上三十三観音第15番札所）がある。

　また，ここから西約2.5kmにある平野山（274.5m）の東斜面一帯には平野山古窯跡群があり，奈良時代末から平安時代にかけて高瀬山遺跡群一帯に須恵器などを供給していたものと考えられる。

## 寒河江城跡 ㊷

0237-86-1818（寒河江市観光協会）

〈M▶P.56〉寒河江市丸内1-3-8
JR左沢線寒河江駅🚶7分

　JR寒河江駅から北へ400mほど進み，交差点を東に200mほど進むと左手に市立寒河江小学校があるが，この辺り一帯が寒河江城跡である。小学校の正門より左手に，道路に面して寒河江城跡の碑が

寒河江から六十里越え

## 寒河江荘の大江氏は南朝方　羽州探題斯波兼頼と敵対

ある。

もともと寒河江荘は平安時代の中頃には成立していて、摂関家藤原氏の荘園であった。寒河江荘の範囲は現在の西村山地方全体と考えてよい。鎌倉時代、大江広元は長男の親広に寒河江荘を分与、荘園管理のため目代として派遣された多田仁綱は、最上川の河岸段丘上で舟運の便がよかった本楯に館を構えた。寒河江駅から東方へ約1.7km、本楯1丁目の地に本楯館跡を示す碑が市道沿いにある。のちに多田仁綱は西川町吉川に館を構え安中坊と称し、1221（承久3）年承久の乱のとき、京都守護職の任にあったため後鳥羽上皇方について敗れた大江親広を沼山村中岫にかくまった。1285（弘安8）年、霜月騒動の際も5代元顕が難を逃れて寒河江に下向し、1322（元亨2）年に没するまで寒河江荘の領知にあたった。

1356（延文元・正平11）年、斯波兼頼が羽州探題として入部すると、南朝方の大江氏は斯波軍に大挙して攻められ、大江町漆川で迎え撃ったが大打撃を受け、和を申し入れた。やがて、9代時氏は吉川から出てきて寒河江城を構築した。現在の寒河江小学校の新築にともなう事前調査で確認されたところによると、二の丸は東西250m・南北330m、深さ3m・幅22m（三の丸は東西400m・南北550m）という壮大な平城で、現在の寒河江の基礎はこのときに築かれた。

寒河江城跡から西へ200mほど戻ると、15代大江孝広の菩提寺陽春院（曹洞宗）がある。1868（明治元）年、戊辰戦争に際し薩長（薩摩藩と長州藩）軍に攻められた奥羽列藩は各地で激しく戦ったが、寒河江市街や長岡山一帯においても庄内勢に合流した桑名藩兵らが激戦を展開し、19人が戦死した。陽春院の住職が遺骸を自院に

大江知広夫妻五輪塔

収容し、回向して葬ったので、その墓が今も陽春院の境内に残っている。

　陽春院から西へ400mほど小路を入った澄江寺(曹洞宗)には、13代大江知広の墓である高さ1.1mの五輪塔があり、そのかたわらに並んで夫人の墓もある。また、澄江寺の手前にある法泉寺(曹洞宗)には14代宗広の墓碑がある。

## 寒河江八幡宮 ㊺

0237-86-6258　〈M▶P.56〉寒河江市八幡町5-7　P
JR左沢線寒河江駅🚶20分

鎌倉鶴岡八幡宮から勧請
例祭では神事流鏑馬を奉納

　JR寒河江駅から北へ400mほど進み、交差点を西へ500mほど進むと右手に大きな朱塗りの鳥居がみえる。ここは長岡山の南端に位置し、急な石段をのぼりきった所に寒河江八幡宮(祭神誉田別尊ほか)の社殿がある。鎌倉時代初期に初代寒河江城主大江親広が父広元の許可を受け、鎌倉の鶴岡八幡宮から勧請した社を建立したのが由緒となるが、木造僧形八幡神半跏像を有し、寒河江荘の総鎮守として信仰を集めてきた。古くから神事として流鏑馬が毎年9月15日の例祭に行われている。

　八幡宮の南麓には門前町として栄えた六供町の町名が残っている。室町時代末期に描かれた「寒河江城絵図」には、神宮寺や無量坊など6つの寺や坊が明記されており、そこには6人の修験者(六供衆)が居住し、八幡宮の経営を支えていたことが示されている。

　寒河江八幡宮の背後に続く丘陵長岡山(160m)一帯は寒河江公園と称され、東斜面には東北一の規模を誇るつつじ園が広がり、県薬用植物園などもある。山上の陸上競技場は、幕末に寒河江・柴橋両代官所が合同して寒河江陣屋を設けた所であり、農兵の訓練場でもあった。

　陸上競技場前を左におりると、旧西村山郡役所と旧西村山郡会議事堂(ともに県文化)がある。移築・復

旧西村山郡役所(右)と郡会議事堂

寒河江から六十里越え

元したものであるが，1878(明治11)年，郡制が施行されると，県令三島通庸は全国に先駆けて西村山郡役所を建てようとした。木造2階建て，両翼1階建て，玄関部が突出した寄棟造で，内壁はほとんど和紙貼りになっているなど和洋折衷の建物である。その後建てられた木造2階建ての議事堂とともに，現在は寒河江市郷土館として一般公開されている。

## 慈恩寺 ㊹
0237-87-3993
〈M▶P.56〉寒河江市慈恩寺字鬼越31　P
JR左沢線羽前高松駅🚶25分

東北第一の朱印高を拝領
例祭では林家舞楽を奉奏

JR羽前高松駅から北へ約1km，寒河江川に架かる慈恩寺大橋を渡って国道287号線を進むと，葉山の南麓に位置する慈恩寺(慈恩宗)に至る。麓の道から細い坂道の参道をのぼっていくと，杉木立の広大な境内の中に十数棟の坊や堂社が立ち並ぶ。山門をくぐると正面に本山慈恩寺本堂(国重文)があり，向かって右手に不動堂・薬師堂・阿弥陀堂，左手には鐘楼・天台大師堂・釈迦堂・三重塔が立ち並ぶ。

慈恩寺は，縁起によると行基がこの地を選び，聖武天皇の勅命によって印度僧婆羅門僧正が746(天平18)年に開基したと伝えられる。平安時代後期には，摂関家藤原氏の寒河江荘に入っていた関係から藤原氏の援助によって寺領の寄進や寺の修造がなされていた。鎌倉時代以降は地頭大江氏が保護し，大江氏滅亡後は最上氏が保護を加えた。最上氏改易後は江戸幕府から保護を受け，東北第一の朱印高2812石を与えられた。慈恩寺は，本堂を中心として最上院・宝蔵院・華蔵院の3カ院，それに付属する48坊からなる一山組織の寺院であったが，現在は3カ院17坊である。

現在の本堂は山形城主最上義俊によって1618(元和4)年に再建されたもので，

慈恩寺本堂

本堂内陣には木造弥勒菩薩及諸尊像が納められている。薬師堂には木造薬師如来及両脇侍像を取り巻くように木造十二神将立像が安置され，阿弥陀堂には木造阿弥陀如来坐像（いずれも国重文）が安置されている。また，仏像以外でも国や県指定の建造物・絵画・工芸品・古文書などの文化財も数多くあり，5月5日に行われる祭礼一切経会のときには林家舞楽（国民俗）が奉奏される。

## 白岩義民の供養碑 ㊺

0237-87-1529

〈M▶P.56〉寒河江市白岩153 P
JR左沢線寒河江駅🚌月山銘水館行白岩🚶5分

1633年に一揆首謀者は磔刑
1638年に訴状をもって直訴

慈恩寺から国道112号線（白岩バイパス）を西へ約3km進むと寒河江川に架かる臥龍大橋に達する。その手前を右手に向かうと新臥龍橋，その下流に臥龍橋がみえる。臥龍橋は，1827（文政10）年に柴橋代官池田仙九郎が手代相澤大助に命じてつくらせたもので，そのことを記した「白岩龍脊橋の碑」が橋の南側の道路沿いにある。激流にも橋桁が流失しないよう脚のない構造としたもので，あたかも龍が臥しているようなのでこの名がついたという。新臥龍橋を渡ってすぐ北側の崖際に種蒔ザクラ（県天然）がある。樹齢700余年，目通り4.37m・高さ14mのエドヒガンザクラで，この花の咲く頃に農作物の種を蒔けば豊作疑いなしと人びとは大切にしてきた。

臥龍橋から西へ，六十里越街道（国道112号線）沿いに発達した町が白岩である。江戸時代中期以降，出羽三山行者の宿場町として栄えた。白岩の町並みを眼下に見下ろす北側の段丘上には大江・最上氏時代の山城であった白岩城跡があり，その東端に白岩小学校がある。その南側真下に位置する誓願寺（浄土宗）に白岩義民の供養碑がある。

1622（元和8）年，最上氏改易後に白岩8000石を拝領したのは庄内藩主酒井忠勝の弟忠重25歳であった。1633（寛永10）年，この忠重の苛政に耐えかねた領民は訴状（白岩目安状）をもって幕府に直訴。1638年3

**白岩義民の供養碑**

寒河江から六十里越え　125

月に出された幕府の裁定は、忠重を庄内藩お預け、白岩領を幕府領とするというものであったが、農民の厳しい負担はかわらなかった。また、出府した郷の代表は直訴の罪を問われて全員死罪となった。このような状況下で、1638年6月、白岩領で一揆がおこり、手に負えなくなった代官は山形城主保科正之に鎮圧を依頼。保科は陳情を聞くと称して村々の指導者層を山形によび寄せ、三十数人全員を磔刑に処した。誓願寺にある供養碑は本体220cmの石柱で、正面に「南無阿弥陀仏」の六字名号が刻んである。

　誓願寺から西へ約4km進むと国道沿いに長登観音（最上三十三観音第17番札所）があり、さらに西へ約1.5km、寒河江川対岸が西川町吉川である。寒河江荘の目代多田仁綱はのちにここに館を構え、承久の乱（1221年）に際し後鳥羽上皇方について敗れた大江親広をかくまった。父大江広元の死後、親広は鎌倉で阿弥陀像をつくらせ、この地に阿弥陀堂を建てて安置した。明治時代初期の廃仏毀釈の際に阿弥陀堂は解体されたが、その阿弥陀堂跡阿弥陀屋敷は、現在吉川ライスセンター隣に位置し、親広と多田仁綱の墓である五輪塔が並んで立っている。

## 岩根沢の三山神社（旧日月寺）㊻
0237-74-4732

〈M▶P.56〉西村山郡西川町岩根沢95　P
JR左沢線寒河江駅🚌月山銘水館行間沢🚌10分

　国道112号線沿いの長登観音から西へ3kmほど進んだ海味には、かつて行者宿があり、里先達をつとめた坊もあった。町役場のある海味からさらに西へ、間沢を経て綱取から東へ3kmほど入った岩根沢に旧日月寺本堂（国重文）がある。鎌倉時代初期に大和国（現，奈良県）から行脚にきていた僧がここに投宿中に発心して一宇を建立、霊峰月山に道を切り開いてのち参詣の行者が増加し、1387（嘉慶元）年大寺を建立、その後寺号を日月寺（天台宗）と称した。江戸時代に3度火災に遭い、1840（天保11）年に再建されたのが現在の伽藍である。明治時代初期の神仏分離令により寺号を返上し、月山出羽湯殿山三山神社（祭神月読命ほか）となったが、神仏一体の教理に基づいて建築された現在の社殿（旧日月寺本堂）は軒高78尺（約25.7

修験道文化を伝える社殿　四季派の詩人丸山薫が疎開

旧日月寺本堂

m），南北12間4尺（約22.8m）・東西37間3尺（約67.5m）の巨大な白木造の建造物で，修験道文化を伝える貴重なものである。全盛期には塔頭4カ寺，門前衆徒26坊があり，門前には宿坊が並んでいた。今も5軒の宿坊が宿を営み，山菜料理などを供している。

　この三山神社の約300m手前に丸山薫記念館がある。丸山薫は四季派を代表する抒情詩人であるが，第二次世界大戦終結直前の1945（昭和20）年4月から1948年7月まで岩根沢で疎開生活を送った。小学校の教壇に立つかたわら，地域の人びとと深い関わりをもち，詩作活動を続けてこの地を舞台にした4冊の詩集を世に出した。丸山を慕う人びとの手によって，1972年岩根沢小学校（2007年休校）校庭に詩碑が建立された。

**口之宮湯殿山神社** ㊾　〈M▶P.56〉西村山郡西川町本道寺字大黒森381
0237-75-2220
🅿
JR左沢線寒河江駅🚌月山銘水館行終点🚶5分

湯殿山を奥の院とする旧本道寺集落から500余りの参道石段

　国道112号線を岩根沢への分岐点綱取から西へ6kmほど進むと，本道寺地内の国道沿い右手に口之宮湯殿山神社（祭神大己貴命ほか）がある。この地は湯殿山の東側登山口にあたり，9世紀初頭に湯殿山の分霊を勧請して社殿を創建，月光山本道寺が開山された。その後，一時期無住になったこともあるが，1525（大永5）年に羽黒山の衆徒によって再興された。戊辰戦争（1868～69年）で1601（慶長6）年建立の大伽藍を新政府軍によって焼き払われ，明治時代初期の神仏分離令により湯殿山神社と改称し，現在は間口10間・奥行7間の小さい拝殿のみとなった。

　現在では，社殿前の杉木立が伐り開かれて国道112号線が通っているが，その国道下をかいくぐって約500段の参道石段をおりていくと本道寺集落に至る。参道石段の最下段の所に旧本道寺山門があり，山門には「湯殿山」の扁額が掲げてある。

寒河江から六十里越え

旧本道寺山門

　本道寺は真言4カ寺(本道寺・大日寺〈ともに西川町〉，注連寺・大日坊〈ともに鶴岡市〉)の中でもっとも内陸側に近く，本道寺の門前町として発達した集落も本道寺といい，三山詣や六十里越街道を旅する人びとは必ず通らなければならない所であった。明治時代初期まで20軒を超える宿坊が軒を連ねていたが，現在はほとんどやめている。

　湯殿山神社から国道112号線をさらに西へ3kmほど進むと，左側に寒河江ダムの展望台がある。ダムの堤高は112m，ロックフィルダムの裾にはスポーツ広場があり，ダムによって生じた月山湖では高さ112mの日本一の大噴水が1時間ごとに打ち上げられる。

### 大日寺跡 ㊽
0237-74-4119(月山朝日観光協会)

〈M▶P.56〉西村山郡西川町大井沢字舎那山2884
P
JR左沢線寒河江駅🚌月山銘水館行終点🚗20分

大井沢は湯殿山の東側登山口参道入口に巨大な湯殿山碑

　寒河江ダムの展望台から国道112号線をさらに西へ3.5kmほど進み，並行して走る山形自動車道月山ICの手前付近から，南へ7.5kmほど入ると大井沢に至る。1395(応永2)年に開かれたという大井沢は湯殿山の東側登山口にあたり，慈恩寺宝蔵院末の大日寺(真言宗)の下，最盛時には宿坊は26軒を数えたという。明治時代初期の神仏分離令の後，湯殿山神社と改称，1903(明治36)年には火災により山門(仁王門)など一部を残して多くの堂社が焼失した。現在，大日

湯殿山碑

## 出羽三山と六十里越街道

コラム

修験によって開かれた仏の山 古道トレッキングの企画

　江戸時代には，羽黒山・月山・湯殿山を総称して出羽三山とよんだ。湯殿山は真言系修験によって開かれた仏の山で，大日如来の霊山として栄えた。庶民だけでなく，山形城主最上義光も湯殿山を信仰した。湯殿山信仰の最盛期は江戸時代後期で，東北から関東地方にかけて「三山講」がおこり，各地に湯殿山の信仰碑が建てられた。

　修験や山先達の案内により本道寺を通過する白装束姿の湯殿山行者は，入山許可証をもらうと定められた宿で夕食を済ませ，午前1時か2時頃出発し，午前5時には志津に到着，ここで朝食をとり，湯殿山に参詣したのち志津に戻って昼食をとり，午後5時に本道寺に帰って宿泊したという。

　歌人斎藤茂吉は15歳のとき父に連れられて湯殿山詣をし，また15歳になった長男茂太を連れて参拝，さらに茂太は子どもたちと孫を伴い参拝している。

　月山・湯殿山の南西側の山々を越える急峻な山岳道は，出羽三山に参詣する道であると同時に，内陸地方と日本海側の庄内地方を結ぶ重要なルートであり，以前は六十里越街道とよんだ。六十里越という名称がいつ頃から使われたのかは不明であり，その起点と終点についても定まった説はない。今ではほとんど廃道に近いが，この古道を訪ねて西川町側および鶴岡市側からトレッキングする企画がいくつかあるので，それぞれの連絡先を記しておこう。

・月山朝日観光協会
　（TEL0237-74-4119）
・あさひむら観光協会
　（TEL0235-53-2111）

寺の21社は神社の本殿に移され，広大な大日寺跡には諸堂社の礎石や数多くの碑が残されており，参道入口には1830（文政13）年に建立された巨大な湯殿山碑がある。

　大日寺跡から南へ約600m進んだ所に大井沢自然博物館があり，ニホンカモシカを始め，朝日連峰でしかみられない貴重な動物の剥製や大井沢に伝わる民具類が展示されている。また，併設されている自然と匠の伝承館では大井沢の工芸品や民芸品の製作体験ができる。

**楯山公園** ㊾
0237-62-2139（大江町産業振興課）

〈M▶P.56, 131〉西村山郡大江町左沢字楯山2523-1
JR左沢線左沢駅🚶20分

　JR左沢線の終着駅左沢は，中世以来一帯を統治した大江氏の支

城を中心に発達し，江戸時代には青苧・生糸などの集散地として賑わった市場町で，最上川の重要河港の１つである。左沢は最上川を遡れば米沢に，くだれば酒田に至る。川舟を上流と下流で使い分ける河港だった。町に入ると寒河江市と大江町間に架かる最上橋がみえる。この橋は町のシンボル的な橋で，1940(昭和15)年に完成し長さは97.7mある。鉄筋コンクリート造りの３連アーチや半円形のバルコニーなどが調和し，昭和時代初期のデザインが色濃く残っている。2003(平成15)年に国道485号線の改良にともない新最上橋ができると，「最上橋」は土木学会から選奨土木遺産に認定された。

駅から北東へ約１km行くと，楯山公園に至る。ここは南北朝時代の大江元時築城の城跡である。楯山公園は「日本一公園」ともよばれるビューポイントで，大きく曲流する最上川と左沢の町並み，そして朝日連峰まで一望にできる。多くのマツやサクラに彩られた広い公園には朝日少年自然の家があり，山形県の代表的民謡である「最上川舟唄」発祥の地の記念碑も立っている。

近年，調査が続けられていた左沢楯山城跡は，2009(平成21)年に国の史跡に指定された。

左沢は大江氏滅亡後，最上氏の支配を経て，1622(元和８)年鶴岡城主酒井忠勝の弟直次の支配を受けた。小漆川に城

楯山公園から左沢を臨む

最上橋から左沢楯山城跡を臨む

「日本一公園」ともよばれるビューポイント

を移した直次も子どもがなく、のちに庄内松山藩が陣屋をおいてこの地を治めた。1651（慶安4）年に左沢小漆川城は取りこわされ、今その城門が左沢駅から西に1km、酒井直次の菩提寺巨海院（曹洞宗）の山門になり、直次夫妻の墓が境内にある。巨海院の西隣大江町中央公民館と並んで、旧小清村名主斎藤家の享保年間（1716～36）の土蔵と1823（文政6）年の母屋を移建した大江町歴史民俗資料館がある。

## 漆川古戦場 ㊿

0237-62-3666（大江町社会教育係）

〈M ▶ P.56, 131〉 西村山郡大江町大字本郷丙
JR左沢線左沢駅🚌柳川・貫見行諏訪原公民館前
🚶3分

大江氏と斯波氏が争った南北朝動乱期の古戦場

巨海院のある小漆川から西へ約1km、月布川左岸の諏訪原の道沿いに「史跡漆川古戦場」の石碑がある。漆川は月布川の古名である。南北朝動乱のさなか、1368（応安元）年南朝方の大江軍と幕府方斯波兼頼が激突した所で、大江方は総大将溝延茂信以下おもな武将が自刃した。その最期の場所が碑から約1km南の荻野の長泉寺（曹洞宗）境内といわれ、おびただしい人骨や武具が出土したのを機に、境内には1936（昭和11）年、供養塔が建立されている。

諏訪原から月布川の清流に沿って西に約10km、朝日連峰が迫り始める貫見集落の左手に御館山（434m）がある。山頂には鎌倉時代以降400年にわたって寒河江荘を支配した大江家の最後の城主18代大江高基の墓がある。1584（天正12）年、最上義光に追われた高基は、死に場所にここを選んだ。墓石は江戸時代後期に建立されたものであるが、西村山地方の中世が終わり、近世に移ることになる記念の場所でもある。葉山・月山・朝日連峰を眼前にした見晴らしの

大江町役場周辺の史跡

寒河江から六十里越え

よい所である。

貫見からさらに西へ，バスの終点柳川から月布川上流の古寺(こでら)川を遡(さかのぼ)り古寺集落に至る約10km，とくに田の沢の草木供養塔から古寺までの4kmは，古寺渓谷神通峡(じんづうきょう)として断崖が迫り秘境の感が深いが，遊歩道が整備され自然の美を堪能できる。古寺の上流2kmには古寺鉱泉がある。

左沢と貫見の中間，橋上(はしかみ)集落から北へ1.3kmの小釿(こじゅうな)集落の山内には神代(じんだい)カヤ(県天然)といわれる古木がある。慈恩寺の末社(まっしゃ)弥勒堂(みろくどう)の境内にあり，ほかにも大杉があったことなどから，弥勒堂の古社としての由緒も推測される。

JR左沢駅から南東へ約3kmの，巨海院とは最上川を隔てた南側，伏熊に護真寺(ごしんじ)(真言宗)がある。伏熊の地は承久の乱(1221年)に敗れて寒河江荘に潜居した大江親広を，鎌倉の追手から守るため中山氏が居住した所で，その阿弥陀堂には平安時代末期の丈六(じょうろく)の木造阿弥陀如来坐像が安置され，その文化的厚み，古さが偲ばれる。

## 大沼(おおぬま)の浮島(うきしま) (51)

〈M ► P. 56〉西村山郡朝日町(まち)大沼大比良(おおひら)984 P
JR左沢線左沢駅🚗15分(駐車場まで)🚶10分

神秘的は湖上に浮かぶ60余りの島々

大江町の南に位置する朝日町の中心は宮宿(みやじゅく)である。宮宿の北西約6kmの所に大沼の浮島(国名勝)がある。681(天武(てんむ)天皇9)年山岳修行者の役小角(えんのおづぬ)によって発見された。湖畔に立つ浮嶋稲荷(いなり)神社(祭神宇迦之御魂命(うかのみたま)ほか)の創建は役小角の弟子覚道(かくどう)が祠(ほこら)を建立したのが始まりとされる。730(天平2)年に現在地に遷座(せんざ)し，以後，修験僧や歴代領主の信仰の対象になった。1925(大正14)年に，国の名勝地に指定された。樹木に囲まれた静かな湖上には，大小60余りの島々が浮遊し，神秘的な光景をみせる。沼の周囲には散策道があり，

大沼の浮島

# 左沢の町並みの変遷

コラム

世界の流れともつながる町並みの変遷

　左沢は最上川に月布川が合流する地点にできた河港であり、水路と陸路が交差する要衝の地である。現在の左沢の町並みにつながる大きな変化は4度ある。

　最初は江戸時代初期の町割である。最上氏が改易になった後、1622(元和8)年に左沢藩主酒井直次が入封すると、小漆川城を築き、左沢楯山城は廃城となった。直次は実相院・称念寺・巨海院・八幡神社などの寺社を移すとともに、内町・横町・原町・御免町などの町割を行った。その後、庄内松山藩領時代になると同藩の左沢陣屋がおかれた。現在の左沢の中心部の原型ができたのである。

　つぎは大正時代の鉄道建設にともなう変化である。1922(大正11)年に左沢線の終着駅左沢がつくられた。それにともない、小漆川の旧城下町周辺から、駅のほうに市街地が拡大した。

　3度目は第二次世界大戦前の大火後の変化である。1936(昭和11)年の大火により中心部は灰燼に帰した。出火の原因は子どもの火遊びである。国鉄左荒線敷設の決定(左沢町と荒砥町を結ぶ予定の鉄道で、1937年からの日中戦争のために未架設に終わっている)を祝い、町で催された提灯行列をまねた火遊びであった。これまでもたびたび大火に苦しめられた町は、大規模な罹災地復興計画を実施した。それは、字横町から大字藤田に通じる県道112号左沢・浮島線の新設であり、月布川に架けるあらたな橋の工事であり、既存の道路の拡幅である。その結果移転を余儀なくされた住民も多く出た。

　4度目は戦後の自動車の普及にともなう変化である。交通量の増加と車両の大型化に対応して道路や橋が建設された。1972(昭和47)年の百目木・前田通り間の新設道路や2003(平成15)年の国道458号線の一部として完成した新最上橋が該当する。

　19世紀に西欧で実用化された鉄道と自動車は、左沢の町並みを大きくかえたことになる。

　1959(昭和34)年に左沢町と漆川村が合併して現在の大江町が誕生した。2013(平成25)年、県内初の重要文化的景観として、大江町の「最上川の流通・往来及び左沢町場の景観」が選定されている。

内町・横町に残る町屋建築

約300種の植物が自生している。

寒河江から六十里越え

神社の西方700mに，稲荷神社の護持にあたってきた別当大行院がある。霊山朝日の修験道場の1つとして，中世時代は大江・最上両氏の尊信を受け，江戸時代には，幕府の祈願所として127石の朱印地を所有していた。

　宮宿の西端の高台，経ヶ崎にかつて天台宗東守寺が別当だった豊龍神社（祭神豊玉姫命）があり，平安時代末期の経塚や豊龍神社の大スギ（県天然）があり有名である。朝日町役場から南東へ約1km，新宿久保田の薬師堂に平安時代後期，地方仏師の作になる木造薬師如来立像（県文化）が安置されている。

## 佐竹家住宅 52
0237-67-2118（朝日町教育委員会）

〈M▶P.56〉 西村山郡朝日町常盤い91
JR左沢線左沢駅🚗5分

山形県内陸部における上層農家の遺構

　宮宿から北西に最上川を渡り，川に沿って約1.6km遡ると佐竹家住宅（国重文）がある。この家は庄内松山藩の大庄屋を世襲し，米沢藩の通船差配役をつとめた佐竹家の隠居所である。1740（元文5）年に建築され，桁行24.8m・梁間11.8mの，寄棟造・茅葺きの宅である。県内陸部における上層農家の遺構として，保存の状態もよい。

　佐竹家住宅から南に1.5km，常盤水口に1755（宝暦5）年建立の水口観音堂がある。素朴ながら当地方における江戸時代中期の代表的三間堂である。佐竹家住宅から最上川に沿ってくだること約1.8km，五百川橋から西北へ約700mの丘陵が八ツ沼城跡である。典型的な山城で，城跡に七つ井戸が残る。文明年間（1469〜87），原越後守が築いたといわれ，1565（永禄8）年に最上義光に攻めおとされたと伝えられる。城跡の西側崖下には，落城のおり若殿夫妻が入水したという春日沼がある。

　朝日町三中にある原家の菩提寺若宮寺（真言宗）は城跡の中腹にある。焼失を重ねているが，江戸時

佐竹家住宅

代末期の寺院建築として豪華なものである。とくに鐘楼堂は唐様の総ケヤキ造りで、左沢の菅野辰吉棟梁により、1843(天保14)年から7年の歳月をかけて完成されたものである。本堂の欄間彫刻・格天井の絵画などとともに地方の生んだ文化財として一見をすすめたい。

また、大谷と三中では角田流獅子踊(県民俗)が保存会により伝承されている。

**谷地八幡宮** ❺
0237-72-2149

〈M▶P.56, 138〉 西村山郡河北町谷地224　P
JR左沢線寒河江駅・JR奥羽本線さくらんぼ東根駅
🚌谷地行終点 🚶3分

白鳥十郎長久の崇敬篤く発展

JR寒河江駅またはさくらんぼ東根駅から谷地行きのバスに乗車すると、20分ほどで谷地バス停に着く。ここが河北町の中心であり、史跡巡りの基点となる。バス停から西に100mほど進んで右折すると参道となり、突き当りに谷地八幡宮(祭神応神天皇)がある。創建は11世紀後半といわれ、寒河江荘三八幡の1つとして、当地区を支配した中条氏や白鳥氏の崇敬篤く、栄えた神社である。毎年9月の敬老の日を含む連休に、通称「谷地どんが祭り」という祭典が開催され、林家舞楽(国民俗)や谷地奴、囃子屋台巡演などが華やかに繰り広げられる。

谷地八幡宮の北東約400mには、永禄年間(1558〜69)に現在の村山市白鳥から出た白鳥十郎長久が入部し、整備した谷地城の遺構である三社宮(熊野三所権現)がある。ここは谷地城の鬼門にあたり、樹齢500年といわれている大イチョウや土塁などが現存している。また谷地八幡宮から西に約400mの慈眼寺(曹洞宗)には、室町時代初期に谷地に入部した中条秀長の墓碑が、同じく東に約500mの東林寺(曹洞宗)には、山形城主最上義光に謀殺された勇将白鳥十

谷地八幡宮

寒河江から六十里越え

郎長久の墓碑が立っている。いずれも江戸時代に建立されたものである。

　谷地八幡宮に隣接している町役場からまっすぐ北へ約300m進むと，通称北口通りとなるが，ここがひな市通りである。1986(昭和61)年，建設省(現，国土交通省)が「日本の道100選」に選定した。江戸時代以来旧暦3月の市には雛人形が主要な商品として並べられ，近郷近在からの多くの人で賑わった歴史があり，また，この通りに面している旧家では，上方との紅花交易で入手した京雛を一般に公開していた。これが現在でも続いており，毎年4月2・3日に「谷地ひなまつり」として開催されている。

　谷地バス停から南に約300mの谷地丙地内に，蟠竜のマツ(県天然)とよばれる五葉松がある。代々名主をつとめた旧家の邸内にあり，樹齢500年以上と推定されており，竜が蟠踞して天を望むような枝ぶりに目を引かれる。

**紅花資料館** 54　〈M▶P. 56, 138〉西村山郡河北町谷地戊1143　P
0237-73-3500　JR左沢線寒河江駅・JR奥羽本線さくらんぼ東根駅🚌谷地行終点🚌5分

豪農堀米家の屋敷跡　紅花に関する資料展示

　谷地バス停から北西に進み，河北町交流センター「サハトべに花」から紅花修景地を左にみながら坂道を1kmほどのぼって行くと，谷地西部小学校の近くに紅花資料館がある。ここは代々松橋村の名主であった堀米四郎兵衛家の屋敷跡で，長屋門・武者蔵・御朱印蔵・座敷蔵や堀などが残っており，上方との紅花交易で財を成した豪商の館を今に伝える。また，敷地内に立つ工房くれないでは紅花染めなどの体験ができ，紅の館には林家舞楽や小鵜飼船，紅花衣装など「べに花の里」河北町の歴史を含め，当地方の紅花に関する史・資料が展示されている。

紅花資料館

　紅花資料館前の県

# 谷地どんが祭り

コラム 祭

林家舞楽・奴囃子屋台・谷地八幡宮の祭典

9月中旬，敬老の日を含んだ連休に開催される谷地八幡宮の祭典が谷地どんが祭りである。この祭りでひときわ目を引くのが林家舞楽（国民俗）で，宮司林家に一子相伝の形で伝承されてきた。林家に伝わる『舞楽由緒』によれば，860（貞観2）年，同家の祖で摂津（現，大阪府）四天王寺の楽人である林越前が，慈覚大師に従って山寺にくだり，根本中堂で舞楽を奉納したのが始まりという。その後林家は，室町時代末期の大永年間（1521～28）に山寺から慈恩寺に移り，江戸時代初期に谷地に移住したと考えられている。現在では慈恩寺と谷地八幡宮の2カ所でのみ奉奏されている。

林家舞楽は，1000年前の古い形をそのまま伝えているといわれる貴重なもので，宮中舞楽・四天王寺舞楽・南都楽所舞楽と並び，日本四大舞楽と称せられている。伝承曲目は，燕歩・三台・散手・太平楽・喜禄（安摩）・二ノ舞・還城楽・抜頭・蘭陵王・納蘇利の10曲である。また林家には，「嘉暦四（1329）年」銘がある舞楽図譜 附 貴徳面（県文化）が伝わる。

つぎにみておきたいのは谷地奴である。凱旋奴の形をとり，どんが祭りで1kmほど続く御輿渡御行列の先頭で露払いをつとめ，その振り姿は勇壮である。起源は不詳であるが，一説には明治時代初期頃かといわれている。挟み箱・立傘・台傘・大鳥毛・黒熊毛・白熊毛からなり，それぞれに付き人がつくほか，先払い・わらじ持ちの27～28人で構成される。

囃子屋台は祇園祭の流れを汲む優美な囃子を演奏しながら各地区をまわる。谷地が江戸時代に南部が上山藩領，中部が幕府領，北部が新庄藩領に三分されていた当時，互いの交流を図るため3年に1回当番を決めて囃子屋台を出すことにしたという慣習が現在も守られており，当番地区から5～10台の屋台が出て華やかに巡演する。

道285号線を北東へ700mほど進むと，左手に弥勒院がある。この集落は弥勒寺とよばれ，慈恩寺（寒河江市）を開基した婆羅門僧正に関係する古い伝承をもつ弥勒堂（別当は弥勒院，真言宗）に由来する。弥勒堂へは，弥勒院すぐ先の四辻を左折して約300mほどゆるい坂道をのぼる。さらに北へ進み追分石を右に折れて山手に行くと，慈眼院（岩木観音堂，天台宗）がある。ここは1387（嘉慶元・元中4）年に岩木村の教円坊によって開かれた。最上三十三観音第18番札所となっており，現在の堂宇は1717（享保2）年に再建されたものであ

溝延八幡神社

る。ここからは谷地の市街地や最上川，遠くに山形市，蔵王連峰など，山形盆地の眺望が素晴らしい。

谷地バス停から南に進み，国道287号線を越えて3kmほど行くと，溝延(みぞのべ)集落がある。その中心に溝延城跡があり現在は溝延城址(じょうし)公園として整備されている。ここは最上川と寒河江川の合流点であり戦略的にも重要な場所で，寒河江大江氏の支城として南北朝時代に築城された。城址公園の西南約250m，二の丸と三の丸の西南角には，溝延八幡神社(祭神応神天皇)が立っており，本殿(県文化)は1667(寛文7)年建立の一間社流造(いっけんしゃながれづくり)である。また，境内には樹齢約750年の溝延の大ケヤキ(県天然)も聳(そび)え，遠方からでも望見できる。

谷地バス停からまっすぐ西へ約3km，国道287号線を越えて西里地区に入ると，右手に永昌寺(えいしょうじ)(曹洞宗)がある。ここにある木造聖観音菩薩坐像(ぼさつざぞう)(県文化)は像高62.5cm，鎌倉時代後期の作で，鼻筋の通った端整な容貌と写実的な衣文(えもん)の流れなど，見事な彫刻である。

河北町役場周辺の史跡

138　村山

# 5 東根と村山

東根市は陸と空の交通路の要地で,「果樹王国」を宣言している。村山市楯岡は旧北村山郡の政治の中心として栄えた。

## 大塚古墳(おおつかこふん) (55)

0237-41-1200(東根市観光物産協会)

〈M►P. 56〉 東根市温泉町2-15-1(北村山公立病院敷地内)

JR奥羽本線東根駅 徒歩15分

東北地方随一の方墳
6世紀代に造営された

JR東根駅北東約1kmの水田の中にある東根温泉は1910(明治43)年,天野又右衛門らが水田灌漑用の掘抜き井戸を掘ったとき湧出した温泉である。この付近一帯にはかつて古代の条里遺構が明瞭に残存し,また,大塚古墳を始め扇田・宮崎・軍町・南方などの遺跡が確認されている。温泉街にある成田山神社境内には,1893(明治26)年に松尾芭蕉の足跡をたどって東北を旅した正岡子規の句碑がある。

大塚古墳は東根駅の北約1.2kmの北村山公立病院敷地内にある。周囲から相当に削りとられており,ほとんど原形をとどめない。現状の形はほぼ方形で1辺20m,南側に幅2m・長さ6mの突出部がつく。現在の高さは2mで,南へやや傾斜している。1969(昭和44)年11月,柏倉亮吉らの発掘調査によって,墳丘は1辺約30mの方墳と推定された。古墳の周囲には幅8.5〜11m・深さ1m・内側30mの隅丸方形の周溝がめぐっていたという。内部主体は失われているが,竪穴式石室であったと考えられる。葺石や埴輪の存在は認められない。方墳の墳丘を形成する粘土中から南小泉Ⅱ式に並行する土師器(壺・甕の破片),引田式の土師器片が発見され,6世紀代に造営されたと考えられている。方墳は全国的にみても少なく,山形県はもとより,東北地方でも現在のところ大塚古墳以外確認されていない。

大塚古墳の現況

## 長瀞城跡 ㊻

0237-42-0301(長瀞公民館)

〈M▶P.56〉 東根市長瀞4794
JR奥羽本線東根駅 🚶35分

雁城ともいわれる長瀞藩米津氏の陣屋

　JR東根駅の北西約1.6km，碁盤目のように町割された典型的な陣屋町であった長瀞集落の中央に**長瀞城跡**がある。城は一名雁城といわれ，平地に2重に水堀・土塁をめぐらせた方形輪郭式である。本丸は1町四方の規模であったらしいが，かつての堀は失われ，現在二の丸の水堀が残存している。四の丸まであったというが遺構は確認できていない。

　城は建長年間(1249〜56)に西根氏が創建したといわれ，1414(応永21)年山形城主4代最上満家が隠居城としたというが，本格的に整備されたのは戦国時代と考えられる。長瀞城跡の西方，標高88〜91mの最上川河岸段丘上に「本楯」の字名があり，共同墓地の北側に堀跡が残っていて，東西1町・南北2町ほどの方形で，戦国時代以前の楯跡と推定されている。最上満家が隠居した楯跡の可能性が高い。

　最上満家は1443(嘉吉3)年3月23日卒し，城の北西の護国山禅会寺(曹洞宗)に葬られたという。境内に満家の墓があるが，中世の板碑を墓にしたもので，墓碑銘は近世のものである。満家没後，満種・満宗らが入城したとも，元亀・天正年間(1570〜92)，長瀞左衛門尉が居城したともいう。諸説あるが，戦国時代から近世初期にかけて築城され，整備されたものであろう。

　長瀞村は1622(元和8)年8月の最上氏改易により山形藩領となり，鳥居氏，さらに保科氏の支配下に入る。1643(寛永20)年保科氏の転封に際して長瀞村は幕府領となり，1671

長瀞城跡

140　　村山

(寛文11)年には長瀞城跡に幕府代官の元締陣屋がおかれた。1798(寛政10)年米津氏1万1000石が武州久喜(現，埼玉県久喜市)から長瀞へ移り長瀞藩が成立し，長瀞陣屋は長瀞藩米津氏の陣屋となり，明治維新を迎える。

## 東根城跡 (57)

0237-41-1200(東根市観光物産協会)

〈M►P. 56〉東根市東根甲1912

JR奥羽本線東根駅🚶30分

日本一の大ケヤキが目印
本丸跡は東根小学校校地

JR東根駅の南東約2km，日本一の東根の大ケヤキ(国特別天然)が目印の市立東根小学校がある。ここが東根城本丸跡で，白水川・日塔川の河岸段丘が南側に舌状に張り出す要害の地に位置する。本丸の西・北・東に広い3つの沼地，二の丸と三の丸には幅1間半の堀をめぐらし，東・南・西は日塔川・白水川に面している。1347(正平2)年の小田島荘の地頭小田島長義が東根城を築いたという。彼が寄進した旧普光寺梵鐘(県文化)の銘や城跡の北約600mにある若宮八幡神社の鰐口の銘には，「正平十一(1356)年」と南朝年号を刻しており，南朝方であったらしい。

1395(応永2)年，天童頼直の庶子里見頼高が東根に分封され，その後7代が続いた。7代頼景の死後弟の景佐が襲封し，姓を東根と改称した。

1622(元和8)年，山形城主最上義俊の改易にともない東根城は幕府が没収している。のち松平下総守の時代，1661(寛文元)年に城は破却され，跡地に愛宕神社が建てられて周辺は畑地となった。さらに城跡には1668年から1742(寛保2)年まで諸藩分領の東根陣屋がおかれ，その後幕府領となった。1856(安政3)年2月，幕府代官羽田十左衛門から松前藩奉行石塚官蔵が領地と東根陣屋を引き継ぎ，明治維新を迎えた。

本丸跡の東根小学校の校庭に，1828(文政11)年に名主の横尾正作らが陣屋向かいの愛宕神社境内に建てた代官田口五郎左衛門の功徳碑がある。東根陣屋があった南側

東根城跡の大ケヤキ

旧普光寺梵鐘

の二の丸跡には，現在は東根児童館が建てられている。旧城の堀2つと，昔から俗に1丁7曲がりといわれている町通りに旧城下の名残りをとどめているにすぎない。

東根城本丸跡の北西，龍興寺沼の畔に鐘楼がある。ここにある旧普光寺梵鐘(県文化)は1356年，小田島長義が寄進した大工景弘の作で県内第2の古鐘である。高さ1m・口径69.7cm，キノコ形の乳は5段5列の合計100個，草の間に唐草文様が陽刻され，池の間に鐘銘が陰刻されている。普光寺は江戸時代に寺名が龍興寺とかわり，鐘は時鐘として使用された。平安時代の名残りをとどめ，鎌倉時代の特徴をいかしたものである。

龍興寺は1953(昭和28)年に城跡の東約500mの花岡にある薬師寺(真言宗)に合併され，鐘も同寺の所蔵となった。薬師寺は737(天平9)年に行基が開基したと伝えられる智山派の古刹で，851(仁寿元)年弘法大師の高弟真済が中興開山した。現在の堂宇は1678(延宝6)年に山形城主松平忠弘が改築したものである。本尊の薬師如来像は秘仏とされていたが，近年になって開帳した。

**養源寺** ⑱　〈M▶P.56〉東根市東根甲203
0237-42-0182　JR奥羽本線東根駅★35分

東根城三の丸跡に養源寺(曹洞宗)がある。1342(康永元)年頃曳宗範和尚が東根の南東約8kmの地，猪野沢に一宇を建てたのがおこりである。のち東根城主となった里見頼高が開基となって堂宇を改修し，里見家の菩提所とした。以後，7代の城主が養源寺に葬られたが，その間，寺は野川や東根津河山麓に移った。現在地に移ったのは1604(慶長9)年12世蘭翁守孀の代で，時の城主里見景佐の要請によるものであった。

なお，1621(元和7)年建立の里見景佐の墓が養源寺東隣の東の杜資料館(横尾智三郎氏宅)裏門通りの突き当りにある。御霊屋とよ

東根城将里見家の菩提寺東隣に東の杜資料館がある

東の杜資料館

ばれ，東根市最古の木造建築物で，覆屋の中に五輪塔がある。

1988(昭和63)年開館の東の杜資料館は，銘酒「東養老」横尾酒造店のかつての酒蔵である。横尾家は山形城主最上義光の家老で1622(元和８)年８月の最上家改易後帰農して東根村に住み，東方庄屋・名主を代々世襲し，1818(文政元)年以降1869(明治２)年まで，しばしば東根附郡中惣代名主を兼帯，明治時代は副戸長・戸長・村会議員などをつとめている。

横尾家は1888年に酒造業に着手した。同家屋敷には酒蔵として前倉・辰巳倉・仕込み倉・明治倉・大正倉・間倉など７つの倉があり，ほかに母屋・離れの緑筠亭・石垣・堀・庭園などがある。東に御所山，西に葉山・月山・朝日連峰，北の方向に遠く鳥海山を望む台地に立つ横尾家を，土地の人たちは「東の館」とよんだ。その名にちなんで東の杜資料館と命名されている。東根の自然や歴史・文化に触れ，ここから新しい文化が創造されることを期待して，東根市が同家の好意により酒蔵の大半，庭園の一部と，駐車場を借用して開館したものである。東根の歴史，民俗資料などが常設展示されている。

## 若宮八幡神社 (59)

0237-42-0380

〈M ► P. 56〉東根市東根甲334

JR奥羽本線東根駅 徒歩 40分

鎌倉鶴岡八幡宮より勧請
神輿は県指定有形文化財

東根城跡の北東約500mの若宮山の麓に若宮八幡神社(祭神誉田別尊・大鷦鷯尊)がある。東根城の鬼門に位置している。1247(宝治元)年鎌倉鶴岡八幡宮の神主三浦為澄が戦乱を逃れて神璽を神輿に奉じ，東根にきたのに始まるという。1347(正平２)年小田島長義が社殿を創建し，社領田を与えて東根の総鎮守とした。貴船・三島・御嶽・宇賀・荒神・天満の６社を合祀して若宮七社と号したという。拝殿は1672(寛文12)年の建立で，総ヒノキ造りの本殿は1840(天保11)年の改築である。1356(正平11)年７月17日に小田島長義が

寄進した鰐口がある。

　三浦為澄が奉じてきた神輿(県文化)は,露盤までの高さ83cmという小さなものだが,黒漆塗り,扉・勾欄・斗栱などに金箔装飾がみられる。屋根は露盤のついた宝形造,二重垂木で高さ29cmの鳳凰が載っている。四方各面の蟇股は平安時代の名残りをとどめ,露盤・格狭間・擬宝珠は鎌倉時代の様式である。毎年8月末日の風祭には太太神楽が奉納される。

### 与次郎稲荷神社 ⑩
0237-43-3231

〈M ▶ P.56〉東根市蟹沢2109
JR奥羽本線さくらんぼ東根駅 🚶10分

羽州街道六田宿に残る白狐とお花の悲恋伝説

　JRさくらんぼ東根駅から東に行き,羽州街道(旧国道13号線,県道120号線)を南下すると右側に与次郎稲荷の標柱がみえる。1605(慶長10)年頃,秋田久保田城主佐竹義宣に仕えていた白狐の化身飛脚那河与次郎が羽州街道六田宿で殺されたが,その霊を慰めるために建てたのが与次郎稲荷神社(祭神応神天皇・保食神)である。白狐の与次郎と旅宿の娘お花の悲恋物語にもまつわる神社である。社前の石造鳥居は古来「最上三鳥居」の1つといわれた。移建されたときに鑿が加えられ,台輪を刻んだといわれている。

　六田と宮崎はともに羽州街道の天童・楯岡間の宿駅で,まったくの農村を駅場に用いたのである。1カ月のうち六田が1日から20日まで,宮崎が21日から晦日まで人馬継立にあたった。1689(元禄2)年5月27日(陽暦7月13日),芭蕉と曾良は尾花沢の鈴木清風らにすすめられて山寺立石寺に行く途中,六田で「内蔵(高橋内蔵介)に逢」い,翌日の帰りにも「六田ニテ又内蔵ニ逢,立寄バ持賞ス」と『曾良随行日記』にある。高橋内蔵介は六田の宿駅問屋主人と考えられる。与次郎稲荷神社から県道120号線を北へ約900m行

六田の石造鳥居

## 百姓一揆の伝統

コラム

歴史をゆるがす一揆多発 近代の農民運動へ続く

1723(享保8)年，幕府の享保改革と関連する重大な政治史的事件となった長瀞質地騒動が発生し，1801(享和元)年には97カ村にまたがる農民数万人が幕藩領主支配の違いを越えて，米価引下げ・質利引下げなどを要求し，山形城下周辺の地主・豪商農を打ちこわした村山一揆がおこるなど，百姓一揆や村方騒動が幕藩体制を土台から揺り動かした。1866(慶応2)年の村山騒動は全国的な民衆の世直し騒動に連なるもので，その北限を示す事例として注目される。また，1870(明治3)年，明治新政府の直轄酒田県所属の尾花沢地方の農民1500人が集まり，年貢の金納をめぐる名主・村役人の不正を追及している。この流れは1878年から81年にかけての東根村ほか79カ村の地租軽減運動，1888年から1903年にかけての東根村山林下戻騒動に引き継がれた。

1905年頃から楯岡町の伊藤慶助が初期社会主義思想の宣伝啓蒙活動を行い，同年8月中に社会主義者木下尚江・山田金次郎らの演説会を楯岡町で開催した。

1920年代には近代的な農民運動が発生する。1927(昭和2)年の金融恐慌のなかで，小田島村(現，東根市)では貧農救済の「仕事よこせ闘争」が行われた。1930年末から村山地方の小作料減免闘争が激しくたたかわれ，翌年2月，全日本農民組合大久保(村山市)支部は貧農・日雇いなどを結集して借金棒引き闘争を行った。この2つの闘争後，農民運動は弾圧のなかでしだいに衰退した。しかし，農民の闘いの伝統は弾圧後も北方性教育運動に引き継がれ，第二次世界大戦後の大高根(村山市)米軍射撃場撤去闘争(1951～54年)や東根日赤病院闘争(1961年)に引き継がれていった。

った所にある焼麸製造元の斎藤本店敷地内に芭蕉の懐紙「もがみにて紅粉の花の(咲)わたるをみて　眉はきをおもかげにして紅粉の花はせを」碑がある。

さくらんぼ東根駅から羽州街道を北に行くと，JR東根駅の南側，羽州街道とJRの線路との間に宮崎陣屋跡がある。現在は畑地となっているが，東西60m・南北30mほどの広さで，北側に土手，西側に堀跡と石積みの泉跡が残っている。宮崎陣屋は1798(寛政10)年に設置され，1824(文政7)年9月，東根陣屋に合併されるまでの27年間存在した。

東根と村山　145

## 若木神社 ㉑
0237-47-1515
〈M▶P.56〉東根市若木
JR奥羽本線神町駅🚶15分

疱瘡(天然痘)の神様
若木山頂から麓に遷した

　JR神町駅から羽州街道(旧国道13号線，県道120号線)を南下し，しばらく行くと旧並松(現，神町中央)に出る。かつての並木のマツは，道路改修のため大半が枯れたり，伐り倒され，1本しか残っていない。神町の町並みに入り，神町中央バス停のある角を右折してJRの線路を越えて国道13号線に出ると，山形空港がある。1942(昭和17)年，海軍が練習用飛行場として建設し，第二次世界大戦後，一時アメリカ軍が使用，引き続き防衛庁第6師団の演習地として使われたが，1964年，第3種民間空港として開港し，山形県の空の玄関口となった。

　空港から県道120号線に戻り，最初の信号を右折して板垣大通りを東へ600mほど行くと，疱瘡(天然痘)の神として有名な，若木神社がある。もとは若木山(133m)の山頂にあったが，1942年，海軍の練習用飛行場の建設にともない麓に遷された。旧社殿は1613(慶長18)年山形城主最上家親が本殿を再建し，さらに1662(寛文2)年に酒井石見守が本殿再建，1674(延宝2)年山形城主松平下総守が石華表(石鳥居)を寄進，1800(寛政12)年信徒らが本殿を再建した。1823(文政6)年別当の日輪寺石宝院が再建された。石宝院跡は現在，山形銀行神町支店になっている。

## 小松沢観音堂 ㉒
0237-55-6171
〈M▶P.56, 148〉村山市楯岡字小松沢6500
JR奥羽本線村山駅🚶50分

最上三十三観音第20番札所
仁王門に大わらじ掲げる

石鳥居

　JR村山駅前から東へまっすぐ進み，まゆ検定所から右へ入ると父母報恩寺・雪上観音堂があり，その手前に古い石鳥居(県文化)がある。ここから甑岳(1016m)の西麓を目指してのぼると，三方を

# 関山街道

コラム

1880年に隧道工事 大瀧不動尊に殉難碑

　奥羽山脈を横断して山形県と宮城県を結ぶ関山街道は、1880(明治13)年から1882年まで改修された。180間(約320m)の関山隧道工事中の1880年7月21日、作並村(現，宮城県仙台市)から小屋の原火薬庫まで開削用の火薬を運搬するため、関山(現，東根市)から百数十名の人足が出役していた。

　朝暗いうちに作並を出発、途中、昼頃坂下で過失により火薬が爆発し、多数の重軽傷者と23人の死者を出した。1925(大正14)年、大瀧ドライブインの一角にある大瀧不動尊境内に殉難碑が建設され、さらに1929(昭和4)年、殉難五十年忌を機として坂下に現場碑が建てられた。

　1902(明治35)年、奥羽本線が県北部まで開通すると、関山街道沿いの村落人家も衰微した。1920(大正9)年関山街道は県道となり、1937(昭和12)年、関山トンネルの改修工事が行われ大型車の通行が可能となった。1962年一般国道(48号線)となり、1968年新関山トンネルが完成した。新トンネルは旧トンネル洞門から70m北側に設けられ、全長890m・幅7m。トンネルを含む延長3.7km・幅8.5mの新道が整備されて関山街道は面目を一新し、宮城県と山形県を結ぶ重要幹線道路となった。

山に囲まれた所に1802(享和2)年に再建された最上三十三観音第20番札所小松沢観音堂がある。737(天平9)年行基が弥陀・薬師・観音の3尊を彫ってこの地に安置し、巌上三所権現と称したのに始まるという。4.4mの大わらじが掲げられている仁王門までの石段164段をのぼり、朱塗りの鐘楼に立てば眼下に楯岡市街地・山形盆地が開け、朝日連峰・葉山・月山なども一望できる。別当は楯岡馬場の清浄院(真言宗)で、本堂には多数の絵馬が奉納されている。

## 楯岡城跡 ⓺

0237-55-2111(村山市観光物産協会)

〈M▶P.56, 148〉村山市楯岡字楯山
JR奥羽本線村山駅 🚶10分

1208年前森今領が築城 最上家改易にともない破却

　JR村山駅から東へ約1.5km、楯山(209.8m)東麓の湯沢から東沢にまたがる広さ約7haの地域は、現在東沢バラ公園になっている。北に湯沢沼、南に大沢貯水池、西に楯山を望む自然公園である。1956(昭和31)年に公園東側の山地を造成してバラ園をつくった。約750品種、約2万株の世界各国のバラが栽培されている。また、公園一帯に450株のサルビア、250本のサクラが植栽され、野外音楽

東根と村山　147

### 東沢バラ公園

堂・児童遊園地・レストハウス東沢などがある。2001(平成13)年10月に環境省から「かおり風景100選」に認定された。

公園の中心東沢湖は，楯岡の素封家喜早伊右衛門(そほうかきそういえもん)が中心となって，1876(明治9)年10月から6年の歳月をかけて築き，近隣7カ村200町歩(ちょうぶ)に灌水(かんすい)した。1912年，喜早伊右衛門を顕彰するため湖畔に銅像を立てたが，第二次世界大戦時に供出され，1956(昭和31)年に再建されている。

東沢バラ公園の西にある楯山(209.8m)が楯岡城跡である。舞鶴(まいづる)城ともいい，1208(承元(じょうげん)2)年に前森今嶺(まえもりいまみね)が北方の楯山に築城したのに始まり，のちに現在地に移したという。

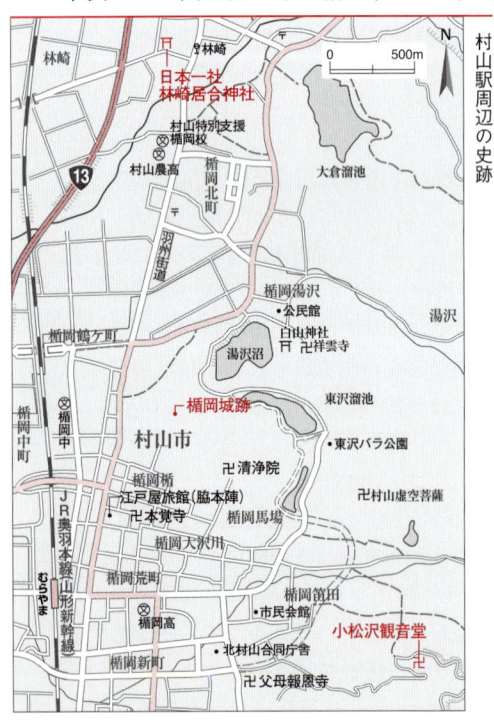

村山駅周辺の史跡

前森氏の後，本城(ほんじょう)氏が継ぎ，1406(応永13)年斯波満直(しばみつなお)の4男満国(みつくに)が入り，7代続いた。満国は楯山北東の湯沢沼の畔に湯沢祥雲寺(しょううんじ)(曹洞宗)を創建し，楯岡八幡神社社殿を再建したという。7代満茂(みつしげ)は山形城主最上義光に従い，秋田の湯沢城を落城させた

148　村山

コラム

# 最上徳内

**シーボルトが尊敬した蝦夷地探検家の最上徳内**

最上徳内は幕府役人で探検家であり、日本人で最初に択捉島・得撫島を探検した人物である。1755(宝暦5)年、出羽国村山郡楯岡村(現、村山市)の百姓間兵衛の長男として生まれ、苦学を重ね27歳で江戸にのぼった。1785〜86(天明5〜6)年幕府蝦夷地巡検使一行の1人青島俊蔵の従者となり、単身で国後島・択捉島・得撫島を踏査した。その際、択捉島に滞在していたロシア人イジュヨカらロシアの国情を探り、のちに『蝦夷草紙』を著して蝦夷地の重要性を幕府に訴えた。

1790(寛政2)年、師の本多利明の推薦で幕府普請役となり、蝦夷地のことにあたり幕府蝦夷地直轄の基を開き、以後1808(文化5)年まで蝦夷地に出かけること9回、当時随一の「蝦夷通」として知られた。1798(寛政10)年近藤重蔵とともに千島を日本領土と宣言する「大日本恵登呂府、寛政十年七月、重蔵・徳内以下十五人記名」の標柱を立てた。

アイヌ人と生活をともにし、その言語・風俗に精通し、1792年世界最初のアイヌ語辞典『蝦夷方言藻汐草』を刊行し、また「渡嶋筆記」(未刊)を著してその風習を明らかにした。その知識は晩年にシーボルトに提供され、シーボルトは最上徳内を何人にもかえない唯一最大の協力者として、心から尊敬し、称賛と感謝の念をその日記に記している。

1836(天保7)年9月、浅草猿寺地内(田原町。現、東京都台東区雷門1丁目)で病死した。享年82。1957(昭和32)年、村山市立楯岡小学校の東に、新海竹蔵作のレリーフを掲げた最上徳内顕彰碑が建立された。

後、湯沢に移された。

楯岡城には1618(元和4)年義光の弟光直が入った。光直は城郭を整備するとともに城下町を整えたが、1622(元和8)年の最上家改易に際して光直も遠く肥後(現、熊本県)の細川氏に預けられ、楯岡城も破却された。

その後、楯岡村は羽州街道の主要な宿場町として発展した。村山郵便局は本陣の笠原茂左衛門家があった所で、江戸屋旅館は脇本陣であった。本覚寺(浄土宗)境内に左右の松、大久保の高谷一郎氏宅庭園には臥龍のマツ(県天然)がある。

## 日本一社 林崎居合神社 ⑥

0237-53-2209

〈M ▶ P. 56, 148〉村山市林崎85
JR奥羽本線村山駅🚌新庄 行林崎🚶2分

*居合流の祖林崎甚助をまつる振武館で剣士が奉納演武*

　林崎バス停の北約100mにある日本一社林崎居合神社は，剣道居合流の始祖林崎甚助重信をまつる神社である。社伝によれば，甑岳の峰続きの大平山(石城岳)明神沢の熊野権現が1072(延久4)年，現在地に遷り，林崎大明神としてまつられたという。1547(天文16)年坂上主膳に暗殺された父の仇を討つため，重信は林崎大明神に祈願し，抜刀術(居合)の林崎夢想流の奥義をきわめて旅立ち，京都で主膳を倒して本懐を遂げたという。

　また，居合神社は熊野・居合両大明神を合祀した神社で，尾花沢市細野の山中に奥の院がある。明治維新前には，羽州街道を通行する新庄・庄内・秋田などの武士は必ずこの神社に参拝したという。近年になって居合振武館が建てられ，数多くの居合道の剣士たちが参詣して奉納演武している。

## 河島山遺跡 ⑥

0237-55-2111(村山市観光物産協会)

〈M ▶ P. 56〉村山市河島山
JR奥羽本線村山駅🚌大久保行河島🚶30分

*多くの複合遺跡からなる西側に最上川3難所がある*

　JR村山駅の西約2.5kmの所にある河島山(149m)は，ほぼ楕円形の丘陵で，旧石器時代を始め縄文・弥生・古墳時代および室町時代の遺物・遺構がみられ，丘陵全体が河島山遺跡(県史跡)とよばれる。旧石器が採集されたのは南東斜面の畑地からである。南西稜線上にある古墳は封土径21mの円墳で，中心に細長い長さ1.75mの石槨をおいた後期古墳である。同じ稜線上には鎌倉時代をくだらない経甕・青銅製経筒が出土した経塚や，江戸時代に経文文字を墨書した小礫群の一字一石経もある。さらに丘陵の南面には板碑・五輪塔などが数多くあり，中世の楯跡も2カ所ある。

河島山遺跡

# 葉山

コラム

古くから修験道の霊山
作の神・五穀豊穣の守り神

　村山市の西端に聳える葉山(1461.7m)は、古くから修験道の霊場として知られ、出羽三山の1つに数えられたこともある。『日本三代実録』の870(貞観12)年の条に出羽国白磐神が従五位下に叙せられたとあるが、白岩郷にある葉山神と考えられている。葉山は702(大宝2)年役行者の弟子行玄が開いた修験の山で、医王山金剛日寺大円院と号した。のち、慈覚大師や葉上僧正栄西が中興となり、天台宗の教義が入った。元禄年間(1688〜1704)に舜誉が再興し、川口坊以下12坊を従えてもっとも栄えた。寒河江の大江氏、山形の最上氏、ついで新庄藩戸沢氏の保護を受けた。

　葉山は村山平野のどこからもその美しい姿を仰ぐことができる。葉山を水源とする諸河川は山麓の村々をうるおし、古来、作の神・五穀豊穣の守り神として信仰されてきた。1955(昭和30)年、大円院は麓の岩野に移転されたが、虫除け・五穀豊穣の守り神として葉山の法灯を伝えている。

　村山市のほぼ中央を流れる最上川に碁点・三ヶ瀬・隼の3難所がある。河島山西側の碁点は水中に突出する岩石が多く、碁石を点じたのに似ているところから名づけられた。三ヶ瀬は渇水期に川筋が3本となり、三河の瀬が詰まって名づけられた。隼は水勢注流の急なところから名づけられ、江戸時代には通船安全のために番屋2軒をおいた。村山地方の特産物最上紅花は3難所を避けて山形・大石田間を陸送とした。また、幕府年貢米(城米)川下げ時には、3難所に番船をおいて安全を期している。松尾芭蕉も『おくのほそ道』に「ごてん・はやぶさなど云おそろしき難所有り」と書いているが、芭蕉は通ってはいない。最上川舟運時代には破船も多く、かたぶれ(川浸し)餅を搗いた話や曳き船人足に関する話が残っている。大石田の上流に3難所があったことが大石田河岸を繁栄させた一因でもある。1978(昭和53)年最上川左岸の碁点地内に温泉が湧出して、1982年クアハウス碁点がオープンし、国民保養温泉地に指定された。近年、碁点・三ヶ瀬・隼の最上川3難所舟下りも営業されている。

　JR村山駅の西約6kmの長善寺地区に白鳥長久が築いた山城白鳥楯跡がある。白鳥氏が谷地城(現、河北町)に入る前に拠った楯

という。長久は1577(天正5)年に織田信長に馬を贈るなどして勢威を振るったが，1584年山形城主最上義光に謀殺された。楯跡は樽石川に小丘陵が舌状に張り出す要害の地で，土海在家集落の西側，市立戸沢中学校の裏山にあたる。1622(元和8)年の最上氏改易後，最上川左岸は新庄藩戸沢氏領となった。大槇・樽石・長善寺が1889(明治22)年に戸沢村になったのは旧藩主戸沢氏にちなんでいる。

## ❻ 尾花沢と大石田

尾花沢は幕府代官所の北限の陣屋町・羽州街道の宿場町，大石田は最上川舟運の最大の河岸として栄えた古い歴史がある。

### 上町観音堂 ㊿
0237-22-0104(芭蕉・清風歴史資料館)

〈M ▶ P.56〉尾花沢市上町3丁目
JR奥羽本線大石田駅🚌尾花沢待合所行終点🚶
15分

尾花沢村と朧気村の境村川素英の逆修墓がある

　尾花沢待合所バス停から旧国道13号線(県道120号線)へ出て南へ行くと，左側に上町観音堂がある。境内には『おくのほそ道』紀行で尾花沢滞在中の松尾芭蕉を世話した俳人村川素英の逆修墓(生前墓)がある。ほかに尾花沢代官大貫次右衛門の徳政碑，青面金剛碑・善光寺如来供養塔・八聖山・経塚・七日町の市神(自然石)などがある。

　ここからさらに南へ行くと，横内の旧国道13号線沿いの左側に尾花沢病院があり，その東に妙法山常信寺(日蓮宗)の山門がみえる。1721(享保6)年に銀山新畑村(現，尾花沢市銀山新畑)から上町観音堂向かいの朧気へ移転したが，最近さらに現在地へ移転した。

　その先の明友本社敷地内に「おくのほそ道」尾花沢文学碑(加藤楸邨筆，1987年10月，西塚義治建立)があり，また，明友の敷地南隣の小高い丘にはみちのく風土記の丘資料館がある。横内地区の農家と企業で組織する地域農産文化振興会が県の補助を得て大石田町大浦の旧名主青木作兵衛家を移築し，1991(平成3)年オープンした。地域の歴史資料・文献，農具や民具が所狭しと展示されている。

「おくのほそ道」尾花沢文学碑

尾花沢と大石田　153

### 念通寺と龍昌寺 ❻₇
0237-22-1446／0237-22-0578

〈M ► P.56〉尾花沢市上町5-6-50／上町1-8-8
JR奥羽本線大石田駅🚌尾花沢待合所行終点🚶10分

> 鈴木清風独力寄進の念通寺
> 大貫代官の墓がある龍昌寺

　尾花沢待合所バス停から旧国道13号線（県道20号線）を北へ約250m行くと，道路を挟んで念通寺（浄土真宗）と龍昌寺（曹洞宗）が向かいあっている。念通寺は，1630（寛永7）年の創建で，本堂は1697（元禄10）年に鈴木清風が独力で寄進した。内部の彫刻は京仏師の作になる元禄風のものが多い。山門と鐘楼は，1699年に鈴木一族の3家による共同寄進である。寛政年間（1789～1801），鈴木清蔵父子が京都から雅楽を念通寺に伝え，檀徒が中心となって念通寺雅楽として維持してきたが，1974（昭和49）年5月，広く市民のものにするため尾花沢楽と改め保存会が結成された。

　龍昌寺は1498（明応7）年，向川寺9世春林禅冬が開山した。本堂は1841（天保12）年に再建したものである。門前に1761（宝暦11）年建立の三界万霊塔，本堂北東裏の墓地に1844（天保15）年尾花沢代官所で病死した江戸幕府の名代官大貫次右衛門の墓がある。大貫は生前から，大貫大明神として石碑や掛軸にまつられた。墓には「光徳院殿功岳慧勲大居士　平大貫光證」と刻まれ，朱が入れてある。

　また，1844（弘化元）年に尾花沢の医家に生まれ，幕末期に6年間長崎でオランダ人医者ボードインに西洋医学を学び，1873（明治6）年開通学校（現，市立尾花沢小学校）首座教員となった上石玄偆家の墓もある。

### 芭蕉・清風歴史資料館 ❻₈
0237-22-0104

〈M ► P.56〉尾花沢市中町5-36
JR奥羽本線大石田駅🚌尾花沢待合所行終点🚶15分

> 芭蕉と清風に関する資料館
> 雪国の代表的な町屋造

　龍昌寺からさらに北へ約220m，町中央の十字路北西角に山形銀行尾花沢支店があり，その西隣に鈴木清風宅，北隣に芭蕉・清風歴史資料館がある。松尾芭蕉の『おくのほそ道』に「尾花沢にて清風と云者を尋ぬ。かれは富めるものなれども，志いやしからず。都にも折々かよひて，さすがに旅の情をも知たれば，日ごろとどめて長途のいたはりさまざまにもてなし侍る。涼しさをわが宿にしてねまる也」と，尾花沢滞在の10泊，鈴木清風らの厚いもてなしに旅情が

芭蕉・清風歴史資料館

慰められたと書いている。

　芭蕉と門人の曾良は，鈴木清風宅に3泊している。芭蕉と曾良が須賀川（現，福島県須賀川市）を発ってから尾花沢に着くまでは，さしたる知り合いもなく，俳諧の興行もなかった。尾花沢には旧知の鈴木清風がおり，清風を取り巻く地元の俳人たちの歓待を受けて，歌仙「すずしさを」と「おきふしの」を巻いている。なお，鈴木清風は，これより先の1685(貞享2)年6月と翌年3月の2度，江戸で芭蕉らと歌仙を巻いている。

　芭蕉・清風歴史資料館は，現在の山形銀行尾花沢支店の所にあった雪国の代表的な町屋造の旧鈴木弥兵衛家住宅を尾花沢市が譲り受け，移転・復元して1983(昭和58)年7月に開館した。最近のめまぐるしい社会変化のなかで，貴重な歴史的・文化的遺産が急速に消滅しようとしているが，これらのかけがえのない先人の遺産を収集・整理して保存をはかり，また調査研究を進め，その結果を広く一般に公開することを資料館の目的としている。あわせて，芭蕉と清風の出会いを偲び，尾花沢の歴史と文化を考える拠点として期待されている。1986(昭和61)年，貴重な歴史資料を保存するため白壁土蔵風の収蔵庫が鈴木清風宅裏に落成した。

　山形銀行尾花沢支店から西へ約100m行き，十字路を右折すると突き当りに諏訪神社がある。鳥居が2基立っているが，手前の鳥居の右側に1806(文化3)年建立の大きな湯殿山碑，隣に自然石の小さな市神がある。社殿は1800(寛政12)年に再建されたことが，階段の擬宝珠からわかる。8月27・28日のおばなざわ花笠まつりは諏訪神社の祭りで，神輿渡御に始まり，囃子屋台・踊り屋台・奴踊りと豊年踊りなどが町内を練り歩く。28日には花笠踊り発祥地の笠廻し花笠踊りパレードがある。江戸時代，尾花沢の馬市は東北一賑わったが，諏訪神社例祭は馬市開きと豊年祝いの日であった。

　もとの道に引き返して，さらに西へ進み1つ目の十字路を左へ入

尾花沢と大石田

った突き当りに知教寺(浄土宗)がある。1583(天正11)年、野辺沢遠江守光昌の開基で、1635(寛永12)年に現在地に移った。山門は1670(寛文10)年に延沢城の裏門を移築したものである。山門を入ってすぐ左に野辺沢能登守と光昌の墓碑がある。高い鐘楼は尾花沢村の時鐘であった名残りを示し、屋根の扇状化粧垂木が美しい。

### 養泉寺 ❻❾
0237-22-0669
〈M▶P.56〉尾花沢市梺町2-4-6 Ⓟ
JR奥羽本線大石田駅🚌尾花沢待合所行終点🚶20分

芭蕉が7泊した養泉寺 最上三十三観音第25番札所

　諏訪神社の西約300mに養泉寺(天台宗)がある。寺前の道は古道といわれ、旧羽州街道である。養泉寺は芭蕉が7泊した寺で、1895(明治28)年の大火時に類焼し、1897年に再建されたが昔の面影はない。古道から坂道を見下ろすと、水田が一面に広がり、北西に鳥海山、正面に葉山・月山が美しくみえ、高台にあるため涼しい風が吹き抜ける。

　寺伝によれば、円仁(慈覚大師)の開山で、もと坂下の水田のある所にあったが、1615(元和元)年現在地に移った。1688(元禄元)年、つまり芭蕉来訪の前年に大修理され、木の香も新しく旅の疲れをいやすには絶好の場所であった。養泉寺観音院は最上三十三観音第25番札所であり、地元の人びとは養泉寺を「古道のお観音さん」とよんでいる。

　養泉寺の真新しい仁王門を入って本堂の少し手前、右手の覆堂の中に芭蕉句碑「涼塚」と「壺中居士」の碑がある。「壺中居士」は林崎の素封家坂部氏で、山寺立石寺に「せみ塚」を建てた人でもある。壺中の句に、「寺の名は　泉もそこに　すずみ塚」があり、芭蕉句碑が「すずみ塚」「涼塚」といわれていたことがわかる。

　養泉寺の北側、沢と旧国道を隔てた台地の上の市立尾花沢

養泉寺

# 鈴木清風

コラム 人

芭蕉に称賛された紅花大尽
元禄年間出羽俳壇の中心人物

鈴木清風は通称八右衛門(3代)、諱を道祐といい、清風は俳号である。1721(享保6)年1月12日に71歳で没している。1771(正徳元)年、61歳のとき長男の4代八右衛門宛てに家産の分与、家訓を記した遺言を書いている。遺言は①公儀(幕府)を第一に大切にすること、②運上沙汰は先祖から嫌いだから決して取り組まないこと、③荷物を無税で関所を通さないこと、④禁制品はいっさい売買しないこと、⑤新田開発を願い出ないこと、⑥鉱山および材木山経営はいっさい行わないこと、⑦1村徒党の場合は、村の重立や百姓の多数派に印判すること、の7カ条に要約できる。

清風は31歳から36歳までの間に『俳諧おくれ双六』(1681年刊)・『稲筵』(1685年刊)・『俳諧一橋』(1686年刊)の3冊の俳諧撰集を公刊し、その若さですでに俳諧師として業績を残している。京都や江戸の一流の俳人と伍し、俳聖松尾芭蕉と接触するなど、その俳諧は田舎の金持ちの旦那芸ではなく、出羽俳壇の中心人物であった。

清風にかかわる伝説には、1702(元禄15)年夏に江戸商人たちが、不買同盟を結んで清風の紅花荷物をボイコットしたとき、品川海岸で紅花、実はカンナ屑を赤く染めた偽物を焼き捨てて3万両の利金を得た話、その金で江戸吉原の大門を3日3晩閉じて遊女全員に休養を与えた話、吉原の三浦屋高尾太夫のことで仙台藩主と恋のさやあてをした話などがある。これらの話はいずれも人間の本能を肯定し、武士によっていやしめられていた営利活動を認め、財力によって何事も成し遂げられるとする元禄商人の自信を代弁している。清風の遺言とはあまりにも対照的な話であるが、61歳のときの遺言で冒険や一攫千金を戒めているのは、鈴木家の基礎がかたまり、守成の段階に入ったことのあらわれであろう。

小学校が尾花沢代官所跡である。江戸幕府は経済的基盤としての幕府領を全国に広げていったが、延沢銀山を含む尾花沢地方が幕府領となるのは1636(寛永13)年である。1658(万治元)年、延沢銀山陣屋が廃止され、あらたに尾花沢村の町裏に代官陣屋がつくられ、1744(延享元)年尾花沢小学校のある字館(尾花沢館跡)に代官陣屋を移した。明治時代以後のたび重なる校舎改築や運動場拡張、道路変更のため、尾花沢代官所跡は破壊された。代官所跡内にまつられている稲荷・愛宕両神社の石鳥居は、1783(天明3)年5月に代官早川伊

兵衛とその手代たちが建てたものである。

**荒楯跡 ⑳**　〈M ► P.56〉尾花沢市尾花沢字荒楯
JR奥羽本線大石田駅🚌尾花沢待合所行終点乗換え鶴子線荒楯住宅前🚶15分

戦国時代の尾花沢郡代の居城楯跡に大聖不動尊をまつる

　尾花沢からバスで取上・古殿・車段を経て延沢へと進む。取上集落に入る手前右側、朧気川左岸の丘陵が荒楯（新館）跡である。1584（天正12）年、山形城主最上義光に天童氏が滅ぼされた後、天童氏の配下にあった長瀞（現、東根市）と尾花沢に山形から郡代が派遣された。尾花沢郡代の新館十郎は、尾花沢の台地の東、朧気川左岸の要害の地に楯を築いたが、これが新館（荒楯）である。のちに本町薬師坂の上に楯を移し、楯跡に大聖不動尊（荒楯不動堂）をまつった。不動堂には鎌倉時代中期作で像高98cmの玉眼入りの木造不動明王立像が安置されている。

　さらにバスに乗り、古殿バス停で下車すると古殿集落である。この地名は、1558（永禄元）年頃に隠居した野辺沢満重の隠居所であったことに由来する。古殿集落のほぼ中央、道路左側に火の見櫓、湯殿山碑、実相院（曹洞宗）の門柱がある。実相院は1625（寛永2）年に野辺沢光昌の姉楯岡上総介夫人月窓光心尼が開基した寺である。寺には月窓光心尼が京都からもってきたという「聖徳太子」の額がかけてある。境内には大きなケヤキがあり、稲荷神社や津島牛頭天王がまつられている。

古殿の実相院

**延沢城跡 ㉑**　〈M ► P.56〉尾花沢市延沢字古城山
JR奥羽本線大石田駅🚌尾花沢待合所行終点乗換え鶴子線延沢学校前🚶20分

　古殿から鶴子行きバスに乗り延沢寺前バス停で下車すると、バス

**国指定史跡の延沢城遺跡　野辺沢家3代の居城跡**

　停の向かいにひろびろと舗装された龍護寺(曹洞宗)参道が山門まで続いている。山門は延沢城大手門を移築したものである。龍護寺は1449(宝徳元)年に開基され，1542(天文11)年野辺沢満延が中興し，それより野辺沢家の菩提寺となった。境内には満延や家臣たちの墓がある。最上三十三観音第22番札所である。

　延沢学校前バス停の北方，尾花沢市克雪管理センター(常盤地区公民館)裏の台地に市立常盤中学校がある。中学校の背後の古城山(297m)が延沢城(野辺沢城)跡である。延沢城は霧山城ともいい，連郭式の典型的な山城である。頂上に東西66間・南北38間の本丸があり，一段さがった所に二の丸・馬場などがある。北方に続く尾根とは2条の堀切で断たれている。麓から本丸までには幅約4mの屈曲した道路があり，その途中に2つの枡形門がある。本丸の門は石塁で構築されていた。今でも切石が露出し原形をとどめている。本丸跡に樹高26m，推定樹齢1100年の延沢城跡のスギ(県天然)がある。

　延沢城は1547(天文16)年野辺沢満重が築城したという。野辺沢氏は尾花沢盆地一帯を領有し，領内には野辺沢銀山があり経済的にも富裕で，最上下郷八楯の中心的存在として天童氏の支配に属していた。山形城主最上義光は，野辺沢満延を味方につけることによって天童城を攻略し滅ぼした。1622(元和8)年8月の最上氏改易により，延沢城2万7000石は伊達成実手勢600人に没収された。その後，山形藩鳥居氏・保科氏に預けられたが，1667(寛文7)年には幕府の手で破却された。

　延沢から常盤トンネルを抜けた所が六沢である。トンネルを出ると右手に最上霊場納経所の標識があり，山麓に円照寺(曹洞宗)がある。延沢城主野辺沢満重が中興開基であり，満重と3代城主光昌夫人で最上義光の娘の松尾姫の墓がある。

延沢城跡

尾花沢と大石田

最上三十三観音第23番札所である。延沢城搦手門のすぐ下にあった六沢の繋沢観音堂は別当の観音寺が廃寺となり，老朽化したので，1977（昭和52）年，円照寺境内に移転・新築された。本尊の聖観音像は秘仏で，野辺沢康満が1601（慶長 6 ）年奉納した漆画絵馬（県文化）とともに円照寺で保管している。

### 延沢銀山遺跡 ⑦

〈M ▶ P.56〉尾花沢市銀山新畑
JR奥羽本線大石田駅🚌尾花沢待合所行終点乗換え銀山線終点🚶10分

国指定史跡の野辺沢銀山遺跡堅坑大廃坑に焼掘り跡残る

　尾花沢から銀山温泉へ行く道は，延沢・六沢経由と，中段・北郷・原田経由，北郷・坂本・鶴巻田・粟生経由の3コースがある。いずれも下柳渡戸で1本になり，上柳渡戸・十分一を経て銀山温泉へ出る。上柳渡戸の入口，通称あら坂の右手の沢に不動の滝があり不動尊がまつられ，そばに湧水がある。不動の滝の南西，崖上の水田からは縄文土器や数本の縄文時代の巨柱根が出土している。市立上柳小学校裏の細道は延沢銀山の西山廃坑に通じている。学校下の吹沢川の右手の沢に灰吹床の吹屋や吹沢番所があった。上り坂の突き当りが八幡山，その背後の山が銀鉱石をもっとも多く産出した笠頭山である。突き当りの右側に上野番所があった。

　八幡山の西向きの斜面，標高400m地点にある八幡山遺跡は，直径15.8cmの日本最大の石製模造鏡（山形大学博物館所蔵）が出土した祭祀遺跡である。伴出遺物の土師器からみて，たび重なる祭祀が想定され，5世紀初めから6世紀前半の遺跡であると推定できる。出土の石製模造品は，剣・刀子・鏡・有孔円板・粘板・岩製勾玉・臼玉・斧・鎌などであり，鏡・剣・玉などの石製模造品は祭具と考えられる。出土品のうち，石製模造品187点および土師器杯形土器1点が上柳渡戸八幡山遺跡出土品として県文化財に指定された。

　銀山へ入る物資から代金の10分の1の物品税を徴収した十分一番所跡には，尾花沢市上の畑焼陶芸センター・銀嶺荘・銀山こけし工房・食堂・民家1軒がある。上の畑焼陶芸センターは，上の畑焼の復興と維持のために，1981（昭和56）年5月に開設されたものである。

　銀山温泉は尾花沢市の中心部から約14km，銀山川の流れを挟んで，狭い谷間に大正建築の木造3層楼が軒を連ねる。国民保養温泉

延沢銀山遺跡堅苅大廃坑

に指定され，市では家並みを保存するために種々の対策をしている。銀山線終点の銀山温泉にある延沢銀山遺跡(国史跡)は，間歩(坑道)・疎水(排水溝)を含む東山地区の一部，銀山の守り神である山神神社，野辺沢氏の居城である延沢城跡の3カ所，約89haである。東山地区は銀山川を遡った右岸一帯で，堅苅大廃坑は焼掘りの跡がよく残り，盛時を偲ぶことができる。

銀山温泉の東方約1kmに上の畑集落跡がある。上の畑は仙台街道軽井沢越えに沿った番所がおかれた所である。長瀞藩主米津通政は，1833(天保4)年寒村上の畑村振興のため，浪花(大坂)から陶工を招いて，藩窯都山陶器所を開業したが，数年で廃絶した。都山陶器所の窯印は「東羽都山」，地元産の陶石(白土)を使用して焼かれた日本最北端の磁器であり，東北四大古窯の1つでもある。

## 御所山 ❼❸

〈M▶P.56〉尾花沢市鶴子
JR奥羽本線大石田駅🚌尾花沢待合所行終点乗換え鶴子線終点🚶
5時間20分

順徳上皇潜幸伝説の御所山 水神の霊山信仰の山

尾花沢市の南東に山形・宮城両県にまたがる御所山(1502m)がある。船形山ともいい，頂上には御所神社がまつられ，中世修験道の霊山として信仰されてきた。御所という名は，1221(承久3)年の承久の乱で佐渡に流された順徳上皇がこの山に逃れてきたという伝説に由来する。御所山は五所山とも書き，船形山・金蓮山・三峰山・荒神山・白髭山の5つの山からなっていることに由来するともいうが，異説もある。

1831(天保2)年に御所山から浄土真宗の門徒たちが東本願寺に奉納する材木を伐り出したとき，下流の24カ村が伐採中止を尾花沢代官所へ願い出て，「御所山の森林は神木で，その神木を伐って御山を荒らせば悪風が吹いて田畑作物にさわりがあり，郡中の嘆きになる」と訴えている。御所山は水上弁財天(水神)の霊山として下流

尾花沢と大石田　　161

御所山遠望

の村々の信仰を集めていた。御所山を源とする丹生川・朧気川両流域の村々にある水神・農耕神をまつる御所神社と尾花沢市丹生の天子塚（修験祈禱壇）が、順徳上皇潜幸伝説と結びつけられたのであろう。

　尾花沢市街から県道28号線を6kmほど東上した、丹生の市立宮沢中学校裏山の天子塚は、順徳上皇陵とされているが、1953（昭和28）年の調査によって修験の祈禱壇であるとされた。また、丹生西原の堀の内遺跡も中世豪族の居館跡と推定された。

　御所山一帯は全国有数の豪雪地帯であり、雪解け水を貯水するロックフィル式の新鶴子ダム建設が国の直営事業として進められ、16年の歳月と338億円余を費やして1990（平成2）年に完成した。ダムの水は尾花沢市・大石田町の水田3421haの灌漑用水である。

## 山刀伐峠 ❼⓸

〈M▶P.56〉尾花沢市尾花沢字山刀伐
JR奥羽本線大石田駅🚌尾花沢待合所行終点乗換え市野々線終点🚶50分

歴史の道「山刀伐峠越」
1689年芭蕉が越えた峠道

　尾花沢市中心部から東へ約18km、1976（昭和51）年に完成した山刀伐トンネルを抜けてすぐ右手に「歴史の道　山刀伐峠越」が復元整備されている。「歴史の道」の標識に従って旧県道を数カ所で横切りながら、徒歩約30分で山刀伐峠（470m）頂上に達すると、子持杉と峠の地蔵尊がある。その後ろに「奥の細道山刀伐峠顕彰碑」が1967（昭和42）年に立てられた。

　1689（元禄2）年5月17日（陽暦7月3日）、松尾芭蕉と門人曾良は、堺田から「究竟の若者」を案内人にし、荷物をもたせて山刀伐峠を越えた。峠をくだった最初の村が市野々（現、尾花沢市）で、ここで芭蕉と曾良は案内人と別れた。『曾良随行日記』の「関ナニトヤラ云村」は関谷村（現、尾花沢市富山）で、尾花沢代官所の番所がおかれていた。

162　　村山

奥の細道山刀伐峠顕彰碑

峠付近はブナ・ナラなどの広葉樹林で覆われ，中腹と山麓は植林のスギ・カラマツ林と開墾地になっている。江戸時代の山道は旧県道と交差したり耕地にかわったりした所もあるが，尾花沢市は山頂から延長約1.1kmを文化庁の歴史の道整備事業で復元整備している。

### 角二山遺跡 ❼❺
0237-35-2111（大石田町役場）

〈M▶P. 56, 164〉 北村山郡大石田町大石田上ノ原乙510-1
JR奥羽本線大石田駅 🚶 2分

縄文時代前期末の竪穴住居跡東北日本の細石刃文化遺跡

JR大石田駅前の道路を右へ行くと，左側に「大石田町指定史跡角二山住居群」の標柱がある。そこを左折した突き当りの専門校跡地南西部の一画に縄文時代前期末の竪穴住居が2棟復元されている。標高90m，最上川右岸の河岸段丘南西端に位置し，旧地主二藤部兵右衛門家の屋号⊠(かくに)に由来して角二山遺跡という。1970(昭和45)年，専門校建設の整備作業中に発見された遺跡である。表層のクロボク上層から縄文時代前期の遺物と6棟の竪穴住居跡，その下位の肘折軽石層直下の粘質土層から旧石器時代の細石刃・舟底形細石刃核・周辺調整尖頭器・荒屋型彫刻刀形石器・掻器・叩き石など4000点の石器が発掘された。北海道湧別川流域の白滝遺跡群で明らかになった「湧別技法」で細石刃製作が行われたことがわかる。東北日本の細石刃文化の貴重な遺跡である。

### 井出楯跡 ❼❻
0237-35-2111（大石田町役場）

〈M▶P. 56, 164〉 北村山郡大石田町大石田井出字古楯
JR奥羽本線大石田駅 🚶 7分

永正年間大田左仲が築いた楯跡に石清水八幡宮を勧請

JR大石田駅北西約700mにある台地，丹生川左岸河岸段丘に舌状に出ている地形を利用して築かれた井出楯跡は，標高約75m，楯跡西側の水田地帯との比高差は8mである。その規模は東西110m・南北120mで，南側の空堀中央部分には大手門跡と推定される枡形状の張り出した遺構がある。楯主の大田左仲が永正年間(1504〜21)に築造したといわれ，1585(天正13)年，子の外記の代に山形城

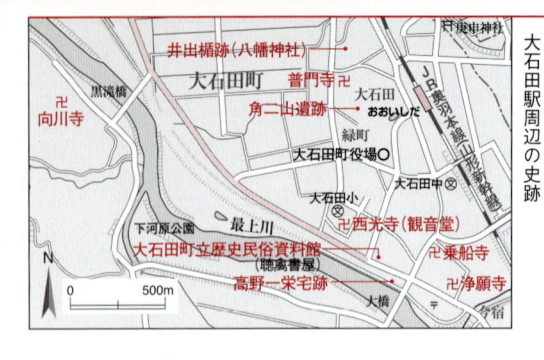

主最上義光に滅ぼされたという。

## 井出楯跡の八幡神社

井出楯跡の八幡神社は、大田左仲が氏神として石清水八幡宮(現、京都府八幡市)を勧請し、別当は大石田の来迎院大田家である。同家の伝えによれば、創建は1510(永正7)年で、寛保年間(1741～44)、井出の八幡小路から現在地に移建した。境内には大石田の市神と伝える自然石の丸石2個、板碑・象頭山・扇田水神などがある。板碑は井出の南入口の石橋に使用されていたが、大石田村大庄屋の高桑宗左衛門が1777(安永6)年に道端に建て直し、その後現在地に移した。高さ約2m、金剛界大日の種字がある。扇田水神は尾花沢地内の丹生川氾濫で水損した字扇田の水神としてまつったものを後年に現在地に移した。

楯跡の麓にある普門寺(曹洞宗)は、楯主大田左仲が黒瀧の向川寺13世繁松林茂を開山として開基した。大田左仲は1524(大永4)年に没し、同寺に葬られた。開山当時の遺品に、開山の木像・大田左仲の位碑がある。建物は1887(明治20)年に再建され、1979(昭和54)年に改築された。

井出の地蔵尊は、口伝によれば最上川を流れてきたものだという。本尊は一木造の立像で江戸時代の作である。普門寺に1744(延享元)年の地蔵堂再興の棟札があるが、現在の堂宇は最近のものである。安産・子育ての地蔵尊として女性の信仰が篤い。

### 西光寺 ⑰
0237-35-2364　〈M▶P.56,164〉北村山郡大石田町大石田乙692-1
JR奥羽本線大石田駅🚶10分

山形の光明寺達心が創建　最上三十三観音29番札所

JR大石田駅前の道路をまっすぐ行き、坂を900mほど進むと丁字路になる。右折して100m、後藤医院手前で右へ100m入ると西光寺(時宗)がある。1400(応永7)年頃山形城下の光明寺7世阿達心の創建という。1675(延宝3)年に再興、1870(明治3)年に類焼し、現在の堂宇は1872年に再建された。

芭蕉句碑(西光寺境内)

　境内に享保の飢饉時の餓死者霊をまつった唐金地蔵尊がある。また，1769(明和6)年頃，地元の暁華園土屋只狂が芭蕉真蹟歌仙「さみだれを」の発句を模刻した「さみだれを　あつめてすずし　もがみ川　芭蕉」の句碑が，ガラス張りの覆堂の中にある。同じ句形を刻した副碑を中央に只狂句碑と田中李夕句碑が屋根で覆って立てられている。芭蕉真蹟歌仙を拡大した脇句の「岸にほたるを　繁く舟杭　一栄」の句碑も立つ。

　西光寺の観音堂(大石田観音)は最上三十三観音第29番札所で，江戸時代には，大石田惣町で祭礼を行い，毎年7月17日から20日まで昼夜小商物店が軒を並べ，大芝居・小芝居・軽業などが興行され賑わった。祭礼当日は先払・大旗を先頭に惣町有力者の練物・押物・山車が多いときには16台も続き，相撲・踊りが行われた。現在は花火大会をメインとした8月16・17日の大石田祭りに姿をかえている。

**大石田町立歴史民俗資料館** ㉘
0237-35-3440

〈M▶P. 56, 164〉北村山郡大石田町大石田乙37-6
JR奥羽本線大石田駅🚶10分

茂吉が疎開した聴禽書屋
旧家二藤部家の離れ家屋

　JR大石田駅から県道121号線を南西に向かうと，大石田町中央駐車場北側に1978(昭和53)年開館した大石田町立歴史民俗資料館がある。町内外の貴重な文書・記録や歴史・民俗資料の悉皆調査をふまえて開館したことから，県内の市町村から資料調査と保存公開の取組み姿勢が注目されている。大石田疎開時代の斎藤茂吉や金山平三の常設展と，年4回の企画展を行っている。

　斎藤茂吉は1946(昭和21)年1月に上山の金瓶から大石田に移り，聴禽書屋と名づけた旧家二藤部兵右衛門家の離れで，翌1947年11月に大石田を去るまで生活した。

　茂吉は大石田転居早々の3月に肋膜炎にかかり，5月上旬まで臥床療養に努めた。家族と離れ，65歳の老身で大患にさいなまれ，体

尾花沢と大石田

力も気力もすっかり衰えていた。6月頃から治癒に向かった茂吉は, 大石田近辺を歩き, 最上川畔にたたずんで川の流れをみる生活が続いた。これら最上川を中心とする風土が, 病気と第二次世界大戦敗戦の現実を身にしみて感じていた茂吉を慰めた。大石田疎開時代の茂吉の歌集『白き山』は, 近代短歌史上最高の歌集といわれ, 824首が収められており, 最上川を詠んだ歌が130首ある。大石田で茂吉の門人の板垣家子夫(金雄)や二藤部兵右衛門家を始め多くの人びとの恩頼に守られた。『白き山』の後記に「大石田も尾花沢もまことに好いところである。それに元禄の芭蕉を念中に有つといよいよなつかしいところである」と書いている。

大石田疎開時代に茂吉が生活した聴禽書屋を大石田町が譲り受け, 大石田歴史民俗資料館と接続して保存・公開している。茂吉歌碑「蛍火を　一つ見いでて　目守りしか　いざ帰りなむ　老の臥処」がある。

### 高野一栄宅跡 ⑦

0237-35-2111(大石田町役場)

〈M ► P. 56, 164〉北村山郡大石田町大石田甲49
JR奥羽本線大石田駅 🚶10分

芭蕉が3泊した一栄宅跡歌仙「さみだれを」碑立つ

大石田町中央駐車場向かいの板垣一雄氏宅が高野一栄宅跡である。松尾芭蕉と門人の曾良は, 1689(元禄2)年5月28日, 山寺立石寺から大石田へ向かった。本飯田(現, 村山市)まで高桑川水(加助)が出迎え, 大石田の俳人高野一栄宅に着いた。一栄(高野平右衛門)は, 山形藩領大石田村の組頭であり, 船持荷問屋を営んでいた。尾花沢の鈴木清風撰の俳諧書にも入集しており, 大淀三千風とも旧知の間柄で, 芭蕉来訪のとき54歳であった。川水は大石田村の大庄屋で, 一栄と同じ鈴木清風を中心とするこの地方の俳壇の一員であり, 芭蕉来訪のとき46歳であった。近年, 大石田町大石田丙の乗船寺

**芭蕉真蹟歌仙の碑**

# 最上川舟運と大石田河岸

コラム

最上川舟運最大の河岸
鉄道敷設まで県の大動脈

　最上川は山形県を縦断する大動脈であり、県民にとって「母なる河」である。鉄道が敷かれるまでは米・雑穀・紅花・青苧などを送り出し、上方の文物や日常生活に必要な塩・衣料品を運んだ。最上川舟運は古代・中世からあったが、上流の山形市船町から河口の酒田湊まで一貫して通船できるようになるのは、山形城主最上義光が庄内を領有した慶長年間（1560～1615）以降である。1640年代に「通船定法」を定め、運賃の10分の1を荷宿が取り立てる制度、清水（現、大蔵村）、大石田・船町の3河岸体制ができあがる。1672（寛文12）年には河村瑞賢による出羽国幕府領年貢米（城米）の江戸廻米ルートの整備にともない、川下げの輸送を城米・私領米・商人荷物の順とする秩序が確立する。
　1723（享保8）年幕府は従来の3河岸のほかに、本楯（現、寒河江市）・寺津（現、天童市）、横山（現、大石田町）を新河岸にした。同時に大石田河岸による川船差配の独占的請負をやめさせ、酒田と最上の両船方に川船差配役をおいた。1792（寛政4）年に大石田に幕府の川船役所をおいて直接統制に乗り出した。以後、この川船役所は明治政府が川船の大小を問わず酒田との通船を自由にした1872（明治5）年まで存続した。
　大石田河岸では荷宿商人が成長し、1814（文化11）年荷宿仲間が結成された。1835（天保6）年、河岸冥加永上納を条件に大石田河岸荷問屋仲間の結成を願い出て、翌年に32人の員数をもって許された。仲間結成の背後には、上郷の特産物地帯における新河岸設置願や紅花積荷規定の改正運動の展開があった。

墓地に川水夫妻の墓があることがわかった。

　大石田滞在中、芭蕉は曾良・一栄・川水を連衆として、四吟歌仙「さみだれを」を一栄宅で巻いた。この歌仙は紀行中に芭蕉がみずから浄書して、真筆の懐紙を旅の記念として残した唯一の歌仙（五月雨歌仙、県文化、佐藤里美氏蔵）である。また、旅を振り返って『おくのほそ道』を書いたとき、「このたびの風流爰に至れり」と深い思い出を抱いた歌仙でもある。

　一栄宅跡の板垣一雄氏宅庭に芭蕉『おくのほそ道』紀行300年を記念して1989（平成元）年、芭蕉真蹟歌仙「さみだれを」の碑が立てられた。

**乗船寺** ⑳　〈M ▶ P.56, 164〉北村山郡大石田町大石田丙206
0237-35-2233　　JR奥羽本線大石田駅 🚶15分

茂吉墓・釈迦涅槃像で有名
茂吉歌碑・子規句碑もある

　一栄宅跡前の通りを南へ50mほど行き，左に入った突き当りに乗船寺(浄土宗)がある。山形城主最上義光の家臣大葉内記を大檀那として，1596(慶長元)年に明蓮社光誉運岡上人を招請して開山した。本尊の木造阿弥陀如来坐像は室町時代の作である。1821(文政4)年再建の経蔵には，木造阿弥陀如来坐像(県文化)・釈迦涅槃像・誕生仏・千体仏・大蔵経などがある。木造阿弥陀如来坐像は愛宕町内の通称念仏堂に所在し，廃寺となった唯昌院の本尊であった。一木造・漆箔で平安時代後期の作と推定されている。釈迦涅槃像は木像で丈201.5cm，1694(元禄7)年，木食傾誉上人の寄進である。また，寺の木造千手観音立像(県文化)はヒノキの寄木造・玉眼入りの立像で，制作年代は胎内背部に「正慶二(1333)年三月三十日」と墨書されている。裳を精緻をきわめた截金文様で彩り，卍字・麻の葉・干網・立菱・菱蜻蛉・縦並行線文・二重輪唐草文の7種の文様を使用している。寺は1830(天保元)年に類焼し，建物は2001(平成13)年に再建された。

　境内には斎藤茂吉墓・斎藤茂吉「逆白波」歌碑・正岡子規句碑・高桑川水夫妻墓などがある。「齋藤茂吉之墓」に刻まれている戒名「赤光院仁譽遊阿清居士」は茂吉自筆を拡大したものである。墓前に銅板の碑文があり，茂吉と大石田との関係についてまとめてある。

　裏庭に「最上川　逆白波の　たつまでに　ふぶくゆふべと　なりにけるかも　茂吉」の歌碑と，「ずんずんと　夏を流すや　最上川　子規」の句碑がある。句碑の左上に子規の肖像を刻んでいる。子規は1893(明治26)年に『おくのほそ道』の跡追い紀行で，8月7日大石田に1泊，翌8日舟で

木造千手観音立像(乗船寺)

村山

最上川をくだっている。句はそのときのものである。

乗船寺の南隣に浄願寺(浄土真宗)がある。山形城下専称寺の末寺で、1519(永正16)年、加賀金沢の浄願が大石田村の東裏に一宇を建立し、常願寺(のち浄願寺)としたという。山門の屋根は入母屋造、間口3間・奥行1間の平棟門の形式で、柱を始め主要部材はすべてケヤキ材である。飾り金具や蟇股・透彫り・木鼻などは江戸時代初期のものとみられ、1667(寛文7)年、延沢城破却の際に城門を移建したものという。寺は1830年に類焼し、現在の位置に再建された。

## 善翁寺 ⑧⓵
0237-35-2436

〈M▶P.56〉北村山郡大石田町今宿335
JR奥羽本線大石田駅🚶30分

*土生田館主安食光信が開基*
*光信が浄土三部経を奉納*

JR大石田駅の南東約1.5km、最上川中流右岸の五十沢川との合流付近の今宿に善翁寺(浄土宗)がある。寺の南に大石田から羽州街道(国道13号線)の土生田追分に出る「へぐり道」がある。1609(慶長14)年頃山形城主最上義光の家臣土生田館主安食光信が今宿の小屋館に隠し、陸奥国如来寺の曇随大和尚を迎えて開基した。寺宝として伝わる木版巻子仕立の「浄土三部経」は、1609年に開基安食光信が奉納したものである。

斎藤茂吉が大石田疎開時代に好んでのぼった薬師山の中腹に今宿の鎮守である薬師神社がある。境内に凝灰岩からなる板碑2基がある。薬師山の南西に虹ヶ丘公園があり茂吉の「最上川の 上空にして 残れるは 未だ美しき 虹の断片」の歌碑と最上川展望台がある。

## 向川寺 ⑧⓶
0237-35-3407

〈M▶P.56, 164〉北村山郡大石田町横山4375
JR奥羽本線大石田駅🚶40分

*曹洞宗本山總持寺の直末寺*
*境内に大カツラがある*

大石田と横山をつなぐ最上川に架かる大橋を渡って約2kmの黒瀧山山麓、最上川を眼下に見下ろす所に向川寺(曹洞宗)がある。寺伝によると、1377(永和3)年、大徹宗令の開創で、以来、曹洞宗大本山總持寺の直末寺として重きをなし、名僧を輩出して教線の拡張をはかった。向川寺の歴代禅師が開創した末寺は、山形県はもとより秋田・宮城両県にもまたがり、28カ寺を数え、寺格は中本山である。江戸時代の向川寺は新庄藩領横山村に属し、1640(寛永17)

尾花沢と大石田

向川寺

年藩主の戸沢政盛から寺領30石を拝領した。しかし、寺は数度の火災に遭い、本堂を始めほとんどの建物や諸仏を焼失し、檀家の数も少なく、経済的に困窮して無住の時代が続くなど、往時の面影はない。

『おくのほそ道』紀行で大石田滞在中の松尾芭蕉は、1689(元禄2)年5月29日、大石田の高野一栄と高桑川水を誘って向川寺に参詣した。また、大石田疎開中の斎藤茂吉は1946(昭和21)年9月8日、板垣家子夫と二藤部兵右衛門とともに同寺を訪れ、「四百年の 老の桂樹 うつせみの わがかたはらに 立てる楽しさ」など17首を詠んでいる。

黒瀧山には向川寺の大カツラ(県天然)、大イチョウを始めとする豊富な樹木群があり、美しい景色をつくりだして心をなごませてくれる。なお、黒瀧川沿いに14カ所の縄文遺跡群がある。

*Mogami* 最上

最上川舟下り(白糸の滝付近)

新庄城址(最上公園)

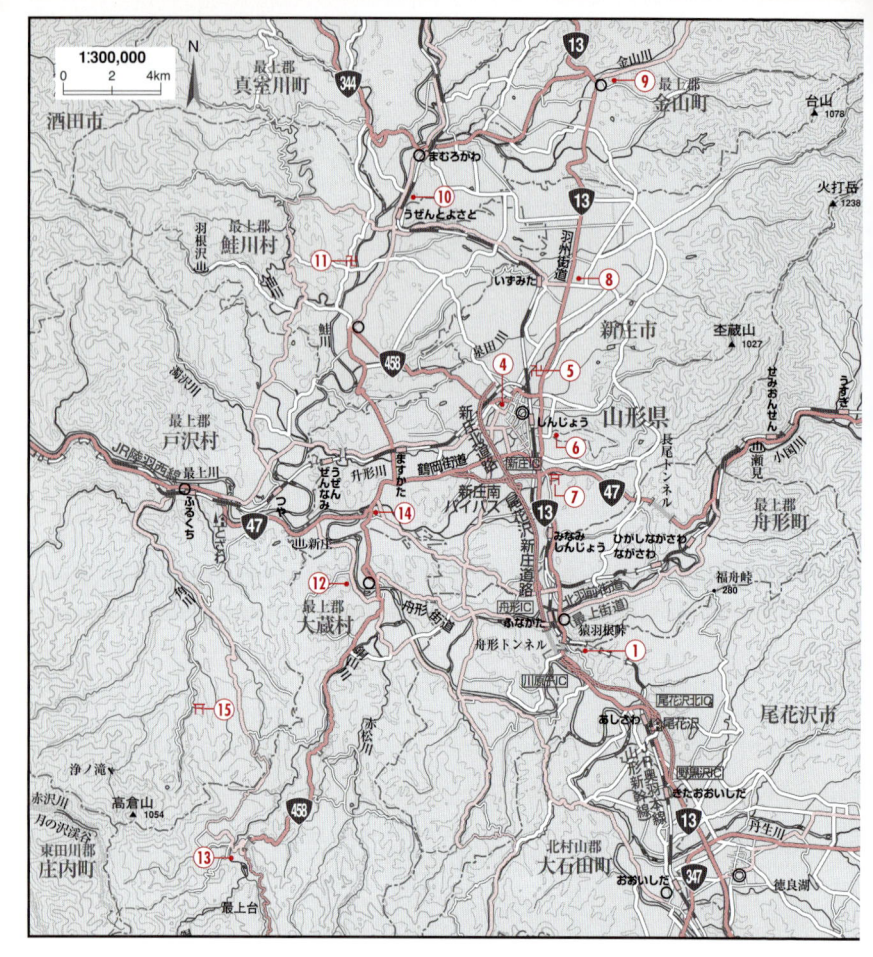

## ◎最上モデルコース

1. JR奥羽本線舟形駅 30 猿羽根地蔵尊 30 長沢新山神社 10 JR陸羽東線長沢駅 10 JR陸羽東線瀬見温泉駅 15 瀬見温泉・亀割子安観音 15 JR陸羽東線瀬見温泉駅

2. JR陸羽東線最上駅 15 月楯大壇 20 小国城跡 30 東善院馬頭観音堂 20 笹森番所跡 10 旧有路家住宅 7 JR陸羽東線堺田駅

3. JR陸羽西線古口駅 15 最上川船下り乗船場 60 草薙温泉 10 JR陸羽西線高屋駅

4. JR奥羽本線新庄駅 30 本合海・八向神社 10 芭蕉乗船地跡 15 大蔵村清水河岸

①猿羽根峠
②小国城跡
③旧有路家住宅
④新庄城址
⑤戸沢家墓所
⑥東山の遺跡
⑦鳥越八幡神社
⑧旧矢作家住宅
⑨金山城跡
⑩真室城跡
⑪庭月観音
⑫清水城跡
⑬肘折温泉
⑭合海の津から最上峡へ
⑮今熊野神社

跡_30_清水城跡・興源院_50_肘折温泉_80_JR新庄駅

5. JR奥羽本線新庄駅_20_新庄城址_5_新庄ふるさと歴史センター_30_戸沢家墓所_10_桂嶽寺_20_東山焼弥瓶窯_15_鳥越八幡神社_10_鳥越の一里塚_10_芭蕉句碑_20_JR新庄駅

6. JR奥羽本線新庄駅_40_金山城跡_5_仙台藩士戊辰戦没之碑_15_谷口銀山跡_40_JR新庄駅

7. JR奥羽本線真室川駅_8_真室川町歴史民俗資料館_10_正源寺_10_真室城跡_15_庭月観音_40_JR奥羽本線羽前豊里駅

# 小国川に沿って 1

舟形町と最上町はともに藩境であり、『義経記』や『おくのほそ道』ゆかりの地でもある。小国川は松原アユで名高い。

## 猿羽根峠 ❶
0233-32-2111（舟形町観光協会）

〈M▶P.172〉最上郡舟形町猿羽根山
JR奥羽本線舟形駅 🚶30分

頂上に新荘領界碑がある縁結びの猿羽根地蔵がある

江戸時代、舟形は羽州街道の宿駅として発達し、代官役所と口留番所がおかれていた。猿羽根峠（150m）は村山郡と最上郡を分かつ峠で、頂上付近の旧道に「従是北新荘領」の上半分が破損した領界碑や芭蕉句碑があり、約50m北には一里塚跡もある。

峠の頂上に1709（宝永6）年にまつったという猿羽根地蔵尊がある。舟形の大沢靱負貞景が、旅人の難儀を救うため念持仏の地蔵・薬師・観音の三尊を峠の中腹に堂を建ててまつったが、年月が経つにつれて堂もこわれ木像も盗まれてしまった。そこで村人たちは力をあわせ、等身大の石造の地蔵尊を峠の頂上に安置したという。古くから縁結び・安産・子育て・延命の地蔵尊として参拝されてきた。現在は周辺が猿羽根公園として整備され、舟形町歴史民俗資料館・農業体験実習館や花壇などがある。

舟形・名木沢間の猿羽根峠越え約5kmは、七十七曲がりのカーブがあり、冬は雪崩の恐れもあり交通の難所であった。1877（明治10）年山形県令三島通庸が猿羽根新道を開削した。1878年イギリス人女性イザベラ・バードは『日本奥地紀行』に「この峠からの景色はとても雄大である。この長い坂道は軽い泥岩質の土の地帯で、松や杉、低い楢の木の林が続く。こんどは長い坂をくだるが、りっぱな並木道で、新庄で終る」と書いている。この新道も1961（昭和36）年に猿羽根トンネルが開通し、廃道となった。

JR舟形駅の南西に国宝「縄文の

猿羽根地蔵尊

# 長沢和紙と民俗行事

コラム

長沢はかつての紙漉き村 サンゲサンゲの行事も残る

　JR奥羽本線舟形駅から東方へ，小国川を遡って国道47号線を約4.5km行くと長沢集落に出る。ここはかつては紙漉き村として知られていた。長沢和紙は伝説によれば長沢の鶴楯を築いた鎌倉武士の流れを汲む長沢監物の家来，鬼王・伊藤団三郎両人が紙漉きを伝えたという。1982(昭和57)年和紙作りが復活し，長沢地区郷土特産物即売センター「松原センター」で松原アユとともに長沢和紙・長沢こけしを販売している。

　JR陸羽東線長沢駅の南約700m，国道脇の新山神社には「応仁三(1469)年」銘のある鰐口が奉納されている。江戸時代長沢集落には幾つかの行屋があった。出羽三山参詣に行くときには，この行屋にこもって精進潔斎してから出発した。

　旧暦12月7日の晩には，村中の人が集まってサンゲサンゲの行事が行われる。旧暦正月21日と田植え後のサナブリの夕方には病送りが行われる。家ごとに小さなワラ人形をつくって門口に立て，病気が入ってこないようにする。さらにここに若者たちが集まって等身大のワラ人形をつくり，村中をひきずりまわし，最後に小国川の河原で焼き捨てる。

女神」(土偶)が出土した西ノ前遺跡がある。小国川の流れに沿って西へ約3.7kmくだると長者原集落に着く。南北朝時代に南朝方の武将北畠顕家が一時潜んだ所というが定かでない。

　長者原から小国川に架かる富長橋を渡って南へ約1km進むと富田集落に出る。古くは猿羽根村ともいい，近くの丘の上に土地の土豪が築いた猿羽根楯がある。古代の『延喜式』に記されている出羽国の避翼駅は，駅馬12疋・伝馬1疋・舟6隻を備える水駅である。避翼駅は，小国川と最上川の合流点の富田付近に比定されている。

　富田から南へ向かい，堀内橋で最上川を渡ると堀内集落である。江戸時代，最上川舟運の川船改役所があり，庄屋が改役を兼任していた。堀内から西又・松橋を経て次年子(現，大石田町)に通じる山道は，昔，葉山参詣道として賑わった。途中の松橋集落には，平安時代作の薬師如来像がまつられているが，最上地域でもっとも古く美しい仏像とされている。

小国川に沿って　175

## 小国城跡 ❷

0233-43-2233（最上町観光協会）

〈M ▶ P.173〉最上郡最上町本城
JR陸羽東線最上駅 🚶 20分

　舟形町から小国川をさらに約6km遡り、瀬見温泉を過ぎるとまわりが急に広がってくる。小国盆地に入ったのである。この盆地の中心部に最上町向町があり、JR最上駅の東約1kmの所に小国城跡がある。

　戦国時代、土豪の細川氏は絹出川左岸の小高い山に岩部の本城楯を築いた。1580（天正8）年7月、山形の最上義光の大軍が山刀伐峠を越えて小国を侵略し、細川氏を滅ぼした。義光から小国の地を与えられた蔵増安房守は嫡子日向守光基に支配を任せた。光基は岩部の楯に手を加えて小国城を築いた。本丸が東西46間・南北48間、二の丸が東西12間・南北20間の規模の山城である。この城は春から秋にかけての居城で、冬期間は山麓の本城集落内に設けた根小屋楯に居住したという。本城に城下町をつくり、定期市を開いたが、旦那小路・表小路・中小路・裏小路、あるいは十日町などの地名は当時のものであろう。向町という地名も絹出川の向かいにある町というのでつけられたという。

　1622（元和8）年の最上氏改易にともない、小国城将の小国日向守は九州の鍋島家に預けられ、小国城は破却された。

　向町の西約1kmの月楯大壇に、「嘉暦三（1328）年」銘の板碑がある。高さ225cmで最上地域では最大の板碑である。向町から国道47号線を南へ約4kmの富沢の明神橋丁字路から、南へ分かれて県道28号線を進むと、万騎の原を経て赤倉温泉に出る。万騎の原は1580年に山形の最上義光軍と小国の細川直元軍が戦った古戦場である。赤倉橋から約1.5kmの一刎から、山峡の県道をさらに2km進む

小国城跡

小国光基が築いた山城
絹出川向かいに向町がある

# 義経伝説と芭蕉

**コラム 伝**

義経の北国落ち伝説 芭蕉がたどった中山越え

　室町時代初期に書かれた『義経記』によれば，1187(文治3)年に源義経主従が平泉(現，岩手県)へ北国落ちの途中，清川(現，庄内町)から合海(現，新庄市本合海)まで最上川を川船で遡り，人目を避けて休場(現，新庄市)から亀割峠越えをしたという。休場は，義経主従が休んだ所といい，村内に判官神社がまつられている。

　亀割峠の山頂で北の方(夫人)がにわかに産気づいたが，山中のことで夫人は危篤に陥る。弁慶は雨と霧の沢をくだって末期の水を探してきて夫人に飲ませると無事に男子を出産した。義経は生まれたばかりの子を谷底に捨てようとするが，弁慶の計らいで亀鶴御前と名づけられ助かる。水を汲んだ所から湯が湧き出たので「瀬の湯」と名づけられた。これが瀬見温泉の始まりといい，峠の麓には亀割子安観音がまつられている。義経主従はここから堺田を経て陸奥国に入ってようやく安堵の胸をなでおろした。尿前の関に関して，『奥の細道菅菰抄』には，「義経の若君の初めて尿をし給える処なるべし。……義経奥州へ下向の時，秀衡比まで出迎たると云伝ふ」とある。また，なるご湯(現，鳴子温泉)についても，義経夫人が亀割峠で産んだ亀鶴御前が初めて産声をあげた所と伝えられる。いずれも義経伝説ゆかりの地名である。

　1689(元禄2)年，『おくのほそ道』行脚中の松尾芭蕉と曾良は，岩出山(現，宮城県大崎市)から軽井沢(現，宮城県加美郡加美町)を越えて尾花沢に入る予定であったが，出羽街道中山越えに変更した。芭蕉は，平泉で藤原3代の栄華と義経主従の悲劇的最期を偲んだ。そして道々に残された義経伝説に心を動かされ，その物語と歴史への追懐の気持ちが出羽街道中山越えに変更させたのであろう。義経伝説は東北の庶民がはぐくんだ心の伝承である。芭蕉は自分を東北の庶民と同じ場に立たせ，義経主従が奥羽山脈を越え平泉へ落ち延びた道を，たどりたくなったのだろう。

と山刀伐峠に達する。1689(元禄2)年5月17日，松尾芭蕉と曾良は堺田(現，最上町堺田)から案内人とともに笹森―明神―赤倉―一刎に出て，山路(山刀伐峠)にかかっている。赤倉温泉の旧道は現在，「歴史の道」として復元・整備されている。

**旧有路家住宅 ❸**　〈M▶P.173〉最上郡最上町堺田59-3 **P**
0233-45-2397　　　JR陸羽東線堺田駅 🚶 5分

　JR陸羽東線赤倉温泉駅で下車し，国道47号線を東へ2.6km進む

小国川に沿って　177

# 馬産地と信仰

コラム

かつては小国駒の産地
富山（富沢）馬頭観音堂に多数の絵馬

　小国盆地は新庄藩きっての馬産地であり，約2000頭，領内馬産の50％を占め，繁殖させた小国駒は向町のせり市で売却された。小国では馬市を「お日市」とよんでいた。1883（明治16）年に小国産馬組合が結成された。国から洋種の種牡馬が貸与され，県の指導で産馬改良をはかり，翌年から2歳駒の競売を行っている。その後，軍馬の需要が高まり，向町の馬市場はたいへん賑わった。1945（昭和20）年の第二次世界大戦敗戦を機に軍馬も不要となり，1949年の馬市を最後に向町馬市は幕を閉じた。1960年代に入り，農業の機械化が進み，馬の需要はまったくなくなった。

　馬産が盛んであった頃の信仰を物語るものに富沢の東善院（天台宗）馬頭観音堂と，そこに奉納されたおびただしい絵馬がある。1797（寛政9）年に再建された観音堂には約200枚の絵馬が奉納されている。その信仰は山形県内はもちろん，遠く宮城・岩手両県の馬産地にまでおよんでいる。最上三十三観音第31番札所ともなっている東善院は，863（貞観5）年に慈覚大師が開基したという。境内には1434（永享6）年の馬頭観世音板碑や樹齢500年を超す富沢のトチノキ（県天然）がある。

国境を守る「封人の家」
新庄藩堺田村庄屋の有路家

と笹森番所跡がある。代々佐藤久兵衛家が番人をつとめたが，建物は今はない。番所跡脇の小社は小国郷開村伝説にかかわる国分大明神社である。笹森からさらに東へ約4km進むと藩界の堺田に出る。JR堺田駅の北東500mほどの所に，通称「封人の家」とよばれる旧有路家住宅（国重文，12〜3月休館）がある。「封人の家」とは国境を守る人の家のことで，ここでは仙台藩領と境を接する新庄藩堺田村の庄屋有路家であるという。1689（元禄2）年5月15日，芭蕉と曾良は出羽街道中山越えを経て堺田の封人の家に着いた。梅雨どき

旧有路家住宅

の大雨のため，仕方なく2泊した。そのおりに詠んだ句「蚤虱馬の尿する 枕もと」は，一家に人間と馬が同居しているみちのくの民衆生活を素材にした句である。

　旧有路家住宅は広間型民家の代表的な遺構であり，1973(昭和48)年に建築当初の様式に復元し公開している。300年前の建造物と推定され，寄棟造・茅葺きで建坪81坪(約267㎡)，内部は床の間・いりの座敷・中座敷・ご座敷・納戸の5部屋と水屋・土間(内庭)および内まやがあり，玄関・入口・木戸口・裏口がついている。屋敷の南西隅，街道に面したネムの木のかたわらに芭蕉句碑がある。

## ❷ 城下町新庄

390年の歴史をもつ城下町新庄は、最上郡の政治・経済・文化の中心である。国指定の新庄まつりの山車パレードは圧巻。

**新庄城址 ❹**
0233-22-2111(新庄市役所)

〈M ▶ P.172, 180〉 新庄市堀端町6
JR奥羽本線・陸羽西線・陸羽東線・山形新幹線新庄駅
🚶15分

寛永年間に戸沢政盛が築く本丸跡は最上公園となる

　JR新庄駅から駅前大通りの商店街をまっすぐ西へ進むと新庄城址に着く。新庄城は新庄藩初代藩主戸沢政盛が築いたもので、1625(寛永2)年の完成と伝えられる。本丸は東西52間(約95m)・南北127間(約230m)、周囲は堀と土塁で囲まれ、3隅に櫓を有する近世的平城であった。築城後2度の火災に遭い、戊辰戦争(1868〜69年)の兵火により焼失した。

　戸沢氏は角館城(現、秋田県仙北市)の戦国大名として勢力をおこし、関ヶ原の戦いの戦功により1602(慶長7)年常陸国に4万石を賜り、さらに1622(元和8)年の最上家改易にともない、戸沢政盛が新庄6万

天満神社(新庄城址)

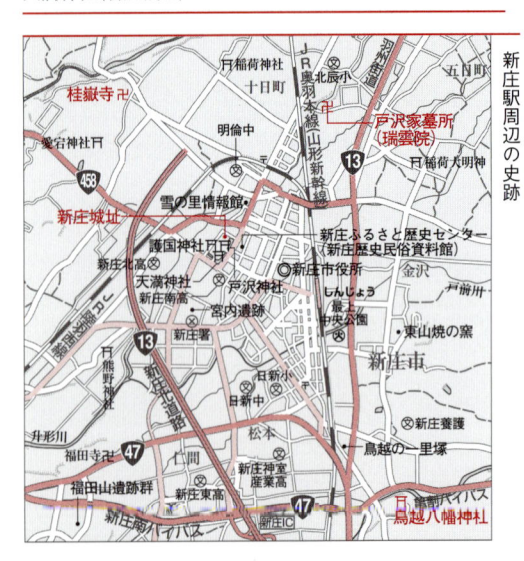

新庄駅周辺の史跡

# 宝暦の飢饉と昭和の雪害救済運動

コラム

宝暦の飢饉を今に伝える松岡俊三の雪害救済運動

　江戸時代の宝暦・天明・天保の飢饉は東北の三大飢饉といわれ，多くの餓死者を出した。新庄市金沢の接引寺（浄土寺）山門脇のまかどの地蔵は，1755（宝暦5）年の飢饉の餓死者を回向して建てられたものと伝えられる。宝暦の飢饉について書かれた『末世之立鏡』によると，多数の物乞いが新庄城下に集まって救いを求めたが，しだいに餓死する者が続出し，その死骸は接引寺境内のみには埋葬できず，角沢街道にも大きな穴を掘って埋めたと記されている。新庄市松本字新松本にある角沢街道の丸仏は，宝暦飢饉の六十一回忌・天明飢饉（1783年）の三十三回忌にあたる1816（文化13）年に建てられた供養碑である。この丸仏の後ろには1770（明和7）年に建てられた「餓死聖霊位」と刻まれた供養碑もある。

　最上地方は夏は冷害の危険にさらされ，さらに冬は豪雪に悩まされた。昭和時代初期に楯岡町（現，村山市）出身の代議士松岡俊三は，わが国で初めて「雪は雪害なり」と叫んで，雪国特有の「雪害」の政治的救済を社会に訴えた。この雪害救済運動の成果の1つとして，1933（昭和8）年新庄市に農林省積雪地方農村経済調査所が設置され，1983年に廃止されるまですぐれた研究員を擁し，大きな業績をあげてきた。1948年に総合農業研究所積雪地方支所と改称されたが，一般には「雪調」「雪害」とよばれてきた。この「雪調」が50年間にわたって調査・収集した，貴重な昭和時代初期から現在までの基本統計資料および農業・経済に関する図書2万点と，建築学者今和次郎設計の建物は，その後新庄市に移管され，雪の里情報館として新しい活動を始めている。敷地内には松岡俊三の顕彰碑と，雪害運動の由来を記した記念碑がある。

石に封じられた。その支配領域は最上地方一円と村山郡の最上川中流左岸一帯で，戸沢氏の支配は以後幕末まで11代続いた。

　本丸跡は現在最上公園として市民の憩いの場となっている。南西隅に藩主戸沢家の氏神として代々尊崇されてきた天満神社（祭神菅原道真），正面中央に戸沢家始祖衡盛・初代政盛・11代正実をまつる戸沢神社，その左手に戊辰戦争以来の戦死者をまつる護国神社がある。

　本丸跡の左前方に新庄ふるさと歴史センターがある。この施設は1階が新庄山車会館，2階が新庄歴史民俗資料館となっていて，こ

こには旧藩士隠明寺家に伝わる絵凧隠明寺ダコの版木（県民俗）も収蔵されている。新庄ふるさと歴史センターから北へ約400m行くと雪の里情報館がある。

### 戸沢家墓所 ❺
0233-22-1051（瑞雲院）
〈M▶P.172, 180〉新庄市十日町468-12 P
JR新庄駅🚌金山行太田🚶3分

戸沢家の菩提寺瑞雲院霊廟「御霊屋」がある

新庄城址から北へ約1.7km進み，JR奥羽本線の踏切を渡って右折すると瑞雲院（曹洞宗）に着く。この寺は新庄藩主戸沢家の菩提寺で，境内には新庄藩主戸沢家墓所（国史跡）がある。6棟の霊廟は御霊屋とよばれ，いずれも総ケヤキ造りで，土台石の上に柱を立て，柱間に厚い板を嵌め込んで壁とし，床は石畳，屋根は茅葺きである。歴代10人の藩主および夫人・家族の墓が同じ棟に収められている。ただし，2代正誠の墓は瑞雲院の西方約2km，上西山の桂嶽寺（臨済宗）にある。

桂嶽寺境内には，関孝和の流れを汲む和算家で，江戸詰新庄藩士安島直円の墓もある。また，桂嶽寺西隣の西山の丘には，新庄市出身の陸軍大将で，東条内閣の後を受けて1944（昭和19）年7月から翌年4月まで首相をつとめた小磯国昭の墓がある。

戸沢家墓所

### 東山の遺跡 ❻
〈M▶P.172〉新庄市金沢金沢山・山屋ほか
JR新庄駅🚶20分

東山丘陵の遺跡群涌井弥兵衛創始の東山焼

JR新庄駅東口から県道313号線を約200m東進し，国道13号線を横断してさらに約400m進んだ所が東山丘陵で，現在は東山総合運動公園となっている。この丘陵一帯の横前・新堤・山屋・乱馬堂遺跡は，いずれも標高100～130mの範囲に位置し，黒曜石や硬質頁岩などを使ったナイフ形石器・掻器・石刃・尖頭器などが出土した。今から約3万～1万5000年前，後期旧石器時代の遺跡で，その頃の

# 新庄まつりと鹿子踊

コラム

飢饉で苦しむ領民を励ます萩野仁田山の鹿子踊も奉納

江戸時代中期の1755(宝暦5)年、最上地方は大凶作に見舞われ多くの餓死者を出した。藩主戸沢正諶は、打ちひしがれた領民を励まし、豊作を祈願するため、翌年戸沢氏の氏神である天満宮の祭典を領内挙げて行った。これが新庄まつりの山車行事(国民俗)の始まりとされている。現在は毎年8月24日から新庄城址の戸沢神社の例大祭、宵まつり山車パレード、神輿渡御行列、本まつり山車パレード、萩野仁田山鹿子踊(県民俗)の奉納など、さまざまな行事が3日間にわたって行われ、新庄の町は祭り一色に塗りつぶされる。

祭りの主役は各町内の若衆がつくる約20台の山車である。歌舞伎や歴史物などの名場面が等身大の人形や動物・草花などによって車の上につくられる。これを町中の子どもたちが「チェレンコヤッサー、チェレンコヤーソレー」と威勢よくかけ声をあげながら引きまわし、市内を練り歩く。山車の後ろには笛・鉦・太鼓の囃子方がつく。山車作りが町の若衆ならば、囃子方は周辺の集落の若衆たちの役目である。囃子のメロディーには、山車が町内を出発するときに演奏する「寄せ」のほか、ゆったりした曲の「二上り」、哀調をおびた平調子の「宿渡」、力強い急調子の「羯鼓」の3曲がある。花車大八という侠客が京都の祇園祭の囃子を習い、それを真似て作曲したといわれている。

祭りの最終日、戸沢神社に奉納される鹿子踊は、萩野・仁田山両地区に伝わる民俗芸能である。1組7人の踊り手は、カモシカを模し、頭には膝下まで垂れる長幕がついている鹿子頭をかぶり、幕の下に吊るした太鼓を両手で激しく叩きながら、地方の唄にあわせて踊る。地元では作踊りともよんでおり、五穀豊穣を願う祈りの踊りである。

新庄盆地は中心部が大きな湖で、人びとはそのまわりに住んだと考えられている。

市内には縄文時代の遺跡も数カ所あり、新庄警察署周辺の宮内遺跡からは約60点の完形土器が出土した。弥生時代の遺跡としては福田山工業団地内の福田山遺跡群がある。

東山総合運動公園の入口には、この丘陵から採取した赤土を胎土とする東山焼の窯がある。1841(天保12)年、越後(現、新潟県)の涌井弥兵衛が創始した窯で、おもに日用雑器を焼き続け、現在の5代弥瓶氏に伝統が受け継がれている。特徴は独特の青味をおびた海鼠

城下町新庄

釉・そば釉・鉄釉など素朴な釉を用いていることである。

## 鳥越八幡神社 ❼
0233-22-0646　〈M▶P.172, 180〉 新庄市鳥越1224 [P]
JR新庄駅🚌山形行元宮🚶15分

義農松田甚次郎碑がある　新庄藩主戸沢氏が創建した

東山丘陵から国道13号線に戻り約1.7km南下すると，新庄城下に入る旧羽州街道と交差するが，その交差点北西の旧道脇に鳥越の一里塚がある。江戸を起点にして110里(約440km)にあたる。一里塚の西約100mの柳の清水のそばに松尾芭蕉が新庄の風流亭(渋谷甚兵衛邸)で詠んだ「水の奥　氷室尋ぬる　柳かな」の句碑がある。

一里塚から旧道を南東へ約1km南下して，新田川に架かる新田橋を渡ると東側に鳥越八幡神社(祭神応神天皇ほか)がある。1638(寛永15)年新庄藩主戸沢氏によって現在地に遷されたもので，本殿は一間社流造，拝殿(ともに国重文)は1691(元禄4)年2代藩主正誠による造営で，入母屋造になっている。この一帯は新田川に沿って西へ突き出た丘陵で，戦国時代には最上氏の一族である清水氏の重臣鳥越九右衛門の鳥越楯があった所でもある。境内には鳥越出身の農民指導者松田甚次郎の顕彰碑がある。宮沢賢治や加藤完治の影響を受けた甚次郎は，盛岡高等農林学校(現，岩手大学)を卒業し，鳥越に帰るとみずからも五反百姓の小作人となった。やがて最上協働村塾を開き，当初はわずか5人であった塾生もしだいに多くなり，寝食をともにして農民のあり方を指導した。堆肥作りを始め，農村問題，経営の合理化，農村演劇などの講義と実践を行った。この体験を綴った『土に叫ぶ』(1938年刊)は大きな反響をよび，高く評価された。

## 旧矢作家住宅 ❽
0233-25-2257　〈M▶P.172〉 新庄市泉田字往還東460 [P]
JR新庄駅🚌金山行泉田十字路🚶5分，または泉田駅🚶15分

江戸時代中期の中層農家　旧萩野村から現在地へ移築

泉田十字路バス停から約500m東進すると，市立泉田小学校の手前に旧矢作家住宅(国重文)がある。建物の規模から江戸時代の中層農家とみられ，最上地方に典型的な厩中門を突き出した片中門造で18世紀中頃の建築と推定される。1977(昭和52)年に現在地に移築されたが，それ以前は旧萩野村(現，新庄市萩野)にあった。

萩野村は，背後の山の上にある片平楯の楯卜集落として計画的に

# 昭和集落

コラム

**昭和時代初期に開村 2男・3男対策として開拓**

　新庄市北方の塩野原や指野原は泉田川扇状地扇央部にあたり、藩政期から開発が行われたが、水利の便が悪く大部分は原野のままであった。明治時代中期に左岸の一部が開田されたが、そのほかは陸軍の軍馬補充部用地として利用されていた。

　この地が県の青年拓殖講習所の実習地としても利用されていた1925(大正14)年に皇太子(昭和天皇)の行啓があったので、これを記念して2男・3男対策事業として県内移民が実施され、1927(昭和2)年から5年間で77戸が入植した。こうして出発した村が昭和集落で、畜力を利用して大規模な畑作が行われた。1964年、金山町に桝沢ダムが完成し、このダムを水源とする用水により水田化に成功して経営規模の大きな農村となった。

　新庄昭和農協東側の公園内には、開拓事業の当初から単身この地に赴任し、13年間にわたって献身的に指導にあたった高橋猪一の銅像と、開拓10周年を記念して猪一のために建てられた住宅が記念館として残されている。

形成された跡がみえる。旧矢作家住宅の北東約3kmの萩野の石動神社(祭神白山姫命)には、根周り12.6m・目通り幹囲7.7m・高さ38mの石動の親スギ(県天然)があり、樹齢約1000年といわれていて神木として保存されている。

旧矢作家住宅

城下町新庄

## 3 鮭川の流れ

金山町は金山杉、真室川は真室川音頭、鮭川村は庭月観音で名高い。金山と真室川には民俗芸能「番楽」が伝わる。

### 金山城跡 ❾

〈M ▶ P.172〉最上郡金山町金山
JR奥羽本線・陸羽西線・陸羽東線・山形新幹線新庄駅🚌金山行町役場前🚶5分

丹与惣左衛門が築城
金山杉の主産地として有名

　町役場前バス停東の町立金山小学校北側の丘陵上、通称楯山に金山城跡がある。城主は最上義光の家臣丹与惣左衛門で、仙北(現、秋田県横手地方)の小野寺氏に備える関守としての任務をおびていたとみられる。1622(元和8)年の最上氏の改易以後、当地は幕末まで新庄藩領となった。1602(慶長7)年に佐竹氏が秋田に入部してから雄勝峠・主寝坂峠が開削され、以後このルートが羽州街道となり金山は宿場町として賑わった。金山小学校の校門左手には、明治時代初期にこの地を訪れたイギリス人旅行家イザベラ・バードの来訪100周年を記念して建てられた碑がある。

　バス停から北西約1kmの所に薬師山(437m)があり、旧羽州街道はその東麓の羽場から北へ、森合峠を越えて日当(現、金山町飛森日当)に向かった。現在国道13号線は薬師山の西側を迂回している。戊辰戦争(1868〜69年)では仙台藩大隊長梁川播磨率いる奥羽越列藩同盟軍がこの森合峠に布陣し、日当方面から進撃してきた新政府軍との激戦の末敗れ、梁川は三本橋付近で戦死した。羽場に「仙台藩士戊辰戦没之碑」があり、また羽場から北隣の田屋に向かう道を少し行った右側に「仙台藩本営地」と刻まれた碑がある。

　日当から県道324号線を西に約2km行って右折すると、江戸時代に栄えた谷口銀山跡がある。新庄藩初代藩主戸沢政盛が入部してから本

イザベラ・バード記念碑(金山小学校)

格的に開発され，最盛期は寛永～慶安年間(1624～52)とみられ，幕末に廃坑となった。

国道13号線を北進して主寝坂峠(トンネル)を抜けると真室川町及位に入る。秋田県との境の村で，江戸時代はここに口留番所がおかれ，代々佐藤家が改役をつとめていた。明治時代初期に山形県令三島通庸が架けた石造眼鏡橋の万代橋は，1976(昭和51)年コンクリート橋にかわった。

### 真室城跡 ❿  〈M ► P. 172, 187〉最上郡真室川町内町
JR奥羽本線真室川駅🚶20分

鮭延秀綱が築城した山城　真室川町の古い文化財

谷口銀山跡から県道324号線を約4.7km南下し，国道344号線に突き当たる手前を西に400mほど行くと平岡の光明院(羽黒山修験本宗)があり，ここに鎌倉時代末期「元亨四(1324)年」銘の阿弥陀三尊板碑(県文化)がある。板碑とは死者の供養のために建てられた石の塔婆のことで，発生地である関東地方では秩父青石という緑泥片岩を用いて板状につくっているので板碑とよばれるようになった。光明院の板碑も緑泥片岩の武蔵型のものである。

国道344号線に出て西へ約2.5km行き，県道35号線を南西に向かうとJR真室川駅西側の町役場と県道を挟んで，真室川町歴史民俗資料館がある。町域の80％が山林という土地柄，山と深くかかわってきた人びとの暮らしに注目した展示物があり，なかでも100丁を超す鋸のコレクションは貴重である。また，本町出身の版画家で，第二次世界大戦後「東海道五十三次」や「源氏物語絵巻」の復刻事業に携わった中川木鈴の遺品・作品も展示されている。

駅から線路沿いに750mほど南下した新町にある鮭延氏の菩

真室川町役場周辺の史跡

鮭川の流れ

### 正源寺の土偶

提寺正源寺(曹洞宗)には、釜淵遺跡(真室川町釜淵)から出土した縄文時代晩期の完形土偶(国重文)が所蔵されている。なお、寺の山門大宝楼閣は湯殿山大日坊の江戸時代後期の総門を移築・復元したもので、高さ13mもある壮大なものである。

正源寺の南を流れる鮭川支流の真室川左岸に、切り立った段丘がみえる。水面からの高さ50mほどの段丘上に築かれた山城が真室城(鮭延城)であった。城主鮭延秀綱は、戦国時代の1581(天正9)年以降最上義光に臣従し、やがて最上郡北部一帯と秋田県雄勝郡南部1万5000石余りを領した。1622(元和8)年の最上氏改易により秀綱は下総国古河(現、茨城県古河市)の土井家に預けられ、あらたに新庄6万石に入部した戸沢政盛は当初真室城を居城としたが、1625(寛永2)年新庄城を築いて移り、のち真室城を破却した。真室城の城下町として発達した内町の薬師堂には銅造如来倚像(国重文)が安置されている。

全国的に知られる民謡真室川音頭の由来については諸説あるが、日露戦争(1904〜05年)の頃、千島・樺太へ出稼ぎに行った人びとの間で歌われたカムチャツカ節が本州の各漁場で流行し、ナット節として愛唱されるようになった。それが昭和時代初期にこの地に伝えられ、独特な真室川節ができ、当時栗谷沢で稼動していた日本鉱業真室鉱山や真室川飛行場で働く人びとの間で盛んに歌われるようになった。第二次世界大戦後、真室川の若者たちによって真室川小唄として復活し、やがて真室川音頭としてレコード化されるや全国的に名を知られるようになった。

真室川町や金山町に伝わる民俗芸能として番楽がある。番楽とは東北地方北部独特の農民芸能で、岩手県では山伏神楽とよばれている。元来は山伏が峰入りの終わりなどにその祝いとして舞ったものが、やがて農民の間に広まったものといわれる。真室川町平枝地区

# 真室川の白鳳仏

**国重文の銅造如来倚像 制作は白鳳期末から天平年間初め**

　1987(昭和62)年に国の重要文化財に指定された真室川町内町の銅造如来倚像は，像高54.5cm・座高38.1cm，重量19.5kgの銅造鍍金像で，台座に腰かけ，両足を平行に踏みおろした形をとっている。像の表面は全体的に黒褐色のなめらかな鋳肌を示し，髪や目尻・唇・右肩などの一部には鍍金の形跡が残っている。

　製法については，白鳳仏に特有の一鋳技法と鑑定された。一鋳技法とは，まず土で祖型をつくり，その上に蠟をたっぷり塗って目鼻立ちなどの形を完全に整える。つぎにその上にとかした粘土をかぶせ，かたまった後に蠟をとかしながら合金を注ぎ込む。最後に粘土をはがし，鍍金をして完成となる。この工法を用いたことの裏づけとなる合金の注ぎ口をとめた「頭光」跡が，本像には後頭部2カ所にみられる。しかも，頭や手足も一流しでつくられているなど，技術的にもすぐれた作品である。

　形式についても，頭部がやや大きく，子どもらしい軀形をし，両頬の肉づきが豊かな童顔，微笑を浮かべた姿は白鳳仏の特色をよくあらわしている。このような白鳳仏の特色をもつ反面，これと異なる要素もあることから，その制作実年代は白鳳期末期から天平年間(729～749)初期と考えられている。

　この貴重な銅造如来倚像の伝来について明確に語る史料はないが，『鮭延城記』によると1558(永禄元)年，鮭延貞綱の時代にこの地に悪疫が流行し，毎日数多くの「土民」が死亡した。貞綱はこれを憂えて，本国(近江国鯰江。現，滋賀県東近江市)から伝来した薬師如来を奉じて城の内外を巡行させたところ，ことごとく全快したので領民たちからたいへん喜ばれ，城南に堂を建立したという。この薬師如来が倚像であるとの説もある。

　なお，真室川の白鳳仏の一般公開は，4月8日と8月15日に行われている。

真室川の白鳳仏

の番楽は，江戸時代後期に鳥海山北麓の秋田県由利郡矢島方面から習ったのが始まりと伝えられ，毎年旧暦8月1日に神明神社に奉納したり，地区内で公演している。

鮭川の流れ

**庭月観音** ⓫
0233-55-2343
〈M▶P. 172, 187〉 最上郡鮭川村庭月2829  P
JR新庄駅🚌真室川行 京塚🚶20分

最上三十三観音第33番札所
先祖法要の灯籠流しがある

京塚バス停から西へ約1.5km、鮭川の観音寺橋を渡ると、すぐ右側に月蔵院(天台宗)と庭月観音がみえる。最上三十三観音第33番札所であり、江戸時代には新庄藩歴代藩主の参詣が続いた寺で、今も巡礼の人びとで賑わっている。毎年8月18日、寺の前を流れる鮭川で純仏式による先祖法要の灯籠流しが行われ、数千の灯籠が川面に映えて美しい。

庭月観音から鮭川の右岸を南へ約1.5km進むと、西方から流れてきた曲川が鮭川に合流する鮭川橋上手に着く。鮭川と曲川沿いは古くから最上地方と庄内地方を結ぶ交通の要路で、『延喜式』に出てくる佐芸駅はこの地点、真木新田付近とする説がある。

鮭川橋西詰から県道315号線を西へ約10km、曲川の支流羽根沢川沿いに進むと羽根沢温泉に至り、さらに北西約6kmの与蔵峠を越えると飽海郡坂本村(現、酒田市)を経て酒田へ通じる。そのため新庄藩は羽根沢に口留番所を設け、羽根沢村庄屋に改役を兼務させた。

一方、京塚から東方の丘陵を越えて新庄城下に出る旧道は、以前は猿鼻街道とよばれ、藩政期には現在の真室川町や鮭川村の諸村と城下とをつなぐ交通の要路であった。その街道沿いの湯舟沢には「応永二(1395)年」の銘がある自然石の板碑がある。また、付近の金光明王堂の後ろには一字一石の経塚跡がある。塚は高さ2m・径2mの土盛りで、径7～10cmの扁平な川原石に経文の一字一字を墨書したものが発見されている。「京塚」の地名が藩政初期まで「経塚」と記されていたことと深い関連があるといわれている。

庭月観音

## ④ 最上峡

大蔵村清水・新庄市本合海・戸沢村古口は最上川舟運と深くかかわっていた。出羽三山参詣のコースにもなっていた。

**清水城跡** ⑫
0233-75-2111（大蔵村役場）

〈M ▶ P.172〉最上郡大蔵村清水
JR奥羽本線・陸羽西線・陸羽東線・山形新幹線新庄駅
🚌肘折行清水駐車場前 🚶15分

最上川舟運掌握のため築城
清水河岸は新庄藩の川港

　舟形町の南部を貫流してきた最上川は、なおも山間部を蛇行しながら大蔵村に入る。大蔵村は1889（明治22）年の村制施行以来、現在まで行政区域がかわっていない。村の中心部は清水集落であるが、その歴史は1476（文明8）年に山形の最上氏が北進の拠点とし、最上川舟運を掌握するため一族の成沢満久を当地に入部させたことに始まる。のちに満久は地名をとって清水氏と称した。

　清水氏は、清水集落の最上川対岸の断崖上に清水城を築いた。清水駐車場前バス停の東方1kmほどの所である。発掘調査により、本丸が東西約56m・南北約84m、二の丸が東西約95m・南北約15m、内堀が東西約73m・幅約15m、外堀が東西約140m・幅約28mと確認されている。本丸がいちばん北側の最上川と西の沢川の合流点直上、川面から30mの高さに位置する天然の要害である。南には二の丸と内堀があり、さらに幅約28mの外堀に囲まれ、その南に城下町が形成されていた。現在、この一帯は水田となっていて、往時を偲ぶものは清水城址碑と修善院庭園の笠松の跡に植えられた「あとつぎの松」、春日町・上町・下町などの地名だけである。山腹の清水山興源院（曹洞宗）には満久の墓がある。

　最上氏が清水氏をこの地に派遣したねらいは、庄内武藤氏や秋田小野寺氏に対抗して、みずからの北進の拠点を築くことにあった。また、内陸部の最上川舟運を清水で統制掌握することにあった。清水河岸が江戸

清水城主歴代公の墓（興源院）

最上峡　191

時代初めまで酒田・山形(船町)間の最上川舟運の中継権を有していたのはこのような背景からだろう。川船の中継や差配は清水河岸の町人が行ったらしく、小屋・海藤・皆川らの有力商人が成長した。

1614(慶長19)年、清水氏は4代で宗家最上氏によって滅ぼされ、1622(元和8)年の最上氏改易後、清水は新庄藩戸沢氏の領地となったが、最上川舟運の中継権は山形藩鳥居氏領の大石田河岸に移った。しかし、運賃の10分の1を荷宿が取り立てる特権は、清水・大石田・船町の3河岸のみに与えられた。新庄藩の重要な河岸として、また庄内酒井氏・秋田六郷氏など諸大名の参勤交代時の宿場、出羽三山導者宿としても賑わった。

## 肘折温泉 ⑬　〈M▶P.172〉最上郡大蔵村肘折
JR新庄駅🚌肘折行終点🚶3分

清水から最上川を渡って白須賀・塩・日陰倉を経て、山峡の霊湯肘折温泉に出る。約16kmの道のりである。途中、縄文時代中期の白須賀遺跡、縄文時代晩期・弥生時代中期の上竹野遺跡などがある。後者の遺跡から発見された瓢形土器は、県内最古の弥生土器(県文化、山形大学附属博物館保管)として注目されている。

肘折温泉は、由来によれば807(大同2)年豊後国(現、大分県)の修験者源翁が発見し、1391(明徳2)年正月2日に初めて温泉場として開業したという。旅館27・共同浴場1があり、わが国有数の保養温泉地として知られ、長期滞在の湯治利用が圧倒的に多い。ここでつくられる肘折こけしは、幕末に宮城県鳴子で修行した木地師柿崎伝蔵が伝えたものである。また、肘折温泉の湯元から薬師如来が発見され、集落の中央の小高い丘に薬師神社としてまつられ、温泉と集落の守り神として信仰されている。

1390年修験者源翁が発見　保養温泉湯治場として有名

肘折温泉

## 合海の津から最上峡へ ⓮
0233-22-2111（新庄市役所）

〈M▶P.172〉 新庄市本合海／最上郡戸沢村古口

JR新庄駅🚍清水行本合海局前🚶5分／JR陸羽西線古口駅🚶10分

> 義経上陸地、芭蕉乗船の地最上川観光舟下りがある

　肘折温泉から清水を経て国道47号線に出た所が、新庄市本合海である。昔は合海といい、新庄方面から流れてくる新田川が最上川と合流する地点で、古くから河川交通の要衝であった。『日本三代実録』の貞観16(874)年5月1日の条に「出羽国の八向神に従五位下を賜る」と記されている矢向神社(祭神日本武尊)は、最上川北岸の断崖中腹にまつられている。ここを八向山(205.3m)といい、山頂に天正年間(1573〜92)清水大蔵の家臣木戸周防が築いた楯跡がある。『義経記』に「合海の津」と出ており、源義経主従はここで上陸したという。また、1689(元禄2)年6月3日、新庄から本合海に出た松尾芭蕉と曾良は、本合海の次郎兵衛に新庄の渋谷甚兵衛と大石田の高野平右衛門からの添状を渡して船を手配してもらい乗船した。上流の合海から乗ってきた禅僧2人と同船して古口へくだった。本合海局前バス停から国道458号線を南へ300mほど行って右折すると、旧橋跡の右側に「史蹟芭蕉乗船之地」と書かれた標柱と東山焼の芭蕉・曾良像、左側に「五月雨を……」の芭蕉句碑が立っている。

　最上川が文学の世界に登場するのは『古今和歌集』からである。「最上川　のぼればくだる　稲舟の　いなにはあらず　この月ばかり」の和歌は東歌のなかに収められた陸奥歌である。これ以降、最上川は稲舟とともに「みちのく」を代表する歌枕となって、後世の歌人たちに歌い継がれ、歌の数も76首にのぼる。

　本合海から約20km西の庄内町清川までの最上川沿いには義経伝説が数多く

**本合海**

残っている。「やむけの大明神」「くつわ滝」「兜の明神」「沓喰」「駒形の滝」「弁慶のつぶて石」「仙人堂」「よろいの明神」「白糸の滝」などである。いずれも，1187(文治3)年に源義経主従が兄の頼朝に追われ平泉に北国落ちする際に舟で遡ったときの伝説である。松尾芭蕉は最上川・板敷山・白糸の滝に歌枕意識をもって接すると同時に義経主従を追慕しながら最上川をくだったと考えられる。

JR古口駅から北に行き，最初の十字路を左折して170mほど進んだ古口郵便局の少し先に「奥の細道御番所跡」「古口舟番所跡」の標柱が立っている。その奥に「明治天皇行在所跡」の碑，正岡子規の句碑がある。

最上川から出羽山地を横断する戸沢村古口から庄内町清川までの約16kmの区間を最上峡，あるいは山内といい，最上川県立自然公園に指定されている。右岸の黒森山や鍋流森などから大小23滝が流下し，山腹には古来神代スギ・キノコスギとよばれる土湯スギが群生している。

### 今熊野神社 ⑮

〈M▶P.172〉最上郡戸沢村角川字長倉
JR陸羽西線古口駅🚗20分

724年創建の古社 秘湯今神温泉があった

JR古口駅から県道57号線を約7km南下し，角川郵便局を過ぎて二差路を右手に入る。角川沿いの道路を約4.5kmのぼって行くと熊野神社に着く。通称今熊野神社とよばれ，724(神亀元)年に創建されたと伝える古社である。境内には樹齢1000年を超す角川の大スギ(県天然)がある。また，1447(文安4)年に土豪が奉納した大きな鰐口がある。

角川の大スギを左手にみながら山の斜面につくられた林道を約4km進むと，まもなく道は行き止まりになる。周囲を高い山々と崖に囲まれた所に秘湯今神温泉(現在，営業休止中)があった。夏季だけ開く温泉

角川の大スギ

で，湯つぼには今熊野神社がまつられていた。浴場正面には阿弥陀仏・薬師如来・観音菩薩の化身であるヘビがまつられており，湯治の人びとは仏前に灯明を供え，祝詞を唱えた。食事はすべて精進料理であった。近くに三方が岩山で囲まれた大きな沼がある。お池とよばれ，今熊野神社の奥の院とされている。お池は神聖な沼で，決して汚してはならないという。干ばつの年には遠くの村々の農民たちがここにきて雨乞いをした。

　今神温泉は1650（慶安3）年頃，長倉の今熊野神社の神官高倉氏の祖先身九郎が発見したと伝えられている。肘折温泉と同様，出羽三山参詣の道筋にあたっており，行者がここで湯垢離して身の穢れを祓うという考えが強い。この温泉は修行の場であり，信仰的な温泉であった。

*Tagawa* 田川

鶴岡公園

月山

| | | | |
|---|---|---|---|
| ①山王日枝神社 | ⑥藤沢周平記念館 | ⑫金峯山 | ⑰気比神社 |
| ②旧風間家住宅 | ⑦致道博物館 | ⑬由豆佐売神社と長福寺 | ⑱大浦城(大山城)跡・十五里ヶ原古戦場跡 |
| ③鶴ヶ岡城跡 | ⑧本鏡寺 | ⑭田川八幡神社 | ⑲椙尾神社 |
| ④藩校致道館跡 | ⑨常念寺と寺小路 | ⑮水上八幡神社 | ⑳善寶寺 |
| ⑤鶴岡カトリック教会天主堂 | ⑩総穏寺 | ⑯荒倉神社 | |
| | ⑪遠賀神社と井岡寺 | | |

田川

## ◎田川モデルコース

1. JR羽越本線鶴岡駅 15 山王日枝神社 5 長山重行邸跡 5 芭蕉乗船地(大泉橋) 5 田沢稲舟文学碑 5 旧風間家住宅(丙申堂) 5 鶴岡カトリック教会天主堂 5 藩校致道館 3 鶴ヶ岡城跡・藤沢周平記念館・大宝館 3 致道博物館 10 JR鶴岡駅

2. JR羽越本線鶴岡駅 15 十五里ヶ原古戦場跡 5 石敢当(酒造資料館) 15 大浦城跡(大山公園) 15 椙尾神社 10 善寳寺 30 JR鶴岡駅

3. JR羽越本線あつみ温泉駅 5 あつみ温泉 15 小国城跡(楯山山頂まで40分) 15 関川古戦場跡 10 鼠ヶ関番所跡 10 鼠ヶ関址 5 村上屋の念珠のマツ 15 JR羽越本線鼠ヶ関駅

4. JR羽越本線鶴岡駅 40 正善院黄金堂 25 いでは文化記念館 3 随神門 15 五重塔 20 一の坂・二の坂 35 南谷 25 斎館 10 羽黒山頂 20 大鳥居 15 玉川寺 15 大鳥居 30 JR鶴岡駅

5. JR陸羽西線狩川駅 10 楯山城跡 15 熊野神社 15 狩川駅 8 JR陸羽西線清川駅 10 清河八郎記念館 10 JR清川駅 20 JR羽越本線・陸羽西線余目駅 20 乗慶寺 20 JR余目駅 20 JR鶴岡駅

| | | | |
|---|---|---|---|
| ㉑加茂港 | ㉗春日神社 | 殿 | ㊳平形館跡 |
| ㉒あつみ温泉 | ㉘注連寺 | ㉝いでは文化記念館 | ㊴横山城跡 |
| ㉓小国城跡 | ㉙大日坊 | ㉞玉川寺 | ㊵乗慶寺 |
| ㉔鼠ヶ関番所跡 | ㉚旧遠藤家住宅 | ㉟松ヶ岡開墾場 | ㊶楯山城跡 |
| ㉕関川古戦場跡 | ㉛正善院黄金堂 | ㊱東田川文化記念館 | ㊷熊野神社 |
| ㉖丸岡城跡 | ㉜羽黒山と三神合祭 | ㊲藤島城跡 | ㊸清河八郎記念館 |

# 城下町鶴岡とその周辺 ①

庄内藩酒井家の城下町。作家藤沢周平の時代小説の「海坂藩」のモデルとしても知られる。

**山王日枝神社 ❶**　　〈M ▶ P. 198, 201〉鶴岡市山王町2-26 P
0235-23-3202　　JR羽越本線鶴岡駅🚶10分

最上氏・酒井氏の崇敬を受けた鶴岡の総鎮守

　JR鶴岡駅から約700m直進すると,信号右手に山王日枝神社(祭神大己貴命ほか)の鳥居と池がみえる。近世は小真木村(現,鶴岡市)の上山王社(現,日枝神社)に対して下山王社とよばれ,1869(明治2)年に日枝神社と改称した。鶴ケ岡総鎮守三社(上・下山王社,四所春日社)の1つとして歴代領主の尊崇も篤かった。最上義光は1611(慶長16)年に社殿を造営し,鉄鉢・鰐口を奉納,社領77石余りを寄進した。1622(元和8)年,酒井氏入部後も崇敬を受け,社領98石余りを受けた。1685(貞享2)年には徳川家康の嫡子岡崎三郎信康の霊をまつる復鎮霊社を勧請した。信康の死にかかわった酒井氏初代忠次の行状を悔い勧請したという。和算家阿部重道の門人たちが1860(万延元)年に奉納した算額がある。境内はケヤキの大木に覆われ,樹齢約350年,目通り幹囲6m・樹高約20mの市街地最大のケヤキもある。また天保年間(1830～44)に俳人弭間淡遊が建立した松尾芭蕉句碑「珍しや　山をいで羽の　初茄子び」がある。
　神社の東側,日吉町バス停のかたわらに藩校致道館旧跡「聖廟旧址」の碑がある。庄内藩校致道館は1805(文化2)年この場所に創建され,11年後に郭内の現在地(馬場町)に移されるにあたりこの地に碑を建てた。
　山王日枝神社の鳥居から道路を横断し,通称長山小路を南に行くと大昌寺(曹洞宗)脇にも芭蕉句碑がある。その付近一帯が,芭蕉が1689(元禄2)年6月10日から3泊した長山

山王日枝神社

重行邸跡である。ここから南に約300m行くと内川端(大泉橋)に芭蕉乗船地跡の碑が立っている。芭蕉は6月13日この舟着き場から酒田に向かった。

## 旧風間家住宅 ❷

0235-22-0015

〈M▶P.198, 201〉 鶴岡市馬場町1-17　Ｐ
JR羽越本線鶴岡駅🚌エスモール始発路線銀座通り🚶3分

　芭蕉乗船地跡から大泉橋を渡り、内川沿いに進むと明治時代の女流作家田沢稲舟の生家跡・文学碑に出る。そこから千歳橋を渡り内川を越えると右手に旧風間家住宅(国重文)がある。風間家は18世紀後半に越後(現、新潟県)から鶴岡に移住、鶴岡城下で呉服・太物屋を営み、幕末には鶴岡第一の豪商となった。明治時代になると貸金業に転じ、酒田の本間家につぐ大地主に成長した。現存する屋敷

旧風間家住宅

鶴岡市役所周辺の史跡

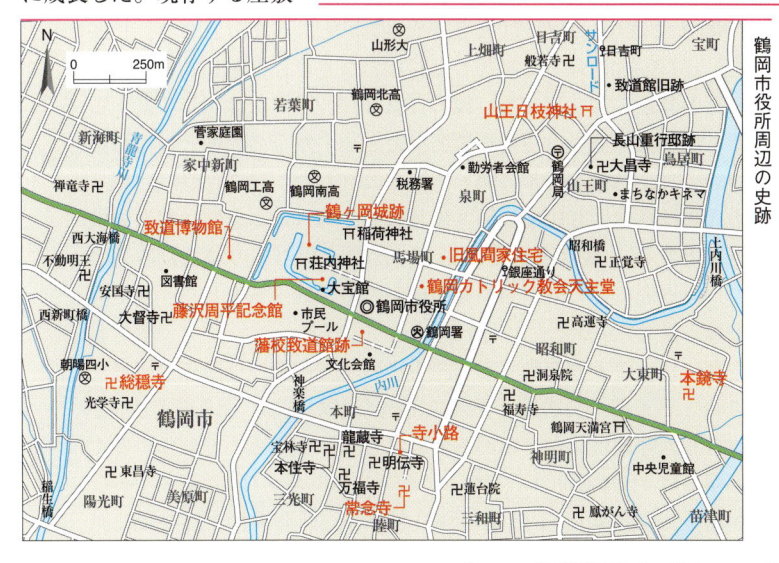

城下町鶴岡とその周辺

は風間家7代目幸右衛門が住居と営業の拠点として建築したもので、創建年の1896(明治29)年の干支にちなみ「丙申堂」と名づけられた。4万個の置石を配した杉皮葺き石置屋根は全国でも最大級の規模である。入口から30mにおよぶ「トオリ」は切石敷きで、履物に雪や水がついても滑りにくい。広い板敷きの間の大黒柱には和様舟肘木にトラスやラチスを組んだ独特の工法が施されている。西側板塀と表門が国登録有形文化財になっている。

住宅の約50m北側には、風間家旧別邸がある。1910年に建築され、来賓の接待や集会の場として使われた。風間家は代々浄土真宗の信仰が篤く、「無量光」の額を掲げ、床の間に石造釈迦如来像を安置し「無量光苑 釈迦堂」と命名した。釈迦堂のほか、中門・土蔵・板塀・表門・北門が国登録有形文化財になっている。庭園はサクラ・ツツジ・ハギ・モミジなど四季折々の風情を楽しむことができる。

鶴岡第一の豪商の屋敷 最大級の石置屋根

### 鶴ヶ岡城跡 ❸
0235-25-2111(鶴岡市役所)
〈M▶P.198, 201〉鶴岡市馬場町4-1 P
JR羽越本線鶴岡駅🚌鶴岡市内廻り市役所前🚶2分

庄内藩主酒井氏の居城 庄内支配の拠点

鶴岡市役所の西隣が中世から近世の鶴ヶ岡城跡であり、現在は鶴岡公園として市民や観光客に親しまれている。中世は大宝寺城・大梵寺城とよばれ、武藤氏(大宝寺氏)により築かれたという。1590(天正18)年庄内地方は越後の上杉領となり直江兼続により城の普請が行われた。関ヶ原の戦い後の1601(慶長6)年には山形の最上領となった。最上義光は当城を隠居城と定め、城下の整備と城の修築を行い、1603(慶長8)年に鶴ヶ岡城と改称した。1622(元和8)年、最上氏の改易により庄内は酒井忠勝に与えられた。忠勝は鶴ヶ岡城を居城と定め、城郭拡張工事を行い、最上氏以来の城域は本丸とし、その周囲に二の丸、三の丸を配した輪郭式平城を築き、城下町の整備も進めた。

本丸には土手と堀をめぐらし、中央の本丸御殿には藩主の居室・能舞台・黒書院・白書院・奥向の部屋などがあり、北西隅に角櫓をおき、天守閣はなかった。二の丸にも土手と堀をめぐらし、とくに南側には百間堀をつくった。二の丸には馬場・兵具蔵・土蔵などがあり、東南隅に二重櫓(角櫓)をおき、稲荷神社をまつった。

大宝館

出入口は大手門・西門・北門の３門があった。三の丸は西・南・北の三方に堀を築き、東は内川を利用した。三の丸は侍町で，南西部に酒井氏の菩提寺大督寺（浄土宗）があり，隣接して酒井氏墓所がある。現在の県立鶴岡南高校の敷地には七ツ蔵があった。1875（明治８）年城は取りこわされ，1877年本丸と二の丸跡が公園として開放され現在に至っている。本丸跡にある荘内神社は，酒井氏初代忠次，２代家次，３代忠勝，９代忠徳をまつっている。

隣接する大宝館は，大正天皇即位を記念して1915（大正４）年に創建された擬洋風建築の建物である。館内には高山樗牛生誕の間を移築・復元しているほか，郷土ゆかりの人物を紹介する施設として一般公開されている。

公園内には文豪高山樗牛の胸像（朝倉文夫制作）・文学碑「文は是に至りて畢竟人なり，命なり，人生也」・墓石「吾人はすべからく現代を超越せざるべからず」のほか，発明王斎藤外市の胸像，漢詩人土屋竹雨の詩碑，書家松平穆堂顕彰碑，庄内柿を普及させた酒井調良の胸像などがある。

**藩校致道館跡** ❹　〈M ► P. 198, 201〉鶴岡市馬場町11-45　P
0235-23-4672　JR羽越本線鶴岡駅🚌鶴岡市内廻り市役所前🚶1分

自学と討論で藩士を育てた　庄内藩校

鶴岡市役所の南隣が庄内藩の藩校致道館跡（旧致道館，国史跡）である。９代藩主酒井忠徳は財政再建と士風刷新を図り，藩政を立て直すためには人材の育成が必要であるとして，1800（寛政12）年藩校の設立を命じた。備前岡山藩の閑谷学校の絵図を借り，城下北西の大宝寺（現，日吉町）に起工，1805（文化２）年「致道館」の額を掲げ，祭酒（校長）に白井矢太夫が就任し，開校式を行った。「致道」とは『論語』第19章の一説「君子学んで以て其の道を致す」による。当時幕府は朱子学を正当な学問とし，各藩がこれに従ったが，致道館は古学の立場で，政治のあり方を重視した徂徠学を取り入れた。学

藩校致道館跡

制は5段階に分け厳重な試験を行い、合格した者を進級させるとともに、自学と討論を重視し、個人の長所・可能性を伸ばす方針で教育を行った。1816（文化13）年、政教一致の趣旨から三の丸内の現在地に移転し、1873（明治6）年の廃校に至るまで人材を輩出した。現在は聖廟・廟門・講堂・御入間・表御門・東御門・西御門などが残っている。東北地方では遺構が現存する唯一の藩校である。

## 鶴岡カトリック教会天主堂 ❺

0235-22-0292

〈M▶P.198, 201〉鶴岡市馬場町7-19
JR羽越本線鶴岡駅🚌鶴岡市内廻りマリア幼稚園前🚶1分

武家門と調和する赤い尖塔の教会

　藩校致道館跡の東隣が物産大店「でがんす」で、横断歩道を渡ると県内最大の馬場町のタブの木（県天然）がある。そこを北に約200m行くと赤い八角錐の尖塔屋根と白い十字架の鶴岡カトリック教会天主堂（国重文）がみえる。天主堂は1903（明治36）年に献堂（竣工）された。建設立案者はフランスの宣教師ダリベル神父で、設計者は同じく宣教師パピノ神父である。

　正面中央にベル・タワーを建て、尖塔をつくった中世ロマネスク様式の建物である。尖塔までの高さ23.7m、正面の幅約10m。堂の内部は身廊と両側廊からなる三廊式で、12本の円柱で囲み、柱頭はコリント式といわれる葉アザミの模様となっている。

鶴岡カトリック教会天主堂

田川

工事請負は五日町木材商6代目森田三郎右衛門、棟梁は森田家抱え大工の相馬富太郎、工費5000円であった。

　献堂の記念としてフランス・ノルマンディー州デリヴランド修道院から贈られた聖母像は「黒い聖母」であることが判明した。

　天主堂の敷地は元荘内藩家老末松十蔵の屋敷跡で、武家門がそのまま残り、赤い屋根の白亜の聖堂と調和し和洋折衷の景観を成している。

### 藤沢周平記念館 ❻
0235-29-1880　〈M ▶ P.198, 201〉鶴岡市馬場町4-6　P
JR羽越本線鶴岡駅🚌鶴岡市内廻り市役所前🚶3分

*藤沢周平文学の世界を味わう拠点*

　鶴岡公園の東側入口(鶴ヶ岡城大手門跡)から荘内神社の表参道を進むとまもなく左手に鶴岡市立藤沢周平記念館がある。本市出身の作家藤沢周平は鶴岡・庄内の風土やここに暮らす人びとの人情を織りまぜながら多くの時代小説の作品を書いた。この記念館は藤沢周平の業績を顕彰し、藤沢の文学資料と描かれた作品世界を後世に伝え残すこと、そして藤沢文学の原点としての鶴岡・庄内の自然と歴史・文化への理解を深めることを目的に、2010(平成22)年に設立された。

　館内は「第1部『藤沢文学』と鶴岡・庄内」「第2部『藤沢文学』のすべて」「第3部『作家・藤沢周平』の軌跡」の3部門の常設展示と、その時々にテーマを決めての企画展示や朗読会、講演会などのイベントを行っている。展示室中央には多くの作品を生み出した藤沢周平の書斎が東京の自宅から移築され、再現されている。また、自宅を解体した際に保存された部材が記念館敷地内の随所に利用されており、庭木も移植されている。

藤沢周平記念館

**致道博物館** ❼  〈M ▶ P. 198, 201〉 鶴岡市家中新町10-18 P
0235-22-1199  JR羽越本線鶴岡駅🚌湯野浜温泉方面行致道博物館前🚶1分

庄内地方の考古・歴史・民俗資料を展示

　鶴岡公園の西隣に致道博物館がある。敷地は庄内藩の御用屋敷であった。1950(昭和25)年,酒井氏より現在地の土地・建物および藩校資料などの寄付を受け,財団法人以文会(のち財団法人致道博物館)を設立,1952年藩校致道館の名を得て致道博物館と称した。館内には庄内地方の歴史や生活上の特筆すべき資料・文化財が一堂に集められ,保存・展示されている。

　構内の御隠殿は,第11代藩主酒井忠発が隠居所として建てたもので,大名家屋の面影が偲ばれる。御隠殿の北面の酒井氏庭園(国名勝)は築山泉水の典型的な書院庭園の形式をとっている。旧西田川郡役所(国重文)は,1881(明治14)年に建てられた擬洋風建築で,明治時代の文明開化期に外国の影響を受けた歴史上きわめて重要な建築様式である。内部には当地の考古学資料,戊辰戦争関係資料や明治文化資料を展示している。旧鶴岡警察署庁舎(国重文)は,1884(明治17)年旧西田川郡役所と同じく大工棟梁高橋兼吉が設計し,起工したものである。木造入母屋造,白亜3層の独特な形態をもっている。

　旧渋谷家住宅(国重文)は田麦俣(湯殿山山麓の山村)の民家を移築したもので,多層民家とよばれ,狭い山峡の敷地と深い雪の生活に適応した造りになっている。また兜造の茅葺き屋根が均整のとれた美しい姿をみせている。

　収蔵庫には,庄内地方の生活・生業に用いられた民具が収蔵・展示されており,庄内ばんどりコレクション(荷背負用の背中当て),庄内の木製酒器コレクショ

致道博物館(旧西田川郡役所)

206　田川

ン(漆塗りの祝い樽など),庄内の仕事着コレクション,大宝寺焼コレクション,庄内および周辺地のくりものコレクション 附 工具(木をくり削ってつくった臼や木鉢など),庄内浜及び飛島の漁撈用具,最上川水系の漁撈用具,庄内の米作り用具(いずれも国民俗)の8種5350点余を収蔵している。また,民具の蔵は古い土蔵を利用して展示室にしているもので,日本海海運資料や店舗の看板,職人用具,瓦人形などの民俗資料が展示されている。

　そのほかにおもな所蔵品として,太刀2口(銘真光・銘信房)(国宝),短刀(銘吉光),色々威胴丸(兜・頬当・大袖・籠手付)1具・禅院額字「潮音堂」1幅(ともに国重文),荻生徂徠答問書4巻(国重要美術品),刀(銘羽州大泉住豊前守藤原清人)1口・『鶏肋編』204巻・『大泉叢誌』139冊・致道館祭器1具,漢籍版木317枚・「出羽一国之絵図」・環状注口土器1箇(いずれも県文化)などがある。

　致道博物館の北西約1.5km,砂田町に即身仏鉄龍海上人を安置する南岳寺(真言宗)がある。鉄龍海は秋田県仙北郡出身で,湯殿山仙人沢で千日修行を行い,1871(明治4)から鉄門海の遺業を継いで加茂新道の開削を行った。1881年62歳で入寂した。

**本鏡寺 ❽**　〈M▶P. 198, 201〉 鶴岡市大東町15-1　ℙ
0235-22-3112　JR羽越本線鶴岡駅🚌羽黒方面行苗津新橋🚶5分

天宥作の庭と庄内の文化人の碑を残す

　致道博物館から南東へ1kmほど進むと大東町に本鏡寺(法華宗)がある。かつては真言宗寺院として三日町にあったが,戦国時代の1531(享禄4)年法華宗総本山日覚大僧正の教化により法華宗に改宗した。1671(寛文11)年,5代藩主酒井忠義から1万坪を給され,同年現在地に移転した。1874(明治7)年,

本鏡寺庭園

城下町鶴岡とその周辺　　207

本鏡学校を開設，高山樗牛も入学している。

庭園は羽黒山第50代別当天宥の造園によるもので，天宥作の石灯籠，不動明王石像が残る。旧刑場刑死者供養塔，当寺に疎開したユーモア作家佐々木邦の句「見知り顔の　万才老いて　来りけり」と親友の童話作家安倍季雄が揮毫した句碑，庄内藩士で俳人の弭間淡遊や林風草の句碑と墓，江戸時代後期の南画家石井子竜や庄内藩士武山勘右衛門（法名強呑院蕩楽日寝居士）の墓がある。

## 常念寺と寺小路 ❾
0235-22-1622
〈M▶P.198, 201〉鶴岡市睦町1-1　P
JR羽越本線鶴岡駅🚌エスモール始発南銀座🚶5分

*最上氏ゆかりの大伽藍を残す常念寺*

本町2丁目通り（旧七日町）の南側，東西に通る小路は1823（文政6）年の城下絵図に寺小路とあり，東から常念寺（浄土宗），明伝寺（浄土真宗），龍蔵寺（曹洞宗），万福寺（浄土真宗），本住寺（日蓮宗），宝林寺（曹洞宗），西楽寺（廃寺，旧真言宗）の7カ寺が並び内川に至る。

常念寺は，1523（大永3）年旧一日市町に鶴岡山円通院天翁寺として創建された。1603（慶長8）年最上義光は山形城下の常念寺に倣い常念寺と改め，長男義康の菩提寺として寺領138石余りを寄進した。1622（元和8）年酒井氏の入部の後に現在地に移転したといわれる。最上義康所持の薙刀，平安時代末期の作とされる木造阿弥陀如来立像，木造地蔵菩薩立像（ともに県文化），旧西田川郡役所の楼上にあった塔時計，最上義光寄進の梵鐘，最上義康所持の薙刀，酒井家寄進の鐘楼，戊辰戦争官軍兵士の墓，「天文十（1541）年」銘の石灯籠竿などがある。

本住寺には肥後熊本54万石の藩主加藤忠広と母正応院（加藤清正夫人）の墓がある。毎年7月24日の清正公祭には清正・忠広らの遺品を陳列している。宝林寺には1651（慶安4）

常念寺

## 化けものまつり

コラム 祭

天神信仰が生んだ鶴岡の奇祭

化けものまつり（天神祭）とは、神明町の鶴岡天満宮（祭神菅原道真）の例祭にみられる庶民参加の祭りである。股引に派手な襦袢の尻をからげ、手ぬぐいと深編笠で顔を隠し、道行く人に知られないように無言で酒を振舞う。また、この日だけは無礼講で他人の家に無断で入り、無言で酒を振舞うことを許される。日頃思っている人の家にあがって酒を振舞う人や恋人同士で化けものに扮して楽しい時をすごす人もいる。化けものの姿で誰にも知られず3年宮参りを続けると天神は願い事をかなえてくれるという。この日は化けもので町中が賑わう。

この風習のおこりは、藩校致道館の開設など庄内藩士の間に学問が盛んになった文化・文政（1804～30）の頃からという。この頃から天神信仰も盛んになり、藩士たちは祭礼の日に酒を入れたひょうたんと盃を持参し、社殿で菅公（菅原道真）のお流れを手酌でもらい、一献終わると社殿をひとまわりし、また一献頂戴し、三献をもって終わったという。道真が九州の大宰府に流されるとき、その徳を慕う人びとが、朝廷をはばかり、顔を隠して別れを惜しんだ故事によるともいう。

そのほか仮装パレード・子どもみこし・お祭り広場など多彩な行事があり、田植えも終わって農作業も一段落し、各事業所も休日か午前中で業務を終え、近郷近在の人びとで1日中賑わう。

化けものまつり

年由井正雪を首領とする幕府転覆の陰謀（慶安の変）に加担した熊谷三郎兵衛の首塚がある。明伝寺には良寛の漢学の師である越後出身の大森子陽の遺髪を納めた須髪碑がある。

### 総穏寺 ⑩

0235-22-3044

〈M▶P.198, 201〉鶴岡市陽光町5-2 P
JR羽越本線鶴岡駅🚌湯田川方面行四小前🚶すぐ

鶴ヶ岡城下を代表する禅林

四小前バス停のすぐ前に総穏寺（曹洞宗）がある。寺伝によれば、1382（永徳2）年三河国（現、愛知県）に創建され、洞泉山寿天院と称し能登總持寺の直末であった。酒井氏転封に従って1622（元和8）年鶴ヶ岡に移った。その際に總持寺から下総（現、千葉県）総寧寺の末寺にかわり、興林山総穏寺と改めた。1625（寛永2）年、庄内禅宗寺

城下町鶴岡とその周辺

土屋虎松・丑蔵の像

院を統括する僧録職、のちに最上・村山両郡の一部をあわせた408カ寺の僧録職に就き、宗門最高の寺格である常恒会地となった。

1811(文化8)年境内で土屋虎松と土屋丑蔵の叔父・甥が仇討ちを行い、両者力つきて刺し違えて終わった。両者が用いた刀が当寺に現存し、境内には両者の等身大の立像、両者の墓がある。

庄内藩主初代酒井忠勝夫人(妙法院)は当寺に埋葬され、墓がある。山門は1792(寛政4)年本間光丘が寄進したものである。

## 遠賀神社と井岡寺 ⓫

0235-22-7084(井岡寺)

〈M▶P.198〉 鶴岡市井岡字和田181-1／井岡甲199

P　JR羽越本線鶴岡駅🚌湯田川方面行新山口🚶10分

羽州高野山と称された名刹

新山口バス停から西側の農道が井岡寺参道である。かつては老樹が茂り、その間に多くの僧房があったという。現在は田園の間を約800m行くと遠賀神社(祭神大山祇神・猿田彦神ほか)の鳥居に至る。遠賀神社は『延喜式』神名帳にみえる田川郡三社のうちの遠賀神社とされる。隣接して井岡寺(真言宗)がある。由緒によれば、825(天長2)年同寺が勅願所として創建されたとき、南方約800mの岡山の岩台にあった大山祇神を移し鎮守としたという。遠賀神社は岡大権現と称され、井岡寺が別当寺であった。井岡寺にある1460(長禄4)年渡野辺四郎左衛門重吉奉納の三十三観音懸仏銘に

井岡寺

田川

「岡大権現御正躰　大山祇命」，当寺は「遠加野井寺」とある。井岡寺は盛時には末寺30カ寺をかかえ，井岡から岡山にかけて宿坊が立ち並んだという。天正年間(1573～92)戦火により伽藍が焼失したが，最上義光によって再建され，1612(慶長17)年寺領142石余りの寄進を受けた。その後藩主酒井氏の信仰も篤く，たびたび参詣を受けた。

1878(明治11)年民家からの出火により遠賀神社と井岡寺は類焼に遭い，遠賀神社の12の社殿が焼けたが，1855(安政2)年創建の仁王門は焼失を免れ，現在神社の拝殿として用いられている。庄内地方でも数少ない仁王像があり，1991(平成3)年修復中に胎内から作者名のある木札がみつかった。井岡寺の庭園は慶長年間(1596～1615)の築庭，京都から移植したというシダレザクラの大木は，垂枝が樹高15mよりも下までさがり，開花時には花の滝のようにみえ壮観である。裏手には源頼朝の部将比企能員の墓，土肥実平の墓のほか，白井矢太夫・菅実秀ら庄内藩重臣の墓がある。

岡山の岩台は，縄文時代の住居跡や遺物の多く出土する岡山遺跡地帯である。標高約69m，特色は竪穴住居内部に石柱を立てた立石遺構が多いことで，多くの出品は致道博物館に保管・展示されている。

## 金峯山 ⑫
0235-23-7863(金峯神社)
〈M ▶ P.198〉鶴岡市青龍寺 P
JR羽越本線鶴岡駅🚌 机 行金峯登山口🚶60分(山頂まで)

金峯登山口バス停で降りるとまもなく石鳥居を目にする。ここが金峯神社(祭神 少彦名命ほか)への登拝口であるが，鳥居から車道が延び中腹の中の宮に至る。中の宮から30分ほどのぼると金峯神社本殿(国重文)の鎮座する山頂(458.5m)に至る。本殿は近世までは蔵王権現堂もしくは御堂とよばれていた。本殿の創建年代は明らかでないが，1608(慶長13)年，最上義光を大檀那として本殿修復の工事が行われ，現在の形はこのときのものである。本殿は方1間の身舎で，前面に唐破風の裳階がついている。裳階の詰組は禅宗様仏殿形式とし，身舎を神社本殿の形式を採用した特異な構成であり，近世初期の建築として意匠的にも価値が高い。

中の宮社務所前には金峯山博物館があり，「正和二(1313)年」銘

*歴史と信仰と自然豊かな市民の山*

城下町鶴岡とその周辺

**金峯神社本殿**

の洗米鉢(銅鉢、国重文)・銅造如意輪観音坐像(県文化)・最上義光寄進の鰐口・後醍醐天皇宸筆「蔵王大権現」の書など多数の文化財・古文書のほか北限とされるブッポウソウの剥製や植物・昆虫が展示されている。中の宮から滝沢方面に旧参道を5分ほどくだると滝沢神社と清流の畔に瘞琴碑がある。庄内藩士で七弦琴の名手だった相良儀一(相 淑卿)の遺愛の琴を、親友の金峯山空賢院の通寛がこの地に埋めて弔った。その後通寛の門人が師の遺志を受け継ぎ、1836(天保7)年にこの碑を建立した。

金峯山(国名勝)は古くは蓮華峰・八葉山と称したが、承暦年間(1077〜81)、大和国宇陀郡(現、奈良県)から当地に移った丹波守盛宗が吉野の金峯山蔵王権現を勧請してからこの山名に改めたと伝えられている。以来修験の山として勢力を伸ばし、近世には最上・酒井氏の崇敬も篤く、山麓の学頭青龍寺(真言宗)と中腹の三別当寺(廃寺)が一山を支配していた。また、死霊がこもる山として信仰を集め、山道沿いには856基の供養碑・墓碑が林立している。青龍寺口の金峯山の大フジ(県天然)は県内最大の巨樹である。青龍寺向かい六所神社(祭神大物忌大神ほか)には時代順に6つの獅子頭(県民俗)がある。とくに1351(観応2・正平6)年のものは東北でも屈指の古いものであり、同社には古式を伝える獅子舞も継承されている。金峯山への登山道は滝沢・新山(金峯少年自然の家)・湯田川(藤沢)から整備されている。

**由豆佐売神社と長福寺** ⓭
0235-25-2111／0235-35-2226

〈M▶P. 198, 213〉鶴岡市湯田川字岩清水86／湯田川乙35　🅿
JR羽越本線鶴岡駅🚌湯田川温泉行・坂の下行・越沢行ほか湯田川温泉🚶2分

湯田川温泉バス停で降りて50mほど戻ると、右手に湯田川温泉の

中世の仏教文化を伝える古刹

由豆佐売神社

源泉正面の湯（共同浴場）があある。左折すると突き当りの高台に由豆佐売神社（祭神溝樴姫神ほか2神）が鎮座する。650（白雉元）年に名をあらわす古社で、『延喜式』神名帳にも名を連ねる式内社であり、歴代領主や近郷庶民の信仰を集めた。

石段右手に湯田川の乳イチョウ（県天然）の名で知られるイチョウの巨木がある。また、本殿裏山山頂には5基の経塚があり、「佐伯時兼」の銘がある鎌倉時代の経筒が出土した。

長福寺

神社に南隣して長福寺（真言宗）がある。縁起によれば807（大同2）年の開創で、かつては大和長谷寺の直末で配下に7坊を従え、由豆佐売神社の別当寺をつとめた。寺宝の絹本著色長福寺三千仏3幅（県文化）は南北朝時代のものと認められている。境内右手の堂内の石造大日如来坐像、堂左手の笠塔婆・卒塔婆は、田川に抜ける大日坂にあった大日堂から移したもので鎌倉時代の作とされる。境内左奥の山中に、幕末に庄内藩預かりで江戸市中取締りの任にあたった新徴組隊士の墓石17基がある。

湯田川温泉を囲む山々には多くの曲輪・空濠跡が残り、湯田川チャシ・楯跡群とされている。チャシとはアイヌ語で砦の意で、古く蝦夷の住居・軍事

湯田川温泉周辺の史跡

城下町鶴岡とその周辺

拠点を後世の武将が砦に利用したものである。

### 田川八幡神社(たがわはちまんじんじゃ) ⑭　〈M ▶ P. 198, 213〉鶴岡市田川字宮野前187
JR羽越本線鶴岡駅🚌越沢方面行町田川🚶3分

*古代の豪族田川氏ゆかりの地　豊富な文化財*

　湯田川温泉から田川に出るには国道345号線の大日坂トンネルを通るが、路線バスは旧街道の大日坂を通っている。町田川バス停で降り、北へ歩くとまもなく右手に田川八幡神社(祭神誉田別尊(ほんだわけのみこと)ほか5神)がある。古くは大机(おおづくえ)に地主神(じぬしがみ)としてあったものを、715(霊亀元)年坂野下村に遷座、さらに源義家が1093(寛治7)年現在地に遷したという。古代の当地の豪族田川氏を始め、武藤氏・最上氏・酒井氏ら歴代領主の尊崇も篤く、文化財・古記録が多く残っている。なかでも源義家奉納と伝える線刻不動明王鏡像(きょうぞう)(県文化)は東北地方三優品の1つとして高く評価されている。ほかに寺宝として大般若経残巻(だいはんにゃきょうざんかん)116巻(県文化)、南北朝時代の懸仏、室町時代の狛犬、武藤義氏(よしうじ)寄進状、最上義光寄進状などがある。

　田川集落から南へ500mほど行くと、蓮華寺(れんげじ)地区北端の山沿いに田川太郎(行文(ゆきぶみ))の墓もしくは供養塔と伝えられる3基の五輪塔(ごりんとう)(県文化)がある。

五輪塔

### 水上八幡神社(みなかみはちまんじんじゃ) ⑮　〈M ▶ P. 198, 215〉鶴岡市水沢楯の下(みずさわたてのした) 🅿
JR羽越本線羽前水沢(うぜん)駅🚶20分

*庄内に数少ない中世建築のすぐれた社殿*

　JR羽前水沢駅を出て南東に直進し、国道7号線を横切り、道なりに進み丁字路(ていじろ)を右折し、しばらく行くと右手の丘に水上八幡神社(祭神闇龗神(くらおかみのかみ)、事代主神(ことしろぬし)ほか5神)がある。本社は水沢南西部の熊野長峰湿原(のながみね)(430m)にあった籠大明神(こもりだいみょうじん)(水分神(みくまりのかみ))を、10世紀前半、本社の東方約1.5kmにある石山の熊野神社境内にある熊野神社の大スギ(国天然)のもとに遷し、11世紀末、源義家が石清水八幡宮(いわしみず)を勧

水上八幡神社

請し、13世紀に現在地に遷座したと伝えられている。拝殿奥の本殿(国重文)は庄内地方では羽黒山五重塔につぐ古い建造物で、建築様式から室町時代中期(1400年)頃と推定されている。三間社流造の茅葺きで、全体の姿も均衡がよく、庇の蟇股などの彫刻は草花を巧みに図案化し、とくにすぐれているといわれる。地方色がなく京都辺りの工人によって建てられたものと推察され、当時の庄内地方と京文化との関係を示すものである。

神社から北に1kmほど行き、国道7号線を右折してまもなく、蕎麦屋大松庵の駐車場にワッパ騒動義民の碑がある。この碑は1874(明治7)年、庄内南部一帯でおきた農民運動・ワッパ騒動に立ち上がった人びとを顕彰するために2009(平成21)年に建立された。

## 荒倉神社 ⓰  〈M▶P.198, 215〉鶴岡市西目字荒倉口38
JR羽越本線鶴岡駅🚌あつみ温泉行金山口🚶60分

修験の山　往時は羽黒に並ぶ

鶴岡から国道7号線を南に走ると庄内平野も南端となり、由良坂に入る。坂の入口、金山口バス停から北へ1.5km進むと竹の浦集落があり、ここの石鳥居が荒倉神社(祭神保食大神)への登拝口にあたる。2kmほど小道をのぼった荒倉山(307m)中腹に荒倉神社がある(山口集落から三の鳥居まで車道も延びている)。中世には荒倉大権現といわれ、また羽黒山の東羽黒に対して荒倉山を西羽黒と称し、山内に33坊を有し、修験の山として勢力をもった。別当は武藤氏麾下の安倍氏がつとめていたが、十五里ヶ原の戦いに加わって敗れ

羽前水沢駅周辺の史跡

た。さらに1590(天正18)年、太閤検地に反対する大一揆がおき、荒倉一山も一揆勢に加担したが、越後上杉勢に敗れ、このとき堂社・宿坊などが残らず破却され、一山滅亡したといわれる。

本殿左奥の小堂に石造聖観音立像(県文化)が安置されている。鎌倉時代の作で、天正の弾圧以前を偲ぶ唯一の遺品である。近世には馬頭観音をまつって庄内一円の農民・馬喰らの信仰を集めた。

竹の浦集落の南1kmほどの金山集落に東源寺(曹洞宗)がある。17世紀初頭に安倍氏が創建、本尊の釈迦如来像は庄内一の大仏で、往古は荒倉山の坂口にまつられていたというので荒倉神社の本地仏であろうとされている。また、金山口バス停南西の小丘中に4基の須恵器窯跡(県史跡)がある。この一帯は鶴岡西部窯跡群といわれ、古代における須恵器生産の中心地であった。

### 気比神社 ⑰ 〈M▶P.198, 215〉鶴岡市三瀬字宮の前2-1
0235-73-3148　JR羽越本線三瀬駅🚶15分

*古代の日本海交流を偲ばせる地*

JR三瀬駅を出て海岸方向に700mほど行き、右折して突き当りが気比神社である。祭神は保食大神・日本武尊などで農と武の神である。社記によれば、716(霊亀2)年、越前(現、福井県北部)の民が当地に移住したときに、敦賀氣比神宮を勧請したものという。三瀬の北の由良は、丹後の由良ノ浜から移住した人びとが故国にちなみ名づけたといわれ、由良白山島の白山神社は加賀(現、石川県南部)の白山権現を勧請したと伝えられ、羽黒山を開いた蜂子皇子の伝説もあいまって古代における日本海岸のつながりを想起させる。

気比神社

近世には気比大権現と称して、地域の人びととともに領主の武藤氏・最上氏・酒井氏の崇敬を受けた。現本殿は1707(宝永4)年、酒井家の寄進によるものである。また、祭神に日本武尊をまつることなど

から戦勝・武運長久の神として信仰され、日露戦争(1904～05年)頃から出征兵士や家族の参詣者がふえ、昭和時代の日中・太平洋戦争期には県内・国内はもちろん満州から訪れる人もあり、臨時列車も運行された。

　神社一帯の三瀬気比神社社叢(国天然)は、古来神聖な社叢として保護されてきたためブナなどの多くの樹木が純林を形成し、東北地方日本海沿岸の原生状況を知る唯一の場所となっている。本殿東にある池(気比池)も自然のまま谷間をふさぐ堰止湖で、クロサンショウウオが生息することでも知られる。

## ❷ 大山から加茂港へ

大山は江戸時代に庄内の幕府領の中心地で、酒造も有名。
鶴岡の外港として栄えた加茂港には北前船も寄港した。

### 大浦城（大山城）跡・十五里ヶ原古戦場跡 ⓲

〈M▶P.198, 218〉 鶴岡市大山3 P／鶴岡市友江字中野66-3
JR羽越本線羽前大山駅🚶20分／JR羽越本線鶴岡駅🚌湯野浜温泉行中野 京田🚶3分

> 戦国時代の庄内の拠点、庄内最大の激戦地

　JR羽前大山駅を出て約1km北進し、公園口バス停手前を左折し突き当った丘陵一帯が中世の大浦城（大山城）跡で、現在は大山公園となっている。公園は昭和時代初期、地元の酒造業者加藤嘉八郎らによって整備されたもので、丘上から庄内平野を望む展望が素晴らしい。大浦城は堅固な平山城で、西が高館山に連なり北・東・南3方は急崖で囲まれ、崖下の菱津川が自然の水濠の役割をはたしていた。

　1532（天文元）年、大宝寺城主武藤氏は最上川北の砂越氏の攻撃を受け、より堅固なこの城に本拠を移し、以後戦国の争乱のなかで大浦城は庄内の拠点として中心的な役割をはたしていった。武藤氏は越後（現、新潟県）の上杉氏と結び田川郡の支配を確保していたが、1587（天正15）年、山形の最上氏と内応した前森蔵人（のち東禅寺筑前守）の反乱に遭い大浦城は落城した。しかし翌年、越後勢が反撃し庄内に進攻、十五里ヶ原の戦いにおいて庄内・最上方は大敗した。大山から鶴岡方面に向かって2.5kmの中野に十

*羽前大山駅周辺の史跡*

218　田川

十五里ヶ原古戦場跡

五里ヶ原古戦場跡(県史跡)があり、4基の首塚と庄内方の大将として奮戦し壮絶な最期を遂げた東禅寺右馬頭の墳墓がある。この後庄内は上杉方の支配となり、直江兼続が一揆の鎮圧やその後の支配を定めていったが、関ヶ原の戦いで西軍についた上杉氏が米沢に転封されると大浦城は再び最上氏の手に移り、大山城と改称された。そして1622(元和8)年、最上氏改易により廃城となった。

庄内藩主となった酒井忠勝は7男酒井忠解に大山1万石を分知し、庄内支藩として大山藩が成立したが、忠解が急逝したため断絶し、以後大山は幕府領として幕末に至る。大山の道林寺(日蓮宗)には酒井忠解の墓がある。

城跡から南下し、加茂街道を左折すると酒造資料館がある。大山の酒造の歴史は1000年を超えるという。明治時代初期には36軒の造り酒屋があったが、現在は4軒、うち1軒がこの資料館で、酒造道具・古文書などを展示している。資料館のすぐ前に石敢当(県民俗)がある。旅の安全を祈る中国の石神信仰が伝わったもので、東北地方には珍しく、石敢当分布の北限とされている。

**椙尾神社** ⓳　〈M▶P.198, 218〉鶴岡市馬町字宮ノ腰169
0235-33-0044　JR羽越本線鶴岡駅🚌湯野浜温泉行椙尾神社🚶1分

バスを降りると湯野浜方面に向かって左手に石の鳥居がある。椙尾神社(祭神事代主神ほか5神)の参道入口の石鳥居(県文化)である。1611(慶長16)年、最上義光配下の大山城主下次右衛門実秀と家老原美濃守頼秀が寄進したもので、前

椙尾神社

大山から加茂港へ

後に控え柱のある両部鳥居(四脚鳥居)の優品である。神社の創建は欽明朝といわれる。維新前は神仏習合し、永福寺(真言宗)が別当をつとめた。1818(文政元)年、大山の和算家田中万春らが奉納した算額があり、この地方では最古のものである。例祭は大山犬まつりと通称され、庄内三大祭りの1つとして有名である。

## 善寳寺 ⑳

〈M▶P. 198, 218〉鶴岡市下川字関根100 P
0235-33-3303
JR羽越本線鶴岡駅🚌湯野浜温泉行善宝寺🚶すぐ

バスを降りると善寳寺(曹洞宗)の大伽藍を目にする。10世紀前半に金峯山青龍寺の僧妙達が現在の寺地の北方、龍華の地に庵を結んだのが始まりといわれる。『法華縁起』に妙達は955(天暦9)年法華経をもったまま病死し、閻魔王のもとに行ったが、法華経読誦の善行により7日後によみがえったという逸話を記しており、『今昔物語集』にも同様の説話がある。もとは天台宗で龍華寺と称したが、14世紀初めに總持寺2世峨山紹碩が龍華寺の地で仏法を説き、これを機に曹洞宗に改宗、その法脈に連なる太年浄椿が1446(文安3)年、一大禅林として復興し、龍澤山善寳寺と称した。

近世には皇室・公家の帰依も多く、1786(天明6)年に有栖川宮家の祈願所となり、親王筆の「善寳寺」の額がある。龍神信仰を中心とした航海安全・大漁祈願の寺としてとくに漁民の信仰が篤く、また曹洞宗三大祈祷所の1つとして全国からの参詣者も多い。大本堂始め龍王殿・山門・弥勒堂など三十数宇の堂塔のほとんどが近世中期以降の建立で、信仰の広がりを示している。

北方の杉木立のなかには寺の守護神である2龍が身を隠したと伝える貝喰みの池がある。寺宝絹本著色王昭君図(国重文、致道博物館所蔵)は明治時代の日本画家菱田春草の優作である。

**善寳寺五重塔**

# 庄内の味覚

コラム 食

庄内の味の選りすぐり、その隠れた歴史

**だだちゃ豆** だだちゃ豆とは旧鶴岡市を中心に生産されてきた枝豆の中で、「香り・甘さ・旨さが高い枝豆の総称」であり、種皮に不規則なシワがみられる。なかでも「白山だだちゃ豆」がもっともすぐれているとされる。

「白山だだちゃ豆」は、鶴岡市白山の森屋藤十郎家の娘初が1907(明治40)年から1本の晩生で食味のよい変異種を発見したことに始まる。同年から、甘さ・旨さと香りにすぐれた系統を選抜し、1910年に家号を冠し「藤十郎だだちゃ」として栽培を始めた。当時、庄内では「男性は稲作、女性は畑作」と分担されていたため、集落の女性たちも協力し、同形種のさらにすぐれた系統の栽培を進めた。鶴岡市白山の公民館前庭に「白山だだちゃ豆記念碑」があり、当地区の女性の功績がたたえられている。

近年では、鶴岡市におけるだだちゃ豆栽培は減反政策の受け皿となり、作付面積・出荷量が増加している。

**藤沢カブ** 鶴岡市藤沢地区でつくり続けられている藤沢カブは、かつて栽培農家が1戸だけで、生産が絶えてもおかしくない状況におかれていた。現在も生産量は多くないが、ブランド化に成功した在来作物である。

「藤沢カブ」は焼畑によって栽培され、長さ12cm前後、太さ3cmぐらいの細長いカブである。上半分は鮮やかな紫赤色で、根部は白い。現在はおもに甘酢漬けにして食される。

このカブは2005(平成17)年、「故郷に残したい食材100選」(農林水産省)に選ばれた。

**庄内柿** 庄内柿は種子がなく、四角ばった平たい形から、東京帝国大学の原煕が「平核無」と命名した。1885(明治18)年頃、鶴岡市鳥居町の鈴木重光が新潟の行商人から苗木を購入して宅地で育て、中に種のない実を発見した。この穂木(挿し木に使う枝)を酒井調良に譲り、酒井が現在の酒田市黒森で育苗して広まった。当時植えられた木を原木として、鳥居町には記念樹碑が建てられている。原は焼酎を用いて渋柿から渋みをなくす酒樽脱渋法も普及させ、家庭でも簡単に渋抜きができるようになった。

---

**加茂港** ㉑ 〈M▶P.198〉鶴岡市加茂 P
JR羽越本線鶴岡駅🚌湯野浜温泉行加茂登町🚶3分

加茂登町バス停で降り、そのまま西に進むとまもなく加茂港に出る。往古、加茂港に陸揚げされた物資は、馬や人夫によってこの加

大山から加茂港へ

**石名坂家住宅主屋**

近世庄内の港町、商人の町

茂坂をのぼり大山や鶴岡に運ばれたが、標高150mの峠越えは難儀であった。1812(文化9)年、鉄門海・鉄龍海両上人らが改修に着手、地雷火を使った工事が行われ急坂もかなり楽になった。1884(明治17)年からの三島通庸による改修を経て、1891年に加茂坂トンネルが完成した。そして2003(平成15)年に現在の新トンネルが完成し、坂をのぼることなく日本海岸に出ることができるようになっている。旧トンネルの大山側の道路沿いに鉄門海上人の碑がある(新トンネルの加茂側入口の道路沿いにも碑が造立された)。

加茂港は庄内において酒田につぐ海上交通の要衝で、戦国時代には大浦城の外港として重要な商港であった。最上領になってから港町の整備が進められ、近世には廻船問屋や酒造業者が立ち並び、北前船の中継港として栄えた。石名坂家住宅主屋(国登録)は、1850(嘉永3)年頃築造された廻船主の住宅で、正面軒下に航海安全を祈願する多くの祈禱札を配している。明治時代に入ってからも加茂港は発展し続けたが、1924(大正13)年の羽越線の開通により商港から地方漁港へと変貌し、現在に至っている。

加茂南部の極楽寺(曹洞宗)に高さ69cmの五輪塔と高さ1.6mの宝篋印塔(ともに県文化)がある。鎌倉時代の作とされ、石材・様式・彫法に関西とのつながりがみられる。

## ③ あつみ温泉と鼠ヶ関

日本海と摩耶山系の山々に囲まれた庄内の名湯、周辺は越後との国境の歴史が彩る。

**あつみ温泉** ㉒ 〈M▶P.198〉鶴岡市湯温海 P
JR羽越本線あつみ温泉駅🚌あつみ温泉行温海温泉センター🚶すぐ

*文化人に愛された庄内の名湯*

国道7号線は鶴岡市の由良から鼠ヶ関まで変化に富む日本海の海岸線を走る。おもな名所・旧跡をあげると、北から由良白山島の美観、蜂子皇子伝説と三瀬葉山ニッポンユビナガコウモリ群棲地（県天然）の三瀬八乙女洞窟、小波渡の鯨供養塔・墓所跡、堅苔沢の鬼のかけ橋跡、暮坪付近の塩俵岩・立岩（マルバシャリンバイの自生地、県天然）などの奇岩群、「あつ美山や 吹浦かけて ゆふ涼み」の芭蕉句碑、早田のオハツキイチョウ（国天然）、そして鼠ヶ関弁天島の景観など、海岸線は自然がつくりあげた景観美に歴史と伝説が彩りを添えている。

この海岸のほぼ中央、JRあつみ温泉駅から東へ温海川を遡ること約2km、温海岳の麓に庄内三湯の1つあつみ温泉がある。温泉の起源は諸説あるが、849（嘉祥2）年、温海岳の鳴動の際、温海川に湧出したのが起源ともいわれ、現在も河床が源泉の1つとなっている。湯治場の形成は鎌倉時代後期、温泉地の情景をみせるようになったのは近世以降である。現在旅館数22軒、豊富な湯量を誇り、山海の幸に恵まれた温泉として親しまれている。訪れた文人墨客も多く、温泉街の葉月橋を渡った温海川南岸に与謝野晶子歌碑がある。

あつみ温泉

**小国城跡** ㉓ 〈M▶P.198〉鶴岡市小国
JR羽越本線あつみ温泉駅🚌関川行小国🚶30分

小国バス停で降りて南に向かい小国集落に入り、200mほど進ん

小国城跡

庄内屈指の堅固な山城

で右折すると楯山(349m)への登山口に出る。小国城跡(国史跡)はこの楯山の天険を利用した山城で、山頂の土塁をめぐらした主郭(本丸)を始め4つの郭跡・屋敷跡、登城道の虎口、堀切を確認できる。

南北朝時代、南朝方の小国氏は北朝方の大宝寺(武藤)氏(鶴岡)と対立し、この小国城を本拠とし、周囲に多くの楯を築いた。戦国時代、最上方の攻撃を受けて大浦城(大山)が落城したとき、武藤義勝はこの小国城に逃れ、上杉氏の後援を得て庄内奪還を策した。そして十五里ヶ原の戦い(1588年)におよぶのである。

城跡の東麓には越後(現、新潟県)と庄内を結ぶ主要街道である小国街道が通り、近世の小国は宿場であった。庄内から越後に向かう人はここで1泊し、角間台峠・堀切峠を越えて越後に入った。集落南部に番所跡が残っている。

## 鼠ヶ関番所跡 ㉔

〈M ► P. 198, 225〉鶴岡市鼠ヶ関字関甲246
JR羽越本線鼠ヶ関駅 10分

義経伝説が彩る庄内の関所

JR鼠ヶ関駅を出てまもなく左折すると、道路左側に県境の標柱がある。その奥に「古代鼠ヶ関址・同関戸生産遺跡」の標識を目にする。鼠ヶ関は白河関・勿来関とともに古代における奥羽三大関所の1つとされる。一帯の調査の結果、10〜12世紀の柵列・建物跡のほか、製鉄・製塩跡、須恵器窯跡も確認され、古代の鼠ヶ関は

鼠ヶ関番所跡

# 山戸能と山五十川歌舞伎

**コラム　芸**

能と歌舞伎を受け継いできた村

　JR羽越本線五十川駅から五十川上流約5kmにある山五十川地区には、2つの農民芸能が伝えられている。河内権現（現、河内神社）の神事能とされた山戸能と、同じく奉納興行として演じられた山五十川歌舞伎（ともに県民俗）である。

　山戸能の発祥は平安時代とも鎌倉時代ともいわれ、黒川能とのつながりもあると伝えられている。謡は観世流であるが、「恋慕の舞」や「座揃い」「道行き」の囃子は全国的にも珍しい特色をもつ。明治時代までは120番ほどの曲目が伝えられていたが、現在は9曲のみで、奉納公演は河内神社の例祭日のほか、境内の古典芸能伝習館で演じられている。

　山五十川歌舞伎の由来も明らかではないが、宝永年間（1704〜11）、大坂歌舞伎の市川大三郎を招き、その指導を受けて盛んになったという。庄内藩は藩政改革のおり、倹約令とともに芸能の興行を厳しく規制したが、鎮守に対する神事として村の若者の間に伝承されてきた。演目は三十数番を数え、時代物が多い。1つの集落に能と歌舞伎が同時に伝承されていることは、じつに希有なことである。

　なお、山五十川熊野神社境内には樹冠が半球状の山五十川の玉スギ（国天然）がある。

---

軍事・警察機能のみならず高度な生産施設をともなっていたことがわかった。『義経記』には「念珠の関」とみえ、源義経が兄頼朝の追討を逃れて平泉（現、岩手県）に向かう途中、弁慶の機転によりこの関所を通過した話を伝えている。

　また、駅を出て右折し、北へ3kmほど進み、国道7号線を横断した所に「史跡近世念珠関址」の標柱がある。ここは「鼠ヶ関御番所」とよばれていた江戸時代の関所跡である。当時は鼠ヶ関所（念珠ヶ関番所）と称され、庄内に入る5つの関所の1つであった。建物は酒井氏入部後に創建

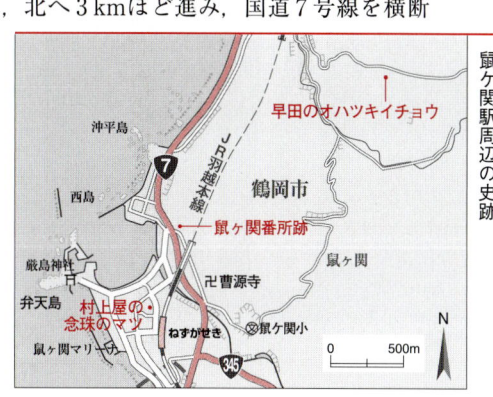

鼠ヶ関駅周辺の史跡

されたもので、絵図により平屋茅葺きのものであったことが知られる。1872(明治5)年の廃止後、建物は個人所有となり、2階建て瓦葺きに改築されたが、階下はなお昔の面影をとどめている。

鼠ケ関駅の西側約100mの念珠の松庭園にはもと村上屋旅館の庭にあった横枝全長27mにおよぶ臥竜型の村上屋の念珠のマツ(県天然)がある。関所跡の南300mほどにある曹源寺(曹洞宗)には、日本最大級のヒサカキ(県天然)の老木2株がある。

## 関川古戦場跡 ㉕

〈M ▶ P.198〉鶴岡市関川　P
JR羽越本線あつみ温泉駅🚌関川行終点🚶2分

鼠ケ関から東へ15kmほどの関川集落に入ると、道路右側の薬師神社前に「史蹟戊辰の役古戦場碑」がみえる。この辺り一帯は戊辰戦争(1868～69年)の関川古戦場跡(関川の戊辰役激戦地跡)である。1868(慶応4)年1月に戦端を切った戊辰戦争は、4月に庄内討伐令が発せられ、7月に越後長岡が陥落すると政府軍は大挙して北上し、庄内に迫ってきた。8月下旬から国境各地で激戦が展開された。鼠ケ関口・清川口・吹浦口などにおいて庄内軍は敵を領内に入れなかったが、関川口では敵の奇襲に不意を突かれ、必死の防戦もむなしく占拠された。関川口は戊辰戦争での内地最後の激戦地であった。

また、関川にはシナの樹皮で織った古代繊維「科織」が伝わっている。関川は隣の越沢とともに摩耶山(1019m、県名勝)の登山口となっている。摩耶山頂は峻立する岩峰で、古く霊山として登拝されていたが、近世には軍事上の理由で登山が禁止された。そのため変化に富む自然がよく保護されている。摩耶山系一帯は日本特有の珍獣ヤマネ(国天然)の生息地としても知られている。

関川古戦場跡

# ❹ 黒川能の里と出羽三山

出羽三山は信仰の地として知られ、またその周辺は古くからの伝統・文化が受け継がれ続ける地でもある。

## 丸岡城跡 ㉖
0235-57-2252(天澤寺)

〈M ▶ P. 198〉鶴岡市丸岡字町の内6
JR羽越本線鶴岡駅🚌落合方面行茶屋河原🚶12分

加藤清正の嫡男加藤忠廣終焉の地

　茶屋河原バス停から、バス進行方向に進み最初の交差点で右折し、国道112号線を横断すると、目の前に広がるのが丸岡地区である。集落の西側には戦国時代の築城と伝えられる丸岡城跡(県史跡)がある。泉水・堀・土手の一部が残る程度であったが、1989(平成元)～2007年に計10回行われた発掘調査で出土した御居間や御書院などの礎石部分が復元され、丸岡城史跡公園となった。

　丸岡城は戦国時代に鶴岡の南方、六十里越口と大鳥越口の押えの要地として、武藤氏の支城であったが、のちに山形の最上氏に属し、1615(元和元)年、幕命によって取り壊された。丸岡は最上氏改易後、1622年に酒井氏領となった。

　1633(寛永9)年、肥後(現、熊本県)熊本城主加藤清正の子で肥後54万石の加藤忠廣が改易、庄内藩酒井氏に預けられ、丸岡1万石を与えられた。このとき、丸岡城跡に居館が建てられた。この居館は加藤忠廣没後、藤島に移され、参勤交代の際に藩主の休息所となったが、明治時代以後、羽黒の松ヶ岡開墾地の開墾事務所として使用され、今日に至っている。

　丸岡城跡の北隣に天澤寺(曹洞宗)がある。境内にある清正閣の下には、正応院(加藤清正夫人)が熊本から運ばせた清正の遺骨が埋葬されているとの言い伝えがあったが、1949(昭和24)年の発掘調査の結果、遺骨は発見されなかった。しかし、本堂裏の天澤寺世代墓地にある五輪塔の下から、肥前(現、佐賀県)弓野焼の甕が出土し

丸岡城史跡公園

黒川能の里と出羽三山　227

清正閣

た。この五輪塔が加藤清正墓碑(県史跡)と推定され、鞘堂に納められている。また、加藤清正墓碑は、丸岡の人びとから「清正公様」とよばれ、毎年7月下旬には清正公祭が行われる。

### 春日神社 ㉗
0235-57-3019
〈M▶P.198〉鶴岡市黒川字宮の下291
JR羽越本線鶴岡駅🚌 梺 代行神社前🚶1分

黒川能が奉納される能舞台をもつ神社

バスを降りるとバス進行方向右手に、毎年2月1日明け方から翌2日夕刻まで黒川能(国民俗)の王祇祭が奉納される春日神社の、権現造の社叢がみえる。鳥居をくぐり、参道を進むためには、バス停から坂道をくだる必要がある。

春日神社はこの地を領有していた武藤氏が、室町時代に勧請したものと考えられ、社号は初め新山明神、のちに四所明神とよばれた。春日神社は明治時代以降の呼称で、拝殿はそのまま能舞台となり、観客席や楽屋もある。境内には黒川能の伝承と保存のため郷土文化保存伝習館が設けられた。

また、春日神社からバス停を挟んだ反対側には、黒川能を紹介する王祇会館がある。ここには上座・下座、春日神社所蔵の装束や能面など(国指定重要文化財・県指定文化財を含む)が展示されている。

春日神社

# 黒川能

コラム 芸

伝承500年、古来の姿をそのままに伝える能

　鶴岡市黒川には春日神社の上座・下座の2つの宮座があり、それがそのまま能座にもなっており、室町時代以来、春日神社の神事として500年以上もの間、黒川能が演じられてきた。囃子方を含め、能役者は当地の農民によって受け継がれてきた。

　黒川能は世阿弥が大成した猿楽能の流れを汲むという点では、観世・金春・宝生・金剛・喜多の能と同系統ではあるが、いずれの流儀にも属することなく独自の伝承を続けている。さらに、この五流ではすでに滅びてしまった演目や演式をいまだに多く残している。武藤氏・最上氏・酒井氏といった歴代領主が手厚く保護してきたことが500年という長い間存続してきた1つの要因でもある。

　使われる衣装類には、清和天皇の御衣とされ、国指定重要文化財に指定されている光狩衣(藍紅紋紗地太極図印金狩衣)・蜀紅狩衣(紅地蜀江文黄緞狩衣)という能装束、能楽の発生初期のものとみられる能面もある。

　黒川能は年4回の春日神社例祭奉仕(王祇祭・祈年祭・例大祭・新嘗祭)、羽黒山花祭・荘内神社例大祭での奉納、蠟燭能(2月)、水焔の能(7月)と定期的な演能があるが、例祭奉仕のなかで、もっとも重要なものが2月1〜2日の王祇祭である。

　2月1日の未明に春日神社の王祇様(御神体)がその年の当屋に遷座し、闇夜に蠟燭の明かりのもと、酒が酌み交わされるなかで、明け方まで神事としての能が演じられる。翌2日の朝、上座・下座が競って王祇様を神社にかつぎ入れる朝尋常が行われ、王祇様が春日神社に還り、拝殿で能が演じられる。

---

作家・森敦が描いた小説「月山」の舞台

**注連寺** ㉘
0235-54-6536
〈M▶P.198〉鶴岡市大網字中台92-1
JR羽越本線鶴岡駅🚌湯殿山行大網🚶20分

　バスを降りて進行方向すぐに左の通りに入り、20分ほど歩くと集落のなかに、湯殿山を開山した弘法大師空海が祈禱所として建立したとされる注連寺(真言宗)がみえる。ここは旧六十里越街道に面し、湯殿山表口別当寺であり、湯殿山は女人禁制であったので、女人のための遙拝所として栄えた。本堂には1829(文政12)年に62歳で入定したと伝えられる鉄門海上人の即身仏が安置されている。鉄門海は加茂坂に隧道をつくり、また江戸では、眼病が流行した際に、みずからの左眼を隅田川の龍神に捧げ祈願した。

黒川能の里と出羽三山　229

注連寺

また、作家森敦が1974(昭和49)年に芥川賞を受賞した小説『月山』の舞台となった場所のため、境内には月山文学碑と自筆の原稿や書画などを展示する森敦文庫がある。

境内には七五三掛桜(市天然)とよばれる樹齢約200年のカスミザクラがあり、毎年5月上旬〜中旬にかけ見頃を迎える。咲き始めは白かった花が、散り際になると深い桃色へと変化する。

## 大日坊 ㉙
0235-54-6301
〈M▶P.198〉鶴岡市大網字入道11
JR羽越本線鶴岡駅🚌湯殿山行大網🚶15分

真如海上人の即身仏を安置する湯殿山総本寺

バス停近くの郵便局手前を左折し、坂道をのぼっていくと、大日坊(真言宗)がみえる。ここは弘法大師空海の開基と伝えられ、寺号を教王瑜伽寺と称したのを、のちに瀧水寺金剛院と改めた。注連寺同様、湯殿山の表口別当寺であり、女人の遙拝所として栄えた。

本堂は1875(明治8)年に焼失して再建されたものであるが、焼失以前のものは、僧坊をあわせ、桁行約77m・梁間約22mの大きさを誇っていた。本堂には真如海上人の即身仏が安置されている。真如海は20代の頃から即身仏を志し、1783(天明3)年に96歳で入定し、即身仏となった。堂内には飛鳥時代の金銅釈迦如来立像(国重文)がある。

仁王門(県文化)は鎌倉時代の建立であり、仁王門では県内最古のものである。また、旧境内には皇壇スギ(県天然)があ

大日坊仁王門

# 即身仏信仰と湯殿山

コラム

湯殿山神社には社殿は存在しない。湯殿山(1500m)中腹の黄褐色の岩から熱湯が湧出する場を神域としており、また、出羽三山の奥の院ともよばれ、月山・羽黒山で修行をした行者がここで仏の境地に至るとされている。

即身仏とは衆生救済を願い、厳しい修行の末、みずからの肉体をミイラにして残した行者のことである。即身仏になった行者は江戸時代に多く、とくに湯殿山の仙人沢で多数の行者が修行した。

即身仏になるための修行は、五穀断ち・十穀断ちなどにより一千日から三千日は木の実以外を口にしない木食行、冬でも川の氷を割って体を沈め、掌に立てた蠟燭が燃え尽きるまでじっと浸かりつづける水垢離、掌に百匁の蠟燭を立て、燃え尽きるまで支え続ける手行灯、毎日漆を飲む行などを行っていた。また、行者が飲んでいた湯殿山の湯には砒素が含まれており、身体を腐敗しにくくする効果もあったとみられる。

つぎの段階として断食状態に入る。入定の場として用意される土中の棺に入って土を掛ける。わずかに空気穴としての竹筒が通されるだけで、中はまったくの暗闇となる。行者はこの中で鉦を叩き、念仏を唱えながら即身仏となった。

現在、全国に18体の即身仏がまつられているが、山形県にはそのうちの8体、さらに庄内地方にある6体の即身仏はすべて湯殿山系である。

飢饉や悪病に苦しむ衆生のためみずからの身を捧げる

---

### 旧遠藤家住宅 ㉚

0235-53-2111（鶴岡市教育委員会朝日分室教育課）

〈M▶P.198〉鶴岡市田麦俣字七ツ滝139
JR羽越本線鶴岡駅🚌田麦俣行終点🚶3分

暮らしと作業・養蚕が1つにまとめられた多層民家

バスを降りると、右手前方に今も残されている3戸の多層民家がみえる。田麦俣は六十里越街道に沿い、湯殿山参拝の宿場として栄えた。ここは窪地であり土地が狭く、豪雪地帯でもあることから暮らしと作業・養蚕が一体となった多層民家が建造されてきた。

旧遠藤家住宅(県文化)は、江戸時代後期の文化・文政年間(1804～30)に建てられたと推定される。当初は寄棟造であったが、明治時代に養蚕が盛んになると、採光・通風の窓のある高はっぽう(破風窓)に改築されたため、窓の輪郭が曲線で武士が用いた兜に似ている兜造になった。

旧遠藤家住宅

1974(昭和49)年4月に山形県有形文化財の指定をうけ，1977(昭和52)年8月から翌年10月まで，山形県教育委員会の指導監督のもとに半解体復元工事を行い，兜造に改築された明治10年代の姿に復元されたものである。1階が家族の居室，2階が作業場，3階が蚕室となっていた。

## 正善院黄金堂 ㉛
0235-62-2380

〈M▶P.199, 234〉鶴岡市羽黒町手向字手向231
JR羽越本線鶴岡駅🚌羽黒山頂行黄金堂🚶1分

源頼朝と伝えられ、境内には黄金埋蔵の伝説

手向は出羽三山登山口の門前町として宿坊が軒を連ねる集落である。その宿坊が並ぶ町並みの左側に正善院黄金堂(国重文)がある。黄金堂は，源頼朝が，土肥実平を工事奉行として1193(建久4)年に寄進したと伝えられているものである。1594(文禄3)年に，上杉家家臣で当時の酒田城主甘糟景継によって大修復されたのが現在の堂の姿であり，1966(昭和41)年に解体修理を行い，茅葺き屋根を銅葺き屋根に換えた。境内には於竹大日堂や仏足石などがある。

## 羽黒山と三神合祭殿 ㉜
0235-62-2335(出羽三山神社)

〈M▶P.199, 234〉鶴岡市羽黒町手向
JR羽越本線鶴岡駅🚌羽黒山頂行羽黒センター🚶1分

出羽国の国御霊伊氐波神をまつる修験の山

羽黒山(414m)は，羽黒山(伊氐波神・倉稲魂命)・月山(月読命)・湯殿山(大山祇命・大己貴命・少彦名命)の出羽三山信仰，羽黒修験道の中核をなす霊場である。月山と湯殿山は積雪期には登拝が不可能なことから羽黒山の出羽神社に合祀することで，山頂に羽黒山三神合祭殿(県文化)が創建されている。

社殿は807(大同2)年建立以来，たびたび建て替えを行ってきたが，江戸時代においては4度の造替が行われている。1605(慶長10)年，最上義光の修造を始め，1768(明和5)年に再造，1796(寛政8)年に炎上，1805(文化2)年に再建されたが，1811年に再度炎上した。再度の火災後，社殿は1818(文政元)年に完成し，これが現在

三神合祭殿

のものである。入母屋造で高さ28.2m,拝殿間口26m・奥行20m,茅葺き屋根の厚さは2.1mある。

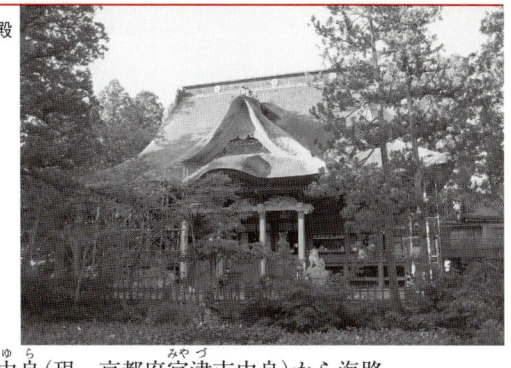

出羽三山の歴史は古く,592年崇峻天皇が蘇我馬子に暗殺された際に,その第3皇子である蜂子皇子が馬子から逃れるために丹後国由良(現,京都府宮津市由良)から海路,鶴岡市由良の八乙女浦近くの海岸に上陸した。蜂子皇子はこの後,海岸から三本足の霊鳥に導かれて,羽黒山にのぼり出羽三山を開いたと伝えられている。

羽黒派修験道の隆盛は,平安時代末から鎌倉・室町時代で,「中世の大学」と称されるほどであった。三山は神仏習合,真言宗で奉仕していたが,第50代別当天宥は,江戸上野寛永寺(天台宗)の天海僧正に師事し,東叡山寛永寺の勢力と結び従来の真言宗を天台宗に転宗した。

1868(明治元)年の神仏分離令では,仏式による祭礼を神式にかえ,山伏は復飾(還俗)し,祝部の称号を与えられるが,修験道の伝統は受け継がれている。一方で,荒澤寺や正善院などは復飾することなく,仏式による羽黒派修験道を受け継いでいる。

羽黒山を参拝するには羽黒センターバス停から1分ほどで随神門をくぐるが,そこからが出羽三山神社の神域である。

随神門から継子坂をくだると祓川の朱塗りの橋に出る。かつて三山を詣でる者は祓川につかり身を清めてから参道を進んだ。祓川を挟んで流れ落ちる須賀の滝は天宥が月山より8kmの水路をひいてつくったものである。

随神門からの表参道は,全長約1.7km,2446段の石段である。両側には樹齢350〜500年のスギ並木が続く。その数は400本以上で,国の特別天然記念物に指定されている。そのなかでも祓川の朱塗りの橋から5分ほどで,樹齢1000年といわれる爺スギ(国天然)にたどりつく。そのすぐ近く,一の坂登り口の左手に,東北最古の塔とい

黒川能の里と出羽三山

羽黒山五重塔

われる3間5層柿葺き白木造の五重塔(国宝・県史跡)がある。承平年間(931〜938)、平将門の創建と伝えられる。現在の塔は約640年前に再建されたものといわれ、高さは約29.4mである。

表参道には特別に一の坂・二の坂・三の坂といわれる傾斜が急な坂道がある。とくに、二の坂は「油こぼしの坂」ともいわれ、参道中もっとも急な坂である。二の坂茶屋では庄内平野を一望することができる。

三の坂登り口右側に表参道から分かれる小道がある。これを400mほど進むと別当寺別院紫苑寺跡の羽黒山南谷(県史跡)に出る。本堂・客殿・護摩堂など約2300㎡の広さが荘厳さを強調していたが、今は礎石・泉水・庭園のみが残っている。ここには『奥の細道』の旅をしていた松尾芭蕉も泊まっている。環境省の「かおり風景100選」認定地でもある。三の坂をのぼった左手に斎館(羽黒山参籠所)がある。現在は参拝客の宿泊所・食事処として利用されているが、ここは、神仏分離令の際にも山頂までのなかでただ1つ残された寺院で、華蔵院と称していた。

山頂には蜂子皇子をまつる蜂子神社と三神合祭殿、周囲約130m

羽黒山周辺の史跡

# 出羽三山と六十里越街道

コラム

三山信仰と人びとの足によって踏み固められた古道

　出羽三山の主峰は月山である。7～9月の間は荒澤寺・月山ビジターセンター前バス停から月山八合目の弥陀ヶ原まではバスで50分ほどで向かうことができる。

　月山（1984m）・湯殿山（1500m）・羽黒山（414m）は平安時代の昔から出羽三山と称され、東北における修験道の中心地として信仰を集め、東国33カ国の総鎮守として紀州（現、和歌山県）熊野・豊後（現、福岡県）英彦山と並び称された霊山であった。

　また、羽黒山は現世、月山は死、湯殿山は再生を司るとされている。

　月山・湯殿山・羽黒山を三権現ともいい、三山というようになったのは元亀・天正年間（1570～92）頃からである。それ以前は羽黒山・月山・葉山（1462m、村山市）を三山として、湯殿山は「総奥之院」としていた。

　出羽三山の修験は羽黒派に属し、冬期でも登拝可能な羽黒山を基盤に湯殿山・月山と回峰修業した。本来「お山詣り」というのは出羽三山を回峰参拝することであるが、江戸時代には、三山の主体は湯殿山であると考えられることが多かったようで、湯殿山参詣を「お山詣り」といっていた時期もあるようである。

　江戸時代における六十里越街道は、現在の国道112号線・山形自動車道とは大きく異なり、山々を越える急峻な道が大部分である。今では通る人もほとんどないが、六十里越街道は湯殿山参詣のための参詣道として栄えた。

　内陸から六十里越街道を利用して三山を参詣する場合は、羽黒山にのぼって下山するか、湯殿山を参詣して帰る者が多く、大部分は六十里越街道からまず手向へ向かう。そこから羽黒山にのぼり、また六十里越街道を引き返し、湯殿山に参詣していたようで、月山を経由する行者は少なかったとみられるが、出羽三山信仰と六十里越街道が江戸時代に栄えていたことにかわりはなかった。

の池がある。この池は三神合祭殿が水面によく映えることから鏡池といわれるが、古くは御手洗池ともよばれていた。この池から平安～江戸時代中期までの鏡が発掘され、そのうち190面（羽黒山御手洗池出土銅鏡、国重文）が出羽三山歴史博物館に収蔵されている。歴史博物館には、ほかにも銅燈籠竿（国重文）、鉄擬宝珠・銅狛犬・天宥追悼句（芭蕉筆）・松尾芭蕉書簡（いずれも県文化）など、出羽三山に関する宝物・資料を収蔵・展示している。

　山頂には、鐘楼（国重文）と、1275（建治元）年の銘がある口径

1.68mの，大鐘(梵鐘，国重文)もある。これは，中世以前のものとしては東大寺鐘につぐ規模である。ほかに蜂子皇子墓，東照社，参集殿，霊祭殿，摂社，末社，3本足の烏の像，芭蕉の像と句碑などがある。

　山頂には参道を進むほかにも，バスで羽黒山頂行き終点で下車する行き方もある。

　山頂から旧参道をくだると，入峰修行をする峰中籠堂を通り荒澤寺に至る。ここは羽黒山修験本宗で，境内に石仏や女人禁制の碑などがある。

　羽黒山では，さまざまな祭礼が行われているが，毎年大晦日には松例祭が行われる。これは，羽黒修験の四季の峰の1つ冬の峰の満願の祭事である。手向地区より松聖(手向集落の修験者の中で大業，秋の峰，羽黒山本坊につとめる番乗の三役を勤め，阿闍梨会も終えた修験者から選ばれた者)2人が選ばれ，9月24日より百日の行に励む。この間，祭壇を設え，興屋聖(鍬・鎌を入口にとりつけた苫屋)に納められた五穀に稲霊の憑依を祈るとともに，五穀豊穣・天下泰平を祈願する。また古来よりこの祭りの費用を得るため，11月15日から松の勧進として庄内地方の家々に出向き，寄進を募り，満願の日を迎える。12月30日には両松聖に所属する地元地区の若者が昇山し，それぞれがツツガムシ(悪魔)をかたどった，茅1333本，綱17本の大松明2本をつくる。午後2時頃に綱まきの神事，午後7時頃に綱さばき・検縄・砂はきなどの神事が行われ，深夜11時頃に大松明に火をつけて焼き捨てる。この大松明の火の明暗で豊凶を占うのである。その後に国分・火の打換えの神事を行い，午前1時頃に神事がすべて終わり，羽黒山は新たな1年を迎える。

## いでは文化記念館 ㉝
0235-62-4727

〈M ▶ P. 199, 234〉鶴岡市羽黒町手向字院主南72
JR羽越本線鶴岡駅🚌羽黒山頂行羽黒センター🚶3分

出羽三山と修験の世界を学び、体験し、伝える拠点

　羽黒センターバス停で下車して羽黒山頂に向かう道路を100mほど進むと右側に，いでは文化記念館がある。ここでは，出羽三山の歴史や文化，山岳信仰や修験道などに関する資料が展示され，映像を用いて山伏修行を紹介したり，「出羽三山の四季」や「秋の峰入

り」「松例祭」などを放映して，出羽三山の世界を紹介している。講話やセミナーも開催されている。ほかにも出羽三山の山伏が吹く，衆生の迷夢を覚し，諸悪を祓う力があるといわれている法螺貝の試吹をしたり，山伏の白装束を身に纏い，水垢離・抖藪行・忍苦の行・滝うちなどの修行体験なども行っている。

　また，観光ガイド（7日前までに申し込みが必要，有料）も行っており，国宝五重塔拝観コースでは，いでは文化記念館から随神門を通り，国宝五重塔周辺を散策する。羽黒山頂周遊コースでは，いでは文化記念館から石段をのぼり，山頂までを目指し，三神合祭殿を始めさまざまな史跡を散策する。

　なお，この施設「いでは文化記念館」の「いでは」は「出羽」の国（矢に使った鷹の羽根を多く産出したことから「いでは」→「でわ」となった），ドイツ語のidea（イディア＝理想理念）から名づけられている。

## 玉川寺 34

0235-62-2746

〈M ▶ P. 199, 234〉鶴岡市羽黒町玉川35
JR羽越本線鶴岡駅🚌羽黒方面行大鳥居🚶15分

四季折々花に囲まれた「花の寺」

　羽黒の大鳥居バス停から農道を南方に進むと，1kmほどで玉川集落に入る。集落の東方山麓に國見山玉川寺（曹洞宗）がある。1251（建長3）年に道元の高弟だった了然によって開山されたと伝えられている。近郷に多くの末寺をもつ曹洞宗寺院では日本でもっとも古い旧蹟である。庭園（国名勝）は羽黒山第50代別当天宥が改修したといい，池のなかに木や石を組み合わせて亀を，中庭に石で鶴をそれぞれかたどり，鶴・亀のめでたさをあらわした蓬莱型回遊式庭園である。

　境内には，1758（宝暦8）年玉川に生まれ，相撲の出羽海部屋創始者出羽海金蔵の顕彰碑が設けられている。

　玉川寺の近くには縄文時代中期から晩期の集落遺跡である玉川遺跡（県史跡）が

玉川寺庭園

黒川能の里と出羽三山

ある。ここからはヒスイの小玉・丸玉・勾玉などが多数出土し，その一部を境内の玉川遺跡展示場に展示している。

### 松ヶ岡開墾場 ㉟
0235-62-2173
〈M ▶ P. 198〉 鶴岡市羽黒町松ヶ岡
JR羽越本線鶴岡駅🚗20分

明治維新以降，武士たちが刀を鍬に替え，開墾した地

松ヶ岡開墾場（国史跡）は鶴岡市の東方赤川に架かる羽黒橋を渡り，南東方向へ6kmほど向かった松ヶ岡集落にある。明治維新の際に旧庄内藩の士族授産の一環として，1872（明治5）年に旧藩士3000人を29組に編成し，刀を鍬に換えて，8月に開墾事業に着手し，後田林106ha，翌1873年には高寺山・馬渡山・漆原山・黒川山の204haを開墾した。開墾事業の中心地であった経塚丘には庄内藩江戸屋敷から遷座した稲荷神社をまつり，藤島村にあった旧本陣（丸岡にあった加藤忠廣の居館）を移築して，管理事務所とした。

「松ヶ岡」の名称は鶴岡藩9代藩主酒井忠発が命名したものである。ここではおもに養蚕業に力を入れ，1877（明治10）年までに木造3階建ての蚕室10棟を建てた。蚕室の屋根には鶴ヶ岡城の屋根瓦が用いられた。現在は本陣はそのままに展示され，残る第1～第5蚕室は，それぞれ松ヶ岡開墾記念館，松岡窯陶芸教室・ギャラリーまつ，くらふと松ヶ岡「こうでぃらいね」，庄内農具館，庄内映画村資料館として公開されている。

松ヶ岡開墾場第1蚕室

# 旧東田川郡 ⑤

米どころ庄内平野の中心に位置するこの地は，かつては多くの城・館を構えた争乱の地であった。

## 東田川文化記念館 ㊱
0235-64-2537

〈M ▶ P.198, 240〉鶴岡市藤島字山ノ前99
JR羽越本線藤島駅 🚌清川行藤島仲町 🚶2分

東田川郡が明治から歩んできた文化や歴史を伝える

バス停から南を向くと目の前に東田川文化記念館がみえる。東田川文化記念館は旧東田川郡役所庁舎・旧東田川郡会議事堂（ともに県文化）・旧東田川電気事業組合倉庫で構成され，1989（平成元）年から復元工事を開始し，1996（平成7）年に完成した。

1878（明治11）年に田川郡が東西2郡に分けられた際に，鶴岡に西田川郡役所をおき，藤島に東田川郡役所をおいた。東田川郡役所庁舎は1886（明治19）年に焼失した西洋建築にかわって，1887（明治20）年に山居倉庫などを手がけた高橋兼吉によって設計・施工された木造平屋建ての和風建築になったが，床張り・回廊など一部に洋風建築を取り入れている。東田川郡役所としての役目を終えた後は，1984（昭和59）年まで旧藤島町役場として使用されていた。現在は展示施設としても利用されている。

旧東田川郡役所

郡役所庁舎の斜め向かいには旧東田川郡会議事堂がある。1887（明治20）年の郡役所再建時に同時に建てられた。1903（明治36）年には大改修が施されている。外観は木造2階建ての洋風建築であるが，1階は畳敷き

旧東田川郡会議事堂

旧東田川郡　239

藤島駅周辺の史跡

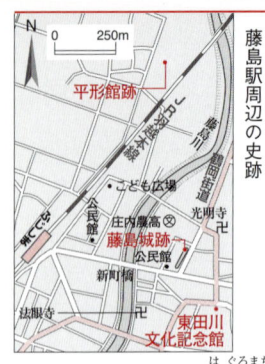

の部屋が5室ある長押付和風建築であり、議場として使われていた2階は洋風建築である。現在、1階は市立図書館藤島分室として、2階は明治ホールという名称でコンサートや講演会に利用されている。

旧東田川電気事業組合倉庫は1924(大正13)年に建てられ、現在は東田川文化記念館の管理棟と展示室として利用されている。ここでは鶴岡市羽黒町玉川遺跡の出土品や、旧藤島町内古楯跡地内から出土した奈良時代〜平安時代中期のものとみられる独木舟(県文化)などを展示している。独木舟は割竹形刳り舟で全長14.05m・幅1.24mで、現存のものでは日本最大といわれている。

### 藤島城跡 ㊲

0235-64-5804(鶴岡市藤島庁舎産業課)

〈M ▶ P.198, 240〉鶴岡市藤島字古舘跡
JR羽越本線藤島駅 徒 7分

和銅年間、出羽国府に付随しておかれた城

藤島駅から東方へ伸びる道をまっすぐ4分ほど進み、藤島川を渡ると左手に水堀の一部がみえる。これが藤島城跡の一部である。

藤島城の築城は和銅年間(708〜715)といわれ、当時は出羽国府に関係した城であったと推定されている。鎌倉時代になると周辺を支配した土佐林氏が城主となり、1351(観応2)年には北畠顕信が守永親王(後醍醐天皇の孫)を奉じて旗揚げし、以降二十数年間、東北における南朝側の拠点となった。

戦国時代末期になると、藤島を含めて庄内一帯が最上氏と武藤氏・上杉氏の交戦場となり、何度も支配権が変わり、土佐林氏も滅亡している。1590(天正18)年に豊臣秀吉によって行われた奥州仕置により、上杉氏の支配が決まり、検地を実施した。それに対す

藤島城跡

る地侍の抵抗が大きく農民たちを扇動し,大一揆に発展している(藤島一揆)。

城は平城だが,高い土塁を築き,藤島川を外堀とし,曲輪・出城・支城を兼務した楯とよばれる前衛基地が多数城を取り囲んでいた。関ヶ原の戦い(1600年)後は再び最上氏領となるが,1615(元和元)年の一国一城令により藤島城は廃城となった。現在は本丸に八幡神社が鎮座し,それを取り囲むように土塁の遺構がみられ,正面には水堀の一部も残り,鶴岡市指定史跡になっている。

## 平形館跡 ㊳

0235-64-5804(鶴岡市藤島庁舎産業課)

〈M▶P.198, 240〉鶴岡市平形字桜屋敷36
JR羽越本線藤島駅 🚶12分

*現存する山形県下唯一の土塁のある館跡*

藤島駅から北へ進み踏切を渡り,羽越本線を右手にみながらさらに北方へ約300m進むと平形館跡の案内板がみえる。

平形館跡(県史跡)は鎌倉時代につくられた館跡で,東西約100m・南北約150mの土塁と水堀で囲まれ,内部には南北に細長い建物が数棟立っていたと考えられている。藤島城と隣接していることから,出城や橋頭堡的な役割をもっていたと推定されているが,館主は不明である。

豊臣秀吉の奥州仕置により,庄内地方の国人衆は最上氏領に逃れ,上杉氏支配となった頃に破却されたものと考えられる。現在も西側南半分の土塁が残り,当時の姿を留めている。

平形館跡

## 横山城跡 ㊴

0235-66-4656(三川町観光協会)

〈M▶P.198〉東田川郡三川町横山字横山156-1
JR羽越本線鶴岡駅 🚌酒田行横山 🚶5分

*交通上の要衝に築かれた天然の要害*

バス停から酒田方面へ徒歩で向かいJAを過ぎ,電気店の交差点を左折すると大きな松をみることができる。このあたりが横山城跡であり,大浦城と藤島城の中間に位置し,戦国時代には武藤氏と藤島の土佐林氏が抗争していた時期には戦略上重要な拠点であった。

武藤氏が衰退すると,一時的に最上氏の勢力下に入っていたが,

旧東田川郡

1588(天正16)年、十五里ヶ原の戦いの際に、村上の本庄繁長を中心とする上杉勢によって城を焼かれている。以後の横山城の状況については記録がなく定かではないが、1615(元和元)年の廃城で破却されたものと考えられている。

## 乗慶寺 ⑩
0234-42-3410
〈M ▶ P.198〉東田川郡庄内町余目字館27
JR羽越本線・陸羽西線余目駅 🚶20分

**余目を16代にわたって支配した安保氏の菩提寺**

余目駅から駅前の通りを直進し、国道47号線との交差点に出たら右折する。しばらく進み、歩道橋のある交差点を右折すると、梅枝山乗慶寺(曹洞宗)がある。ここは中世に余目を16代にわたって支配した安保氏の菩提寺である。この地は、古くは余目城があった地ともいう。本堂の前には1844(天保15)年に近郊の農民の手で建てられた五輪塔があり、安保氏16代の供養塔といわれている。

本尊は聖観世音であり、絵画・仏像が多く、銅造りの蔵王権現立像と銅造阿弥陀如来坐像は、いずれも鎌倉時代のものと推定されている。

余目城は正平年間(1346～70)頃、安保氏が入部した際に築かれ、以後は安保氏16代の居館として機能した。安保氏の始祖は安保肥前守直実であり、武蔵七党の丹党の流れを組み、足利高氏の執事高師直の家臣でもあったとされる。

1575(天正3)年に尾浦(現、鶴岡市)の武藤義氏と戦って安保氏は滅亡した。その後、余目城は梅木某が相続したとされているが詳細は不明である。1591(天正19)年に武藤氏が滅亡すると、庄内地方は上杉氏・最上氏へと支配が移った。その間、余目城は清川関と亀ヶ崎城(現、酒田市)との中間拠点として重要視されていたが、1615(元和元)年に一国一城令により廃城となった。現在、余目城の遺構は残っていないが、わずかに南側と西側に空堀跡が確認でき、

**安保氏供養塔**

土塁と空堀によって囲まれた平城であったと想定される。

## 楯山城跡 ㊶　〈M▶P. 199, 243〉東田川郡庄内町狩川字楯山400
0234-42-2922（庄内町観光協会）　JR陸羽西線狩川駅 🚶10分

**北楯大堰を築いた北楯利長の居城**

　狩川駅の駅前の通りを直進すると，県道33号線（旧国道47号線）に出る。この交差点を左折して橋を渡り，その先を右折し，楯山公園への坂道をのぼると楯山城跡がある。楯山城は最上義光の家臣北館利長（大学）の居城で，1615（元和元）年に廃城となっており，北館大学は1622年の最上氏改易後は，酒井氏に仕えた。楯山公園の北方，見龍寺（曹洞宗）に北館大学の墓所がある。

　北館大学は最上義光の支持を得て，1612（慶長17）年に立谷沢川から取水する堰を掘り，広大な原野を開発する事業に着手した。近郷の農民が動員され，4カ月で完成した。これが北楯大堰である。その後，北楯大堰からの取水によって数十の新田村が成立し，数千町歩の田地ができた。最上氏時代に庄内地方では耕地拡張のための大規模な灌漑工事が行われ，ほかにも赤川から取水した青龍寺川・中川堰・因幡堰などがある。

**狩川駅周辺の史跡**

　北館大学の功績を偲び，八幡神社境内に北楯水神社を建立し，1918（大正7）年には，公園となった城跡に神社を移転し，のちに北館神社と改称した。神社には非公開ではあるが，北館大学所用と伝えられる色々威胴丸（県文化）が所蔵されている。

　また，公園の隣にあるウインドーム立川では全国に先駆けて風力発電を取り入れた庄内町の歩みを紹介している。

## 熊野神社 ㊷　〈M▶P. 199, 243〉東田川郡庄内町狩川字堂ノ下48
0234-42-2922（庄内町観光協会）　JR陸羽西線狩川駅 🚶15分

**古来の庄内地方の森を感じる場**

　狩川駅前の通りを直進し，県道33号線を左折し，狩川地区の東方へ10分ほど進むと，850（嘉祥3）年に出羽郡司だった小野良実（伝小野小町の父）が水神（熊野権現）をまつったことが最初と伝えられる熊野神社がある。時々の当地の権力者からの崇敬が篤く，1618

旧東田川郡

(元和4)年には北館大学も社殿を再建している。境内は神木のナンジャモンジャの木(県天然)を始め、多くの木々に囲まれ、古来の庄内地方の森を感じることができる場として「熊野神社の森」として庄内町の天然記念物に指定されている。ナンジャモンジャの木は小野良実の墓標として植えられたと伝えられており、樹高30m・根回り25.4m・幹回り4.5m、推定樹齢500年の巨大なエゾエノキである。寒冷な庄内地方でありながら、熱帯地方でみられる根元が異常発達してできる板根をみることができる。

## 清河八郎記念館 ㊺
0234-57-2104
〈M▶P.199〉東田川郡庄内町清川字上川原37
JR陸羽西線清川駅🚶10分

清河八郎の遺品・明治維新資料を百数十点保管

清川駅を出て右折して600mほど進むと清川小学校があり、そこを右折してしばらく歩くと左手の御殿林のなかに清河八郎をまつる清河神社と清河八郎記念館がある。

清河八郎は1847(弘化4)年、18歳のときに江戸に出て文武を学んだ。その後、江戸幕府14代将軍徳川家茂警護を目的とした浪士組の結成にかかわったり、攘夷決行を企てたりしたが、強い影響力をもつ清河八郎のもとに浪士が集まり、それらが清河八郎のために行動することを危惧した幕府の命によって、1863(文久3)年に34歳で暗殺されている。

清河八郎の没後百年記念事業の1つとして、1962(昭和37)年に開館した記念館には藤本鉄石筆紙本淡彩清河八郎像や、清河八郎の書簡・遺品などの清河八郎関係資料(いずれも県文化)のほか、清河八郎が結成にかかわった浪士組に参加した志士の名簿(近藤勇・土方歳三・沖田総司・芹沢鴨らの直筆署名)や、北辰一刀流兵法免許が収蔵・展示されている。

御殿林とは、最上川と立谷沢川の水防

清河八郎記念館

と「清川だし」を防ぐために植林された杉林である。「清川だし」とは春から秋にかけて日本海側を低気圧が通過するときに、最上川渓谷を通って庄内平野へ吹き出る強い東風のことである。

　ここは、戊辰戦争(1868〜69)の際に、新政府軍と庄内藩軍が戦闘を行った古戦場でもあり、いまだに弾痕の残るスギもある。清川口の戦いで戦死した新政府軍兵士の墓は北楯大堰わきに、庄内藩軍兵士の墓は記念館から北西約300mにある歓喜寺(曹洞宗)の境内にそれぞれ建てられている。この歓喜寺には清河八郎の墓所もある。

　清川には江戸時代に庄内の5つの関所のうちの1つがあり、参勤交代には、鶴岡を出発してから清川の屋敷で1泊し、最上川をのぼった。また松尾芭蕉が最上川をくだり、清川に上陸したときには、手形の不備を咎められている。関所跡には加藤楸邨筆の「五月雨を　あつめて早し　最上川」の句碑が建てられている。

*Akumi* 飽海

春の日和山公園

庄内平野を流れる最上川(眺海の森から)

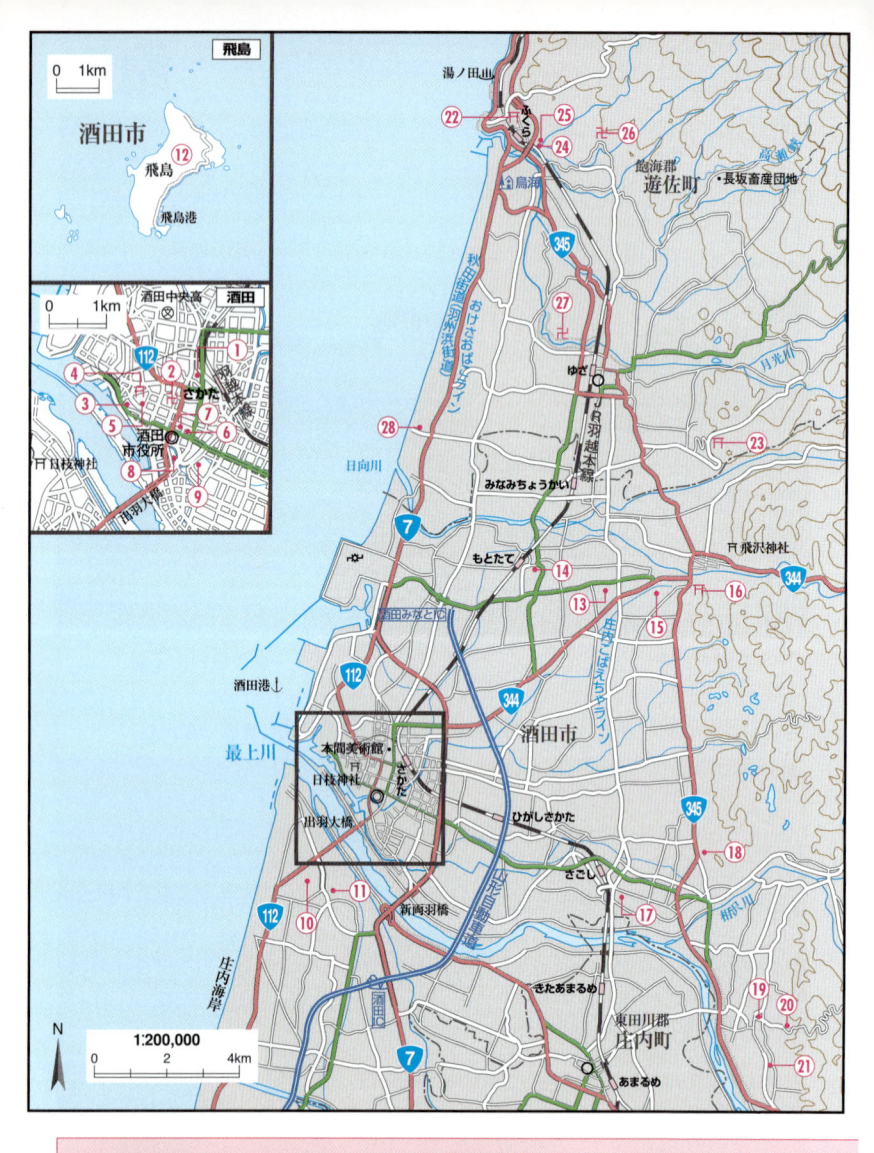

| ①本間美術館 | ⑤光丘文庫 | ⑨亀ヶ崎城跡 | ⑬城輪柵跡 |
| --- | --- | --- | --- |
| ②泉流寺・徳尼公廟 | ⑥本間家旧本邸 | ⑩酒田市美術館 | ⑭新田目城跡 |
| ③日和山公園 | ⑦旧鐙屋 | ⑪土門拳記念館 | ⑮堂の前遺跡 |
| ④日枝神社(日吉町) | ⑧山居倉庫 | ⑫飛島 | ⑯一条八幡神社 |

## ◎飽海モデルコース

1. JR羽越本線酒田駅_5_本間美術館_12_泉流寺・徳尼公廟_5_浄福寺唐門_5_相馬屋主屋_3_山王くらぶ_2_橋本家_3_日和山公園_1_旧白崎医院_2_日枝神社_1_光丘文庫_海向寺_12_旧鐙屋_3_本間家旧本邸・長屋門_5_酒田町奉行所跡_3_山居倉庫・庄内米歴史資料館_6_亀ヶ崎城跡_12_酒田市立資料館_6_清亀園_3_日枝神社_7_JR酒田駅

2. 日和山公園山頂広場口_1_金毘羅神社_2_常夜灯_1_方角石_3_洋式木造六角灯台_3_河村瑞賢庫址碑_3_瑞賢銅像_3_旧白崎医院_3_甲午震災記念碑_4_光丘神社_2_官軍兵士の墓_5_日和山公園山頂広場口

3. JR羽越本線酒田駅_8_出羽遊心館_1_酒田市美術館_3_土門拳記念館_12_飯森山山頂経緯度観測点_8_土門拳記念館_1_南洲神社_9_黒森歌舞伎の里,日枝神社_20_JR酒田駅

4. JR羽越本線酒田駅_12_新田目城跡_3_城輪柵跡_1_城輪神社_6_堂の前遺跡_3_一条八幡神社_3_八森遺跡_20_JR酒田駅

5. JR羽越本線酒田駅_8_砂越城跡_3_飛鳥神社_4_山楯の大ケヤキ_6_生石板碑群_8_新山神社_5_山谷三ヶ沢阿弥陀仏板碑_7_土淵ゆずの木_6_阿部記念館_4_松山城大手門_1_松山文化伝承館_2_總光寺庭園・キノコスギ_8_眺海の森_11_阿部喜助家住宅_32_JR酒田駅

6. JR羽越本線遊佐駅_10_旧青山家住宅_9_玉龍寺_2_岡田のムクの木_8_大物忌神社蕨岡口ノ宮_1_大泉坊長屋門_5_杉沢熊野神社_5_大楯遺跡_10_永泉寺_10_吹浦遺跡_2_吹浦駅頭佐藤政養銅像_1_大物忌神社吹浦口ノ宮_3_十六羅漢岩_7_三崎タブ林・大師堂_2_奥の細道,三崎峠公園_18_JR遊佐駅

7. 酒田港_90_勝浦港_15_飛島ウミネコ繁殖地_40_荒崎海岸_45_源氏盛・平家盛遺跡_5_高森神社_15_巨木の森,ブナ林_20_テキ穴洞窟遺跡_25_勝浦港_90_酒田港

⑰砂越城跡　　　㉑阿部記念館　　　㉓出羽国一ノ宮鳥海　㉕小山崎遺跡
⑱生石板碑群　　㉒出羽国一ノ宮鳥海　山大物忌神社蕨岡　㉖永泉寺
⑲松山城大手門　山大物忌神社吹浦　口ノ宮　　　　　　㉗玉龍寺
⑳總光寺庭園　　口ノ宮　　　　　　㉔吹浦遺跡　　　　㉘旧青山家住宅

# 湊町酒田

アカデミー賞「おくりびと」で一躍有名になった酒田は，日本海と最上川，鳥海山と庄内の美田に囲まれた湊町である。

**本間美術館** ❶　〈M▶P. 248, 250〉酒田市御成町7-7　P
0234-24-4311　　JR羽越本線酒田駅 🚶 5分

全国に先駆けて創設著名人も訪れる有数の美術館

　JR酒田駅より北西400mほどの所に本間美術館がある。本間美術館は第二次世界大戦後の1947(昭和22)年5月，芸術・文化活動の停滞はもちろん，人心の混乱がその極みに達していた頃，全国に先駆けて美術館を開設，前途多難な日本の復興に，一筋の曙光をもたらした。美術館の土台になった建造物は，1813(文化10)年，酒田の豪商本間家4代光道が，増え続ける失業者救済をかねて，庭園つきの壮大な別荘を現在地に建設したことに始まる。本屋を清遠閣，庭園

酒田市役所周辺の史跡

鶴舞園

を鶴舞園と称し、六明廬と命名された茶室がある。

なお、2012(平成24)年1月、本間美術館の庭園「本間氏別邸庭園(鶴舞園)」が国名勝に指定された。

1925(大正14)年10月14日、東宮(昭和天皇)が酒田に行啓した際に宿泊し、「廣き野を 流れゆけども 最上川 うみにいるまで 濁らざりけり」と詠んだ。この歌はのちに「山形県民の歌」に制定され、愛唱されている。本間家が点字読書会や育英事業に尽力していたこともあって、1948(昭和23)年9月にヘレン・ケラーが訪れ、ヒマラヤスギを植樹した。

本間美術館は1967年に新館が竣工、国指定の重要文化財3件、県指定の文化財18件を所蔵する、国内でも屈指の美術館として注目されるようになった。国指定の3件とは、蒔絵二重短刀箱(内箱桐繋・外箱歌所菱)、紙本墨書市河文書(嘉応2〈1170〉～永禄12〈1569〉年)、伊勢物語(伝民部卿局筆本)寛文四(1664)年初冬冷泉為清識語である。短刀箱は伊達家より徳川家光に献上され、1657(明暦3)年1月の江戸振袖大火で、奇しくも焼け残ったものであり、市河文書は鎌倉幕府下文を含む、貴重な史料である。

県指定の18件の内訳は、高麗青磁象嵌平茶碗、ほか4件の工芸品、紙本淡彩蕪村句稿貼交屏風(松村呉春筆)六曲屏風、ほか7件の絵画、玉志亭唱和懐紙(芭蕉筆)、ほか4件の書跡である。芭蕉懐紙は1689(元禄2)年6月23日(陽暦8月8日)、近江屋三郎兵衛(俳号玉志)宅に招かれたおりの染筆になるものである。

**泉流寺・徳尼公廟** ❷  〈M▶P.248, 250〉酒田市中央西町1-30 P
0234-22-2488　JR羽越本線酒田駅🚌るんるんバス酒田駅大学線文化センター前🚶2分

JR酒田駅前通り西方約700mに、市立図書館を併設する酒田市総合文化センターがあり、その東隣に泉流寺(曹洞宗)がある。寺門入口すぐ左手に、酒田発祥にかかわる人物がまつられている徳尼公

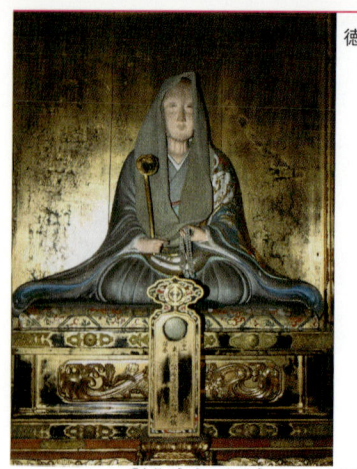

徳尼公像

酒田発祥伝説に深くかかわる徳尼像をまつる

廟と，三十六人衆之碑が立っている。徳尼公は藤原秀衡の妹，あるいは後妻泉の方であるといわれている。徳尼公は奥州平泉（現，岩手県）より酒田三十六人衆に護られて向酒田に移り住み，泉流寺林の草庵で，1217(建保5)年4月15日，87歳で亡くなったという。泉流寺はその後，当酒田へ移転，3度目の移転先が現在の寺域である。2004(平成16)年3月，徳尼公像（木造，像高50cm）・天井絵（狩野派）・棟札を内蔵する徳尼公廟が，市の文化財に指定された。泉流寺の南約200mの中央西町4丁目に浄福寺（浄土真宗）があり，入口の唐門は宝暦年間(1751〜64)の建立で，酒田で最古の四脚向唐門である。浄福寺から道路を狭んで東側，中央東町4丁目の浄徳寺（浄土宗）には，刺繍当麻曼荼羅附版木（県文化）がある。また，近くの中町2丁目小野太右衛門家には，米沢藩家老で，NHK大河ドラマ「天地人」の主人公にもなった直江兼続書の紙本墨書春日賦花七絶（県文化）が所蔵されている。

### 日和山公園 ❸
0234-26-5745(酒田市都市計画課)　〈M▶P.248, 250〉酒田市南新町1丁目 P
JR羽越本線酒田駅🚌鶴岡行 寿町 🚶10分

北前船・西廻り航路関係遺跡が点在

JR酒田駅より徒歩で20分，寿町バス停からは，西方へ徒歩10分で日和山公園に至る。最上川河口右岸，標高31mの高台にある日和山公園は，「日本の都市公園百選」に選ばれた。公園周辺一帯には，北前船や西廻り航路にちなむ史跡が多くみられる。すなわち中・近

洋式木造六角灯台（日和山公園）

河村瑞賢像(日和山公園)

世の酒田は、豊穣な農産物を背景に、日本海や最上川を中心とした海運・舟運によって繁栄してきた湊町である。公園の南東隅に、やや朽ちはててたたずむ金刀比羅神社には、西国の船主・船頭たちが、航海の無事を奉謝して、鳥居や狛犬(出雲系)を奉献している。

公園の南西に聳え立つ高さ9mの洋式木造六角灯台(旧酒田灯台,県文化)は、日本最古の木造灯台といわれている。六角灯台は最上川河口左岸宮野浦にあったが、のちに右岸大浜に移され、さらに1999(平成11)年11月に光源到達距離32kmの新式灯台が酒田市高砂に竣工したことにより旧式灯台はその役目を終え、保存を目的に現在地へ移設された。

公園南西隅の駐車場に、河村瑞賢庫址碑がある。1672(寛文12)年、瑞賢は出羽の幕府領米(城米)江戸廻送ルート開発を拝命、酒田港を起点とする下関—瀬戸内海—大坂経由で江戸に達する西廻り航路を開発した。瑞賢は火災や洪水被害から幕府領米を護るため、郊外の日和山を選定、東西151m・南北96mの米置場を創設した。保管方法は1ブロック36俵を傘積みにし、これを2000ブロック設け、合計7万2000俵の米をおくことができるようにした。この貯蔵米俵数は、村山・庄内・由利の総幕府領米俵数と合致する。ただし、野積みであった。

河村瑞賢による西廻り航路開発後、最上川舟運のさらなる隆盛とともに酒田は飛躍的に繁栄し、「西の堺、東の酒田」といわれるようになった。酒田生まれの彫刻家高橋剛制作の瑞賢像が、公園広場に立っている。広場の池には、千石船のミニチュアが浮かんでいる。公園東南の高台には、紀

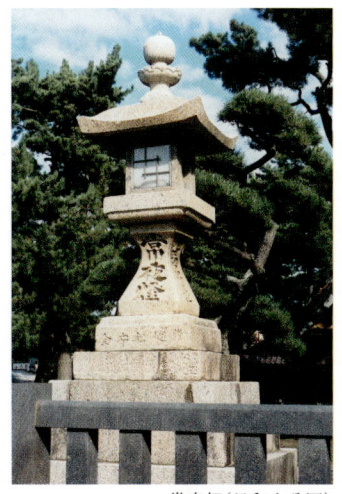

常夜灯(日和山公園)

湊町酒田

州(現，和歌山県)の船頭らが航海の安全を山王社に祈願して建立した，3.2mの常夜灯が立っている。礎石には高田屋嘉兵衛手船中の名前も刻されている。常夜灯のすぐ近くに，芭蕉句碑2基と，翁の銅像が立っている。1689(元禄2)年6月13日(陽暦7月29日)，松尾芭蕉は曾良を伴い，鶴岡から赤川を舟でくだり，最上川から日和山下に上陸している。芭蕉がのぼったであろうとされる坂を，芭蕉坂と命名している。

　芭蕉句碑のすぐ近くに，昭和天皇が東宮時代の1925(大正14)年10月，酒田へ行啓したときに詠んだ「廣き野を　流れゆけども　最上川　うみにいるまで　濁らざりけり」の歌碑が立っている。「山形県民の歌」の発祥である。高台にある東屋に，直径71cmの御影石でつくられた方角石がある。

　公園を1周するように文学の散歩道が，日枝神社西側高台の尾根から南西方向に走っている。文学の散歩道には，酒田出身の世界的な数学者小倉金之助や，哲学者伊藤吉之助の歌碑を始め，酒田へ来遊した正岡子規・野口雨情・竹久夢二・吉田松陰・幸田露伴・与謝蕪村・若山牧水・井上靖・斎藤茂吉ら，著名人二十数人の碑が立っている。なお日枝神社随身門西側高台には，1894(明治27)年10月22日の庄内大地震で，死者717人を出したことを伝える「甲午震災記念碑」が立っている。さらに北東には，本間光丘の砂防林事業をたたえる「松林銘」がある。

　公園東側に海向寺(真言宗)があり，忠海・円明海上人の即身仏が安置されている。また，2008(平成20)年度外国語映画部門でアカデミー賞に輝いた「おくりびと」の撮影に使用された旧割烹小幡の別棟洋館が，公園への上り坂左手にあり，話題をよんだ。

　公園北東隅に，かつて本町で開

旧割烹小幡

業していた旧白崎医院附両便所 供待所が1980(昭和55)年移築され，公開されている。1919(大正8)年建造で，木造洋風医院建築様式の原形をとどめているという。

### 日枝神社(日吉町) ❹
0234-22-0274  〈M▶P. 248, 250〉酒田市日吉町1-7-19
JR羽越本線酒田駅🚌5分

酒田町組の鎮守、下の日枝神社

　日和山公園北東に位置する日枝神社の大鳥居をくぐると，随身門に至る。鉤形の参道を進むと，近江国坂本(現，滋賀県大津市)の日吉山王宮より勧請したと伝えられる本殿(祭神大己貴命・大山咋命・胸肩仲津姫神)に至る。日枝神社(山王社)は天文〜永禄年間(1532〜70)頃，向酒田といわれた最上川左岸袖の浦地区より当酒田へ移転を開始し，東禅寺城の西方にあらたに酒田町組が成立，その鎮守としてまつられたという。山王社には上・下両社あり，東禅寺城分の鎮守を上の山王社(浜田1丁目，祭神は同じ)と称したのに対し，城下より下にあたる酒田町組の鎮守を，下の山王社と称した。下の日枝神社は数度の遷宮や火災を経て，1784(天明4)年本間光丘の尽力により，現在地に再建された経緯がある。

　日枝神社の北東に光丘神社が鎮座し，境内奥の梅林に連なる一隅に，戊辰戦争(1868〜69年)の際戦病死した肥州(現，熊本県)蓮池藩など征討軍8人の墓が，ひっそりとたたずんでいる。

　なお，上の日枝神社は，酒田駅前通り最初の交差点を左折，徒歩約10分で着く。

**日枝神社大鳥居・随身門**

### 光丘文庫 ❺
0234-22-0551  〈M▶P. 248, 250〉酒田市日吉町2-7-71
JR羽越本線酒田駅🚌鶴岡行寿町🚶5分

　寿町バス停から南へ約70m行き，交差点を右折して250mほど進んだ所にある光丘文庫は，砂丘地への植林を始め，数々の公益事業に尽力した本間光丘の功績を顕彰しようと，有志らが光丘翁頌徳会を設立，1923(大正12)年6月，財団法人として光丘の遺志であっ

湊町酒田

た文庫(図書館)創設を決議したことに始まる。かつて光丘は、五丁野(遊摺部)の最上川渡し場付近に旅人を休息させる接待寺を設け、学問所にしたいという念願があり、庄内藩へ申請していた。しかし新寺造営禁止という幕府の方針もあり、それは実現しなかった。

1925(大正14)年竣工した社殿造・銅板葺きの文庫設計者は神社建築の専門家角南隆で、当初はエレベーターを設置する予定であった。この年の10月14日、東宮(昭和天皇)が来庫した。

1958(昭和33)年4月、光丘文庫は経営上の理由から建物と蔵書約6万冊を酒田市に寄贈した。1982年4月、酒田市立中央図書館が総合文化センター内に開設されたことにより、これまで光丘文庫に併設されていた市立図書館は、同センターに移転した。

光丘文庫は和・漢・洋書はもちろん、点字本を始め、貴重な松森胤保の「両羽博物図譜」59冊・松森文庫41部128冊(ともに県文化)など、6万数千冊を所蔵する研究施設として活用されている。

**本間家旧本邸** ❻ 〈M▶P.248, 250〉酒田市二番町12-13 P
0234-22-3562　JR羽越本線酒田駅🚌るんるんバス酒田駅大学線二番町　🚶4分

全国長者番付1-6位の本間家旧本邸武家造併用貴重な歴史資料・古文書・古典籍・点字図書を所蔵

二番町バス停で降りて、旧鐙屋を左手に眺めながら東へ300mほど進むと、漆喰の白壁で囲まれた武家屋敷風の本間家旧本邸に至る。本間家の出自は、相模国愛甲郡本間村(現、神奈川県)といわれている。約450年前の永禄年間(1558～70)、越後(現、新潟県)の佐渡より酒田に移り住み、現本間家の初代原光が1689(元禄2)年、本町1丁目に「新潟屋」の暖簾を掲げ、米や大豆・小豆、古手・染物・蠟・薬・瀬戸物などを商い、両替商や金融業も営んできた経緯がある。

3代光丘は勤倹力行、非凡な才能を発揮し、困窮している

本間家旧本邸長屋門

多くの人びと，ならびに近隣の諸藩を救った。光丘の功績には，砂防林の造成，飢饉に備えての2万俵の貯穀，庄内藩財政の立て直し，貧民救済などがある。海船を駆使しての物流交易に関する光丘の基本理念は，「有るところの物は無いところへ，無いところには有るところから」であった。本間家は1000町歩を超す日本でも有数の大地主に成長，三井家や鴻池家が名を連ねる1806(文化3)年全国長者番付表「大日本長者鑑」では，16位にランクされている。

本間家本邸附長屋門1棟(県文化)は，1768(明和5)年3代光丘が，江戸幕府巡見使一行の本陣宿として，旗本2000石の格式をもって，長屋門構えのある武家屋敷風に新築したものである。母屋は桟瓦葺き平屋書院造で，南北の桁行33.6m，東西の梁間16.5mである。奥のほうは商家造であり，武家造と商家造が一体になっている例は，全国でも珍しい。東に薬医門，南東隅に屋敷神をまつる七社宮がある。脇床の違い棚や柱はすべて春慶塗である。釘隠しには，特製の金工細工が施されている。

本間家旧本邸から東へ徒歩3分の一番町に，酒田市立資料館がある。1976(昭和51)年10月29日の酒田大火復興のシンボルとして創建された，郷土歴史民俗資料館である。

## 旧鐙屋 ❼

0234-22-5001

〈M ▶ P.248, 250〉酒田市中町1-14-20
JR羽越本線酒田駅🚌鶴岡行本町荘銀前🚶2分，またはJR酒田駅🚌るんるんバス酒田駅大学線二番町🚶3分

本間家旧本邸より約300m西の同じ並びに，江戸時代の廻船問屋旧鐙屋(国史跡)がある。東方すぐの横丁に，1689(元禄2)年松尾芭蕉が宿泊滞在した伊東不玉宅跡がある。

鐙屋の本姓は池田姓であったという。鐙屋は酒田三十六人衆の主要メンバーであり，代々酒田町年寄をつとめていた。江戸時代中期の1756(宝暦6)年頃，鐙屋が管理した大名家の蔵宿は，山形藩松平和泉守蔵宿・新庄藩戸沢上総介蔵宿・上ノ山藩松平山城守蔵宿・米沢藩上杉大炊頭蔵宿・東根松平大和守蔵宿などである。大坂の浮世草子(小説)作家井原西鶴がその著『日本永代蔵』に，「舟人馬かた鐙屋の庭」と題して版行したことから，鐙屋の名が全国に知られるようになった。

井原西鶴の『日本永代蔵』に登場した米問屋

旧鐙屋

　古絵図によると、鐙屋の敷地は本町通りから大工町通りまで画されている。現在の旧鐙屋は、1845(弘化2)年4月の甘鯛火事以後に再建されたもので、杉皮葺き石置屋根である。旧鐙屋は典型的な町屋造で、通り庭(土間)に面して、座敷・板の間が並んでいる。1984(昭和59)年5月、国史跡に指定された。

**山居倉庫** ❽
0234-24-2233(酒田観光物産協会)

〈M▶P.248, 250〉酒田市山居町1-1-20 [P]
JR羽越本線酒田駅🚌鶴岡・湯の浜・余目行山居町🚶1分、またはJR酒田駅🚌るんるんバス酒田駅大学線山居町東🚶1分

NHKテレビ「おしん」で脚光浴びた山居倉庫

　JR酒田駅より、市内循環るんるんバスで約8分で着く。ケヤキの巨木に囲まれた白壁の山居倉庫12棟は、酒田港へそそぐ新井田川河口左岸に立ち並んでいる。対岸に酒田町奉行所跡がある。

　山居倉庫は1893(明治26)年10月、酒田米穀取引所の付属倉庫として7棟が、資本金7万円で建設された。当初は旧庄内藩主酒井氏が経営にあたり、富商本間家が資金を提供した。綱領には、米を敬い、労働を尊び、倉庫を愛する人間育成を目指す、とある。

山居倉庫とケヤキ並木

　土台礎柱を地下3mに築いた堅牢な山居倉庫は、翌1894年10月22日に発生した庄内大地震にも耐え、地震に強い建造物の事例となった。収容米俵数は25万俵、1万5000tである。

　米質管理のため、

床や屋根に特殊な湿気対策が施され,高温や害虫にも注意が払われていた。良質な山居倉庫米は全国に知れわたり,高評を博した。また,みごとなケヤキ四十数本と倉庫群が織りなす景観は人びとに感動を与え,NHK連続テレビ小説「おしん」でも,全国に紹介された。

現在はJA庄内経済連の連合農業倉庫となり,うち1棟は庄内米歴史資料館,もう1棟は酒田"夢の倶楽"として,酒田の伝統文化を紹介している。酒田祭り山車行列の花形「亀笠鉾」も公開されている。また,最上川舟運で活躍した小鵜飼船が供覧されている。

山居倉庫の鎮守三居稲荷神社の「三居」とは,庄内藩江戸屋敷にあった禎祥稲荷と太郎稲荷,ならびに当酒田の稲荷を合祀しているという意味である。

## 亀ヶ崎城跡 ❾
0234-22-0456(県立酒田東高校事務室)
〈M ▶ P. 248, 250〉酒田市亀ヶ崎1-3-60
JR羽越本線酒田駅 🚌 鶴岡行酒田商業高校前 🚶 3分

上杉景勝の臣甘糟景継も城主をつとめた

亀ヶ崎1丁目にある亀ヶ崎城跡は,現在県立酒田東高校の校地になっている。

かつては東禅寺城と称され,四ツ興野・大町地区の東南に位置し,最上川旧流路に面していたと考えられる。1466(文正元)年頃の大洪水で東禅寺城が損壊したため,遊佐繁元が亀ヶ崎の現在地に移築したと伝えられている。

1603(慶長8)年,大浜海岸に大亀が這いあがったことを吉事として,東禅寺城を亀ヶ崎城に,大宝寺城を鶴ヶ岡城と改称した。亀ヶ崎城は標高3〜4mの微高地にあり,新井田川左岸に本丸・二の丸・三の丸を配すとともに,右岸にも川と並列して堀を掘削し,三の丸とした。現在本丸西方に土塁跡が残っている。数少ない酒田の中・近世遺構として,きわめて貴重である。土塁には,樹齢300年近くの大ケヤキが数本聳え立っている。

戦国時代末期,群雄の覇権争いは東禅寺城をめぐる上杉・最上両氏の攻防にもみられる。1591(天正19)年,上杉景勝の家臣甘糟景継が東禅寺城に配され,2年後の1593(文禄2)年10月,景継を東禅寺城主とした。景継は農業用灌漑用水路,「大町溝」の創設者である。

湊町酒田

亀ヶ崎城土塁跡

　1598(慶長3)年1月、上杉景勝は会津120万石に移封され、東禅寺城主には志駄義秀が任じられた。1600年9月の関ヶ原の戦いで西軍が敗北、翌1601年4月、東禅寺城は東軍徳川方・最上義光の攻撃を受けて敗退した。この後、最上氏の家臣志村光安が、東禅寺城3万石の城主に任じられた。

　1622(元和8)年7月最上氏は改易され、9月に信州(現、長野県)松代よりあらたに酒井忠勝が入封、亀ヶ崎城は庄内藩鶴ヶ岡城の支城となり、城代がおかれた。亀ヶ崎城域は東西430m・南北540mである。土塁上には290本余りのケヤキやマツ・サクラが植えられていた。

　1990(平成2)年以降の遺跡発掘調査により、礎石列や堀跡・土塁跡・木簡・日常生活用具などの埋蔵物が出土し、注目を集めている。

**酒田市美術館** ❿　〈M ► P.248〉酒田市飯森山3-17-95
0234-31-0095
JR羽越本線酒田駅🚌るんるんバス酒田駅大学線酒田市美術館・出羽遊心館🚶1分

文化勲章受章者森田茂ほか、数々の作品を所蔵

　JR酒田駅より、酒田駅大学線で約20分で、最上川河口左岸高台にある酒田市美術館と、隣接する生涯学習施設出羽遊心館に至る。庄内空港からは、車で15分である。すぐ北東に2001(平成13)年4月に開学した東北公益文科大学を始め、土門拳記念館・国体記念体育館・南洲会館・飯森山公園などがあり、酒田市のあらたな文化ゾ

酒田市美術館

# 酒田市の国登録文化財

コラム

湊町酒田の繁盛・粋を今にとどめる建築・景観

　歴史的景観にすぐれ，造形的にも規範となり，再現不可能に近いとされる国登録有形文化財（建造物，建築物）に，酒田市では1996（平成8）年以降，つぎの3件が指定された。これらの建造物は，北前船や西廻り航路の主要寄港地として，京・大坂や江戸，あるいは蝦夷との交易で栄えた，酒田を象徴している。

### 相馬屋主屋
　日吉町1丁目にあり，JR羽越本線酒田駅より徒歩15分で相馬屋主屋（相馬楼）に至る。相馬屋は江戸時代末期から続いた料亭である。1894（明治27）年の庄内大地震で焼失，焼け残った土蔵をもとに再建された。瓦葺き木造2階建て，483㎡の広さである。土蔵や広間，店をつないだ複雑な構成や，床や棚を備えた部屋の建築技術が高く評価され，1996年，文化財に登録された。大正・昭和時代に来酒して創作にあたった竹久夢二の作品を公開する「竹久夢二美術館」が併設されている。

### 山王くらぶ
　山王くらぶは日吉町2丁目にあり，相馬楼から徒歩5分である。一部平屋建ての木造2階建てで，瓦葺き，603㎡の広さである。1895（明治28）年に建築された。土蔵造の座敷や数寄屋造の茶室，床の間，組子入建具，襖の引き手などに特色がみられる。かつては「宇八」と称された老舗の料亭であった。2003（平成15）年，文化財に登録された。

### 橋本家住宅主屋
　日吉町2丁目にあり，山王くらぶより徒歩2分で，1844（弘化元）年創業の醸造業を営む橋本家に着く。一部中2階建ての木造平屋建てで485㎡の広さであり，黒塀が目立つ。1894（明治27）年の庄内大地震で焼失後，耐震建材を10年かけて調査，1904年頃，再建されたという。長大な一枚板（14.4ｍ）が，床や天井，縁側に使用されている。通り土間型式で，左右に主屋と米蔵・酒蔵を配した住宅は，ほかに現存しないという。2003年，文化財に登録された。

山王くらぶ

ーンを形成している。

　1997（平成9）年10月にオープンした酒田市美術館は，文化勲章受章者森田茂や斎藤長三・國領經郎の絵画，高橋剛の彫刻を始め，

新田嘉一や岸田隆コレクションなどを収蔵している。

出羽遊心館は，数寄屋造の日本建築で，茶室などに意匠をこらしている。

酒田市美術館の東約300mの水田の一部に，昭和50年代初めに日本で初めて体長約3.5cmのヨーロッパカブトエビ（県天然）の生息が確認された。このカブトエビは山形県と宮城県だけに生息しており，古生代からの生きた化石種ともされている。約2億年前の化石と，同じ形をしているという。水田地帯に5～6月頃発生し，1カ月ほどで体長約3.5cmまで成長する。卵は水田泥中で越冬し，翌夏，孵化する。砂丘の水田は表面が乾燥しやすく，ヨーロッパカブトエビの生息に適しているという。

### 土門拳記念館 ⓫
0234-31-0028

〈M▶P.248〉酒田市飯森山2-13
JR羽越本線酒田駅🚌るんるんバス酒田駅大学線土門拳記念館🚶3分

酒田出身の世界的に著名な写真家土門拳の全作品7万余点を収蔵する土門拳記念館は，1983（昭和58）年10月，標高41.8mの飯森山西麓にオープンした。池水に浮かんでみえる白亜の記念館と街路樹の素晴らしい景観がみられる。記念館の設計を谷口吉生，銘板を亀倉雄策，彫刻をイサム・ノグチ，造庭園を勅使河原宏が担当した。

土門拳の写真には，みる者の心を揺さぶり，素通りさせない何かが潜んでいる。彼のメッセージが，写真から発信されていることに気づく。彼はレンズを媒体として，真・善・美の世界を追究した「写真哲学者」であったといえる。写真にリアリズムを確立した，世界の巨匠とたたえられている。代表作に「室生寺」「ヒロシマ」「筑豊のこどもたち」「風貌」などがある。「古寺巡礼」はライフワ

「真・善・美」のメッセージを、写真を媒体に発信

土門拳記念館

# 黒森歌舞伎

**芸** コラム

演技力でも全国から注目されている農村歌舞伎

　JR羽越本線酒田駅前より湯野浜行きバスで30分で，中黒森バス停に着く。庄内空港からは車で5分で，黒森歌舞伎(県民俗)が演じられる日枝神社(祭神少名毘古那神)に至る。黒森歌舞伎は冬の庄内を彩る代表的な風物詩の1つで，夏の檜枝岐歌舞伎(福島県南会津郡)とともに，東北地方における貴重な2大農村歌舞伎として，1997(平成9)年，国の記録作成などの措置を講ずべき無形の民俗文化財に指定された。

　1973(昭和48)年県無形民俗文化財に指定された黒森歌舞伎は，江戸時代の享保年間(1716～36)頃から300年近く，黒森地区の人びとに伝承されてきた雪中芝居，寒中芝居である。小正月の2月15・17日，黒森の妻堂連中一座によって鎮守日枝神社に奉納される，本格的な歌舞伎である。演目には「菅原伝授手習鑑」「近江源氏先陣館」「義経千本桜」など，五十数本ある。小・中学生もキャストとして，大人に負けず熱演している。演目は3月上旬，水垢離をとった若役者が，神前に供えられた神籤の中から1本引いて決定される。

　1963(昭和38)年までは小屋掛けの仮設舞台であったが，現在は日枝神社に隣接する常設舞台で演じられる。1963年斎藤茂吉文化賞，1973年河北文化賞，2000(平成12)年吉川英治文化賞，2005年地域伝統芸能大賞を受賞。近年は全国から歌舞伎ファンが訪れ，雪の舞い降るなか，ご馳走を食べながら観劇に興じている。

**黒森歌舞伎(雪中芝居)**

ークとなり，紫綬褒章を始め，各界から賞を受けた。1974(昭和49)年1月，酒田名誉市民第1号に選ばれた。

　飯森山南麓に，1976年6月創建された南洲神社が鎮座し，西郷隆盛をまつっている。社頭に西郷と庄内藩中老菅実秀の対座像モニュメントがあり，「徳の交わり」と刻されている。

　飯森山山頂には，1928(昭和3)年大陸移動説を検証するため，飯森山・飛島・三崎山(遊佐町)の3カ所に経緯度観測点を設置したことを記した，文部省測地学委員会の銘板がある。

### 飛島 ⑫
0234-95-2001（とびしま総合センター）

〈M ► P. 248, 265〉酒田市飛島
JR羽越本線酒田駅🚶30分または🚌7分とびしま発着所🚢飛島（勝浦港）🚶または観光用自転車（無料）で周遊

*自然景観や歴史、海中動・植物の宝庫*

　山形県唯一の離島飛島は，酒田港の北北西39.3km，遊佐町三崎海岸の西28kmの日本海に位置している。うみねこアジュール（紺碧）ラインと命名された航路を，定期船「とびしま」は80分で勝浦港に入る。

　島の周囲10.2km，面積2.7km²，2010（平成22）年末現在，人口258人である。島内主要道路の整備が進んでいる。

　北東に聳える高森山（69m）が最高峰で，島全体に海食地形と段丘の発達がみられる。対馬暖流の影響で年間平均気温が12.7℃と暖かく，海洋性気候を示す。タブノキやヒサカキ・ヤブツバキなどの常緑広葉樹が，島全体を覆っている。1963（昭和38）年7月，飛島は鳥海山とともに，国定公園（鳥海国定公園）に指定された。

　飛島には縄文時代早期の柏木山遺跡・蕨山遺跡・葡萄崎遺跡などがある。勝浦港から右へ徒歩15分の所に，テキ穴洞窟遺跡がある。

　勝浦港から観光道路を北へ進むと法木集落がある。法木か

飛島ウミネコ繁殖地（館岩）

飛島サンゴ類群棲地

264　　飽海

ら徒歩10分で、高森神社(祭神 天思兼大神)があり、その近くにある源氏盛・平家盛遺跡に至る。屋島・壇ノ浦の戦いで敗れた平家の落武者の墓といわれ、甲冑・刀剣を埋めた鎮魂の塚である。

飛島ウミネコ繁殖地(国天然)は、勝浦港近くの館岩や、西方の御積島にみられる。飛島サンゴ類群棲地(県天然)は、館岩の勝浦湾水深1～3mの所にみられる。ムツサンゴは、飛島がわが国最大の群棲地である。オノミチサンゴは飛島が北限であり、水深2.5mに生息している。

植物は暖地性で北限のもの、寒地性で南限のものが混在している。トビシマカンゾウは、酒田市の市花である。

## ❷ 出羽国府・城輪柵周辺

712(和銅5)年の出羽国創設以来、国府は北進し続け、秋田に至る前に、当城輪に国府庁がおかれた。

### 城輪柵跡 ⓭
0234-26-5777(酒田市教育委員会社会教育課)

〈M▶P. 248, 268〉酒田市城輪字嘉平田ほか
JR羽越本線酒田駅🚏観音寺行門屋🚶6分、またはJR酒田駅🚶本間美術館前🚏八幡日本海総合病院線城輪柵前🚶すぐ

> 一片の柵木、角材列の発見が、壮大な国府跡を再現

　城輪柵前バス停すぐの所に、朱塗りの柱や白壁、土壁、瓦葺きで実物大に復元された、出羽国府政庁跡がある。史跡公園として整備された城輪柵跡(国史跡)は、酒田市街地から北東約8kmの所にある。

　1931(昭和6)年5月、田圃の水路に柵木や角材列が発見されて発掘調査が行われ、翌年4月、城輪柵跡は国の史跡に指定された。調査の結果、18～28cmのスギ材が密接に立ち並び、政庁を中心に、一辺がほぼ720mの正方形で囲まれていることが判明した。また各四隅に、櫓の遺構が発見された。柵跡の総面積は、52万㎡に達し、城輪・大豊田・刈穂地区におよんだ。

　地理的には北庄内のやや東方丘陵部寄りにあり、標高11～13mの水田や畑作地帯になっている。遺跡の北1～2kmに荒瀬川と日向川、南8kmに最上川が西流し、日本海にそそいでいる。

　1989(平成元)年、「史跡等活用特別事業」(ふるさと歴史の広場事業)の採択を受け、1992年、政庁建物群の南門・東門、および築地塀の一部と目隠塀などを復元した。政庁の遺構である正殿と後殿、東西両脇殿、後殿付属の東西両建物跡が明らかになった。

　政庁は約115mの築地塀で囲まれ、東西南北の各築地塀中間部に八脚門があった。政庁正殿に至るには、南大路を歩いて目隠塀のある政庁南門をくぐって行く。政庁南門の前面には広場や南大路を始め、東西両サイドに付属する建物や井戸の遺構が確認された。出土物には赤焼土器・須恵器・土師器・木簡・碗・皿・壺・土錘・硯・瓦・曲物の柄杓・漆紙文書・板状人形・木製鋤・種子(米・大麦・ウリ・栗)・将棋の駒などがある。

飽海

城輪柵跡

遺跡北側に城輪神社（祭神倉稲魂神）が鎮座している。1873（明治6）年1月火災に遭い，翌年9月に再建されている。社伝によると，865（貞観7）年7月，城輪神に従五位下，880（元慶4）年2月に従五位上を賜っている（『日本三代実録』）。古来，出羽一宮大物忌神社につぐ二宮とたたえられていたという。かつては神領が多く，衆徒屋敷・寺屋敷・正月油田・物忌田・鏡田・玉田・倉稲田などの地名があった。

城輪柵跡周辺の堂の前・明成寺地区からは寺院跡がみられ，後田・沼田・俵田・上ノ田・生石などの地区からは公的施設，豊原・庭田・安田・境興野・北田・関・新青渡・手蔵田・南興野などの地区からは，集落跡がみられるという。

城輪柵跡は，平安時代の出羽国府跡であるとする考え方が定着している。

### 新田目城跡 ⑭
0234-28-3202（酒田市北部農民センター）

〈M ▶ P. 248, 268〉酒田市本楯字新田目87-1
JR羽越本線本楯駅 🚶 8分

国司の職務代行者「留守殿」の居館跡とされる

城輪柵跡の西北西約1.5kmに新田目城跡（県史跡）があり，堀と土塁の一部が現存している。新田目城の城域は，かつて東西600m・南北200mであったが，現在は東西150m・南北93mで，西方は旧本楯小学校校地として利用されていた。

城跡の東すぐに大物忌神社（祭神倉稲魂命）が鎮座している。寛治年間（1087～94）頃，源義家東征のおり，大物忌神に戦勝を祈願したといわれる。源義家帰陣の途次，須藤氏に出羽国留守所職を与えたと伝えられ，11世紀末この地に城を築き，留守殿の居館にしたという。江戸時代初期の元和年間（1615～24），新田目城は廃城になった。

大物忌神社には鎌倉時代初期の太刀（無銘，附切羽，革鐔及革包鞘，国重文）が所蔵されている。

出羽国府・城輪柵周辺

八幡総合支所周辺の史跡

新田目城跡の北西約100mの薬師神社に、立石寺(山形市山寺)の木造薬師如来坐像とともに、平安時代の一木彫像を代表するといわれる木造薬師如来坐像(県文化)が所蔵されている。

## 堂の前遺跡 ⓯

0234-26-5777(酒田市教育委員会社会教育課)

〈M▶P.248, 268〉酒田市法連寺堂の前
JR羽越本線酒田駅🚌観音寺行法連寺🚶10分

出羽国府に隣接する、出羽国分寺跡とされる

堂の前遺跡(国史跡)は法連寺バス停から南へ約400m行った田園地帯にあり、出羽国府跡とされる城輪柵跡の東約1.5kmに位置し、さらに東約1.8kmにある八森遺跡との関連も注目される平安時代の遺跡である。

1955(昭和30)年に暗渠排水工事中、水田下1mから古い建築部材が発見され、1973年から8次にわたる発掘調査の結果、遺跡の四周が東西240m・南北265mで、幅10〜20mの大溝がめぐらされていることが判明した。建物跡の桁行は12.6m、梁間は7.2mで、掘立柱の八脚門跡を始め、基壇上に塔のような建築物があったと考えられる。

呪術用木簡・鉄滓・鞴などが発掘され、平安時代の出羽国分寺跡と推定されており、1979年10月、国の史跡に指定された。

## 一条八幡神社 ⓰

0234-64-2666

〈M▶P.248, 268〉酒田市市条水上14-1-1
JR羽越本線酒田駅🚌観音寺行市条🚶2分

鎮守府将軍小野春風が、秋田下向の際、戦勝祈願

JR酒田駅より、観音寺行きバスで約25分で市条バス停に至る。一条八幡神社(祭神誉田別尊・足仲津彦命)は、荒瀬川左岸、市条集落東方に鎮座している。877(元慶元)年、出羽国司藤原興世が陸奥国(現、福島・宮城・岩手・青森県、秋田県の一部)夷俘反乱鎮定のおり、山城国(現、京都府南部)石清水八幡宮より一条大泉郷に神霊を勧請、朝廷軍による制覇を祈願したことが、神社創建の契機とされている。

翌878年3月,出羽国の夷俘が反乱をおこし,秋田城を始め,民家をおそった。このため朝廷は,陸奥・上野(現,群馬県)・下野(現,栃木県)より援軍を送った。時の鎮守府将軍小野春風は一条八幡に祈願,朝廷軍は勝利を収めた。この後,一条八幡は国司や郡司の信仰を集めたという。同社は1489(長享3)年4月に書写された「一条八幡宮祭礼日記」(県文化)を所蔵する。祭礼日記には神田が10万余刈(約6町7反歩)であることや,年間の祭礼行事のこと,貢納品のことなどが記されている。

　荒瀬川右岸には871(貞観13)年創建といわれる飛澤神社(祭神豊受姫命・倉稲魂命)が鎮座し,その背後の標高60mの丘陵上には,観音寺城があった。

# ③ 砂越城跡・松山城跡周辺

古代駅馬伝馬制の飽海駅に比定される飛鳥や、胎蔵山修験、中世砂越城跡、近世松山城跡など、史跡が多い。

## 砂越城跡 ⑰

0234-26-5777(酒田市教育委員会社会教育課)

〈M ▶ P. 248, 270〉酒田市砂越字楯之内232-1
JR羽越本線砂越駅 🚶15分、またはJR羽越本線酒田駅 🚌山寺川先行大町溝前 🚶3分

砂越城の城塁の一部や、開拓の神諏訪神社がある

　JR砂越駅前を左折し、徒歩10分で砂越城跡に至る。平城で標高8mの砂越城は、最上川右岸1kmの河岸段丘上にあり、北東方向から流れている相沢川との合流点が近くにある。

　砂越城本丸跡にある諏訪神社(祭神建御名方命)は724(神亀元)年、信濃(現、長野県)の諏訪大社よりの勧請と伝えられている。砂越城は南北朝時代の創始と伝えられているが、定かでない。時宗総本山清浄光寺所蔵「時宗過去記事尼衆」の項に、「羽州沙越忍阿弥陀仏」の記事があり、土豪砂越氏の存在を確認できるという。「石黒家記」によると、播州(現、兵庫県)赤松氏の3男石黒某が砂越に館を築いたとある。その後、武藤氏とともに庶族(一族)の砂越氏が鎌倉より下向し、当城に入ったという。

　砂越城本丸は東西126m・南北162mである。四周は高さ3.5mの土塁と堀で囲まれていた。本丸北東の楯之内は、二の丸跡である。城の正門は南面し、搦手門は北面していた。三の丸の外堀は最上川に通じる運河の役割をはたし、郷蔵物資運送の役割をはたしていた。南東約700mの飛鳥沼は最上川旧流路の一部であり、河跡湖と推測できる。楯之内の伊藤家に所蔵されている「来迎寺年代記」(県文化)は、庄内戦国史史料として貴重である。

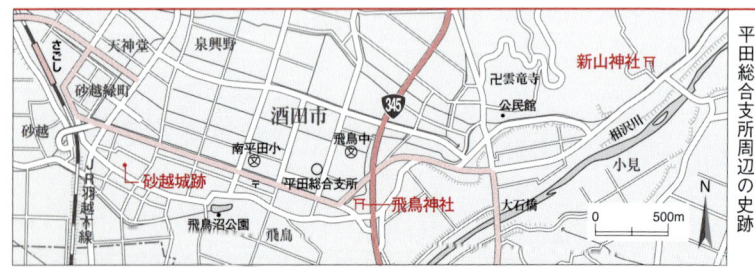

平田総合支所周辺の史跡

# 新山延年

コラム

修験衆徒九坊に伝承されてきた花笠舞・太平楽を奉納

新山延年が伝わる新山神社（祭神日本武尊）へは、JR羽越本線砂越駅前より中野俣行きか海ヶ沢行き、あるいは小林行きのバスに乗って、15分ほどで着く。新山神社は739（天平11）年、泉州（現、大阪府）大鳥神社よりの勧請という。神仏習合思想導入以降、新山大権現（真言宗）と称し、本地仏を金剛大日如来、脇侍を不動尊・吉祥天と称した。修験坊に多宝坊など、9坊あった。修験衆徒は、胎蔵山（729m）から三五沢―五色沢―愛沢―十二滝を勤行した。

近世になって新光山最勝寺と改称し、1868（慶応4）年3月以降の神仏分離令により新山神社となった。修験衆徒によって伝承されてきた稚児舞・花笠舞・太平楽など9曲は、新山延年（県民俗）として、8月19日に神社の特設舞台で奉納される。使用される青銅製の陵王面は、鎌倉時代の作と伝えられる。

新山バス停より中野俣行きバスに乗り進藤前バス停で下車、徒歩2分ほどで沖の冷泉寺（曹洞宗）へ至る。ここから東の円能寺へ移動し、林道を1.5km進むと、経ヶ蔵山頂（474m）にある冷泉寺奥の院に着く。山頂から南に胎蔵山、東に猪ノ鼻嶽（793m）、西に日本海を望むことができる。経ヶ蔵山経塚（県史跡）より、平安時代末期の経筒が発見されている。

新山神社より東へ徒歩20分で、山谷三ヶ沢に至る。ここに鎌倉時代末期の1332（元弘2）年に建立された阿弥陀仏板碑（県文化）がある。碑高1mの安山岩に、梵字で阿弥陀如来と刻され、下部に「過去の罪を滅すれば、死後、浄土に往ける」とある。

新山神社より北西に山楯集落があり、鎮守の大神神社（祭神大日孁貴命）境内に、大ケヤキ（県天然）が聳え立っている。根周り9m・樹高24m、樹齢800年と推定され、樹根部分から地下水が湧出していることから「泉欅」と称され、不老長寿の泉とされている。

新山延年

飛鳥神社（祭神八重事代主命）は、砂越城跡より約1.6km東に鎮座している。774（宝亀5）年大和国（現、奈良県）高市郡飛鳥神社よりの勧請と伝えられている。神仏習合思想の普及により、社家のほ

砂越城跡・松山城跡周辺　271

かに社僧をおき，十一面観世音菩薩を本地仏とし，左右に大黒天と毘沙門天を配置し，飛鳥山観音寺(真言宗)と称した。飛鳥神社には1月5日の裸詣りや，4月27日の湯立神楽神事がある。
　『延喜式』の飽海駅は飛鳥にあったと推定され，最上郡鮭川の佐芸駅と，飽海郡大楯の遊佐駅を取りついでいたといわれる。

### 生石板碑群 ⑱
0234-94-2361(延命寺)

〈M▶P. 248〉酒田市生石字大森山164
JR羽越本線酒田駅🚌るんるんバス大平酒田駅線生石🚶15分

延命寺登り口周辺に、県文化財の板碑群がある

　生石バス停から東へ300mほどで生石板碑群(県文化)に至る。出羽山地西麓の延命寺(真言宗)と生石神社(祭神大己貴命)登り口周辺から，鎌倉時代末の1322(元亨2)年から南北朝時代の1372(応安5)年にかけての50年間に集中する35基の板碑群が確認されている。種子は阿弥陀系が大半である。延命寺は鷹尾山(352m)修験道場として，隆盛をきわめていた。

### 松山城大手門 ⑲
0234-62-2638(松山文化伝承館)

〈M▶P. 248, 273〉酒田市新屋敷36-2 🅿
JR羽越本線酒田駅🚌山寺行松嶺本町🚶5分

現存する県内唯一の大手門

　松嶺本町バス停から東へ400mほどで，現存する県内唯一の城郭建築大手門の遺構，庄内松山城大手門(県文化)に至る。総ケヤキ白壁の入母屋造で，正面幅9m，高さ12.8mである。城郭跡一帯は1982(昭和57)年，松山歴史公園と命名された。

　南北朝時代の1384(至徳元・元中元)年頃，当地は中山と称され，佐藤正信を館主とする中山館があった。

　1647(正保4)年12月，庄内藩主酒井忠勝の3男忠恒が，中山に8000石，村山郡左沢領に1万2000石，合計2万石で分封された。1662(寛文2)年，4500坪の御館が築かれ，西面する大手門が築造された。1664年6月，忠恒は鶴ヶ岡城・亀ヶ崎城の嘉称に鑑み，中山城を松山城に，田尻館を竹田館に改めた。ここに

松山城大手門を通る武者行列

# 松森胤保

コラム 人

リニアモーターカーを考案していた大科学者

松山城大手門すぐ近くに、松森胤保の胸像が立っている。松森胤保は1825(文政8)年6月、鶴岡二百人町の庄内藩士の子として生まれ、のちに松山藩付家老として、戊辰戦争(1868〜69年)で抜群の働きをした。1867(慶応3)年12月25日明け方の江戸薩摩藩邸焼討ちでは、その先鋒をつとめた。

彼は武人であるとともに、科学・本草学(博物学)・考古学・発明開物科学・教育学・経済学者であったといえ、その著述冊数は延べ377冊を超え、その丁数合計は、2万丁に達している。なかでも彩色画の「両羽博物図譜」59冊(県文化)には、現在絶滅種になった生物も記されており、きわめて貴重である。動植物の分類方法は、近世の本草学から近代博物学への過渡期にあったことを示す、独特のものである。

発明分野では、明治時代初期に磁石を利用したリニアモーターカーを考案していることや、羽ばたき式飛行機の原理を描いていることは、驚きである。

「亀鶴松竹」の美称が庄内に整ったのである。松山城域は、東西468m・南北864mであった。

新大手門は1782(天明2)年9月竣工したが、8年後の1790(寛政2)年に落雷で炎上、2年後に再建されている。屋上の青銅製鯱1対が、往時の偉容を今に伝えている。門前の堀には、鳳凰橋が架けられていた。

大手門のすぐ北にある松山文化伝承館内に、紺糸威大鎧・兜・大袖小具足付1具(県文化)が所蔵・展示されている。大鎧は馬上騎射戦用に開発されたもので、県内に2領しか

荻野流砲術

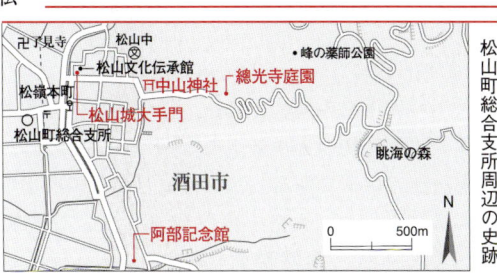

松山町総合支所周辺の史跡

砂越城跡・松山城跡周辺

なく，貴重である。館内には松山出身の哲学者阿部次郎関連の資料室がある。

大手門の東約500mに中山神社(祭神倉稲魂命)が鎮座し，5月1日の祭礼では，戦国絵巻さながらに武者行列が展開される。松山藩に伝わる荻野流砲術の演武も公開されている。松山藩の重臣をつとめた土方家には，荻生徂徠筆尺牘1巻(県文化)が所蔵されている。尺牘とは，書簡のことである。

## 總光寺庭園 ⑳
0234-62-2170
〈M▶P.248, 273〉酒田市総光寺沢8 P
JR羽越本線酒田駅🚗30分，またはJR羽越本線・陸羽西線余目駅🚗10分

*築山・池泉に工夫をこらした蓬莱園型名園*

松山城大手門から東へ徒歩10分で，曹洞宗 中 本山洞瀧院總光寺に至る。1384(至徳元・元中元)年，陸奥国胆沢郡(現，岩手県)永徳寺の月庵良円による開山である。時の中山館主佐藤正信がこれに帰依し，開基造立に至った。同寺は松山藩士の菩提寺である。なお，藩祖酒井家の菩提寺は，北町の心光寺(浄土宗)である。現在の總光寺は2度の火災を経て，宝暦年間(1751〜64)に再建されている。
總光寺庭園(国名勝)は小堀遠州流の蓬莱園型庭園で，書院から観賞できるように築山・池泉配置に工夫がこらされている。不老の滝水は波分け石を経て，池にそそいでいる。不動石と客石，老松と竹林の設定も見事であり，静寂な禅寺の趣がある。

山門前約200mの参道両側に，キノコスギ(県天然)並木がある。樹齢約400年のスギの変種アシオスギは，キノコのように整形されていることから，「キノコスギ」と命名された。樹高3.8m，根周り1.6mのものもあり，伏状型で，株の多くは地上に接した枝から出ている。

## 阿部記念館 ㉑
0234-62-2925
〈M▶P.248, 273〉酒田市山寺字宅地179-1 P
JR羽越本線酒田駅🚌山寺行小学校前🚶2分

*『三太郎の日記』で，日本中の知識人を沸かせた*

松山城大手門の南約1.2km，徒歩約15分で，阿部記念館に至る。大正・昭和時代の大ベストセラー『三太郎の日記』で著名な哲学者阿部次郎の生家である。次郎は夏目漱石の門下生で，美学や日本文化の考究を始め，人格主義を標榜した。交遊関係は広範囲におよび，北原白秋・土井晩翠・斎藤茂吉・与謝野晶子ら，50人を超え

# 松山能

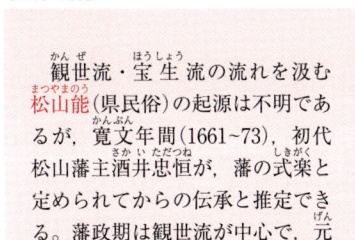

コラム 芸

歴史公園で、幻想的な薪能が上演されている

観世流・宝生流の流れを汲む松山能（県民俗）の起源は不明であるが、寛文年間（1661〜73）、初代松山藩主酒井忠恒が、藩の式楽と定められてからの伝承と推定できる。藩政期は観世流が中心で、元禄・正徳・宝暦・文政年間（1688〜1830）頃の謡本が残されている。伝承曲に高砂・小鍛冶・羽衣・弓八幡など24曲、狂言に23曲がある。

明治維新後、民間の演能団体「松諷社」に引き継がれた。

毎年8月20日の夜、蔵小路の皇大神社（祭神天照皇大神）境内能楽堂で、松山能が奉納される。1982（昭和57）年より松山歴史公園の特設舞台で、「羽州庄内松山城薪能」が上演されている。

松山能

る。

記念館には阿部次郎の書や書簡・原稿が展示されている。また、生物生態学者阿部襄（次郎の甥）の功績をたたえる山寺生物研究所も併設されている。

少年時代の遊び場外山（眺海の森、標高260m）山頂に「阿部次郎文学碑」が立っており、次郎自身をはぐくんだ鳥海山や月山、最上川や庄内平野を讃美した名文『秋窓記』の一節が刻されている。なお、阿部記念館は3〜11月の土・日曜日、祝祭日と5〜10月の金曜日に開館され、12〜2月は閉館となっている。他の曜日に見学を希望する場合は、松山文化伝承館（電話0234-62-2632）への問合わせが必要である。

眺海の森より車で約10分で、1690（元禄3）年創建と伝えられる阿部喜助家住宅（酒田市山元上千刈田、電話0234-54-2776）に至る。近くに田沢川ダムがある。

# 鳥海山の里，遊佐

日夜仰ぎみる鳥海山は東北随一の山。里人の精神文化形成や産業・経済に，大きくかかわってきた。

## 出羽国一ノ宮 鳥海山大物忌神社吹浦口ノ宮 ㉒

0234-77-2301

〈M ▶ P. 248, 276〉飽海郡遊佐町吹浦字布倉1
JR羽越本線吹浦駅 🚶 5分

大物忌神社と月山神の2神をまつる両所の宮

JR吹浦駅を出て左へ300mほど行くと，鳥海国定公園内の出羽国一ノ宮鳥海山大物忌神社吹浦口ノ宮（祭神大物忌神）に至る。境内右手に社殿と社務所，左手に斎館がある。正面中央の石段を数段のぼると，朱塗りの一間社流造の本殿2社が，左右に鎮座している。右手東方が大物忌神，左手西方が月山神（月読命）である。すなわち両所之宮の由縁である。社伝によると，今から1400余年前の欽明天皇25（564）年，鳥海山上に大物忌神が鎮座したとある。物忌とは一定期間心身を浄め，精進潔斎することである。標高2236mの山頂にある本殿は，ヒノキの切妻造である。伊勢神宮と同様に，20年ごとの式年造営の制をとっている。

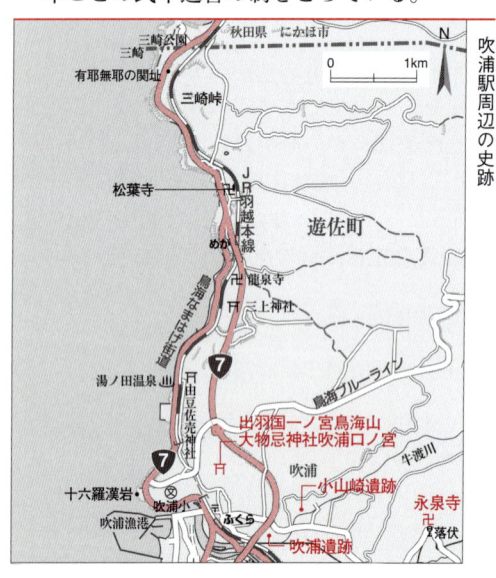

神仏習合の隆盛を反映して，境内域に神宮寺がおかれ，本明坊を始めとする修験25坊が活動していた。仏・菩薩が衆生を救うため，神となってあらわれたとする本地垂迹説により，大物忌神の本地仏を薬師如来，月山神のそれを阿弥陀如来とする信仰形態がとられていた。

しかし明治時代初

吹浦駅周辺の史跡

# 鉄道の父，佐藤政養

コラム 横浜開港や東海道線の実地測量で大活躍

　JR羽越本線吹浦駅頭に，日本の鉄道創設，東海道線測量などに功績のあった佐藤政養の銅像が立っている。政養は本名を与之助といい，1821(文政4)年遊佐郷の升川に生まれた。鉄道助を拝命した51歳(1871年)の頃，政養と改名している。

　与之助は33歳のときに江戸へ出て漢籍や欧米情勢を学び，34歳で勝海舟塾へ入門，オランダ語や砲術・測量術を学び，庄内藩からは品川五番台場詰を拝命し，藩士格の取立てを受けた。

　1858(安政5)年38歳のとき，与之助は勝海舟に日米修好通商条約の開港場について，将軍の居城江戸城に近いと危険であるから，少し離れた横浜辺りを開港するように進言している(郷里への書簡)。その後与之助は，長崎海軍伝習生を経て神戸海軍操練所詰となり，坂本龍馬とすごすことになった。与之助は終始一貫，尊攘運動に関与しなかった。

　明治維新政府は政養の測量術を高く評価し，東海道筋の測量を彼に命じた。時の工部卿は伊藤博文，鉄道頭は井上勝，鉄道助が佐藤政養であった。今日の東海道新幹線ルートの土台が，佐藤政養によって築かれたのである。

佐藤政養銅像

---

期の神仏分離令により，薬師如来と阿弥陀如来2体の仏像は，吹浦女鹿の松葉寺(真言宗)に移された。

　5月5日の例大祭で舞われる吹浦田楽舞(県民俗)は花笠舞と称され，8人が花笠をかぶり，脚絆草鞋裁着袴に太刀を佩き，簓を鳴らして舞う。舞い終わると人びとは競って花を奪い合い，五穀豊穣のお守りにし

吹浦田楽舞

鳥海山の里，遊佐　　277

天狗森周辺の史跡

た。特殊神事として豊凶を占う1月5日の管粥神事や、7月14日の御浜出神事（火合せ神事）などがある。

吹浦口ノ宮には2通の国指定重要文化財（古文書）がある。1通は承久二(1220)年十二月三日鎌倉幕府奉行人連署奉書で，別に関東御教書ともいう。鎌倉幕府将軍源実朝暗殺事件を報じ，両所之宮造営中の雑色正家の帰郷を命じるとともに，かわって雑色真光の派遣を伝えている。もう1通は正平十二(1357)年八月三十日紙本墨書北畠顕信寄進状（前書とあわせて鳥海山大物忌神社文書として，国重文）で，南朝方の北畠顕信が北朝方の領地である由利郡小石郷乙友村（現，由利本荘市）を両所之宮に寄進，静謐を祈願したときのものである。

## 出羽国一ノ宮 鳥海山大物忌神社 蕨岡口ノ宮 ㉓
0234-72-2552

〈M▶P. 248, 278〉飽海郡遊佐町上蕨岡字松ヶ岡51
JR羽越本線遊佐駅🚌蕨岡線月の原行坂の上🚶すぐ

大御幣祭や蕨岡延年が伝わる蕨岡口ノ宮

坂の上バス停の目の前に，出羽国一ノ宮鳥海山大物忌神社蕨岡口ノ宮（本殿・随身門・神楽殿が国登録）が鎮座している。鳥居をくぐると随身門がある。右手に社務所，左手には神明造の本殿がある。かつてこの本殿（大堂）は，境内の南東にある苔むした石段をのぼりつめた上の広場にあった。『延喜式』神名帳に「大物忌神社

鳥海山大物忌神社蕨岡口ノ宮の鳥居・随身門

飽海

# 杉沢比山

コラム

芸

鎌倉時代の番楽として伝承
国指定民俗文化財

杉沢比山(国民俗)が伝承・奉納される熊野神社(祭神大山祇神)は,鳥海山蕨岡口登山道1合目の杉沢に鎮座している。JR羽越本線遊佐駅前からバスで蕨岡線月の原行の終点,杉沢分館のすぐ近くにある。

熊野社の創設は834(承和元)年で,出雲国(現,島根県)からの勧請と伝えられている。杉沢比山は鎌倉時代から伝わる番楽・山伏神楽で,鳥海山を道場とする修験者たちによって伝承されてきた。

8月6日の仕舞,同15日の本舞,同20日の神送り3夜,「翁」「大江山」「猩々」など14曲が,特設舞台で奉納される。近くの杉沢公民館に,杉沢比山伝承館が併設されている。

熊野神社の南西1kmほどの天狗森東麓に,縄文時代晩期の杉沢遺跡があり,1952(昭和27)年,高さ18.3mの土偶が発見された。亀ヶ岡式文化圏の遮光器土偶とみられ,現在,奈良国立博物館に所蔵されている。

杉沢比山「翁」の舞

名神大」とあり,古代からヤマト政権は北方諸国を鎮定・開発する際の守護神として,大物忌神をまつらせていた。

仏教伝来とともに平安時代になって薬師如来を本地仏とする鳥海修験が確立し,当山派(真言系)と本山派(天台系)の修法が広まった。

鳥海登山道の入口にあたる蕨岡口ノ宮は,上寺31坊と杉沢2坊,あわせて33坊が宗勢を広め,秋田県側の修験勢力と,宗勢を競い合った。その中心であった松岳山観音寺が,のちの鳥海山龍頭寺(真言宗)である。江戸時代の正保年間(1644～48)に作成された庄内藩の国絵図には,鳥海山頂に「鳥海山龍頭寺」とあり,寺領であったことを記している。

蕨岡口ノ宮の例大祭は5月3日で,大御幣祭がある。この日,蕨岡延年(県民俗)が奉納される。蕨岡延年は鳥海修験の学頭寺であった龍頭寺に伝承されてきた芸能で,その起源は室町時代に遡るといわれる。演目8曲のなかに,6～7歳の男児による稚児舞がある。

鳥海山の里,遊佐

蕨岡延年

蕨岡口ノ宮には,南北朝時代の「暦応五(1342)年七月二十六日」,藤原守重が息災延命祈願のために寄進した厚さ11cm・径29cmの銅製の鰐口(県文化)が所蔵されている。鰐口には陽鋳で「奉懸鳥海山和仁口一口」とあり,山名「鳥海山」の初出資料として貴重である。紀年銘が刻された鰐口としては,県内最古のものである。

境内には,末社として荘照居成神社が鎮座している。江戸幕府による1840(天保11)年の三方国替え一件の際,その撤回に尽力した江戸南町奉行矢部駿河守定謙をまつっている。

蕨岡口ノ宮西方すぐ前に,かつての宿坊大泉坊長屋門(国登録)が立っている。

## 吹浦遺跡と小山崎遺跡 ㉔㉕
0234-72-5892(遊佐町教育委員会)

〈M ▶ P. 248, 276〉 飽海郡遊佐町吹浦字堂屋／吹浦字七曲・字柴橙林
JR羽越本線吹浦駅 徒9分／徒20分

縄文時代早期から晩期にかけての主要遺跡として注目

JR吹浦駅前を右折して約500m行くと高橋酒造があり,その南東の堂屋台地上に吹浦遺跡(県史跡)がある。牛渡川がすぐ南を流れ,月光川(吹浦川)に合流している。

1919(大正8)年堂屋台地で貝塚が発見され,1949(昭和24)年には土壙が発掘された。1951年からの4次にわたる発掘調査で,49棟の竪穴住居や石器製造跡,動物の骨などが発見された。土器は縄文時代前期末のもので,玦状耳飾や有孔石斧も出土している。平安時代の竪穴住居跡も発掘されていることから,地域一帯は複合遺跡と考えられる。

吹浦遺跡より東方1.2kmに,小山崎遺跡がある。湧水の豊富な丸池や牛渡川エリアにあり,日本海より約2kmの鳥海山南西麓に位置している。

小山崎遺跡の年代幅は縄文時代早期(約6500年前)から晩期中葉

# 遊佐荘と大楯遺跡

コラム

> 『延喜式』の駅伝馬制で、遊佐駅は大楯付近にあった

「遊佐」という地名は927（延長5）年の『延喜式』に、「駅馬 遊佐十疋」とあり、伝馬の制の時代、遊佐駅が飽海駅と蚶方駅の間に設けられていたことがわかる。その位置は大楯付近と推定され、南西方向に位置する小松集落は、駒処に由来するという説もある。

11世紀末からは、奥州の藤原忠実の2男頼長の荘園、すなわち遊佐荘という名称であらわれる。保元の乱（1156年）後、遊佐荘は没官領となり、後白河院領にかわった。

その後、当地の荘官遊佐繁元は飽海郡一円を掌握し、飽海郡を遊佐郡と称していた。1466（文正元）年頃の大洪水で東禅寺城が破壊されたので、遊佐繁元は亀ヶ崎の現在地へ城を移し、建てたと考えられる。

1538（天文7）年、大宝寺の武藤晴時が大挙して東禅寺城を攻めた。遊佐氏は大楯城に退却したが、城は陥落し、遊佐氏は滅んだ。

大楯遺跡は標高16mの大楯集落の南方水田の中（現地に標柱あり）にあり、平安時代末期から鎌倉時代初期にかけての掘立柱建物跡が発掘されている。1987（昭和62）年からの調査で、輸入陶磁器や「保元（1156〜59年）」の銘のある木簡が発見されている。大楯城は月光川左岸、大楯集落付近にあったと推定される。近くに「御所の馬場」や、「館の内」という地名がある。

---

（約2700年前）までの、約3800年間におよんでいる。縄文時代中期の竪穴住居跡や火焔型土器が発見されており、「縄文の丘公園（仮称）」創設に向けて、調査が進められている。

牛渡川は、透き通る清流として著名である。6月なかばには、バイカモの大群生が白い花を咲かせる。サケの遡上が秋から冬にかけてみられる。鳥海山のブナの原生林がもたらす伏流水は、自然の原点がここにあることを示している。

**永泉寺** ㉖
0234-77-2122

〈M▶P.248, 276〉飽海郡遊佐町直世字仲道3
JR羽越本線遊佐駅🚌箕輪線落伏🚶2分

> 樹齢600年超の大杉が幽玄さを引き立てる

落伏バス停から北へ徒歩約2分で鳥海山西麓に開山された能登總持寺の直末永泉寺（曹洞宗）に至る。本尊は薬王大菩薩である。1382（永徳2）年、源翁（玄翁とも）が白狐の導きによって開山したと伝えられる。

鳥海山の里、遊佐

永泉寺石造九重層塔

　樹齢600年を超す参道の大杉の樹根が石段を押しあげ，古刹(こさつ)の趣がある。

　境内左側の樹林をのぼると，山の斜面に塔高2.6mの石造九重層塔(くじゅうそうとう)(県文化)が立っている。最上義光(もがみよしあき)の家臣(かしん)であった亀ヶ崎城主志村光安(あきやす)の供養塔(くようとう)である。

## 玉龍寺(ぎょくりゅうじ) ㉗
0234-75-3515
〈M▶P.248〉飽海郡遊佐町江地字上屋敷田76
JR羽越本線遊佐駅🚌十里塚線・小野曽線江地口🚶2分

三方国替一件で大活躍した文隣が住職をつとめた

戴邦碑祭

　江地口バス停から北へ50mほど行くと，月光川右岸に位置する玉龍寺(法華宗(ほっけ))に至る。玉龍寺は1361(康安元(こうあん))年，本成寺3世日陣(にちじん)によって鳥海山の麓(ふもと)に創建され，寛文(かんぶん)年間(1661～73)現在地に移建されたと伝えられている。

　同寺20世の文隣(ぶんりん)は，1840(天保11)年11月に江戸幕府より発令された三方国替え，すなわち庄内藩主を長岡(ながおか)(現，新潟県長岡市)へ，長岡藩主を川越(かわごえ)(現，埼玉県川越市)へ，川越藩主を庄内へという3藩同時転封(てんぽう)に反対し，領民とともにこれを阻止した。その功績をたたえる「戴邦碑(たいほうひ)」と「文隣碑」が境内に建立(こんりゅう)され，毎年7月16日，戴邦碑祭(さい)がとり行われている。

　玉龍寺の東約1kmの岡田(おかだ)集落にある土門家(どもんけ)屋敷内に，樹高21m・幹周り4.6mのムクノキ(県天然)が聳(そび)えている。その由来は1843(天保14)年，庄内藩が下総(しもうさ)(現，千葉県北部と茨城県南部)の印旛沼疏水(ばぬまそすい)の国役(くにやく)を命じられた際，遊佐郷岡田村の肝煎(きもいり)土門六左衛門(ろくざえもん)

# 芭蕉もウォーク，浜街道

**コラム**

「おくのほそ道」に登場する芭蕉も歩いた海岸ロード

　松尾芭蕉は随行の曾良と1689（元禄2）年6月15日（陽暦7月31日），酒田から海岸の浜街道を歩いて吹浦を訪れ，宿泊した。翌16日の「曾良日記」は，「これより難所，馬足通せず，大師崎とも三崎ともいう。……昼塩越（象潟）」とある。

　酒田・吹浦間は砂浜海岸で，強風により通路が砂で埋まることが，しばしばあった。吹浦・小砂川間は岩石海岸で，「駒泣かせ」という難所もあった。三崎峠には，芭蕉が歩いたと推測される古道が遺っている。

　吹浦海岸の猿穴溶岩（複輝石安山岩）に刻された十六羅漢岩は，JR羽越本線吹浦駅から西北西約1.5kmの所にある。海難事故による諸霊の供養，航海安全，禅風の普及を祈願して，海禅寺（曹洞宗）21世寛海和尚が，1864（元治元）年から石工に彫らせた石仏・磨崖仏である。

　秋田県との県境近くにある標高60mほどの三崎山には，タブ林（県天然）のほか，暖地系植物の群落がみられる。暖帯林が自然林の状態で保たれている北辺の地は，この三崎山と飛島だけであり，貴重である。

　吹浦から北の海岸集落，鳥崎・滝ノ浦・女鹿には，「アマハゲ」「鳥追い」「ホンテ焼き」と称する遊佐の小正月行事があり，1999（平成11）年，国の重要無形民俗文化財に指定された。アマハゲとは，冬期間家に閉じこもって囲炉裏にばかりあたって怠けていると，火斑ができるとされ，これを戒めるための行事である。

　1954（昭和29）年，女鹿三崎山不動崎東方の採石場で青銅刀子が発見され，話題になった。刀子の全長は26cm，最大幅8cm，厚さ3.2cmで，中国商時代（B.C.2000年）の殷墟出土の青銅器と，同じ鉛の成分率であると報告されている。現在，東京国立博物館に所蔵されている。

十六羅漢岩

遊佐の小正月行事「アマハゲ」

が，印旛沼から帰郷のおりに持ち帰ったもので，山形県では珍しい暖地系樹木である。

鳥海山の里，遊佐

## 旧青山家住宅 ㉘
0234-75-3145

〈M ▶ P.248〉飽海郡遊佐町比子字青塚155
JR羽越本線酒田駅🚌遊佐行青塚口🚶3分

北海道の鰊漁で大成した漁業王青山留吉邸

青塚口バス停から西へ250mほどで旧青山家住宅(国重文)に至る。遊佐郷青塚生まれの青山留吉は1859(安政6)年1月蝦夷地へ渡り、漁撈に従事した。のちに小樽の鰊漁で大成し、百数十隻の漁船を所有する大網元に成長した。

旧青山家住宅正門

留吉は1887(明治20)年、郷里の青塚に本邸を建てた。切妻造・桟瓦葺きの主屋が1890年に竣工した。寄棟造で瓦葺きの離れは、1896年に竣工、柱や長押・差鴨居などに春慶塗が施されている。

## あとがき

　1977(昭和52)年10月に『山形県の歴史散歩』が刊行され，新版が出たのが1993(平成5)年2月で，今回はそれ以来の改訂である。
　2002(平成14)年1月，山川出版社から山形県高等学校社会科教育研究会に改訂の話があった。しかし，新版にかかわった先生方の多くがすでに退職され，一方，学校業務の多忙化・管理化が進む中で編集・執筆の引き受け手がなかなかみつからなかった。2007年4月，日本史を担当している有志で『山形県の歴史散歩』編集委員会をつくり，改訂版の編集・執筆に着手した。最初の編集会議が開かれたのが2008年11月で，執筆者については，置賜・村山・最上・田川・飽海の5地区から地域史研究をしている先生方にお願いした。
　一般に現代の社会でさまざまに生起する事柄について，それを適切に理解し対処していくためには，歴史的考察が必要である。また，物事を歴史的に把握するためには，その知識も必要である。
　本書を編集・執筆するにあたって，3つのことに留意した。1つは山形県史や市町村史の研究成果をできるだけ生かすことである。2つには，とくに高校生に対する教育的配慮である。さらに，執筆者それぞれの歴史の考え方やまとめ方と特徴はできるだけ生かすようにした。
　現在では，山形県史や各市町村史が整い，時代や問題ごとの論集や史料集などの文献も多く出版され，歴史の知識を広げ探求するための豊かな情報を提供してくれている。それらの資料によって，歴史への関心が深められることを期待し，本書がそのための基礎的な歴史知識や理解の書として，地域史研究の手掛かりのために役立てば幸いである。
　本書が高校における地域史学習の教材としてはもちろん，歴史を愛好する人びとの参考書として，生涯学習の場などでも広く活用していただければ幸いである。
　　2011年9月

　　　　　　　　　　　　　　　『山形県の歴史散歩』編集委員長
　　　　　　　　　　　　　　　梅津保一

# 【山形県のあゆみ】

## 原始

　旧石器時代は，日本列島に人類が居住し始めた時代で，打製石器を使用していた時代である。県内最古の遺跡は今から3～4万年前の飯豊町上屋地B遺跡で，中期旧石器時代に属すると推定されている。最上川中流の朝日町真木，大江町～寒河江市明神山遺跡からも上屋地B遺跡に後続する旧石器が発見されている。3.5～1,2万年前の後期旧石器時代は石刃を素材として石器をつくった時代である。朝日町大隅，小国町東山・横遁，新庄市山屋・横前・新堤，西川町弓張平B，鶴岡市越中山Kなどの遺跡がある。人びとが細石器をつくり，投げ槍や弓矢を使用し始めた，約1万2000年前の中石器時代（晩期旧石器時代）の遺跡には，大石田町角二山・鶴岡市越中山S・小国町湯の花・新庄市山屋などがある。

　約1万年続いた縄文時代は草創・早・前・中・後・晩期の6期に区分されるが，県内には約2000カ所の遺跡がある。東北最古の縄文土器が発見された高畠町日向洞窟・火箱岩洞窟・尼子岩陰・一ノ沢岩陰・神立洞窟・大立洞窟の遺跡群がある。米沢市八幡原No.24，南陽市須刈田，大石田町玉ノ木平B遺跡からは竪穴住居跡も発見されている。前期の遺跡には，初頭の大石田町庚申町遺跡，中葉の東根市小林A遺跡，山形市大森A遺跡，天童市上荒谷遺跡などがある。中期は遺跡数の増加と規模の広大化がみられ，長井市長者屋敷，山形市熊ノ前，村山市古道・中山，大石田町来迎寺，尾花沢市原の内，大蔵村白須賀，最上町水木田などの大遺跡，竪穴住居跡も多い。後期の遺跡には，酒田市高畑，大蔵村上竹野，東根市蟹沢・花岡，寒河江市石田などの遺跡がある。最上川水系の落葉広葉樹林は，その周辺に生きる動物や湖川に棲むサケ・マスなどの魚類，またブナ・ナラ林に実るドングリ・トチ・クリ・クルミなどの木の実をもたらした。

　紀元前3世紀，西南日本の弥生文化は日本海を北上し，酒田市生石2遺跡では北九州の遠賀川流域で発生した弥生土器の仲間が炭化した籾とともに発掘された。山形県の稲作の最初である。弥生時代の遺跡には米沢市堂森，山形市江俣・谷柏・七浦・今塚，天童市塚野目，大蔵村上竹野，東根市蟹沢・扇田遺跡などがある。

## 古代

　3世紀末から7世紀の古墳時代，4世紀末から5世紀にかけて長さ50mを超える大がかりな古墳が最上川流域にも出現した。川西町天神森古墳，南陽市稲荷森古墳，米沢市戸塚山139号古墳，上山市土矢倉古墳群，山形市菅沢2号墳・大之越古墳・衛守塚2号墳などは，5世紀から7世紀にかけてのヤマト政権の権力進出を物語る。のちに古墳は，地域の首長墓から富裕農民たちの家族墓へとその性格をかえていった。5世紀以降には古墳の規模が小さくなる一方で，その数は増加する。米沢市戸塚山山麓古墳群，高畠町安久津・鳥居町古墳群，山形市谷柏古墳群・お花山古

墳群，寒河江市高瀬山古墳群がある。

　645(大化元)年の大化改新は，中央集権的律令国家を目指す政治改革である。律令国家の蝦夷とその土地に対する政策は，律令制支配の拡大と蝦夷の支配である。蝦夷の居住地に城柵(渟足柵・磐舟柵・都岐沙羅柵・出羽柵)を設けて，城司を派遣した。708(和銅元)年に越後国に出羽郡が設置され，712年には出羽国が成立した。陸奥国から分かれた最上・置賜の2郡と，かつて越後国の一部であった出羽郡(庄内地方)とからなっていた。721(養老5)年出羽国は陸奥の按察使の支配下におかれ，東山道に属した。当初，国府は庄内地方にあったと思われるが，733(天平5)年秋田村高清水岡(現，秋田県秋田市)に移転した。

　『続日本紀』の737年4月の条に，陸奥国按察使兼鎮守府将軍大野東人が出羽国雄勝(現，秋田県湯沢市・雄勝郡に比定)の蝦夷を討ったため，加美郡色麻柵(現，宮城県色麻町に比定，異説あり)から最上郡玉野まで道路を開いたとある。2月25日，大野東人の率いる約6000人の軍団は多賀城(現，宮城県多賀城市)を出て，その日のうちに出羽国大室駅(現，尾花沢市に比定)に着き，出羽国の軍団と合体して北の比羅保許山(金山町有屋)へ進軍したが，目的地の雄勝へは向わず引き返し，本拠地の多賀城に戻った。759(天平宝字3)年の条には，出羽国に雄勝・平鹿の2郡をおき，玉野・避翼など6駅家を設けた。この玉野新道ルートは，軽井沢越え，鍋越峠越えなど数カ所が比定されているが，軽井沢越え説が有力である。886(仁和2)年，最上郡が2分されて最上郡と村山郡になった。887年頃，国府は再び出羽国井口(庄内地方)に戻った。現在，出羽国庁は城輪柵(酒田市)とされている。

　鳥海山は大物忌神が宿る神の山である。9世紀頃，中央の貴族たちはこの神に異常なまでの関心を払い，噴火の報告は詳細をきわめている。同神の噴火は，古代国家を脅かす蝦夷などの外敵の侵入・反乱の前兆と考えられていたからである。

　古代出羽国の『延喜式』式内社の神々は，湯豆佐売神，月山神，伊氏波神のように山や川あるいは自然がそのまま神となったのに対して，大物忌は物忌という極端に穢れを嫌う観念を神としている。鳥海山噴火の原因が，同山が死人によって汚されたことに対し，神が怒ったためと意識されたことと関連する。同じ頃，大物忌神は南の国境地帯で海賊にあった遣唐使を守るべく石兵を降らしたという。まさに異民族から国家を守る守護神でもあった。9世紀段階では，鳥海山が古代国家の北端であると，意識されていたからである。

　7世紀後半，白鳳文化が栄えていたころ，置賜郡に住む豪族の子弟が仏門に入った。彼らの要請で中央から金銅薬師仏と観音菩薩が白鷹町にもたらされたという。7世紀後半の仏教による蝦夷教化政策は，国家仏教政策の一貫として行われたのであり，出羽国への仏教の浸透はきわめて限定された点にしかすぎなかった。県内で8世紀の天平仏教文化を伝える仏像は確認されていない。

　出羽国の地方行政機構が完成していく中で，9世紀，国府周辺の酒田市法連寺堂

の前遺跡や同市庭田遺跡に比定される国分寺や国分尼寺が建立された。さらには最上郡の済苦院や、国分寺についで格式をもち国家から保護を受けた瑜伽寺・霊山寺などの定額寺が設置されていった。県内には行基伝説も数多く、また、山寺立石寺を始め、円仁(慈覚大師)の足跡や空海(弘法大師)の高弟真済(紀僧正)の伝承を語る寺院も多い。天台・真言宗の平安仏教が流布し、山寺立石寺とその文化圏、平安時代後期の中央文化をとり入れた慈恩寺文化などにその面影がみられる。

　平安時代の出羽国の荘園の大部分は、京都摂関家藤原氏の所領、あるいは皇室領であった。摂関家領は小田島・寒河江・成島・大曽禰・遊佐の6荘。皇室領は大山・成生・大泉の3荘。ほかに山辺・海辺・北条の領主不明の3荘があった。県内の最北端に位置する遊佐荘が荘園の北限であった。置賜郡屋代郷に屋代荘、その西部の成島荘(米沢市)は、ともに『殿暦』にみえ、藤原忠実の荘園であった。東北でもっとも早くあらわれる小田島荘は、『後二条師道記』によると、一条天皇の時代の10世紀の終わり頃には成立していた。寒河江荘は『近衛家領目録』に「京極殿領内」とあり、関白藤原師実の荘園であった。山形盆地須川の西に大曽禰荘があった。1156(保元元)年の保元の乱で左大臣藤原頼長が敗死して以後、大曽禰・屋代・遊佐などの各荘園は後白河天皇に没収され後院領となった。これらの荘園から中央に運ばれたものは砂金・馬・布・漆・鷲羽・水豹皮などであった。

## 中世

　1189(文治5)年、源頼朝は藤原泰衡を討って奥州征討を断行し、関東地方の御家人たちに郡・荘・保などの行政単位ごとに奥羽の地を分け与えた。出羽南部の本県の場合は、成島・屋代・北条3荘と置賜郡からなる置賜地方と寒河江荘は大江広元が、大曽禰荘は安達盛長の次男時長、成生荘は二階堂氏、小田島荘は中条兼綱、大泉荘・海辺荘は大泉氏平が地頭に任命された。これらの有力御家人はみずから現地に入ることはなく、一族の者や家臣を代官として派遣したが、この結果、旧来の領有関係は一変した。鎌倉時代中期以降になると、地頭みずからが現地に移住するケースも増え、現地に根をおろすことに成功した関東武士団は所領内の各地に拠点を築いて割拠し、多くの家に分かれながら在地式士団を形成していくのである。長井荘(成島・屋代・北条の3荘を含む置賜一円)の長井氏、寒河江荘の大江氏、小田島荘の小田島氏、大泉荘の大泉(武藤)氏などがそれである。

　山形県には神仏をまつった霊山が多い。里近くの葉山(端山・羽山)に死者の住む世界があるという。昔から死者の遺骨を納め、あるいは死者の魂との再会をはたすという信仰である。このような霊山には寺院が建てられ、天台・真言、さらには浄土宗や修験の教学がもちこまれた。立石寺や羽黒山の形ができたのは、このような古来の霊場があったからである。慈恩寺も葉山と関連がある。山寺立石寺は関東祈禱所であり、羽黒山もそうであった可能性が強い。慈恩寺縁起には源頼朝の保護が語られ、羽黒山麓手向の黄金堂は源頼朝が土肥実平に命じて建立させた

という。霊場に大規模な寺院を建て，その維持管理にあたったのは，鎌倉幕府や京都の荘園領主であった。大泉荘の地頭大泉長氏は，高麗僧の了然法明に帰依して玉泉寺（現，玉川寺，鶴岡市）を建立し，屋代荘地頭長井時秀が鎌倉建長寺から紹規を招いて資福寺（高畠町）を創建するなど，地頭による修造を伝える。羽州管領斯波兼頼とその後継者たち（最上義光など），さらには武藤（大泉）氏などの地頭が造営・修復などの開基となることもあった。鎌倉幕府・守護・地頭などの権力者が開基となって荘厳な伽藍・堂塔が建てられ，天台・浄土宗などの教学が持ち込まれて，死者の国が法華または阿弥陀の浄土として意識されるようになっても，霊山に対する人びとの信仰の形はかわらずに続いた。

　南北朝時代には出羽国でも激しい動乱が続いた。山形市岩波の石行寺に1353（文和2）年から1375（応安8）年にかけて書写された大般若波羅密多経がある。1354年の写経奥書には，南朝年号の「正平九年」と北朝年号「文和三年」の2つの年号が併記され，「大覚寺殿方新田殿」と「持明院殿方足利之将軍」の合戦が続き，各国は飢渇に苦しんでいると記されている。

　南北朝時代の初期には，羽黒山の衆徒と結んで庄内藤島城によった南朝方の葉室光世や堀河具信らが一時強大であった。長井荘地頭の長井氏は寒河江氏と同じく大江一族であり，北朝方の有力な武将であった。天童舞鶴山にも北畠天童丸がこもるなど南朝の動向を示す。1347（正平2）年奥州を追われた北畠顕信は義良親王を奉じて立谷沢城（庄内町）にたてこもったという。

　南北朝の動乱も奥州管領（探題）斯波家兼の次男兼頼の山形入部によって一時期を画した。1356（延文元）に最上郡に入り，翌年山形城を築き，「山形殿」といわれ，その子孫は最上氏を称した。斯波（最上）氏は大江（寒河江）氏を押さえ，羽州探題を称した。2代直家は庶子たちを天童（頼直）・黒川（氏直）・高擶（義直）・蟹沢（兼直）・泉出（兼義）に分封した。3代満直も中野（満基）・大窪（満頼）・楯岡（満国）に配置した。天童満直の庶子たちも上山（満長）・東根（頼高）・鷹巣（頼種）に分封された。泉出兼義の子満久は，清水（大蔵村）に配された。

　陸奥国伊達郡を発祥地とする伊達氏は，1380（天授6）年置賜地方を長井氏から奪い，以後勢力を扶殖する。陸奥国守護職に任命された稙宗や，奥州探題に任命されたその子晴宗の時代には，奥羽を代表する戦国大名になり，晴宗の1548（天正17）年には，その本拠を伊達郡から置賜郡米沢城に移した。

　南北朝時代，庄内の大泉荘は越後守護上杉氏に与えられ，以後，武藤（大泉）氏は地頭上杉氏の地頭代官の存在として，越後の動静と深くかかわって勢力を伸張した。武藤氏も例にもれず一族衆や国人衆との抗争を通して戦国大名への道を歩む。1532（天文元）年に一族の砂越氏との抗争で，本拠地を大宝寺（鶴岡）から堅固な山城である尾浦（大山）城に移している。

　最上氏はその後一族衆や国人衆との間に幾度かの確執を経ながら，最上義光の時

山形県のあゆみ

代には戦国大名として最上・村山地方一帯に覇を唱える。

室町時代から戦国時代にかけて、天童仏向寺を本寺とする一向俊聖の一向派が、村山・置賜地方の民衆に大きく勢力を伸ばした。浄土真宗本願寺蓮如の門弟たちが陸奥国から村山地方へ、日本海沿いに酒田へ2つの教線を伸ばした。県内に最多の寺院数をもつ曹洞宗は、最上・伊達・武藤・大江氏ら在地領主の保護のもとに勢力を拡大した。時宗も山形光明寺・鶴岡長泉寺がそれぞれ領主の保護を得ている。また、各地の八幡神社や熊野神社なども武士団の鎮守信仰に支えられて創建され維持されてきたものが多い。

16世紀末には米沢の伊達政宗、山形の最上義光、大宝寺の武藤義氏らが対立抗争を繰り返した。武藤義氏は由利郡や最上郡への進出を繰り返したが、最上義光の煽動に挑発された庄内国人衆の一揆によって横死した。この後、庄内では越後勢と最上勢の激しい攻防が展開される。最上義光は甥である伊達政宗とも対立していたが、政宗の勢力が圧倒的に強大で、義光は諸大名との合従策で対抗していた。このようなとき、豊臣秀吉の全国統一が奥羽の地まで伸びてきたのである。

## 近世

1587(天正15)年、豊臣秀吉は関東・奥羽地方に惣無事令をくだし、地域での武力紛争を全面的に停止した。1590年には小田原北条氏を滅ぼし、「奥羽仕置」を実施した。1590年6月、伊達政宗は小田原参陣に遅参したが、かろうじて許された。最上義光はさらに遅参したが、徳川家康のとりなしで事なきを得た。同年8月奥羽検地の厳命が発せられた。庄内の検地は大谷吉継と上杉景勝によって行われたが、大規模な検地反対一揆がおこった。本庄繁長とその子武藤義勝は一揆煽動の嫌疑を受けて大和国(現、奈良県)に流罪となり、庄内の武藤氏は滅亡し、庄内は上杉景勝の所領となった。1591年、伊達政宗は置賜郡を没収されて米沢城を去り、岩出山(現、宮城県大崎市)に転封を命じられた。置賜は会津(現、福島県)の蒲生氏郷に与えられたが、1598(慶長3)年正月、上杉景勝は秀吉の命を受けて越後から会津120万石に移され、上杉氏の部将直江兼続が米沢城に入った。

1600年の関ヶ原の戦いでは上杉軍が西軍に属し、東軍の最上勢を攻撃するため直江兼続が大軍を率いて村山地方に侵入、長谷堂城を中心に激戦を展開した。東軍勝利の結果、最上氏は念願の庄内地方を手に入れて57万石の大大名となり、上杉氏は会津120万石から米沢30万石に減封された。

関ヶ原の戦い以後、最上氏は上杉領である置賜をのぞく村山・最上と庄内のほぼ全域を領有することになった。しかし、最上氏の領国支配は未熟で、領内における重臣間の内紛が絶えなかった。義光の死後、1617(元和3)年最上家を襲封した家親の変死、若年領主義俊(家信)のもとでの一族の派閥争いのため、1622年8月最上氏は改易となった。

最上氏改易後、山形城には磐城平(現、福島県いわき市)から鳥居忠政が22万石

で入部し、江戸幕府領の寒河江領2万石をも預地として支配した。庄内鶴ヶ岡城には信濃松代(現,長野県長野市)から酒井忠勝が13万8000石,忠勝の弟直次が村山郡左沢領1万2000石,同じく次弟忠重が白岩領8000石を,真室(鮭延)城には戸沢政盛が6万石,上山城には松平重忠が4万石で入部した。1664(寛文4)年15万石に減封された米沢藩と,庄内藩・新庄藩・上山藩は,領主の変動がなく幕末に至る。山形城の城主交替は全国最高,2回も幕府領になるなど非常に特色のある城である。山形城の城主となった大名は最上氏より数え13氏におよぶ。1622年の最上氏改易後,幕府は山形城を奥羽の要と重要視し,譜代の重臣鳥居忠政を封じ,ついで2代将軍徳川秀忠の末男保科正之を入れ,同じく徳川氏の家門松平忠弘を入城させている。しかし,時代がくだり幕藩体制が確立し安定してくると,山形城は主として左遷された大名の配流地になった。山形藩領は幕府領や諸藩分領に藩領をさいて縮小化し,分散措綜する。村山郡(36万石)は私領・諸藩分領・幕府領・旗本領が入りくみ,「非領国」地帯といわれた。天保年間(1830～44)村山郡の幕府領は23万石余に達している。幕府代官陣屋は初め延沢銀山(尾花沢市)におかれたが,1658(万治元)年尾花沢に移され,その後幕府領の増大にともない寒河江・漆山・柴橋・東根などにもおかれた。

　1622年の最上氏改易による新たな大名配置により,山形・上山・新庄・鶴岡などの城下町が一斉にできあがった。幕藩体制の進展とともに産業経済が発展し,城下町を中心とする特権商人の活躍や在郷商人の成長も著しかった。近世後期に米沢は織物の町として栄え,山形は紅花商人が発展し,鶴岡は魚問屋や米商人が発達した。

　最上川河口の酒田は,戦国時代末から町政の自治的運営を行ってきた酒田36人衆とよばれる有力商人が活躍し,日本海有数の港として発達した。酒田湊には,幕府領の城米や諸藩の蔵米が集積され,諸藩の蔵宿が設けられた。酒田湊が栄えたのは,寛文年間(1661～73)河村瑞賢が西廻り海運を整備し,最上川舟運が発達したことによる。最上川舟運は酒田への物資運送の大動脈で,大石田河岸はその重要な中継地であった。大石田・清水・船町・寺津・本楯などの河岸には多くの河岸荷問屋がおり,紅花・青苧・漆・蠟・真綿・葉煙草・大豆・小豆などが酒田へ移送された。「最上紅花」は京染めの原料として上方へ送られたが,村山地方が主産地であった。山形や天童・寒河江・上山では花市が立ち,江戸で紅花大尽ともてはやされたと伝えられる尾花沢の鈴木清風のような豪商も出現した。青苧は村山・置賜地方で早くから栽培され,奈良晒や,のちには越後縮の原料になった。

　近世初期は用水堰の開削と新田開発が盛んだった。庄内では最上氏領時代に赤川を水源とする青龍寺川の開削や,因幡堰・中川堰がつくられ,立谷川の北楯大堰の開削などが行われ,多くの新田村が開かれた。置賜では直江兼続時代の堀立川・帯刀堰・宝居堰の開削,慶長年間(1596～1615)の堀金堰・諏訪堰・大塚堰,寛永年間(1624～44)の四ヶ村堰・長堀堰などがある。最上では泉田新田,村山では

山形県のあゆみ　291

高松堰・二ッ筒堰・松原堰・大谷堰などがある。村山の新田では新吉田・大原新田・新町新田(神町村)・松沢新田・太田新田・小林新田などがある。

　18世紀なかば頃から村内に地主商人が台頭し,酒田では本間家が土地集積をしてのちの大地主となる基盤を確立している。地主制の発達は,農村の変化・荒廃でもある。米沢藩では藩主上杉治憲(鷹山)が明和・安永の改革と寛政の改革を行い,文化・文政年間(1804～30)には農村の復興と一定の財政の再建をみている。庄内藩でも藩の財政窮乏と農村の疲弊に対し,酒田の豪商本間光丘を登用した明和・天明の改革,中老竹内八郎右衛門と改革御用掛白井矢太夫による寛政の改革を実施し,一時的な成果をあげたが,農村の分解を阻止することができなかった。新庄藩でも新田開発・殖産興業・藩職制の改廃などが行われたが,幕藩体制の崩壊をとめることはできなかった。

　強力な藩権力の支配下にあった庄内・置賜・最上と違って,村山は小藩領・幕府領・諸藩分領が入りくみ錯綜し,早くから紅花・青苧を中心とする商品生産が発達し,農村の分解が進んでいた。1723(享保8)年幕府の享保改革と関連する重大な政治史的事件となった長瀞村(東根市)質地騒動がおこった。村山郡のような「非領国」の地域では,郡単位で領域とかかわりなく村役人や豪農など有力百姓が郡中惣代となって「郡中議定」という組織がつくられ,飢饉の際の不穏な動きを地域単位で自己防衛しようという連合体が生まれた。村山郡では,天明の飢饉期には,幕府領・私領の総代名主・大庄屋などを中心にして組織された。そして,大凶作に対するさまざまな防衛策が協議され,一揆や打ちこわしを未然に防ぐために,食物の郡外搬出の禁止などをおもな内容とする「郡中議定書」が決議され,郡内百姓の生命と暮らしを守る連合体が組織されたのである。その後,通船荷物の改め,酒造禁止の監視などまで,本来なら幕藩権力が実施する危機管理や治安業務を含んだ権限が委任されていた。しかし,「郡中議定」でも十分に地域防衛に対応しえない事態がおこった。1801(享和元)年最上川中流右岸の村山郡内97カ村にまたがる農民数万人が幕藩領主支配の違いを越えて,米価引下げ・質利引下げなどを要求し,山形城下周辺の地主・豪商農を打ちこわした村山一揆である。百姓一揆や村方騒動が幕藩体制を土台から揺り動かしたのである。1866(慶応2)年の村山騒動は全国的な民衆の世直し騒動に連なるもので,その北限を示す事例として注目される。

　天災は農業社会の人びとにとって,生命にかかわる脅威である。生産力が不安定で,しかも苛烈な領主収奪下におかれていた近世の農民生活は,自然災害にさらされると,たちまち破壊されてしまう。長雨・干ばつ・冷害などにより農作物が実らず食物が欠乏する飢饉である。なかでも1755(宝暦5)年,1783(天明3)年,1833(天保4)年の3大飢饉は有名である。飢饉はそのつど多数の犠牲者を出し,さらに一揆・打ちこわしをともなう場合が多く,社会不安の源となった。対策として,幕府や諸藩の囲米・城米のほかに郷倉などによる囲米・貯穀が行われ,随時年貢の

減免,施粥などの救済,安米の払い下げのほか,穀留がとられるのが常であった。飢饉の実態は筆舌に尽くしがたい状況で,餓死者を供養する板碑・石地蔵・丸仏などの供養碑が各地の寺院や道筋に立っている。

## 近代・現代
幕末には庄内藩郷士出身の清河八郎のような尊王の志士もいたが,一般に山形県人は世情にうとく,保守的だった。1868(慶応4)年1月3日の討幕派と旧幕府軍との戦いである鳥羽・伏見の戦から戊辰戦争が始まった。関東一帯の民衆運動の高揚の中で討幕派は4月江戸城を接収した。閏4月に仙台・米沢藩を中心に奥羽列藩同盟,さらに5月奥羽越列藩同盟へ発展し,会津戦争となった。9月会津落城の結果,奥羽越列藩同盟は降伏した。他方,1869(明治2)年5月18日の五稜郭の戦いで榎本武揚らが降伏するまで戦争は続いた。戊辰戦争は,以後の藩体制の急速な解体,近代天皇制国家形成へ決定的役割をはたした。

1869年1月,薩摩・長州・土佐・肥前4藩主が土地(版),人民(籍)の奉還を願い出て(版籍奉還),諸藩もこれに従った。同年6月政府は,旧藩主を知藩事とし,地方官として藩政をとらせた。ついで政府は廃藩置県を実行し,藩をやめて全国を府・県に分け,中央から派遣される府知事・県令に治めさせ,旧藩主に東京移住を命じた。廃藩置県によって71年7月,米沢・上山・山形・天童・新庄・大泉・松嶺の7県がおかれたが,11月に置賜・山形・酒田(鶴岡)の3県になった。

近代的な軍隊を創設し,同時に士族の兵権独占を奪うためもあって,政府は1873年徴兵令を定め,全国民から徴集した兵士を軍隊に組織した。家禄の廃止によって没落した士族救済のため,士族授産の庄内松ヶ岡開墾事業や米沢藩旧藩主上杉茂憲の出資による銀行類似会社「士族義社(のち米沢義社)」の設立が行われた。

1876年8月21日,3県の合併により現在の山形県が誕生した。統一山形県の初代県令三島通庸の治績として,県営蚕糸場など殖産事業や勧業政策があるが,「土木県令」とあだ名がつくほど土木事業に尽力した。栗子新道・関山街道・金山新道・小国新道など県内道路の基本幹線の整備,栗子や関山の隧道建設,石造眼鏡橋の建造,洋風建造物など多岐にわたる。一方,大規模な道路開削が県民に負担をしいた。

明治の地方制度は,いわゆる大区小区制,ついで1878年の郡区町村編制法および1889年の市制町村制と発展し,第二次世界大戦後の町村合併までの地方行政区画の大枠が形づくられた。県・郡制もこれと併行して形成された。

明治10年代の松方財政のデフレ政策は,山形県内でも寄生地主制を発展させた。まず村山・庄内地方で階層分化が進み,次いで置賜・最上地方の小作化が進んだ。山形県は「地主王国」になり,小作農民が増加し,農民の生活は苦しくなった。

明治末期には,地主が銀行を始めその他諸分野の法人会社,地方の電力・電灯,鉄道,倉庫業,取引所,織物会社など他産業へ進出した。本県の地主は,酒田の本

間家のほか大地主が最上川中流域に多く，一般的には保守的とみられているが，経済的側面では乾田馬耕や耕地整理，電力事業そのほか数々の面で主導権を発揮している。しかし，第一次世界大戦後は，中小地主の衰退が著しく，地域産業の衰退と歩調をあわせていった。

富国強兵をはかる明治国家を経済的に支える役割をはたした製糸業は，明治維新後の山形県では伝統的な製糸業地帯の置賜地方に加えて，県下全域に普及していった。明治20年代になると県内でもようやく近代産業がおこり，米沢や鶴岡では絹織物業が栄え，山形周辺，とくに山辺を中心に綿織物業が盛んになった。山形鋳物業，天童将棋駒などの地場産業もおこったが，やはり主要産業は米作農業であった。稲の品種改良も積極的に行われ，とくに庄内地方の篤農家によって，亀の尾を始め早生大野・豊国など多収性で乾田に適合した米質の優れたものが生みだされ，庄内地方はわが国有数の米作地帯としてその地位を確立した。酒田には産米改良と農村振興をはかる目的で1893年，山居倉庫が設立され，順次規模を拡大しながら莫大な米俵が集積された。

第一次世界大戦による好景気により県内も繊維産業を中心に活況を呈したが，1920～30年代前半は恐慌の時代である。第一次世界大戦後の戦後恐慌によって生糸が，ついで米・繭の価格が暴落し，県内の主要産業は深刻な影響を受けた。1927(昭和2)年に始まった金融恐慌は県内にもおよんだ。1929年10月に始まった世界大恐慌の荒波は，翌年には日本を飲み込み，未曽有の昭和恐慌が訪れた。養蚕・製糸を中心とする山形県の経済は，大きな打撃を受けた。さらに1931年には大凶作が東北地方を襲い，置賜や最上の山間地などでとくに大きな減収となって，農山村は危機的な状況に陥った。1934年も凶作で，この時期，娘の身売りが問題化し，満州移民も盛んに行われた。農民運動も，小作農民の階級的自覚が高まって組織化が進み，1930年の小田島事件を始め小作争議が急増した。軍国主義教育下の貧しい子どもたちに，地域の「生活台」に生きる一人ひとりの子どもの姿に焦点をすえた北方性教育運動が展開された。村山俊太郎・国分一太郎らの生活綴方運動がそれで，戦後の無着成恭の「山びこ学校」へとつながっていった。

海外植民地の拡大を進めてきた日本は，経済的危機が深まる中で戦争への道を歩んでいった。山形歩兵第32連隊は，第二次世界大戦中の1944(昭和19)年にはその主力が沖縄への移動を命じられて糸満の洞窟陣地によって戦い，多数の犠牲者を出した。銃後では国家総動員法に基づく動員と経済統制が進められ，学徒や婦女子も食糧増産や軍需生産に組み込まれたが，敗戦が濃厚となると，県内でも1945年8月9・10日米軍による空襲を受けた。

敗戦後，GHQによる占領体制下で日本の民主化が進められたが，県内にも米軍が進駐し，山形市を拠点に占領政策が進められた。農地改革で寄生地主制が解体され，自作農が創出された。食糧増産が叫ばれ，開田と反当り収量の増加に力が注が

れ，1967（昭和42）年には米作り日本一の宿願を達成した。しかし，1970年からの減反政策は農村を変えた。高度経済成長の中で，農業県の本県も，1963年には第2次産業の所得が第1次産業の所得を追い抜いた。高度経済成長の大きいうねりは農業生産意欲の減退，「出稼ぎ」の増加，過疎化や自然破壊などの現象を引きおこしもした。

　戦後の山形県の地域開発計画は，舟形などの亜炭資源と電源開発による電力を利用した工業化を図ろうとするものだった。しかし，国のエネルギー政策の転換により亜炭産業は斜陽の道をたどった。1960年代から国の高度経済成長政策による地域開発が県内でも本格的に始まり，県民の生活も豊かになったが，公害などの社会問題も発生した。一方で県民経済の中で農業が占める地位の低下傾向が強まり，農家の兼業化が進んだ。農山村では過疎が深刻化していった。この間，地方公共団体は産業基盤の整備を中心に公共事業を拡大させていったが，このことが公共事業に依存する地方経済の体質を生み出していった。

　首都圏・太平洋ベルト地帯にくらべて立ち遅れた地方経済の振興のために高速交通網の整備が計画されたが，1970年代のドル・ショック，第1次オイル・ショックを経て低成長時代に入っていった。円高の進展にともなう構造不況による輸出産業の不振は深刻で，県内の繊維工業なども大きな打撃を受けた。1980年代に入り，日本経済はいわゆるハイテク産業といわれる知識集約型の産業を中心にもち直し，県内にもIT関連産業などの進出が目立つようになった。

　1991（平成3）年山形自動車道の関沢・山形北間の開通により山形市が首都圏と直結，同年庄内空港開港，1992年山形新幹線の開業（1999年，新庄延伸開業），2002年東北中央道の山形上山・東根間が開通するなど，高速交通網の整備が進められ，県民の生活圏は急速に拡大してきた。

　一方，1990年のバブル崩壊後，長期化した不況は県民の生活にも暗い影を投げかけた。この間，山形県は大規模プロジェクトを推進してきたが，2002年以降の景気回復の流れの中でも，山形県は東北他県などと同じようにその流れに乗り切れない状態が続いている。国と同様に地方自治体の財政悪化は深刻で，そうした中で2004年から進められた「平成の大合併」によって，2005年庄内町・新鶴岡市・新酒田市が誕生し，県内は44市町村から35市町村（13市19町3村）へと統合された。

　1990年代に入ってはっきりしてきた，豊かな社会の到来や国際化・情報化社会の急激な進展，科学技術の急速な発達，少子高齢化社会の到来，また，米ソ2大陣営による冷戦体制の崩壊や地球環境問題の深刻化は，これまでの私たちの考え方や社会・政治のシステムのあり方に大きな変容を迫っている。私たちは，アジア諸国民と共存できる，平和で豊かな文化をもつ社会を，また，自然環境とも共生できる社会を，どのようにつくりあげていくのか。大きな試練に立たされている。

## 【地域の概観】

### 置賜

　置賜地域は山形県最南部、米沢市・南陽市・長井市の3市と東置賜郡高畠町・川西町、西置賜郡小国町・飯豊町・白鷹町の5町からなり、面積は県全体の27%を占めている。

　西と南は朝日・飯豊連峰、南東部は吾妻連峰、東は奥羽山脈、北は白鷹山塊に囲まれて、米沢・長井の盆地がある。最上川が鬼面川・吉野川・置賜白川などの諸川と合流し、五百川峡谷を経て村山地方に北流する。米沢盆地北東部の大谷地の湿原は、白竜湖にその名残りを留めている。北東山麓面は一面のブドウ園、西半は、典型的な水田単作地帯で、川西・飯豊両町を中心に散村集落が形成されている。小国盆地は険阻な宇津峠で両盆地と境を接し、飯豊連峰を分水嶺とする荒川が西流し、赤芝峡谷を経て日本海に注ぐ。

　JR奥羽本線と国道13号線が南北に走り、米沢から小国を経てJR米坂線が新潟県へ通じている。赤湯駅から荒砥駅までは山形鉄道フラワー長井線が走っている。新潟と白石を結ぶ国道113号線は、今泉で国道287号線と交差する。

　712(和銅5)年、越国から出羽郡が、陸奥国から最上・置賜2郡を割いて出羽国が成立するが、それ以前には置賜郡一帯は「うきたむ」とよばれていた(『日本書紀』)。『倭名類聚抄』では、「於伊太三」と読みを付し、郡内に置賜・広瀬・屋代・赤井・宮城・長井の6郷があった。平安時代後期に成立した摂関家領屋代荘の年貢として布・漆・馬がみえ、奥州平泉(現、岩手県平泉町)の藤原氏が請け負っていた(『台記』)。

　1189(文治5)年大江広元が当郡の地頭職を補任されてから、次男時広が長井氏を称して相伝したが、統治の実態は不明である。この頃から、当地方の別称として長井荘の呼称が使われている。南北朝時代末期に、伊達氏が侵攻して二百数十年支配した。とくに15代晴宗から、1590(天正18)年17代政宗が岩出山(現、宮城県大崎市)に転封となるまでの約50年間は、米沢城を本拠地とした。その後、蒲生氏支配7年を経て、1598(慶長3)年から明治維新まで上杉氏の支配を受けた。古代から現代まで1つの行政区画として引き継がれ、言葉や風俗習慣などの同一意識が強く残っている。しかし、置賜を1つにした「平成の大合併」は不成立となった。

### 村山

　村山地域は、山形県内陸部の中心に位置し、山形市・寒河江市・上山市・天童市・東根市・村山市・尾花沢市と東村山郡山辺町・中山町、西村山郡河北町・西川町・朝日町・大江町、北村山郡大石田町の7市7町からなる。

　東を蔵王山から御所山(1500.2m)につながる奥羽山脈に、西を月山(1979.5m)を中心とする出羽山地に挟まれた地域で、その中心に南北約38kmに伸びる山形盆地があり、南に上山盆地、北に尾花沢盆地がつながっている。盆地のほぼ中央を最上

川が北上し,須川・馬見ヶ崎川・立谷川・乱川・寒河江川・丹生川がこれに注ぎ,扇状地・河岸段丘を形成している。冬季は積雪地帯となるが,夏季は内陸部の特色であるフェーン現象が時折著しい高温をもたらす。

　最上川を中心とする流域の丘陵・段丘からは,後期旧石器時代から縄文時代にかけての遺跡が数多くみつかり,早い時期からの人類の足跡をうかがうことができる。山形盆地には円墳や前方後円墳など古墳文化の発達がみられ,日本海側内陸部の古墳の北限とされている。

　『倭名類聚抄』に記載された最上郡と村山郡の大半はこの地にあたり,寒河江荘・成生荘・大曽禰荘・小田島荘などの荘園が発達した。古代から中世にかけて,湯殿山のほか御所山・瀧山・葉山・朝日連峰などで山岳信仰が発達し,近世以降は庶民信仰として広がりをみせた。

　南北朝時代に,斯波兼頼が羽州管領として山形に入部(1356年)し,山形城を拠点に勢力を広げた。戦国時代,兼頼の子孫である最上義光が奥羽における関ヶ原の戦い(1600年)を機に,村山・最上に庄内と由利郡を加えて出羽57万石の大大名となり,山形城下町の整備が進んだ。

　江戸時代,最上氏が改易(1622年)されるとその領地は分割され,村山地方には山形藩領・上山藩領・新庄藩領や幕府領などが分立した。最上氏の拠点であった山形城には譜代大名の鳥居氏が入部したが,その後,激しい城主交代が続くなかで藩領も減少し,村山地域には幕府領や大名領の飛地などが増加し,非領国地帯とよばれる様相を呈して,まとまりの悪い地域とされた。しかし,一方では,最上川舟運の発達を背景に,米のほか紅花・青苧などの商品生産が盛んとなった。

　明治時代に入り,廃藩置県以来の小県が統合されて統一山形県が成立すると,山形はその県都となり,県令三島通庸のもとで近代的な街づくり・交通網の整備が進んだ。明治時代中期には,山形歩兵第32連隊が誘致され,盆地中央を鉄道(奥羽本線)が走るようになり,地域の流通・経済は一変した。近代には養蚕・製糸の展開がみられ,将棋駒・鋳物づくりなどの地場産業が発達した。

　第二次世界大戦後は,工業団地の育成や空港・高速道路・新幹線などの交通網整備が進み,県の窓口としての地域性が強まっていった。また,農業では,米づくりの一方で,サクランボ・ブドウ・リンゴ・西洋ナシなどの果樹栽培が進み,「果樹王国」の名で知られるようになった。

## 最上

　最上地域は山形県の最北部に位置し,新庄市と最上郡金山町・最上町・舟形町・真室川町・大蔵村・鮭川村・戸沢村の1市4町3村からなる。東に奥羽山脈,西に出羽山地が南北に走り,その懐に新庄盆地があって,周囲の山々を源とする小国川・鮭川・烏川・角川は,地域の南西部を横断する最上川に合流する。

　この地域に人びとが住み始めたのは,新庄市の東山山麓の遺跡群や南野遺跡に

地域の概観　　297

よって1万3000～3万年前の後期旧石器時代からとされる。縄文時代の遺跡は各河川の段丘上いたるところに分布している。真室川町の釜淵遺跡の完形土偶は全国的にも貴重で，国の重要文化財である。弥生時代の遺跡は少なく，大蔵村の上竹野遺跡，最上町のげんだい遺跡，新庄市の福田山遺跡群にすぎない。古墳と荘園の存在はまだ確認されていない。

戦国時代には，細川・清水・鮭延の3氏が最上郡内を3分して割拠していた。のち山形藩最上氏の支配に服し，南半分に清水氏，北部に鮭延氏，東部に小国氏が配されたが，1622(元和8)年の最上氏改易とともにいずれも没落した。翌年，常陸松岡(現，茨城県下妻市)から戸沢氏が6万石で真室城に入部，1625(寛永2)年新庄城に移り，以後11代約250年間にわたって最上郡と村山郡谷地郷を支配した。1871(明治4)年7月の廃藩置県により新庄県が成立，同年11月に山形県に合併された。

古来，この地域は豪雪と冷害凶作に苦しめられ，村山地域のように紅花・青苧などの特産物にも恵まれず，産業・経済面において停滞的であった。山林が多く，林野率は76.8％，耕地率はわずか8.9％，しかも国有林野比率が76％と高い。

「高度経済成長」とともに製炭業が衰退し，「出稼ぎ」が急増，過疎地域がひろがった。建設省(現，国土交通省)のモデル地方生活圏総合計画，国土庁(現，同省)のモデル定住圏計画，自治省(現，総務省)の新広域市町村圏計画の指定を受け，新庄中核工業団地も造成されたが，これからの課題も多い。

### 田川

田川地域は，鶴岡市と庄内町・三川町(ともに東田川郡)の1市2町からなる。北は最上川，西は日本海に面し，南は温海の鼠ヶ関で新潟と，東は奥羽山脈で村山と境を接する。海岸部は塩俵岩などの奇岩がみられる湯野浜以南の磯浜と北の黒松で覆われた砂浜に2分される。また，主峰月山(1984m)・羽黒山・湯殿山よりなる出羽三山は，今も全国から信者や観光客を集める山岳修験の地である。

田川は，江戸時代より庄内米の産地として有名であったが，この地域のみで栽培されてきた「在来作物」が近年注目を集めている。一霞や宝谷地区などの山麓部で継承されてきた焼畑農法とともに，その再評価と保存・伝承が試みられている。

2005(平成17)年の「平成の大合併」により，地域は旧鶴岡市と田川郡内5町村の合併による新鶴岡市，最上川南岸の余目町・立川町の合併による庄内町，赤川流域の三川町の3行政区に再編された。新鶴岡市は，人口13万6627人(2010年)であるが，約1312km²におよぶ市域は東北最大，全国でも第11位の面積をもつ広域市である。

古墳時代の集落跡とされる鶴岡市山田遺跡からは，住居跡から続縄文土器，北陸系土師器，駅家の存在をうかがわせる木簡など，広域交流の実態を示す遺物が発見されている。平安時代，公領田川郡の豪族田川行文は奥州藤原氏の郎従でもあったが，1189(文治5)年，奥州平泉に攻めのぼった源頼朝の鎌倉軍によって敗死。その跡に御家人武藤氏が大泉荘(現，鶴岡市・東田川郡に比定)地頭として着任し

た。大宝寺を拠点に越後上杉氏や山形最上氏そして国人との抗争を重ねながら勢力を拡大するが、1587(天正15)年武藤義氏は前森蔵人(東禅寺筑前)の謀反により自刃。ここに武藤氏400年の支配が終わる。

関ヶ原の戦い(1600年)の勲功によって庄内を加増された最上義光は大宝寺城を鶴ヶ岡城と改称。1612(慶長17)年に北楯大学の進言による狩川大堰開削に着手した。青龍寺川、因幡堰など基幹用水路の開削と新田開発にも努めたが、1622(元和8)年最上氏は御家騒動により改易に処される。同年、庄内3郡13万8000石に転封を命じられた譜代大名酒井忠勝が入部。1871(明治4)年の廃藩まで、鶴ヶ岡城・酒田亀ヶ崎城の2城を拠点に、酒井氏がこの地を庄内藩として250年にわたり支配した。

この地域が近世を通じて常に平穏であったわけではなく、1840(天保11)年に三方領地替に反対する一揆、1844(天保15)年には大山騒動がおこっている。明治期にも1874(明治7)年、田川郡の農民が過納税分の返還と役人の不正糾明を明治政府に訴えたワッパ騒動(山形庄内一揆)など、中央政府を巻き込む闘争が地域の民衆によって組織されている。

明治以降、士族授産のための松ヶ岡開墾、養蚕と絹織物業の興隆、阿部亀治による稲の品種改良や大正時代の赤川改修による治水事業、そして河川交通から羽越本線開通による鉄道交通への移行、昭和・平成時代の庄内空港開港、高速道路建設による高速交通網の整備など、地域は鶴岡を政治経済の中心として発展を続けている。

文化面でも、藤沢周平の作品や庄内で撮影された映画によって、この地域の美しい自然とともに、歴史にはぐくまれた景観や精神風土が、国の内外に発信されている。

## 飽海

飽海地域は酒田市と飽海郡遊佐町の1市1町からなる。山形県の北西部に位置し、北に鳥海山(2237m)、東に出羽丘陵、南東に月山(1979.5m)を望み、これらの山岳地帯を水源とする月光川・日向川・最上川・赤川が、それぞれ日本海へ注いでいる。酒田で俳聖松尾芭蕉は、はるか南東の吾妻山系から滔々と流れる最上川を、「暑き日を 海に入れたり 最上川」と詠んでいる。酒田市と遊佐町は、正に山紫水明、風光明媚の名に恥じない恵まれた自然環境の中に立地している。

酒田から北北西39kmの沖合には、県内唯一の離島、飛島がある。県北の遊佐町は、鳥海山を挟んで秋田県にかほ市に隣接している。北庄内の年平均気温は13℃前後、年降水量は2000mm前後であり、全体的に海洋性気候や冬季の季節風に特色がみられる。

2005(平成17)年11月1日、酒田市と八幡町・平田町・松山町の1市3町が合併し、新酒田市が誕生した。その人口は2010年で11万1170人、面積は602.74km²である。

一方、遊佐町の人口は同じく2010年で1万5485人、面積は208.41km²である。

712(和銅5)年、当地に出羽国がおかれ、平安時代には現在の酒田市城輪地区に

出羽国府が設置された。その柵跡が復元されて、国指定史跡になっている。

12世紀には、奥州平泉の藤原氏と関わりのある遊佐荘(現、遊佐町・酒田市の一部)が成立した。鎌倉・南北朝時代の史跡も、解明されつつある。新田目城や東禅寺城・砂越城・朝日山城・観音寺城などの城跡遺跡も注目されている。

最上川左岸向酒田から右岸当酒田への移転気運が盛りあがってきたのは、明応頃(1492～1501)からといわれている。外国ではコロンブスがアメリカ大陸を発見した頃である。酒田36人衆を中心に本格的な町づくりが開始され、日本海海運や最上川舟運による全盛期を迎えるのである。

近世は幕藩体制のもと、1647(正保4)年に庄内藩主酒井忠当の三男・忠恒が中山(松山)と左沢、あわせて2万石を分封され、松山藩が誕生した。すなわち近世江戸幕府のもとに、飽海郡には1藩1町(酒田町)3郷(遊佐・荒瀬・平田)が成立した。

中・近世に交易で栄えた酒田港は、現在北東アジア地域に貢献する、「国際公益拠点港」を目ざしている。

【文化財公開施設】　　　　　　　　　　　　　　①内容，②休館日，③入館料

[置賜]

米沢市上杉博物館　　〒992-0052米沢市丸の内1-2-1　TEL0238-26-8001　①上杉家歴代藩主・重臣の書跡・武具類，②第4水曜日（4～11月），月曜日（12～3月），祝日の翌日，年末，③有料

上杉神社宝物殿「稽照殿」　　〒992-0052米沢市丸の内1-4-13　TEL0238-22-3189　①上杉家歴代藩主の遺品・遺墨，②12月1日～3月中旬，③有料

宮坂考古館　　〒992-0026米沢市東1-2-24　TEL0238-23-8530　①米沢藩領を中心とする有形文化財，②月曜日，祝日の翌日，年末年始，③有料

農村文化研究所置賜民俗資料館　　〒992-0093米沢市六郷町西藤泉71　TEL0238-37-5362（広井郷幼稚園）　①国民俗「置賜の登拝習俗用具」830点など，②1～3月，③有料（要予約）

酒造資料館 東光の酒蔵　　〒992-0031米沢市大町2-3-22　TEL0238-21-6601　①酒蔵と酒造り道具，②12月31日・1月1日，③有料

出羽の織座・米澤民藝館（原始布・古代織参考館）　　〒992-0039米沢市門東町1-1-16　TEL0238-22-8141　①古衣と紡織具など，②年中無休（12～2月は要予約），③有料

米沢織物歴史資料館　　〒992-0039米沢市門東町1-1-87　TEL0238-22-1325（株式会社織陣）　①米沢織の歴史と資料・織機，②年末年始，③有料

河童洞　　〒992-0053米沢市松が岬1-4-3　TEL0238-23-2366　①全国の郷土玩具，相良人形や成島土人形など，②年中無休，③無料

我妻榮記念館　　〒992-0045米沢市中央3-4-38　TEL0238-24-2211　①我妻榮の生家でその生涯を紹介，②火・水・木・土曜日（ただし事前連絡をすれば見学可），③無料

福王寺法林記念館　　〒992-0039米沢市門東町3-3-7（米澤新聞本社3F）　TEL0238-22-4411　①福王寺法林の絵画作品を展示，②米澤新聞休刊日，③無料

米沢市上杉記念館（上杉伯爵邸）　　〒992-0052米沢市丸の内1-3-60　TEL0238-21-5121　①旧上杉伯爵邸の建物と庭園を公開，②水曜日（4～11月は無休），③無料

高畠町郷土資料館　　〒992-0302東置賜郡高畠町大字安久津2011　TEL0238-52-4523　①古代住居跡・古墳群からの出土品など，②月曜日，祝日，年末年始，③有料

山形県立うきたむ風土記の丘考古資料館　　〒992-0302東置賜郡高畠町大字安久津2117　TEL0238-52-2585　①県内の重要埋蔵文化財・考古資料など，②月曜日，祝日，年末年始，③有料

まほろば・童話の里 浜田広介記念館　　〒992-0334東置賜郡高畠町大字一本柳2110　TEL0238-52-3838　①浜田広介の生涯と作品紹介，②月曜日，祝日の翌日，年末年始，③有料

南陽市立結城豊太郎記念館　　〒999-2211南陽市赤湯362　TEL0238-43-6802　①結城豊太郎の遺品と市内各古墳から出土した遺物，②月・火曜日（祝日の場合は翌日・翌々日），③有料

熊野大社考古館　　〒992-0472南陽市宮内3476-1　TEL0238-47-7777　①熊野大社の宝物と考古学資料，②年中無休，③有料

夕鶴の里資料館・語り部の館　　〒992-0474南陽市漆山2025-2　TEL0238-47-5800　①語り部の話や民話と生活の展示など，②月曜日（祝日の場合は開館），年末年始，③有料

掬粋巧芸館　〒999-0122東置賜郡川西町中小松2911　TEL0238-42-3101　①日本・中国・朝鮮の陶磁器，②月曜日，12〜4月上旬，③有料

文教の杜 丸大扇屋・長沼孝三彫塑館　〒993-0086長井市十日町1-11-7　TEL0238-88-4151　①豪商丸大扇屋の建物群と同家出身長沼孝三の彫刻作品など，②月曜日(祝日の場合は翌日)，月末日，12月29日〜3月31日，③有料

小桜館(旧西置賜郡役所)　〒993-0085長井市高野町2-7-28　TEL0238-88-9365　①郡役所や長井の歴史資料など，②月曜日(祝日の場合は翌日)，月末日，年末年始，③無料

長井市古代の丘資料館　〒993-0063長井市草岡2768-1　TEL0238-88-9978　①市内の縄文時代の遺跡からの出土品，②月曜日(祝日の場合は翌日)，12月中旬〜4月中旬，③無料

やませ蔵美術館　〒993-0006長井市あら町6-61　TEL0238-88-9988　①絵画や掛軸，紬関係の資料，②月曜日，12〜3月，③有料

[村山]

蟹仙洞　〒999-3134上山市矢来4-6-8　TEL023-672-0155　①日本刀・中国漆工芸品，②火曜日(祝日は開館)，12〜2月は火・水・木曜日，年末年始，③有料

上山城　〒999-3154上山市元城内3-7　TEL023-673-3660(上山城管理公社)　①郷土の歴史・民俗資料，②年末，7月第3週の平日，③有料

斎藤茂吉記念館　〒999-3101上山市北町字弁天1421　TEL023-672-7227　①斎藤茂吉の遺稿・遺墨・書画など，②年末年始，7月第2週，③有料

脇本陣滝沢屋　〒999-3225上山市楢下字乗馬場1759-1　TEL023-674-3125　①宿札や往来手形など「旅」に関する資料，②月曜日，年末年始，③有料

山形県立博物館　〒990-0826山形市霞城町1-8　TEL023-645-1111　①県内の地学・動植物・考古・歴史・民俗資料，②月曜日，年末年始，③有料

山形市郷土館　〒990-0826山形市霞城町1-1　TEL023-644-0253　①旧済生館と郷土の医学関係資料，②年末年始，③無料

山形県郷土館「文翔館」　〒990-0047山形市旅籠町3-4-51　TEL023-635-5500　①国重文建造物旧山形県庁舎と県会議事堂に明治時代以後の県の歴史資料を展示，②第1・3月曜日(祝日の場合は翌日)，年末年始，③無料

山形大学附属博物館　〒990-8560山形市小白川町1-4-12(山形大学小白川図書館3F)　TEL023-628-4930　①歴史・民俗など各分野の資料，②土・日曜日，祝日，年末年始，③無料

山形美術館　〒990-0046山形市大手町1-63　TEL023-622-3090　①フランス近代絵画，日本・東洋の絵画と彫刻，②月曜日，年末年始，③有料

最上義光歴史館　〒990-0046山形市大手町1-53　TEL023-625-7101　①最上義光所用の武具，絵画・古文書や最上家関係資料，②月曜日(祝日の場合は翌日)，③無料

山寺立石寺宝物殿　〒999-3301山形市大字山寺4456-1　TEL023-695-2002　①立石寺の仏像・仏具，宗教資料など，②12月中旬〜4月20日，③有料

山寺芭蕉記念館　〒999-3301山形市大字山寺字南院4223　TEL023-695-2221　①松尾芭蕉の遺墨，蕉門の墨跡，『おくのほそ道』関係資料，②不定休，年末年始，③有料

山寺後藤美術館　〒999-3301山形市大字山寺2982-3　TEL023-695-2010　①18〜19世紀フランス絵画・ガラス工芸品，②月曜日(祝日の場合は翌日)，③有料

| 山形県立博物館教育資料館　〒990-0041山形市緑町2-2-8　TEL023-642-4397　①山形県の教育関係資料，建物は国重文，②月曜日，祝日，年末年始，③有料

歴史と文化の美術館わらべの里　〒990-2301山形市蔵王温泉童子平1138　TEL023-693-0093　①伝統的建造物5棟と武具や装飾品調度品などの歴史資料，②火曜日(祝日の場合は開館)，③有料

明圓寺尚古館　〒990-2355山形市大字二位田8　TEL023-688-4059　①農民文化に関する考古・民具資料，②年中無休，③無料

山形市産業歴史資料館　〒990-2351山形市鋳物町10　TEL023-643-6031　①山形市のおもな伝統工芸作品や歴史資料，②日曜日，祝日，第2・4土曜日，年末年始，③無料

やまがた伝統こけし館　〒990-0042山形市七日町2-7-10(ナナ・ビーンズ5F)　TEL023-641-1112　①伝統こけし，木地玩具，書籍文献など，②木曜日，年末年始，③無料

天童市立旧東村山郡役所資料館　〒994-0041天童市五日町2-4-8　TEL023-653-0631　①天童藩・天童県・郡役所資料など，②月曜日(祝日の場合は翌日)，年末年始，③有料

天童市美術館　〒994-0013天童市老野森1-2-2　TEL023-654-6300　①天童市出身の美術家の作品など，②月曜日(祝日の場合は翌日)，年末年始，③有料

出羽桜美術館　〒994-0044天童市一日町1-4-1　TEL023-654-5050　①李朝の陶磁器や工芸品など，②月曜日(祝日の場合は翌日)，年末年始，③有料

齋藤真一心の美術館(出羽桜美術館分館)　〒994-0044天童市一日町2-4-34　TEL023-654-5050　①齋藤真一の絵画，②月曜日(祝日の場合は翌日)，年末年始，③有料

天童市将棋資料館　〒994-0034天童市本町1-1-1(JR奥羽本線天童駅1F)　TEL023-653-1690　①将棋駒の歴史，現代の名工の展示，②水曜日(祝日の場合は翌日)，年末年始，③有料

天童民芸館 佐藤千夜子顕彰館　〒994-0031天童市天童中2-3-10　TEL023-653-5749　①佐藤千夜子の生家と民俗資料，②見学には事前予約が必要(天童グランドホテル舞鶴荘TEL023-653-3111)，③有料

広重美術館　〒994-0025天童市鎌田本町1-2-1　TEL023-654-6555　①初代から4代までの歌川広重の肉筆画や錦絵，②火曜日(祝日の場合は翌日)，毎月末，③有料

天童市西沼田遺跡公園ガイダンス施設　〒994-0071天童市大字矢野目3295　TEL023-654-7360　①西沼田遺跡から発掘された遺物，②月曜日(祝日の場合は翌日)，年末年始，③有料

山辺町ふるさと資料館　〒990-0301東村山郡山辺町大字山辺208-1　TEL023-664-5033　①商家の土蔵3棟を修復，繊維に関する資料を展示，②月曜日，祝日，年末年始，③有料

中山町立歴史民俗資料館　〒990-0401東村山郡中山町大字長崎6005　TEL023-662-2175　①国重文「岩谷十八夜観音庶民信仰資料」や農耕文化資料など，②日曜日，祝日，年末年始，③有料

大江町歴史民俗資料館　〒990-1163西村山郡大江町大字本郷丁373-1　TEL0237-62-3666　①素封家齋藤家建造物，青苧関係資料，②第2・4月曜日，年末年始，③有料

西川町自然と匠の伝承館・大井沢自然博物館　〒990-0721西村山郡西川町大字大井沢4110　TEL0237-76-2112　①瑪瑙細工や月山和紙の体験，朝日連峰の動植物の剝製・標本，②月曜日(祝日の場合は翌日)，年末年始，③有料

月山の酒蔵資料館　〒990-0701西村山郡西川町大字睦合丙674-2　TEL0237-74-2020　①酒造り道具などや山形交通三山線関係の車両や資料，②火曜日，12月末〜3月末，③無料

丸山薫記念館　〒990-0743西村山郡西川町大字岩根沢454-15　TEL0237-74-2965　①丸山薫の書籍・遺品，②月曜日，12〜3月，③有料

寒河江市郷土館　〒991-0041寒河江市大字寒河江字長岡丙2707　TEL0237-86-7924　①郡役所や歴史・民俗・考古資料など，②月曜日(祝日の場合は翌日)，11月中旬〜4月中旬，③有料

古澤酒造資料館　〒991-0023寒河江市丸内3-5-7　TEL0237-86-5322　①酒造り道具など，②年末年始　③無料

河北町紅花資料館　〒999-3511西村山郡河北町谷地戊1143　TEL0237-73-3500　①豪農の館を公開し，紅花と農兵関係の資料・文書を展示，②第2木曜日(祝日の場合は翌日)，年末年始，③有料

東根市東の杜資料館　〒999-3782東根市本丸東3-1　TEL0237-43-4902　①酒蔵に考古・歴史・民俗資料を展示，②月曜日，祝日の翌日，月末，年末年始，③無料

最上徳内記念館　〒995-0035村山市中央1-2-12　TEL0237-55-3003　①最上徳内に関する資料など，②水曜日，祝日の翌日，年末年始，③有料

真下慶治記念美術館　〒995-0054村山市大字大淀1084-1　TEL0237-52-3195　①真下慶治の絵画作品など，②水曜日，祝日の翌日，年末年始，③有料

村山市農村文化保存伝承館　〒995-0041村山市大字河島元杉島1315-1　TEL0237-53-3277　①農村に伝わる農機具，生活用具，民具，②水曜日(祝日の場合は翌日)，年末年始，③無料

大石田町立歴史民俗資料館　〒999-4111北村山郡大石田町大字大石田乙37-6　TEL0237-35-3440　①歴史・民俗資料と聴禽書屋，②月曜日(祝日は開館)，祝日の翌日，展示替え休館，③有料

大石田町クロスカルチャープラザ　〒999-4112北村山郡大石田町緑町8　TEL0237-35-2220　①大工・左官など職人に関する歴史資料，②月曜日，祝日の翌日，月末日，年末年始，③有料

芭蕉・清風歴史資料館　〒999-4221尾花沢市中町5-36　TEL0237-22-0104　①鈴木家と『おくのほそ道』関係資料，②年末年始，③有料

みちのく風土記の丘資料館　〒999-4223尾花沢市大字五十沢1432-38　TEL0237-23-3655　①農耕具・生活民具など，②火曜日，③有料

[最上]

舟形町歴史民俗資料館　〒999-4601最上郡舟形町舟形2679-22　TEL0233-32-3495　①江戸時代末期の農家住宅と農具，縄文のビーナスなど，②火曜日(祝日の場合は翌日)，11月16日〜4月14日，③有料

新庄ふるさと歴史センター　〒996-0085新庄市堀端町4-74　TEL0233-22-2188　①新庄祭の山車と歴史・民俗資料など，②火曜日，祝日の翌日，年末年始，③有料

雪の里情報館　〒996-0086新庄市石川町4-15　TEL0233-22-7891　①雪害救済運動の歴史や雪に関する情報，②月曜日，年末年始，③無料

真室川町立歴史民俗資料館　〒999-5312最上郡真室川町大字新町233-1　TEL0233-62-3511　①林業関係資料，中川木鈴の版画，②月曜日，祝日の翌日，月末日，年末年始，③有料

[田川]

清河八郎記念館　〒999-6606東田川郡庄内町大字清川字上川原37　TEL0234-57-2104　①清河八郎の生家と遺品・遺墨，②月曜日(祝日の場合は翌日)，12～2月，③有料

庄内町歴史民俗資料館　〒999-6601東田川郡庄内町狩川字笠山390　TEL0234-56-2409　①旧立川町役場と民俗資料，②月曜日(祝日の場合は翌日)，祝日の翌日，月末日，年末年始，③無料

庄内町亀ノ尾の里資料館　〒999-7727東田川郡庄内町南野字十八軒21-1　TEL0234-44-2162　①水稲品種関係，乾田馬耕・基盤整備の歴史，農具など，②年末年始，③無料

庄内町内藤秀因水彩画記念館　〒999-7781東田川郡庄内町余目字三人谷地59-1　TEL0234-43-3039　①内藤秀因の遺作絵画など，②月曜日，祝日，年末年始，③無料

東田川文化記念館　〒999-7601鶴岡市藤島字山ノ前99　TEL0235-64-2537　①旧郡庁舎・議事堂などを復元，日本最長の独木舟，民俗資料など，②月曜日，年末年始，③無料

出羽三山歴史博物館　〒997-0211鶴岡市羽黒町手向字羽黒山33　TEL0235-62-2355　①羽黒修験資料と武将奉納品など，②木曜日，11月下旬～4月中旬，③有料

いでは文化記念館　〒997-0211鶴岡市羽黒町手向字院主南72　TEL0235-62-4727　①出羽三山信仰の宗教儀礼，修験道関係資料，②火曜日，年末年始，③有料

松ヶ岡開墾記念館　〒997-0152鶴岡市羽黒町猪俣新田字松ヶ岡29　TEL0235-62-3985　①蚕室や農機具および資料，農地開拓の歴史，庄内映画村資料館も併設，②月曜日(祝日は開館)，年末年始，1～2月，③有料

今井繁三郎美術収蔵館　〒997-0125鶴岡市羽黒町仙道字5-175　TEL0235-62-3667　①今井繁三郎の絵画作品と美術工芸品，②月曜日，12～3月，③有料

黒川能の里「王祇会館」　〒997-0311鶴岡市黒川字宮の下253　TEL0235-57-5310　①黒川能の紹介，能装束・能面など，②第1水曜日，年末年始，③有料

横綱柏戸記念館　〒997-0342鶴岡市三千刈字清和158-1(櫛引スポーツセンター内)　TEL0235-57-4311　①横綱柏戸関係資料や大相撲の歴史，②第2・4月曜日，年末年始，③無料

月山あさひ博物村　〒997-0403鶴岡市越中山字名平3-1　TEL0235-53-3411　①民俗資料やアマゾンの動植物など，②1～4月の第4月曜日，年始，③有料

森敦文庫文学資料館　〒997-0531鶴岡市大網字中台92-1　TEL0235-54-6536　①森敦の文学作品関係資料など，②12～4月，③有料

山五十川古典芸能収蔵館　〒999-7201鶴岡市山五十川甲475-1　TEL0235-45-2949　①山戸能および山五十川歌舞伎の衣装・道具など，②年中無休，③無料

致道博物館　〒997-0036鶴岡市家中新町10-18　TEL0235-22-1199　①庄内地方の旧建築や酒井家伝来の美術品のほか，考古・歴史・民俗資料，②年末年始，③有料

庄内藩校致道館　〒997-0035鶴岡市馬場町11-45　TEL0235-23-4672　①東北地方唯一の現存藩校建築で，表御門・聖廟・講堂・御入間など，②月曜日，年末年始，③無料

大宝館　〒997-0035鶴岡市馬場町4-7　TEL0235-24-3266　①高山樗牛・横光利一ら郷土出身者の関係資料など，②月曜日，年末年始，③無料

荘内神社宝物殿　〒997-0035鶴岡市馬場町4-1　TEL0235-22-8100　①藩主酒井氏ゆかりの武具・美術工芸品など，②不定期(展示替えの際)，③有料

鶴岡市立藤沢周平記念館　〒997-0055鶴岡市馬場町4-6　TEL0235-29-1880　①藤沢周平の

文学作品と関係資料，②月曜日(祝日の場合は翌日)，年末年始，③有料

アマゾン民族館(出羽庄内国際村)　〒997-0802鶴岡市伊勢原町8-32　TEL0235-25-3600　①アマゾンを中心に世界の民族資料，動物・昆虫標本など，②月曜日(祝日の場合は翌日)，年末年始，2月中旬〜下旬，③有料

金峯山博物館　〒997-0368鶴岡市青龍寺字金峰1　TEL0235-23-7863　①修験道資料と動植物標本，②年中無休，③有料

出羽ノ雪酒造資料館　〒997-1124鶴岡市大山2-2-8　TEL0235-33-3262　①酒造り道具など，②年始，③有料

[飽海]

酒田市立資料館　〒998-0046酒田市一番町8-16　TEL0234-24-6544　①酒田市の考古・歴史・民俗資料，②12〜3月の月曜日，年末年始，③有料

本間美術館　〒998-0024酒田市御成町7-7　TEL0234-24-4311　①本間家別荘と所蔵の茶道具・書画など，②12〜2月の火・水曜日(祝日の場合は翌日)，年末年始，③有料

庄内米歴史資料館　〒998-0838酒田市山居町1-1-8　TEL0234-23-7470　①米や保管の調査研究，藩政期の資料など，②年末年始，③有料

相馬楼　〒998-0037酒田市日吉町1-2-20　TEL0234-21-2310　①江戸時代の料亭を修復，雛人形や竹久夢二の絵画など，②水曜日，盆，年末年始，③有料

酒田市美術館　〒998-0055酒田市飯森山3-17-95　TEL0234-31-0095　①郷土出身の美術家などの作品，②12〜3月の月曜日(祝日の場合は翌日)，年末年始，③有料

土門拳記念館　〒998-0055酒田市飯森山2-13　TEL0234-31-0028　①写真家土門拳の全作品，②12〜3月の月曜日(祝日の場合は翌日)，年末年始，③有料

蔵探訪館　〒998-0114酒田市十里塚字村東山125-3(東北銘醸株式会社内)　TEL0234-31-1515　①日本酒造りの歴史や工程，②月曜日，年末年始，③無料

酒田あいおい工藝美術館　〒998-0032酒田市相生町1-3-17　TEL090-2846-6846　①北前船交易による美術工芸品・民芸品，②月〜木曜日，③有料

荘内南洲会館　〒998-0055酒田市飯盛山2-304-10　TEL0234-31-2346　①西郷隆盛遺墨のほか明治維新関係者，郷土出身学者等の書幅，②日・月曜日(連絡があれば開館)，③無料

酒田市阿部記念館　〒999-6821酒田市山寺字宅地179-1　TEL0234-62-2925　①哲学者阿部次郎と一族の遺品・遺墨，関係資料など，②12〜2月(開館日は3〜11月の土・日曜日，祝祭日，5〜10月の金曜日)，③有料

酒田市松山文化伝承館　〒999-6832酒田市字新屋敷36-2　TEL0234-62-2632　①藩政時代の武具甲冑，歴代藩主の書画など，②月曜日(祝日の場合は翌日)，年末年始，③有料

遊佐町歴史民俗学習館　〒999-8531飽海郡遊佐町菅里字菅野7-1　TEL0234-77-3727　①生活用具や農耕具など，②祝日(要事前連絡)，年末年始，③無料

旧青山本邸　〒999-8438飽海郡遊佐町比子字青塚155　TEL0234-75-3145　①青山留吉に関する資料，②月曜日(祝日の場合は翌日)，年末年始，③有料

【無形民俗文化財】

国指定

黒川能　　黒川能保存会　鶴岡市黒川　2月1・2日，3月23日，5月3日，11月23日

杉沢比山　　杉沢比山保存会　飽海郡遊佐町杉沢　熊野神社　8月6日仕組，8月15日本舞，8月20日神送

林家舞楽　　谷地の舞楽保存会　西村山郡河北町谷地　谷地八幡宮　9月14・15日
　　　　　　　　　　　　　　　寒河江市大字慈恩寺　慈恩寺　5月5日

遊佐の小正月行事　　遊佐のアマハゲ保存会　飽海郡遊佐町滝ノ浦　1月1日
　　　　　　　　　　　　　　　　　　　　　飽海郡遊佐町女鹿　1月3日
　　　　　　　　　　　　　　　　　　　　　飽海郡遊佐町鳥崎　1月6日

新庄まつりの山車行事　　新庄まつり山車行事保存会　新庄市内　8月24〜26日

県指定

山戸能　　山五十川古典芸能保存会山戸能一座　鶴岡市山五十川　山五十川古典芸能伝承館　5月3日・8月下旬(夕陽能)・11月23日

高寺八講　　高寺八講保存会　鶴岡市羽黒町高寺字南畑　雷電神社　5月8日

萩野・仁田山鹿子踊　　萩野・仁田山鹿子踊保存会　新庄市大字萩野・仁田山　戸沢神社・護国神社　8月26日

黒森歌舞伎　　黒森歌舞伎妻堂連中　酒田市黒森　日枝神社　2月15〜17日

平塩舞楽　　平塩舞楽保存会　寒河江市大字平塩107　熊野神社　4月3日

日和田弥重郎花笠田植踊　　日和田弥重郎花笠田植踊保存会　寒河江市大字日和田10-1　9月14日

新山延年　　新山延年舞保存会　酒田市楢橋字新山　新山神社　8月19日

小松豊年獅子踊　　小松豊年獅子踊会　東置賜郡川西町大字上小松　大光院　8月16日
　　　　　　　　　　　　　　　　　　　　　　　　　　　　　　　諏訪神社　8月27日

松山能　　松諷社　酒田市字蔵小路　皇大神社　8月20日

山五十川歌舞伎　　山五十川古典芸能保存会歌舞伎一座　鶴岡市山五十川　山五十川古典芸能伝承館　5月3日・11月23日

伊佐沢念仏踊　　伊佐沢念仏踊保存会　長井市上伊佐沢　4月29日

高原植木踊　　高原植木踊保存会　山形市高原町　山の神神社　5月1日

角田流獅子踊(大谷・八ツ沼)　　角田流大谷・八ツ沼獅子踊保存会
　　　西村山郡朝日町大字大谷　永林寺　8月15日
　　　　　　　　　　　　　　　白山神社　8月31日
　　　西村山郡朝日町大字三中　春日神社　旧閏年8月15日

梓山獅子踊　　梓山獅子踊保存会　米沢市万世町梓山　梓神社　7月8日
　　　　　　　　　　　　　　　　　　　　　　　　　　法将寺　8月15日

吹浦田楽舞　　吹浦田楽保存会　飽海郡遊佐町吹浦　鳥海山大物忌神社吹浦口の宮　5月4・5日

蕨岡延年　　蕨岡延年保存会　飽海郡遊佐町上蕨岡　鳥海山大物忌神社蕨岡口の宮　5月3日

稲沢番楽　　稲沢番楽保存会　最上郡金山町大字有屋　金山町中央公民館　1月1日

　　　　　　　　　　　　　　　　　　　　稲沢地区研修センター　8月14日
安久津延年　　安久津八幡神社文化財保存会　東置賜郡高畠町大字安久津2011　安久津八幡
　　神社　9月15日
鮭川歌舞伎　　鮭川歌舞伎保存会　最上郡鮭川村大字石名坂68　鮭川村中央公民館
　　7月第1日曜日
豊烈神社の打毬　　山形豊烈打毬会　山形市桜町　豊烈神社　10月6日

【おもな祭り】(国・県指定無形民俗文化財をのぞく)────────
初市　　山形市(市内大通り)　1月10日
ややまつり　　東田川郡余目町千河原　1月16日
亀岡文殊祭礼星まつり　　東置賜郡高畠町亀岡　1月25日
蔵王樹氷まつり　　山形市蔵王スキー場　2月1〜7日
上杉雪灯籠まつり　　米沢市松岬公園　2月12・13日
カセ鳥　　上山市　2月11日
谷地ひな祭り　　西村山郡河北町谷地　4月2・3日
天童桜まつり(人間将棋)　　天童市舞鶴公園　4月4〜18日(桜まつり),4月17・18日(人
　　間将棋)
上杉まつり　　米沢市　4月29日〜5月3日
薬師祭(植木市)　　山形市(薬師通り)　5月8〜10日
天神祭(化けものまつり)　　鶴岡市　5月25日
あやめ祭　　長井市あやめ公園　6月10日〜7月4日
酒田港まつり　　酒田市　8月6日(甚句流し)・7日(花火)
花笠まつり　　山形市(市内大通り)　8月5〜7日
黒川能奉納　　鶴岡市(庄内神社)　8月14日
新庄まつり　　新庄市　8月24〜26日
谷地どんがまつり　　西村山郡河北町谷地　9月18〜20日
豊烈神社祭典　　山形市(豊烈神社)　10月6日
上山菊まつり　　上山市　10月17日〜11月5日
南陽市菊まつり　　南陽市(双松公園・烏帽子山公園)　10月9日〜11月14日

【有形民俗文化財】────────
国指定
庄内のばんどりコレクション(116点)　　財団法人致道博物館　鶴岡市家中新町10-18
庄内の木製酒器コレクション(77点)　　財団法人致道博物館　鶴岡市家中新町10-18
庄内の仕事着コレクション(126点)　　財団法人致道博物館　鶴岡市家中新町10-18
大宝寺焼コレクション(234点)　　財団法人致道博物館　鶴岡市家中新町10-18
庄内および周辺地のくりものコレクション(229点)附工具(21点)　　財団法人致道博物館
　　鶴岡市家中新町10-18
庄内浜及び飛島の漁撈用具(1937点)　　財団法人致道博物館　鶴岡市家中新町10-18
最上川水系の漁撈用具(810点)　　財団法人致道博物館　鶴岡市家中新町10-18

岩谷十八夜観音庶民信仰資料(951点)　　　日月寺　東村山郡中山町大字金沢1105　中山町立
　歴史民俗資料館保管
庄内の米作り用具(1800点)　　財団法人致道博物館　鶴岡市羽黒町猪俣新田字松ヶ岡151-3
　松ヶ岡開墾場保管
置賜の登拝習俗用具及び行屋　　財団法人農村文化研究所　米沢市六郷町西藤泉71
　うち行屋1棟は，米沢市丸の内1-2-1

県指定

納札及び順礼札(延徳四年季の銘のあるものほか)(10枚)　　若松寺　天童市山元2205-1
石敢当(1基)　鶴岡市　鶴岡市大山2-2-36 市道大山橋線道路敷
隠明寺ダコの版木(12点〈30面〉)　個人　新庄市本町
ニセモノ(15点)　山形県立博物館ほか　山形市霞城町1-8ほか
遠賀神社の算額(1面)　遠賀神社　鶴岡市遠賀原
六所神社の獅子頭(6点)　六所神社　鶴岡市青龍寺
富山馬頭観音堂奉納絵馬(212面)　東善院　最上郡最上町大字富沢1378

**【無形文化財】**

県指定

深山和紙　深山手漉和紙技術保存会　西置賜郡白鷹町大字深山621
本場米琉(白鷹板締小絣)　本場米琉(白鷹板締小絣)技術保存会　西置賜郡白鷹町大字十王
　2200
上林恒平　上林恒平　山形市大字長谷堂4624-3

【散歩便利帳】

[山形県の教育委員会・観光担当部署など]
山形県教育庁文化財保護推進課　〒990-8570山形市松波2-8-1　TEL023-630-2211(代表)
山形県商工観光部観光交流課　〒990-8570山形市松波2-8-1　TEL023-630-2211(代表)
㈳山形県観光物産協会 やまがた観光情報センター　〒990-8580山形市城南町1-1-1 霞城セントラル1F　TEL023-647-2333
おいしい山形プラザ　〒104-0061東京都中央区銀座1-5-10 ギンザファーストファイブビル1・2F　TEL03-5250-1750
山形県大阪事務所　〒530-0001大阪府大阪市北区梅田3-1-800 大阪駅前第1ビル8F　TEL06-4341-6816
山形県名古屋事務所　〒450-0002愛知県名古屋市中村区名駅2-43-12 東山ビル1F　TEL052-586-9110

[市町村の教育委員会・観光担当部署など]
[置賜]
米沢市教育委員会　〒992-8501米沢市金池5-2-25　TEL0238-22-5111
㈳米沢観光物産協会　〒992-0052米沢市丸の内1-3-60　TEL0238-21-6226
南陽市教育委員会　〒999-2292南陽市三間通436-1　TEL0238-40-3211
南陽市観光協会　〒999-2241南陽市郡山番外地(JR奥羽本線赤湯駅内)　TEL0238-40-2002
長井市教育委員会　〒993-8601長井市ままの上5-1　TEL0238-84-2111
長井市観光協会　〒993-0011長井市館町北6-27　TEL0238-88-5279
高畠町教育委員会　〒992-0392東置賜郡高畠町大字高畠436　TEL0238-52-1111
高畠町観光協会　〒999-2173東置賜郡高畠町大字山崎200-1　TEL0238-57-3844
川西町教育委員会　〒999-0193東置賜郡川西町大字上小松1567　TEL0238-42-2111
川西町観光協会　〒999-0193東置賜郡川西町大字上小松1567(川西町産業振興課内)　TEL0238-42-2112
小国町教育委員会　〒999-1363西置賜郡小国町大字小国小坂町2-70　TEL0238-62-2111
小国町観光協会　〒999-1363西置賜郡小国町大字小国小坂町2-70　TEL0238-62-2416
飯豊町教育委員会　〒999-0696西置賜郡飯豊町大字椿2888　TEL0238-72-2111
飯豊町観光協会　〒999-0604西置賜郡飯豊町大字椿1974-2(JR米坂線羽前椿駅内)　TEL0238-86-2411
白鷹町教育委員会　〒992-0892西置賜郡白鷹町大字荒砥甲833　TEL0238-85-2111
白鷹町観光協会　〒992-0831西置賜郡白鷹町大字荒砥甲784(白鷹町商工会館内)　TEL0238-86-0086

[村山]
上山市教育委員会　〒999-3192上山市河崎1-1-10　TEL023-672-1111
上山市観光物産協会　〒999-3192上山市河崎1-1-10　TEL023-672-0839
山形市教育委員会　〒990-8540山形市旅籠町2-3-25　TEL023-641-1212
㈳山形観光協会　〒990-8580山形市城南町1-1-1 霞城セントラル1F　TEL023-647-2266
天童市教育委員会　〒994-8510天童市老野森1-1-1　TEL023-654-1111
天童市観光物産協会　〒994-0034天童市本町1-1-2(パルテ内)　TEL023-653-1680

寒河江市教育委員会　　〒991-8601寒河江市中央1-9-45　TEL0237-86-2111
寒河江市観光協会　　　〒990-0523寒河江市大字八鍬字川原919-6(チェリーランドさくらんぼ
　　会館内)　TEL0237-86-1818
東根市教育委員会　　〒999-3795東根市中央1-1-1　TEL0237-42-1111
㈳東根市観光物産協会　　〒999-3720東根市さくらんぼ駅前1-1-1(JR奥羽本線さくらんぼ東
　　根駅内)　TEL0237-41-1200
村山市教育委員会　　〒995-8666村山市中央1-3-6　TEL0237-55-2111
村山市観光物産協会　　〒995-8666村山市中央1-3-6(村山市商工観光課内)
　　TEL0237-55-2111
尾花沢市教育委員会　　〒999-4292尾花沢市若葉町1-1-3　TEL0237-22-1111
尾花沢市観光物産協会　　〒999-4212尾花沢市大字二藤袋1401-6(サンビレッジ徳良湖オー
　　トキャンプ場内)　TEL0237-23-4567
山辺町教育委員会　　　〒990-0392東村山郡山辺町緑ケ丘5　TEL023-667-1111
山辺町産業課　　〒990-0392東村山郡山辺町緑ケ丘5　TEL023-667-1106
中山町教育委員会　　　〒990-0492東村山郡中山町大字長崎120　TEL023-662-2111
中山町観光協会　　〒990-0492東村山郡中山町大字長崎120　TEL023-662-2114
朝日町教育委員会　　〒990-1442西村山郡朝日町大字宮宿1115　TEL0237-67-2111
朝日町観光協会　　〒990-1442西村山郡朝日町大字宮宿1115(朝日町役場２Ｆ)
　　TEL0237-67-2134
大江町教育委員会　　〒990-1101西村山郡大江町大字左沢882-1　TEL0237-62-2111
大江町観光物産協会　　〒990-1101西村山郡大江町大字左沢882-1　TEL0237-62-2139
西川町教育委員会　　〒990-0792西村山郡西川町大字海味510　TEL0237-74-2111
月山朝日観光協会　　〒990-0792西村山郡西川町大字海味510(西川町産業振興課内)
　　TEL0237-74-4119
河北町教育委員会　　〒999-3511西村山郡河北町谷地戊81　TEL0237-73-2111
㈳河北町観光協会　　〒999-3511西村山郡河北町谷地己885-1　TEL0237-72-3787
大石田町教育委員会　　〒999-4112北村山郡大石田町緑町1　TEL0237-35-2111
大石田町観光協会　　〒999-4112北村山郡大石田町緑町1　TEL0237-35-2111
[最上]
新庄市教育委員会　　〒996-8501新庄市沖の町10-37　TEL0233-22-2111
新庄市商工観光課　　〒996-8501新庄市沖の町10-37　TEL0233-22-2111
舟形町教育委員会　　〒999-4601最上郡舟形町舟形263　TEL0233-32-2111
舟形町観光協会　　〒999-4601最上郡舟形町舟形263(舟形町役場内)　TEL0233-32-2111
最上町教育委員会　　〒999-6101最上郡最上町大字向町644　TEL0233-43-2111
最上町観光協会　　〒999-6101最上郡最上町大字向町584　TEL0233-43-2233
金山町教育委員会　　〒999-5402最上郡金山町大字金山324-1　TEL0233-52-2111
金山町観光協会　　〒999-5402最上郡金山町大字金山324-1　TEL0233-52-2111
真室川町教育委員会　　〒999-5312最上郡真室川町大字新町127-5　TEL0233-62-2111
真室川町観光協会　　〒999-5312最上郡真室川町大字新町127-5　TEL0233-62-2111
鮭川村教育委員会　　〒999-5292最上郡鮭川村大字佐渡2003-7　TEL0233-55-2111

鮭川村観光協会　　〒999-5292最上郡鮭川村大字佐渡2003-7　TEL0233-55-2111
大蔵村教育委員会　　〒996-0212最上郡大蔵村大字清水2528　TEL0233-75-2111
大蔵村観光協会　　〒996-0212最上郡大蔵村大字清水2528　TEL0233-75-2324
戸沢村教育委員会　　〒999-6401最上郡戸沢村大字古口270　TEL0233-72-2111
戸沢村観光協会　　〒999-6401最上郡戸沢村大字古口270　TEL0233-72-2111
[田川]
鶴岡市教育委員会　　〒997-8601鶴岡市馬場町9-25　TEL0235-25-2111
鶴岡市観光連盟　　〒997-8601鶴岡市馬場町9-25(鶴岡市観光物産課内)　TEL0235-25-2111
鶴岡市藤島庁舎 産業課　　〒999-7696鶴岡市藤島字笹花25　TEL0235-64-5809
鶴岡市羽黒庁舎 産業課　　〒997-0192鶴岡市羽黒町荒川字前田元89　TEL0235-62-2111
鶴岡市羽黒町観光協会　　〒997-0211鶴岡市羽黒町手向字院主南72　TEL0235-62-4727
鶴岡市櫛引庁舎 産業課　　〒997-0346鶴岡市上山添字文969100　TEL0235-57-2111
鶴岡市朝日庁舎 商工観光課　　〒997-0492鶴岡市下名川字落合1　TEL0235-53-2111
あさひむら観光協会　　〒997-0404鶴岡市下名川字落合3(朝日産業振興センター内)　TEL0235-53-2111
鶴岡市温海庁舎 産業課　　〒999-7205鶴岡市温海戊577-1　TEL0235-43-4616・4617
あつみ観光協会　　〒999-7204鶴岡市湯温海甲306　TEL0235-43-3547
庄内町教育委員会　　〒999-7781東田川郡庄内町余目字町132-1　TEL0234-43-2211
庄内町観光協会　　〒999-7781東田川郡庄内町余目字三人谷地13-1(庄内町商工観光課観光物産係内)　TEL0234-42-2922
三川町教育委員会　　〒997-1301東田川郡三川町大字横山字西田85　TEL0235-66-3111
三川町観光協会　　〒997-1301東田川郡三川町大字横山字西田85(三川町役場内)　TEL0235-66-4656
庄内観光コンベンション協会　　〒997-1301東田川郡三川町大字横山字袖東19-1(山形県庄内総合支庁内)　TEL0235-68-2511
[飽海]
酒田市教育委員会　　〒998-8540酒田市本町2-2-45　TEL0234-22-5111
㈳酒田観光物産協会　　〒998-0838酒田市山居町1-1-20(酒田夢の倶楽内)　TEL0234-24-2233
酒田市八幡総合支所 建設産業課　　〒999-8235酒田市観音寺字寺ノ下41　TEL0234-64-3111
酒田市松山総合支所 建設産業課　　〒999-6861酒田市字山田27-4　TEL0234-62-2611
酒田市平田総合支所 建設産業課　　〒999-6711酒田市飛鳥字契約場30　TEL0234-52-3111
遊佐町教育委員会　　〒999-8301飽海郡遊佐町遊佐字舞鶴211　TEL0234-72-3311
(NPO法人)遊佐鳥海観光協会　　〒999-8301飽海郡遊佐町遊佐字石田19-18(JR羽越本線遊佐駅内)　TEL0234-72-5666

## 【参考文献】

『朝日村史』上・下　　朝日村史編纂委員会編　朝日村　1980・85
『朝日町の歴史』　　朝日町教育委員会編　朝日町　1988
『余目町史』上・下　　余目町編　余目町　1985・90
『飯豊町史』上・下　　飯豊町史編纂委員会編　飯豊町　1986・95
『上杉景勝伝』（米沢信用金庫叢書）　　小野榮　米沢信用金庫　2001
『上杉家御年譜』1～3，9～11　　米沢温故会編　米沢温故会　1976，1979・80
『上杉鉄砲物語』　　近江雅和　国書刊行会　1976
『上杉藩の郷土聚楽の研究』　　長井政太郎　国書刊行会　1982
『上杉鷹山』　　横山昭男　吉川弘文館　1968
『大石田町史』上・下　　大石田町史編纂委員会編　大石田町　1985・93
『大江町史』　　大江町教育委員会編　大江町教育委員会　1984
『大江町史』近現代編　　大江町教育委員会編　大江町教育委員会　2007
『大蔵村史』　　大蔵村史編纂委員会編　大蔵村　1974
『大山町史』　　斎藤正一・佐藤誠朗　大山町史刊行委員会　1969
『置賜文化』　　置賜史談会編　置賜史談会　1952-
『小国の交通』　　小国町誌編集委員会編　小国町　1996
『「おくのほそ道」出羽路の旅』　　梅津保一　東北出版企画　2005
『「おくのほそ道」出羽路の芭蕉』　　梅津保一　大石田町　1989
『尾花沢市史』上・下　　尾花沢市史編纂委員会編　尾花沢市　2005・10
『尾花沢風土記』　　尾花沢市史編纂委員会編　尾花沢市　1980
『角川日本地名大辞典6　山形県』　　「角川日本地名大辞典」編纂委員会編　角川書店　1981
『金山町史』　　金山町史編集委員会編　金山町　1988
『金山のあゆみ』　　金山町史編集委員会編　金山町教育委員会　1983
『河北町の文化財』　　「河北町の文化財」編集委員会編　河北町教育委員会　2004
『河北町の歴史』上・中・下・現代編　　河北町史編纂委員会編　河北町　1962-2005
『上山市史』上・中・下　　上山市史編纂委員会編　上山市　1980-85
『かみのやまの文化財』　　上山市教育委員会編　上山市教育委員会　1996
『加茂港史』　　工藤定雄・秋野庸太郎編　加茂郷土史編纂委員会　1966
『川西町史』上・下　　川西町史編纂委員会編　川西町　1979・83
『櫛引町史』　　戸川安章　櫛引町　1978
『櫛引町史』黒川能史編　　戸川安章　櫛引町　1979
『黒川能の世界』　　馬場あき子ほか　平凡社　1985
『決定版庄内ふるさと大百科』　　前田光彦・佐藤昇一監修　郷土出版社　2006
『寒河江大江氏』　　阿部酉喜夫　寒河江市　1988
『寒河江市史』上・中・下　　寒河江市史編さん委員会編　寒河江市　1994-2007
『寒河江市の文化財』　　寒河江市編　寒河江市　1991
『酒田市史』上・下・別巻　　上・別巻＝酒田市史編纂委員会編／下＝酒田市史編さん委員会編　酒田市　1987・89・95

『酒田の自然』　酒田市教育委員会編　酒田市教育委員会　1999
『酒田の文化財』1～3　酒田市教育委員会編　酒田市教育委員会　1980-82
『酒田の本間家』　佐藤三郎　中央企画社　1972
『酒田の歴史』　佐藤三郎　東洋書院　1984
『鮭川村史』　鮭川村史編集委員会編　鮭川村　1986
『写真でみる大石田のあゆみ』　大石田町史編纂委員会編　大石田町　1986
『城下町鶴岡』　大瀬欽哉　庄内歴史調査会　1985
『城下町の光景　絵図に読む米沢』　米沢市上杉博物館編　米沢市上杉博物館　2004
『庄内を掘る』　佐藤禎宏　致道博物館　1976
『白鷹町史』上・下　白鷹町史編纂委員会編　白鷹町　1978
『しらたかの文化財』　白鷹町教育委員会編　白鷹町　1989
『シリーズ藩物語　米沢藩』　小野榮　現代書館　2006
『新庄市史』1～5・別巻2冊・史料編2冊　新庄市編　新庄市　1989-2005
『新庄の石ぶみ』　沼沢明　新庄市教育委員会　1977
『図説置賜の歴史』　小野榮監修　郷土出版社　2001
『図説庄内の歴史』　前田光彦監修　郷土出版社　2000
『図説東根市史』　東根市史編纂委員会編　東根市　2006
『図説村山の歴史』　横山昭男監修　郷土出版社　2003
『図説山形の歴史と文化』　山形市教育委員会編　山形市教育委員会　2004
『高畠町史』上・中・下・別巻　高畠町史編纂委員会編　高畠町　1971-86
『立川町の歴史と文化』　立川町史編纂委員会編　立川町　1961
『伊達氏と米澤』　小野榮　鈴木デザイン事務所　1987
『鳥海山・飛島』　山形県総合学術調査会編　山形県総合学術調査会　1972
『つるおか・田川文化財散歩』　若松多八郎　鶴岡市文化財愛護協会　1979
『鶴岡市史』上・中・下　鶴岡市編　鶴岡市　1962-75
『鶴岡の文化財』　鶴岡市教育委員会・鶴岡市文化財愛護協会編　鶴岡市教育委員会・鶴岡市文化財愛護協会　2002
『(新版)出羽三山修験道の研究』　戸川安章　俊正出版社　1986
『出羽三山・歴史と文化』　戸川安章　郁文堂書店　1973
『天童市史』上・中・下・別巻2冊　天童市史編さん委員会編　天童市　1981-92
『天童の歴史散歩』　川崎利夫　かしわや書店　1984
『特別展　直江兼続』　米沢市上杉博物館編　米沢市上杉博物館　2007
『戸沢村史』上・下　戸沢村編　戸沢村　1988
『直江兼続伝』　渡部恵吉・小野榮・遠藤綺一郎　酸漿出版　2008
『長井市史』1～4　長井市史編纂委員会編　長井市　1982-85
『長井の文化財』　長井市文化財調査会編　長井市教育委員会　1989
『南陽市史』上・中・下・考古資料編・民俗編　南陽市史編さん委員会編　南陽市　1990-92
『日本の古代遺跡21　山形』　川崎利夫　保育社　1985
『日本のミイラの研究』　日本ミイラ研究グループ編　平凡社　1969

『日本歴史地名大系6　山形県の地名』　長井政太郎監修　平凡社　1990
『東根市史』上・下　東根市史編纂委員会編　東根市　1995・2002
『東根市史』別巻上　東根市史編纂委員会編　東根市　1989
『東根市の文化財』　東根市文化財調査会編　東根市　1978
『平田町史』上・中・下　上巻＝平田町編　平田町　2004／中・下巻＝酒田市編　酒田市　2008・09
『藤島町史』上・下　藤島町役場編　藤島町役場　1965・72
『仏像を旅する「奥羽線」』　佐藤昭夫　至文堂　1989
『舟形町史』　大友義助編　舟形町教育委員会　1982
『舟形町の文化財』　舟形町教育委員会　舟形町　1982
『ふるさとの思い出写真集』(山形・上山)　後藤嘉一編　図書刊行会　1979-80
『ふるさとの文化財』　山形県文化財保護協会編　山形県文化財保護協会　1989
『文化誌日本・山形県』　麻木脩平他編　講談社　1984
『町の文化財』総集編　立川町文化財保護審議会編　立川町　1990
『松山町史』上・下　松山町編　松山町　1987・89
『松山町の文化財』1～6　松山町(1)・松山町教育委員会(2～6)編　松山町　1991-96
『真室川町史』　真室川町史編纂委員会編　真室川町　1969
『真室川の文化』1～3　真室川町文化財保護委員会編　真室川町文化財保護委員会　1987-91
『三川町史』上・下　三川町編　三川町　2009・2010
『宮城の研究3』　渡辺信夫編　清文堂出版　1983
『村山市史』1～4　村山市史編纂委員会編　村山市　1991-98
『最上町史』上・下　最上町編　最上町　1984・85
『最上の伝説』　大友義助　東北出版企画　1981
『山形県史』通史編1-5　山形県史編纂委員会編　山形県　1982-86
『山形県寺院大総覧』　山形県寺院大総覧編纂委員会編　山形県寺院大総覧編纂委員　1969
『山形県神社誌』　山形県編　山形県　1943
『山形県大百科事典』　服部敬雄編　山形放送　1983
『山形県地誌』　長井政太郎　中央書院　1973
『山形県の文化財』　山形県教育委員会編　山形県教育委員会　1972
『山形県の文化財』　山形県文化財保護協会編　山形県教育委員会　2002
『山形県の歴史』　誉田慶恩・横山昭男　山川出版社　1970
『山形県の歴史散歩』　山形県高等学校社会科教育研究会編　山川出版社　1977
『(新版)山形県の歴史散歩』　山形県高等学校社会科教育研究会編　山川出版社　1993
『山形県歴史の道調査報告書』　山形県教育委員会編　山形県教育委員会　1978-87
『山形市史』上・中・下, ほか2巻　山形市史編さん委員会・山形市史編集委員会編　山形市　1971-81
『山形市史蹟総覧』　川崎浩良　歴史図書社　1979
『山形のお寺』正・続　大風印刷編　大風印刷　2000・06
『やまがたのお寺さん』　山形テレビ編　山形テレビ　1976・78

『やまがたの文化遺産』　山形新聞社編　山形新聞社　1991
『山形の歴史』上・下　　川崎浩良　郁文堂書店　1964
『やまがたの歴史』　山形市史編さん委員会・山形市史編集委員会編　山形市　1980
『山形博物誌』正・続　　山形新聞社編　山形新聞社　1978・79
『八幡町史』上・下　八幡町史編纂委員会編　八幡町　1981・88
『遊佐町史』上　　遊佐町編　遊佐町　2008
『遊佐町の文化財』　遊佐町文化財保護審議会編　遊佐町教育委員会　2006
『(改訂)遊佐の歴史』　結城豊太郎　遊佐町　1974
『米沢織物史』　米沢織物協同組合連合会編　米沢織物協同組合連合会　1980
『米沢古誌類纂　全』　米沢古誌研究会編　米沢古誌研究会　1974
『米沢市史』1～5　米沢市史編纂委員会編　米沢市　1991-96
『米沢人國記』中・近世篇(米沢市史編集資料10)　米沢市史編さん委員会編　米沢市史編さん委員会　1983
『米沢の町人まち―その由来と挿話』(私家版)　小野榮　小野榮　1987
『米沢風土記』　米沢文化懇談会編　米沢市　1966
『よねざわ　まるごと事典』　米沢商工会議所編　米沢商工会議所　2006
『六十里越街道の歴史』　建設省東北地方建設局山形工事事務所編　建設省東北地方建設局山形工事事務所　1991

## 【年表】

| 時代 | 西暦 | 年号 | 事項 |
|---|---|---|---|
| 旧石器時代 | | 中期 | 飯豊町上屋地遺跡 |
| | | 後期 | 小国町東山遺跡, 寒河江市金谷原遺跡, 西川町お仲間林遺跡 |
| | | 晩期 | 大石田町角二山遺跡, 新庄市山屋遺跡, 鶴岡市越中山遺跡 |
| 縄文時代 | | 早期 | 南陽市大野平遺跡, 高畠町日向洞窟遺跡・一ノ沢岩陰遺跡・火箱岩洞窟遺跡・大立洞窟遺跡 |
| | | 前期 | 高畠町押出遺跡, 遊佐町吹浦遺跡, 米沢市一ノ坂遺跡 |
| | | 中期 | 山形市熊ノ前遺跡, 最上町水木田遺跡, 鶴岡市岡山遺跡 |
| | | 後期 | 高畠町石ヶ森遺跡, 山形市谷柏遺跡, 遊佐町神矢田遺跡 |
| | | 晩期 | 東根市蟹沢遺跡, 鶴岡市玉川遺跡, 鶴岡市砂川遺跡, 遊佐町杉沢遺跡 |
| 弥生時代 | | 前期 | 酒田市生石遺跡 |
| | | 中期 | 米沢市堂森遺跡, 山形市今塚遺跡・江俣遺跡・七浦遺跡, 寒河江市石田遺跡, 大蔵村上竹野遺跡 |
| | | 後期 | 村山市河島山遺跡 |
| 古墳時代 | | 前期 | 米沢市比丘尼平遺跡, 南陽市稲荷森古墳, 川西町天神森古墳 |
| | | 中期 | 山形市嶋遺跡・七浦遺跡, 米沢市戸塚山古墳群, 川西町下小松古墳群, 山形市菅沢古墳 |
| | | 後期 | 上山市土矢倉古墳群, 山形市大之越古墳群・お花山古墳群, 天童市西沼田遺跡, 中山町三軒屋遺跡 |
| 飛鳥時代 | 658 | (斉明4) | 前田淳代の蝦夷, 阿倍比羅夫と闘う |
| | 708 | 和銅元 | 出羽郡の設置 |
| 奈良時代 | 712 | 5 | 出羽国の設置。陸奥国内の最上・置賜郡が出羽国に移管 |
| | 714 | 7 | 尾張・上野・信濃・越後の200戸, 出羽柵戸となる |
| | 721 | 養老5 | 出羽国, 陸奥按察使の管轄下に入る |
| | 733 | 天平5 | 出羽柵, 秋田村高清水岡に移転 |
| | 737 | 9 | 大野東人, 陸奥国より出羽国への直路開削を奏請。多賀柵を発ち色麻柵を経て出羽大室駅に着く |
| | 759 | 天平宝字3 | 玉野・避翼・平戈・横河・雄勝・助河の駅家が設置される |
| | 775 | 宝亀6 | 出羽国の要害に鎮兵996人派遣 |
| | 776 | 7 | 出羽国俘囚358人, 大宰府管内と讃岐に移される |
| | 780 | 11 | 出羽国大室塞を要害とした蝦夷, 盛んに活動 |
| | 792 | 延暦11 | 健児兵設置(出羽国100人) |
| 平安時代 | 839 | 承和6 | 田川郡西浜に石鏃降る |
| | 850 | 嘉祥3 | 出羽国で大地震。租調の免除・賑恤行われる |
| | 860 | 貞観2 | 慈覚大師円仁, 立石寺を開創 |
| | 871 | 13 | 鳥海山の大噴火 |
| | 878 | 元慶2 | 夷俘が秋田城と郡院屋舎城辺の民家を襲い, 焼く。出羽諸郡の |

| | | | |
|---|---|---|---|
| | | | 軍団に動員令くだる |
| | 886 | 仁和2 | 最上郡, 最上郡と出羽郡とに2分される |
| | 1051 | 永承6 | 前九年の役おこる |
| | 1063 | 康平6 | 源義家, 出羽守となる |
| | 1153 | 仁平3 | 藤原頼長, 久安6, 仁平元・2年の奥羽の摂関家領荘園本数分の年貢を返却させる。鳥羽上皇の院宣により慈恩寺再興 |
| | 1187 | 文治3 | 西行法師出羽国に至り, 瀧の山寺に止錫 |
| 鎌倉時代 | 1209 | 承元3 | 羽黒山衆徒ら, 地頭大泉氏の寺領押領を鎌倉幕府に訴え勝利 |
| | 1221 | 承久3 | 承久の乱で後鳥羽上皇側に参加した大江(寒河江)親広没落, 出羽守藤原秀能は熊野山に逃れ出家 |
| | 1265 | 文永2 | 長井荘地頭長井時秀, 幕府評定衆に列する |
| | 1285 | 弘安8 | 霜月騒動。安達泰盛一族ら討たれる。大曽禰宗長自害, 大曽禰荘地頭職没収 |
| | 1296 | 永仁4 | 慈恩寺焼失 |
| | 1297 | 5 | 長井荘地頭長井宗秀, 幕府引付頭人となる |
| | 1300 | 正安2 | 成島八幡宮, 長井宗秀らにより修理 |
| | 1306 | 嘉元4 | 慈恩寺本堂の再建なる |
| | 1327 | 嘉暦2 | 羽州狩河始め8カ所の奥州平泉中尊寺領寺役が未進となり, 衆徒らが幕府に訴える |
| | 1329 | 4 | 谷地林家の「舞楽図譜」が記される |
| 南北朝・室町時代 | 1333 | 正慶2 元弘3 | 建武新政。葉室光顕, 出羽守兼秋田城介となる |
| | 1335 | 建武2 | 長井高広, 雑訴決断職員となる |
| | 1336 | 3 延元元 | 出羽守葉室光顕, 任国にて殺害される |
| | 1339 | 暦応2 延元4 | 足利氏, 村山郡に安国寺を建立 |
| | 1353 | 文和2 正平8 | 大和房朝尊ら, 村山郡岩波の石行寺に大般若経を写経し施入 |
| | 1356 | 延文元 正平11 | 斯波兼頼が山形に入部したと伝えられる。北畠顕信, 田川郡藤島城を捨てる |
| | 1380 | 康暦2 天授6 | 伊達宗遠, 長井道広を攻め長井荘を奪取 |
| | 1392 | 明徳3 元中9 | 奥州管領廃止, 奥羽2国は室町幕府直轄となる |
| | 1455 | 康正元 | 儀賀市郎左衛門, 銀山発見と伝えられる |
| 戦国時代 | 1475 | 文明7 | 本願寺蓮如の弟子願正坊, 高擶で布教 |
| | 1514 | 永正11 | 伊達稙宗, 最上軍と長谷堂で合戦し勝利 |
| | 1515 | 12 | 伊達氏と最上氏和睦, 稙宗妹が最上義定に嫁す |
| | 1520 | 17 | 上山城主上山義房, 最上氏に反抗。伊達稙宗, 上山城を攻落 |

| | 1522 | 大永2 | 伊達稙宗,陸奥国守護職に補任される |
|---|---|---|---|
| | 1536 | 天文5 | 伊達稙宗「塵芥集」制定 |
| | 1542 | 11 | 伊達晴宗,父稙宗を襲い,天文の乱おこる |
| | 1548 | 17 | 伊達稙宗・晴宗父子和睦。稙宗隠居,晴宗は米沢に居城 |
| | 1567 | 永禄10 | 伊達政宗,米沢で誕生 |
| | 1570 | 元亀元 | 最上義守・義光,家督問題で対立。伊達輝宗,介入して上山に出陣。最上義守・義光父子和解し,義光家督を継ぐ |
| 安土桃山時代 | 1574 | 天正2 | 最上義光,父義守・弟義時らと再び対立。伊達輝宗,義守を助けて介入。義光,一族の討伐開始 |
| | 1580 | 8 | 最上義光,最上川の岩石を切りひらく |
| | 1581 | 9 | 最上義光,鮭延秀綱を攻撃,真室城を落す |
| | 1583 | 11 | 武藤義氏,前森蔵人に攻められ自刃,国人ら蜂起し庄内混乱する |
| | 1584 | 12 | 最上義光,谷地城主白鳥長久を謀殺 |
| | 1587 | 15 | 東禅寺筑前,武藤義興に背く。最上義光,東禅寺氏を助ける。義興敗れて自刃。尾浦城陥落 |
| | 1588 | 16 | 伊達政宗,最上義光と和議。最上義光,十五里ヶ原の戦で越後・本庄繁長に敗れ,庄内は武藤氏の領有に |
| | 1590 | 18 | 伊達政宗・最上義光,小田原に参陣。豊臣秀吉,上杉景勝に庄内3郡の検地を,浅野弾正少弼に奥羽両国の検地を指令,出羽国の検地実施 |
| | 1591 | 19 | 直江兼続,藤島城によった検地一揆を鎮圧。伊達政宗,陸奥国岩出山に転封。蒲生氏郷,米沢・小国・中山城に諸将を配置 |
| | 1592 | 文禄元 | 最上義光,朝鮮出兵のため肥前国に赴く |
| | 1595 | 4 | 関白豊臣秀次失脚事件により,最上義光の娘駒姫ら処刑され,義光も山城国伏見に幽閉される |
| | 1596 | 慶長元 | 最上義光,高擶村の専称寺を山形城下に移し,駒姫の菩提寺とする |
| | 1598 | 3 | 上杉景勝,会津に転封。置賜郡も上杉領となり,米沢城に直江兼続を配置 |
| 江戸時代 | 1600 | 5 | 徳川家康,諸大名に上杉攻めを命令。直江兼続,畑谷城を攻落し長谷堂城を囲む。のち最上領から撤兵し,最上義光,庄内を制す |
| | 1601 | 6 | 上杉景勝,30万石に減封のうえ米沢に転封。最上義光,飽海・田川など4郡を加増され52万石となる |
| | 1608 | 13 | 最上義光,羽黒山五重塔を修築,慈恩寺三重塔を建立 |
| | 1609 | 14 | 米沢御霊屋御堂(廟堂)・二の丸寺院建立 |
| | 1612 | 17 | 最上義光,北楯利長に狩川大堰を開削させる |
| | 1614 | 19 | 最上義光,山形で死去。家親,遺領を継ぐ |
| | 1618 | 元和4 | 上杉景勝,禅林寺(のち法泉寺)を建立 |

| 1622 | 元和8 | 山形城主最上義俊,改易。山形城に鳥居忠政,真室城に戸沢政盛,上山城に松平重忠,鶴ヶ岡城に酒井忠勝,入封 |
| 1623 | 9 | 蔵王刈田岳噴火 |
| 1626 | 寛永3 | キリシタン宣教師ディエゴ＝デ＝サンフランシスコ,山形に布教し,約3000人に洗礼を授ける。蒲生忠知,上山藩主となる |
| 1628 | 5 | 土岐頼行,上山藩主となる |
| 1629 | 6 | 大徳寺の沢庵,紫衣事件で上山に流される |
| 1634 | 11 | 新庄藩領蔵岡村百姓渋谷助右衛門,藩政の非法を幕府に直訴。野辺沢銀山,幕府直轄となる |
| 1636 | 13 | 保科正之,山形藩主となる。寒河江・尾花沢,幕府領となり,寒河江代官所創建 |
| 1638 | 15 | 保科正之,白岩一揆の百姓36人を処刑 |
| 1640 | 17 | 米沢大火(千坂兵部屋敷から出火し,1000戸以上焼失) |
| 1642 | 19 | 天候不順により庄内,飢饉となる |
| 1644 | 21 | 松平直基,山形藩主となる |
| 1648 | 慶安元 | 松平忠弘,山形藩主となる |
| 1660 | 万治3 | 新庄藩家老片岡理兵衛一族,成敗(片岡騒動) |
| 1664 | 寛文4 | 米沢藩15万石に減封 |
| 1668 | 8 | 奥平昌能,山形藩主となる |
| 1672 | 12 | 羽州御城米船が酒田を出港(西廻り航路の初出船) |
| 1677 | 延宝5 | 庄内藩領の農民,郡代高力忠兵衛の不法を訴え,庄内の農村不穏となる |
| 1681 | 9 | 漆山・寒河江領総百姓ら,幕府巡検使に貢租などの負担過重を訴える |
| 1685 | 貞享2 | 堀田正仲,山形藩主となる |
| 1686 | 3 | 松平直矩,山形藩主となる |
| 1689 | 元禄2 | 松尾芭蕉,県内を行脚,『奥の細道』の旅 |
| 1692 | 5 | 松平忠弘,山形藩主となる。金森頼時,上山藩主となる |
| 1697 | 10 | 松平信通,上山藩主となる |
| 1700 | 13 | 堀田正虎,山形藩主となる |
| 1723 | 享保8 | 長瀞質地騒動おこる |
| 1746 | 延享3 | 松平乗佑,山形藩主となる。山形の穀屋3軒,打ちこわしにあう |
| 1747 | 4 | 上山領で町方打ちこわし。百姓一揆おこる |
| 1755 | 宝暦5 | 奥羽地方大飢饉 |
| 1758 | 8 | 酒田の本間光丘,酒田西浜の植林を始める |
| 1764 | 明和元 | 山形藩主松平乗佑,大坂城代を命ぜられ,三河西尾に転封,山形領は幕府領に |
| 1767 | 4 | 上杉治憲(鷹山),米沢藩主となる。織田信浮,明和事件に関係し高畠に転封,高畠・天童など与えられる。秋元涼朝,山形藩 |

| | | 主となる |
|---|---|---|
| 1771 | 明和8 | 上杉治憲, 細井平洲を米沢に招き教授させる |
| 1773 | 安永2 | 米沢藩に七家騒動おこる |
| 1776 | 5 | 米沢藩校再興され興譲館と命名 |
| 1781 | 天明元 | 本間光丘, 庄内藩に負債整理計画を提出 |
| 1783 | 3 | 天明の大飢饉 |
| 1786 | 6 | 湯殿山支配権をめぐり, 羽黒山と真言4カ寺論争おこる |
| 1792 | 寛政4 | 大石田に川船役所を設置し, 尾花沢代官所管轄とする。米沢藩, 御国産所を再建し, 生糸・織物掛役を設置 |
| 1793 | 5 | 米沢藩, 医学館を創設し, 好生堂と命名 |
| 1795 | 7 | 米沢藩勘定奉行黒井半四郎計画の黒井堰完成。村山郡楯岡村出身の最上徳内, 蝦夷地樺太を探検 |
| 1801 | 享和元 | 米価暴騰・米穀買占めに対し, 村山一揆おこる |
| 1804 | 文化元 | 鳥海山噴火し, 庄内大地震おこる。酒田川北の被害多大 |
| 1805 | 2 | 庄内藩校完成, 致道館と命名される |
| 1807 | 4 | 蝦夷地警備のため庄内藩兵327人, 酒田湊を出発 |
| 1809 | 6 | 上山藩, 藩校天輔館を仮設 |
| 1813 | 10 | 酒田日和山に常夜灯建設を許可される |
| 1818 | 文政元 | 米沢藩士黒井忠寄の建議による飯豊山穴堰完成 |
| 1829 | 12 | 湯殿山注連寺の即身仏鉄門海上人が入定 |
| 1831 | 天保2 | 織田信美, 居館を高畠から天童に移す |
| 1833 | 4 | 天保の大飢饉 |
| 1840 | 11 | 上山藩, 学館を再建し, 明新館と改名 |
| 1841 | 12 | 庄内藩主酒井氏の越後長岡転封, 領内農民の反対運動などで中止 |
| 1842 | 13 | 酒田36人衆, 月番制を廃止 |
| 1845 | 弘化2 | 水野忠精, 山形藩主となる |
| 1855 | 安政2 | 庄内藩, 酒田西浜3カ所に砲台新設 |
| 1859 | 6 | 箱館のロシア領事館員乗船のジキット号, 飛島の勝浦港に寄港し, 島内を視察。庄内藩, 蝦夷地の拝領と蝦夷地警備を命じられる |
| 1860 | 万延元 | 村山郡中惣代ら寒河江に集会し, 凶作対策・産物移出禁などの郡中議定を制定 |
| 1863 | 文久3 | 米沢藩, 京都の警衛を命じられる。清河八郎, 江戸で暗殺。天童藩主織田信学, 藩校養正館を開く。庄内藩主酒井忠篤, 江戸市中取締を命じられる |
| 1864 | 元治元 | 米沢藩, 禁門の変による処分のため長州藩上屋敷明け渡しの援兵を幕府から命じられる。庄内藩, 長州征討の御旗本先手を命じられる。吹浦村海禅寺寛海和尚, 諸霊供養と海上の安全を祈り22体の羅漢造仏に着手 |

| | | | |
|---|---|---|---|
| | 1866 | 慶応2 | 米沢藩主上杉斉憲, 将軍の長州征討で江戸留守警衛役を命じられる。村山世直し騒動(兵蔵騒動)おこる。村山郡内郡中惣代ら集会し, 流通規制・一揆防止などの郡中議定を定める |
| | 1867 | 3 | 庄内藩兵, 江戸薩摩屋敷を焼打ちする |
| 明治時代 | 1868 | 4 | 戊辰戦争。奥羽鎮撫総督軍, 山形藩領に入る。奥羽越列藩同盟成立 |
| | | 明治元 | 米沢藩・庄内藩, 新政府軍に降伏。酒田に軍務官出張所・民政局設置, 柴橋・尾花沢にも民政局設置。出羽国を羽前・羽後に分割 |
| | 1869 | 2 | 本沢竹雲, 格知学舎を創立。田川・飽海両郡の農民, 庄内藩主の会津若松転封反対を嘆願。第1次酒田県設置。天狗騒動おこる |
| | 1870 | 3 | 酒田県を廃止し, 第1次山形県設置。山形県, 旧山形藩校立誠堂を官立学校とする。米沢藩士雲井龍雄ら12名, 謀反の罪で処刑 |
| | 1871 | 4 | 廃藩置県で山形県など7県成立, のち山形・置賜・酒田の3県に統合 |
| | 1872 | 5 | 大石田川舟番所廃止し, 自由通船許可。庄内藩士, 松ヶ岡開墾を始める |
| | 1874 | 7 | 山形県公立病院開院(のち山形県立病院済生館)。庄内にワッパ騒動(山形県庄内一揆)おこる |
| | 1875 | 8 | 酒田県を廃止し鶴岡県を設置 |
| | 1876 | 9 | 統一山形県成立。三島通庸, 初代山形県令に就任。山形電信局開設。『山形新聞』創刊 |
| | 1877 | 10 | 山形・米沢など7警察署設置。官選民会開会。米沢製糸場設立 |
| | 1878 | 11 | 北村山郡東根村板垣薫五郎, 東根ほか79カ村の地租軽減を要求(1881年から減租)。山形県師範学校開校式。酒田・鶴岡・山形に国立銀行開業。森藤右衛門ら, 酒田に民権結社尽性社を結成 |
| | 1879 | 12 | 米沢に国立銀行開業。第1回通常県会開会 |
| | 1880 | 13 | 関山新道建設工事着工。旧栗子トンネル開通 |
| | 1881 | 14 | 重野謙次郎ら, 民権政社山形東英社を結社。明治天皇, 県内を巡幸 |
| | 1882 | 15 | 三島通庸, 福島県令に転出。長谷川吉郎治, 山形製糸場を開業。関山新道開通 |
| | 1886 | 19 | 小国街道開通 |
| | 1887 | 20 | 佐藤里治ら, 山形鉄道会社を設立 |
| | 1892 | 25 | 米沢絹織物業組合設立 |
| | 1893 | 26 | 酒田米穀取引所設立, 山居倉庫建設。阿部亀治, 水稲品種「亀の尾」選抜 |
| | 1894 | 27 | 山形市南部大火。庄内大地震 |

|  |  |  |  |
|---|---|---|---|
|  | 1895 | 明治28 | 蔵王噴火し，降灰が山形市内に達する |
|  | 1897 | 30 | 山形歩兵第32連隊設置。ウンカ大発生し大凶作 |
|  | 1899 | 32 | 奥羽南線福島・米沢間開業 |
|  | 1900 | 33 | 山形・長崎・寒河江・白岩に電灯がつく |
|  | 1901 | 34 | 奥羽南線，上山・山形・楯岡・大石田まで開通 |
|  | 1903 | 36 | 奥羽線，新庄まで開通 |
|  | 1904 | 37 | 奥羽線新庄・院内間開通し，県内全線開通 |
|  | 1905 | 38 | 専売局山形煙草製造所開設。ロシア人捕虜42名を山形市に収容 |
|  | 1907 | 40 | 山形市に電話開通。当初の加入者187名 |
|  | 1908 | 41 | 皇太子(大正天皇)県内巡幸 |
|  | 1909 | 42 | 米沢高等工業学校創立 |
|  | 1910 | 43 | 山形県立図書館開館 |
|  | 1911 | 44 | 山形瓦斯会社設立。山形市北部大火。鶴岡自動車が東北初の乗合自動車を運行 |
| 大正時代 | 1914 | 大正3 | 梅津勇太郎，わが国最初の粉ミルク製造を開始。長井線・陸羽西線開通 |
|  | 1915 | 4 | 工藤吉郎兵衛，水稲品種「福坊主」選抜 |
|  | 1916 | 5 | 谷地軌道線谷地・神町間開通 |
|  | 1917 | 6 | 米沢市大火。陸羽東線新庄・小牛田間全線開通 |
|  | 1920 | 9 | 山形高等学校開校 |
|  | 1922 | 11 | 左沢線全線開通 |
|  | 1923 | 12 | 長井線全線開通。山形市に上水道完成 |
|  | 1924 | 13 | 羽越線，軽便鉄道高畠線全線開通 |
|  | 1925 | 14 | 米沢市に初めてラジオ設置 |
|  | 1926 | 15 | 軽便鉄道大石田・尾花沢間開通。大宮事件おこる |
| 昭和時代 | 1927 | 昭和2 | 県内初のメーデー，谷地町で行われる。東村山郡作谷沢村で県内初の普通選挙実施 |
|  | 1928 | 3 | 三山電気鉄道開通 |
|  | 1929 | 4 | 酒田港，第2種重要港湾に指定。庄内電気鉄道，鶴岡・湯野浜間開通 |
|  | 1931 | 6 | 本楯村の城輪柵発見される |
|  | 1933 | 8 | 山形市で日本最高気温40.8℃を記録 |
|  | 1934 | 9 | 冷害・大凶作で娘の身売りや欠食児童など出る |
|  | 1936 | 11 | 米坂線全線開通。仙山線面白山トンネル貫通。山形放送局開局 |
|  | 1937 | 12 | 仙山線全線開通 |
|  | 1938 | 13 | 山形県満蒙開拓青少年義勇軍第1陣出発 |
|  | 1940 | 15 | 大政翼賛会山形県支部結成 |
|  | 1942 | 17 | 地方紙統合で『山形新聞』誕生 |
|  | 1944 | 19 | 神町海軍航空隊設置。新庄藩士の子小磯国昭，首相となる。学童集団疎開第1陣，山形市に到着 |

|  | |  |
|---|---|---|
| 1945 | 昭和20 | 県内に空襲。アメリカ軍,神町・山形に進駐し山形第138部隊武装解除 |
| 1946 | 21 | 大高根に軍事基地設置。衆議院議員県選挙区から衆議院議員として初の女性議員誕生 |
| 1947 | 22 | 初の公選知事に村山道雄就任 |
| 1949 | 24 | 奥羽本線福島・米沢間電化工事完成。山形大学開校 |
| 1950 | 25 | 蔵王山,日本観光地百選山岳の部で第1位。磐梯・朝日・吾妻,国立公園に指定 |
| 1953 | 28 | 山形放送(YBC)ラジオ局開局 |
| 1954 | 29 | 大高根軍事基地土地収用反対総決起大会開催 |
| 1955 | 30 | 斎藤茂吉文化賞創設 |
| 1956 | 31 | アメリカ軍,大高根軍事基地・神町キャンプを返還。神町に陸上自衛隊移駐 |
| 1958 | 33 | 酒田港の1万t岸壁起工 |
| 1960 | 35 | 山形放送(YBC)テレビ局開局。仙山線全線電化 |
| 1961 | 36 | 奥羽本線・羽越本線に初めて特急電車運行される |
| 1962 | 37 | 県民会館,県立図書館新設。蔵王エコーライン開通 |
| 1963 | 38 | 県旗制定。鳥海山・蔵王山が国定公園に指定される |
| 1964 | 39 | 山形空港開港。新潟地震で,庄内地域を中心に死者9人・負傷者99人 |
| 1966 | 41 | 栗子ハイウェー開通。県木にサクランボを制定 |
| 1967 | 42 | 山形民衆駅完成。羽越水害発生。山形県米づくり日本一となる |
| 1968 | 43 | 奥羽本線新板谷トンネル貫通。山形・上野間の国鉄電化完成。国道48号線新関山トンネル開通。山形バイパス全線開通 |
| 1970 | 45 | 鳥海ブルーライン開通。県営蔵王ダム完成。山形交通鉄道尾花沢線廃止 |
| 1971 | 46 | 県立博物館開館 |
| 1972 | 47 | 東北最長の出羽大橋完成。羽越本線新津・秋田間電化完成。山形交響楽団,酒田市で旗上げ公演 |
| 1973 | 48 | 西吾妻スカイバレー・鳥海ブルーライン開通 |
| 1974 | 49 | 鳥海山,153年ぶりに噴火。酒田北港開港。山形交通鉄道三山線・高畠線廃止 |
| 1975 | 50 | 庄内交通鉄道湯野浜線廃止。県北部で集中豪雨,23人の死傷者。国鉄奥羽本線全線電化完成 |
| 1976 | 51 | 酒田市大火,焼失1774戸。山形空港にジェット機就航 |
| 1981 | 56 | 笹谷トンネル開通。月山新道完成 |
| 1982 | 57 | 東北新幹線開通。金山町で全国初の公文書公開条例を施行 |
| 1988 | 63 | 第3セクターによる山形鉄道フワラー長井線開業 |
| 1991 | 平成3 | 山形自動車道関沢・山形北間開通,山形市が首都圏と直結。庄内空港開港。天童市に県総合運動公園設置 |

| 平成時代 | 1992 | 平成4 | 東北芸術工科大学開校。山形新幹線開業 |
| --- | --- | --- | --- |
| | 1993 | 5 | 県内全市町村でスパイクタイヤの使用禁止 |
| | 1997 | 9 | 県民栄誉賞創設(第1号受賞者＝大相撲第47代横綱柏戸剛) |
| | 1999 | 11 | 冒険家大場満郎，南極大陸単独徒歩横断(平成9年北極海も)達成。山形新幹線，新庄延伸開業 |
| | 2001 | 13 | 山形大学工学部で過去5年間の入試判定ミス発覚。尾花沢市袖原遺跡で旧石器ねつ造問題発覚 |
| | 2004 | 16 | 振り込め詐欺被害続発 |
| | 2005 | 17 | JR羽越本線で特急電車が脱線・転覆し，37人の死傷者が出る。「平成の大合併」で庄内町・新鶴岡市・新酒田市誕生 |
| | 2006 | 18 | 高校生自殺問題で県教育界混乱 |
| | 2007 | 19 | 参議院議員県選挙区から参議院議員として初の女性議員誕生 |
| | 2008 | 20 | プロサッカーリーグJ2・モンテディオ山形が初のJ1昇格 |
| | 2009 | 21 | 山形県知事選挙で東北初の女性知事誕生。庄内地方を舞台にした映画「おくりびと」が，日本初のアメリカ・アカデミー賞外国語映画賞受賞 |

## 【索引】

### ─ア─

- 合海の津 ……… 193
- 赤湯温泉 ……… 25
- 安久津古墳群 ……… 33
- 安久津八幡神社(東八幡宮) ……… 31
- あつみ温泉 ……… 223
- 左沢楯山城跡 ……… 130
- 阿部記念館 ……… 274
- 安保氏 ……… 242
- 鮎貝城址 ……… 48
- 鮎貝八幡宮 ……… 49
- 荒倉神社 ……… 215
- 荒楯跡 ……… 158
- 新田目城跡 ……… 267
- 荒砥城跡(八乙女八幡神社) ……… 50
- 荒砥鉄橋 ……… 50
- 安産枕 ……… 42

### ─イ─

- 飯豊山の穴堰 ……… 41
- 伊佐沢小学校 ……… 43
- 伊佐沢念仏踊 ……… 43
- イザベラ・バード ……… 39, 63, 89, 174
- イサム・ノグチ ……… 262
- 石鳥居 ……… 80
- 石名坂家住宅主屋 ……… 222
- 市島家住宅蔵 ……… 93
- 市島銃砲火薬店店舗 ……… 93
- 一条八幡神社 ……… 268
- 一ノ坂遺跡 ……… 18
- 一の沢洞窟 ……… 31
- 一宮神社 ……… 12
- 一向上人踊躍念仏 ……… 110
- 五巴神社 ……… 67
- 井出楯跡 ……… 163
- いでは文化記念館 ……… 236
- 伊東忠太 ……… 6, 8, 34, 92
- 稲荷森古墳 ……… 33
- 今熊野神社 ……… 194
- 芋煮会 ……… 95
- 色部家中 ……… 18
- 岩根沢の三山神社 ……… 126

### ─ウ・エ─

- 上杉景勝 ……… 4-6, 8-10, 13, 16
- 上杉記念館 ……… 6
- 上杉家墓所 ……… 12
- 上杉謙信 ……… 5, 6, 8-10, 12, 13
- 上杉神社 ……… 5, 6
- 上杉の雷筒 ……… 16
- 上杉伯爵邸 ……… 6
- 上杉博物館 ……… 10
- 上杉治憲敬師郊迎跡 ……… 24
- 上杉砲術隊 ……… 16
- 上杉雪灯籠まつり ……… 6
- 上杉鷹山(治憲) ……… 5, 6, 8, 9, 11-14, 19-24, 26, 49, 51
- 浮嶋稲荷神社 ……… 132
- うきたむ風土記の丘 ……… 32
- (旧)羽州街道 ……… 68, 108, 156, 174, 186
- 羽前エキストラ ……… 30
- 宇津峠 ……… 39
- 宇八 ……… 261
- 姥湯温泉 ……… 23
- 漆川古戦場 ……… 131
- 越後・米沢街道 ……… 40
- 円明海上人 ……… 254

### ─オ─

- 生石板碑群 ……… 272
- 置賜紬 ……… 49
- 御入水川 ……… 7, 8, 12
- 奥羽三大関所 ……… 224
- 奥羽三楽郷 ……… 63
- 王祇会館 ……… 228
- 大石田河岸 ……… 167
- 大石田町立歴史民俗資料館 ……… 165
- 大平温泉 ……… 23
- 大立洞窟 ……… 31

| | |
|---|---|
| 大楯遺跡 | 281 |
| 大塚古墳 | 139 |
| 大塚城址 | 39 |
| 大沼の浮島 | 132 |
| 大宮講 | 42 |
| 大宮子易両神社 | 41 |
| 大山公園 | 218 |
| 大浦城(大山城)跡 | 218 |
| 遠賀神社 | 210 |
| 御釜 | 82 |
| 置賜三十三観音霊場 | 21, 38, 47, 48 |
| 小国街道 | 224 |
| 小国城跡(鶴岡市) | 223, 224 |
| 小国城跡(最上町) | 176 |
| 若木神社 | 146 |
| 小野川温泉 | 23 |
| お日市 | 178 |
| お山詣り | 235 |
| 押出遺跡出土品 | 32 |

— カ —

| | |
|---|---|
| 格知学舎 | 106 |
| 角二山遺跡 | 163 |
| 鶴舞園 | 251 |
| 鶴鳴館 | 6 |
| 風間家旧別邸 | 202 |
| 柏倉家住宅 | 120 |
| 春日神社(鶴岡市) | 228, 229 |
| 春日神社(米沢市) | 5 |
| 霞城公園 | 72 |
| 月山 | 129, 232, 235 |
| かてもの版木 | 10 |
| 金山城跡 | 186 |
| 兜造 | 206, 231 |
| 上山温泉 | 60, 63 |
| 上山合戦 | 65 |
| 上山城(月岡城)跡 | 58 |
| 上山明新館高校 | 60 |
| 亀岡文殊堂 | 34 |
| 亀ヶ崎城跡 | 259 |
| 亀倉雄策 | 262 |

| | |
|---|---|
| 蒲生郷安 | 4 |
| 蒲生氏 | 7 |
| 加茂港 | 221 |
| 加茂坂トンネル | 222 |
| 河島山遺跡 | 150 |
| 上町観音堂 | 153 |

— キ —

| | |
|---|---|
| 掬粋巧芸館 | 37 |
| 菊池新学 | 89 |
| 北楯大関 | 243 |
| 吉祥院 | 99 |
| 城輪柵跡 | 266 |
| 気比神社 | 216 |
| 旧青山家住宅 | 284 |
| 旧鐙屋 | 257 |
| 旧有路家住宅 | 177 |
| 旧粟野家 | 68 |
| 旧遠藤家住宅 | 231 |
| 旧尾形家住宅 | 66 |
| 旧風間家住宅 | 201 |
| 旧割烹小幡 | 254 |
| 旧済生館本館 | 76 |
| 旧渋谷家住宅 | 206 |
| 旧松應寺観音堂(松尾山観音堂) | 81 |
| 旧白崎医院附両便所供待所 | 255 |
| 旧曽我部家 | 61 |
| 旧丹野家住宅 | 68 |
| 旧鶴岡警察署庁舎 | 206 |
| 旧西田川郡役所 | 206 |
| 旧西村山郡会議事堂 | 123 |
| 旧西村山郡役所 | 123 |
| 旧日月寺 | 126 |
| 旧東田川郡会議事堂 | 239 |
| 旧東田川郡役所庁舎 | 239 |
| 旧東田川電気事業組合倉庫 | 239 |
| 旧東村山郡役所資料館(旧東村山郡役所) | 110 |
| 旧万日寺跡 | 89 |
| 旧矢作家住宅 | 184 |
| 旧山形県会仮議事堂 | 94 |

索引 327

| | |
|---|---|
| 旧山形師範学校講堂 | 90 |
| 旧山形師範学校本館 | 88 |
| 旧米沢高等工業学校本館 | 11 |
| 教育資料館(山形県立博物館教育資料館) | 88 |
| 清河神社 | 244 |
| 清川だし | 245 |
| 清河八郎記念館 | 244 |
| 玉川寺 | 237 |
| 玉龍寺 | 282 |
| 金峯山(蓮華峰・八葉山) | 211, 212 |
| 金峯神社(蔵王権現堂・御堂) | 211 |

―ク―

| | |
|---|---|
| 草岡の大明神ザクラ | 45, 46 |
| 口之宮湯殿山神社 | 127 |
| 九里学園高校 | 8, 10 |
| 久保ザクラ(伊佐沢の久保ザクラ・種蒔ザクラ・4反ザクラ) | 43, 45 |
| 熊野神社(庄内町) | 243 |
| 熊野神社(遊佐町) | 279 |
| 熊野大社 | 28 |
| 熊野堂 | 15 |
| 蔵宿 | 257 |
| 栗川稲荷神社 | 62 |
| 黒川能 | 228, 229 |
| 黒沢峠の石畳 | 40 |
| 黒森歌舞伎 | 263 |

―ケ・コ―

| | |
|---|---|
| 稽照殿 | 5, 6, 8 |
| 慶長出羽合戦 | 7, 29, 65 |
| 剣先不動尊 | 52 |
| 光丘文庫 | 255 |
| 向川寺 | 169 |
| 光禅寺 | 78 |
| 光明寺 | 92 |
| 国分寺薬師堂 | 94 |
| 五色温泉 | 23 |
| 御所山(船形山) | 161 |
| 御殿林 | 244 |
| 古峯堤 | 27 |
| 御廟所 | 6 |
| 小松沢観音堂 | 146 |
| 小松豊年獅子踊 | 36 |
| 小山崎遺跡 | 280 |

―サ―

| | |
|---|---|
| 斎館(華蔵院) | 234 |
| 西光寺 | 164 |
| 斎藤茂吉 | 69, 129, 168-170 |
| 斎藤茂吉記念館 | 70 |
| 蔵王温泉 | 82 |
| 蔵王山 | 82 |
| 酒井氏庭園 | 206 |
| 酒井忠発 | 206, 238 |
| 酒井忠徳 | 203 |
| 酒井忠勝 | 202, 219 |
| 酒井忠解 | 219 |
| 寒河江城跡 | 121 |
| 寒河江八幡宮 | 123 |
| 酒田市美術館 | 260 |
| 酒田東高校 | 259 |
| 砂越城跡 | 270 |
| 笹野一刀彫 | 21 |
| 笹野観音堂 | 20 |
| 佐竹家住宅 | 134 |
| 佐藤政養 | 277 |
| 猿羽根新道 | 174 |
| 猿羽根峠 | 174 |
| 猿羽根トンネル | 174 |
| 猿鼻街道 | 190 |
| 山居倉庫 | 258 |
| 三山講 | 129 |
| 三神合祭殿 | 232, 234 |
| 三瀬気比神社社叢 | 217 |
| 三瀬葉山ニッポンユビナガコウモリ群棲地 | 223 |
| 山王くらぶ | 261 |
| 山王日枝神社 | 200 |

―シ―

| | |
|---|---|
| 慈恩寺 | 124, 137 |
| 爺スギ | 233 |

| | |
|---|---|
| 七十七曲がり | 174 |
| 嶋遺跡 | 97 |
| 清水城跡 | 191 |
| 清水前古墳群 | 33 |
| 下小松古墳群 | 33, 36 |
| 若松寺 | 111 |
| 十五里ヶ原古戦場跡 | 218, 219 |
| 宿場町楢下 | 68 |
| 樹氷 | 83 |
| 将棋駒 | 109 |
| 乗慶寺 | 242 |
| 常光寺 | 50 |
| 浄光寺 | 60 |
| 正善院黄金堂 | 232 |
| 乗船寺 | 168 |
| 庄内柿 | 221 |
| 庄内道路(朝日軍道跡) | 46 |
| 庄内屋 | 68 |
| 常念寺 | 208 |
| 称名寺 | 50 |
| 昭和集落 | 185 |
| 白岩義民の供養碑 | 125 |
| 白鷹紬(白鷹お召・米琉) | 49 |
| 白布温泉 | 23 |
| 白山だだちゃ豆 | 221 |
| 白子神社 | 14 |
| 新庄城址 | 180 |
| 新庄まつりの山車行事 | 183 |
| 新高湯温泉 | 23 |
| 真如海上人 | 230 |

―― ス・セ・ソ ――

| | |
|---|---|
| 瑞雲院 | 182 |
| 瑞龍院 | 47 |
| 須恵器窯跡 | 64 |
| 椙尾神社 | 219 |
| 杉沢遺跡 | 279 |
| 杉沢比山 | 279 |
| 菅沢古墳 | 85 |
| 鈴木清風 | 154, 155, 157 |
| 諏訪神社 | 36 |
| 清遠閣 | 250 |
| 井岡寺 | 210 |
| 清風荘(宝幢寺書院) | 93 |
| 関川古戦場跡(関川の戊辰役激戦地跡) | 226 |
| 石佛寺 | 112 |
| 関山街道 | 147 |
| 雪害救済運動 | 181 |
| 善翁寺 | 169 |
| 千眼寺 | 18 |
| 専称寺 | 91 |
| 善寶寺 | 220 |
| 泉流寺 | 251 |
| 総穏寺 | 209 |
| 總光寺庭園 | 274 |
| 相馬屋主屋 | 261 |
| 總宮神社 | 47 |
| 草木塔 | 51 |
| 即身仏 | 231, 254 |
| 曾良 | 162, 166, 167, 177, 178, 193, 254, 283 |

―― タ ――

| | |
|---|---|
| 大聖寺 | 34 |
| 大泉坊長屋門 | 280 |
| 帯刀堰 | 7 |
| 大日寺跡 | 128 |
| 大日坊 | 230 |
| 大之越古墳 | 86 |
| 大宝館 | 203 |
| 高楯城跡 | 63 |
| 高擶城 | 113 |
| 高野一栄宅跡 | 166 |
| 高橋兼吉 | 239 |
| 高橋敬典 | 97 |
| 高橋由一 | 89 |
| 高畠城跡 | 32 |
| 高はっぽう | 231 |
| 高原古墳 | 100 |
| 田川八幡神社 | 214 |
| 滝沢屋 | 68 |
| 打毬 | 72 |

| | |
|---|---|
| 沢庵(宗彭) | 58, 60, 61 |
| 竹久夢二美術館 | 261 |
| だだちゃ豆 | 221 |
| 建勲神社 | 108 |
| 楯岡城(舞鶴城)跡 | 147, 148 |
| 伊達氏(家) | 4, 7, 35, 48, 64 |
| 伊達正宗 | 19, 46 |
| 楯山公園(日本一公園) | 129, 130 |
| 楯山城跡 | 243 |
| 舘山城址 | 17 |
| 谷口吉生 | 262 |
| 田原新之助 | 87 |

― チ ―

| | |
|---|---|
| 致道博物館 | 206 |
| 千歳園 | 94 |
| 千歳館 | 91 |
| 千歳山 | 79 |
| 遅筆堂文庫 | 36 |
| 忠海上人 | 254 |
| 注連寺 | 229 |
| 鳥海月山両所宮 | 96 |
| 鳥海国定公園 | 264, 276 |
| 長福寺 | 213 |
| 珍蔵寺 | 29 |

― ツ・テ ―

| | |
|---|---|
| 通船定法 | 167 |
| 土矢倉古墳群 | 71 |
| 鶴岡カトリック教会天主堂 | 204 |
| 鶴岡公園 | 202 |
| 鶴ヶ岡城跡 | 202 |
| 勅使河原宏 | 262 |
| 鉄門海上人 | 229 |
| 鉄龍海上人 | 207 |
| 寺小路 | 208 |
| 寺津 | 113 |
| 出羽三山 | 129, 235, 236 |
| 出羽三山信仰 | 232, 235 |
| 出羽三山歴史博物館 | 235 |
| 出羽国一ノ宮鳥海山大物忌神社吹浦口ノ宮 | 276 |
| 出羽国一ノ宮鳥海山大物忌神社蕨岡口ノ宮 | 278 |
| でわのはごろもななかまど | 64 |
| 伝国の杜 | 6 |
| 天神森古墳 | 33, 36 |
| 天澤寺清正閣 | 227 |
| 天童広重 | 109 |

― ト ―

| | |
|---|---|
| 道伝遺跡 | 37 |
| 堂の前遺跡 | 268 |
| 堂森善光寺 | 16 |
| 土偶(釜淵遺跡出土) | 188 |
| 徳尼公廟 | 251 |
| 戸沢家墓所 | 182 |
| 戸沢氏 | 152, 180, 181, 184, 192 |
| 戸沢政盛 | 180 |
| 飛島 | 264 |
| 飛島ウミネコ繁殖地 | 265 |
| 土木学会選奨土木遺産 | 50, 130 |
| 土門拳記念館 | 262 |
| 鳥居 | 80 |
| 鳥越八幡神社 | 184 |

― ナ ―

| | |
|---|---|
| 直江兼続 | 4-10, 12-16, 18, 22, 23, 85 |
| 直江兼続治水利水施設群 | 24 |
| 直江兼続夫妻の墓 | 11 |
| 直江石堤(公園) | 21 |
| 長井小学校第一校舎 | 44 |
| 長井紬 | 49 |
| 長崎城跡 | 119 |
| 中條精一郎 | 6, 87 |
| 仲丁通り(武家屋敷通り) | 60 |
| 長瀞質地騒動 | 145 |
| 長瀞城(雁城)跡 | 140 |
| 中山城跡 | 65 |
| 山刀伐峠 | 162 |
| 滑川温泉 | 23 |
| 成生二階堂屋敷跡 | 115 |
| 成島八幡神社 | 19 |

## ニ

- 新山延年 …… 271
- 新山神社 …… 271
- 二色根古墳 …… 33
- 西沼田遺跡公園 …… 116
- 西屋 …… 23
- 日本一の芋煮会フェスティバル …… 95
- 日本一社林崎居合神社 …… 150
- 日本三大熊野 …… 28
- 日本三大文殊 …… 34
- 日本の都市公園百選 …… 252
- 日本の道100選 …… 136
- 女人禁制 …… 229, 236
- 庭月観音 …… 190
- 人間将棋 …… 109

## ネ・ノ

- 鼠ヶ関(念珠の関) …… 224, 225
- 鼠ヶ関(念珠ヶ関)番所跡 …… 225
- 念通寺 …… 154
- 延沢銀山遺跡 …… 160
- 延沢城(霧山城・野辺沢城)跡 …… 158, 159

## ハ

- 萩生城址 …… 38
- 柏山寺 …… 94
- 白竜湖 …… 25
- 白竜湖泥炭形成植物群落 …… 25
- 羽黒山 …… 129, 232-237
- 化けものまつり …… 209
- 橋本家住宅主屋 …… 261
- 芭蕉・清風歴史資料館 …… 154, 155
- 長谷堂合戦 …… 74, 85
- 長谷堂城(跡) …… 84, 85
- 八幡神社鳥居 …… 81
- 花笠音頭 …… 112
- 浜街道 …… 283
- 林家舞楽 …… 125, 135, 137
- 葉山 …… 151
- 羽山古墳 …… 33
- 葉山古窯跡群 …… 64
- 春雨庵跡 …… 62
- 藩校致道館跡(旧致道館) …… 203
- 藩校致道館旧跡 …… 200

## ヒ

- 日枝神社(酒田市) …… 263
- 日枝神社(日吉町) …… 255
- 東田川文化記念館 …… 239
- 東根城跡 …… 141
- 東根小学校 …… 141
- 東根の大ケヤキ …… 141
- 東の杜資料館 …… 143
- 東屋 …… 23
- 肘折温泉 …… 192
- ひな市通り …… 136
- 日向洞窟 …… 31
- 火箱岩洞窟 …… 31
- 日和山公園 …… 252
- 平形館跡 …… 241
- 平塩熊野神社 …… 120
- 広重美術館 …… 109

## フ・ヘ

- 福徳稲荷神社 …… 5
- 吹浦遺跡 …… 280
- 藤沢カブ …… 221
- 藤沢周平記念館 …… 205
- 藤島城跡 …… 240
- 藤十郎だだちゃ …… 221
- 佛向寺 …… 110
- 船玉大明神碑 …… 44
- 文翔館(山形県旧県庁舎及び県会議事堂) …… 87, 88
- 丙申堂 …… 202
- 紅花資料館 …… 136
- 蛇堤 …… 22
- 遍照寺 …… 47

## ホ

- 法音寺 …… 12
- 宝光院 …… 77
- 宝積院 …… 98
- 法泉寺 …… 13
- 細井平洲 …… 5, 9, 24

| | |
|---|---|
| 本鏡寺 | 207 |
| 本陣宿 | 257 |
| 本間家旧本邸 | 256 |
| 本間美術館 | 250 |
| 本間光丘 | 254-257 |
| 本間光道 | 250 |

― マ ―

| | |
|---|---|
| 舞鶴山 | 108 |
| 松尾芭蕉 | 162, 166, 167, 170, 177, 178, 193, 200, 254, 283 |
| 松ヶ岡開墾場 | 238 |
| 松が岬公園 | 4-6 |
| 松岬神社 | 5 |
| 松平(藤井)氏 | 58, 60-62 |
| 松田甚次郎 | 184 |
| 松森胤保 | 273 |
| 松森文庫 | 256 |
| 松山城大手門 | 272 |
| 松山能 | 275 |
| 松山歴史公園 | 272 |
| 馬見ヶ崎川 | 95 |
| 真室川音頭 | 188 |
| 真室川町歴史民俗資料館 | 187 |
| 真室川の白鳳仏 | 189 |
| 真室城(鮭延城)跡 | 187, 188 |
| 丸岡城跡 | 227 |
| 丸岡城史跡公園 | 227 |
| 丸大扇屋 | 45 |

― ミ・ム・メ ―

| | |
|---|---|
| 三島通庸 | 66, 69, 83, 87-89, 94, 124, 174, 187, 222 |
| みちのく風土記の丘資料館 | 153 |
| 水上八幡神社 | 214 |
| 源義経 | 193, 225 |
| 宮城浩蔵 | 117 |
| 宮坂考古館 | 16 |
| 深山(観音寺)観音堂 | 48 |
| 深山和紙 | 49 |
| 宮脇八幡神社 | 66 |
| 明善寺木堂 | 92 |
| 三輪家 | 61 |
| 六椹八幡宮 | 77 |
| 村山騒動 | 145 |

― モ ―

| | |
|---|---|
| 明治法律学校 | 117 |
| 明新館跡 | 60 |
| 最上川舟運 | 45, 52, 98, 113, 116, 167, 175, 191, 192 |
| 最上川舟唄 | 130 |
| 最上峡 | 194 |
| 最上協働村塾 | 184 |
| 最上公園 | 181 |
| 最上三十三観音 | 59, 65, 78-80, 82, 84, 93, 96, 100, 106, 112, 119, 121, 126, 137, 147, 156, 159, 165, 176, 178, 190 |
| 最上氏 | 4, 64, 191 |
| 最上徳内 | 149 |
| 最上橋 | 130 |
| 最上義光 | 72-75, 78, 85, 91, 92, 96-98, 129, 167, 202, 208, 211 |
| 最上義光歴史館 | 75 |
| 森本家 | 61 |

― ヤ ―

| | |
|---|---|
| 谷柏古墳群 | 83 |
| 薬師ザクラ | 45 |
| 薬師堂 | 188 |
| 谷地河原川除 | 22 |
| 谷地どんが祭り | 137 |
| 谷地八幡宮 | 135, 137 |
| 山五十川歌舞伎 | 225 |
| 山五十川の玉スギ | 225 |
| 山形県立博物館 | 76, 88 |
| 山形市郷土館 | 76 |
| 山形城跡 | 72 |
| 山形市立第一小学校校舎・門柱及び柵 | 72 |
| 山形聖ペテロ教会礼拝堂 | 72 |
| ヤマガタダイカイギュウ化石 | 76 |
| 山形大学 | 93 |
| 山形美術館 | 75 |

| | |
|---|---|
| 山田家 | 61 |
| 山寺奥之院 | 104 |
| 山寺根本中堂 | 103 |
| 山寺生物研究所 | 275 |
| 山寺夜行念仏の習俗 | 103 |
| 山戸能 | 225 |
| 山野辺城跡 | 118 |

―ユ―

| | |
|---|---|
| 結城豊太郎記念館 | 26 |
| 夕鶴の里 | 30 |
| 遊佐の小正月行事 | 283 |
| 遊佐荘 | 281 |
| 由豆佐売神社 | 212 |
| 湯殿山(総奥之院) | 129, 231, 232, 235 |
| 湯殿山神社 | 128, 231 |
| 湯の沢温泉 | 23 |

―ヨ―

| | |
|---|---|
| 養源寺 | 142 |
| 洋式木造六角灯台(旧酒田灯台) | 253 |
| 永泉寺 | 281 |
| 養泉寺 | 156 |
| ヨーロッパカブトエビ | 262 |
| 横尾酒造店 | 143 |
| 横山城跡 | 241 |
| 義経伝説 | 177 |
| 与次郎稲荷神社 | 144 |
| 米井 | 15 |
| 米沢上杉まつり | 6 |
| 米沢草木染 | 50 |
| 米沢三名園 | 11, 14 |
| 米沢城跡 | 4 |
| 米沢城下町 | 7 |
| 米沢女子高等学校校舎 | 8 |
| 米沢紬 | 50 |
| 米沢藩古式砲術保存会 | 16 |

―リ・ル・レ・ロ・ワ―

| | |
|---|---|
| 立石寺 | 103 |
| 立石寺中堂(根本中堂) | 104 |
| 龍昌寺 | 154 |
| 旅館古窯 | 64 |
| 梨郷神社 | 30 |
| 林泉寺 | 10 |
| 歴史の道百選 | 40 |
| 浪士組 | 244 |
| 六十里越街道 | 129, 235 |
| 六明廬 | 251 |
| 若宮八幡神社 | 143 |
| 脇本陣 | 68 |
| 早田のオハツキイチョウ | 223 |

**【写真所蔵・提供者】**(五十音順，敬称略)

| | |
|---|---|
| あつみ観光協会 | 西川町総合開発株式会社 |
| 上杉神社 | 東根市観光物産協会 |
| おいたま草木塔の会 | 東根市商工観光課 |
| 尾花沢市歴史散歩の会 | 東根市総務部総合政策課 |
| 金山町総務課 | 舟形町教育委員会 |
| 株式会社川島印刷 | 宮坂考古館 |
| 掬粋巧芸館 | 村山市教育委員会 |
| 黒川能保存会 | 村山市商工文化観光課 |
| 寒河江市広報課 | 最上町観光協会 |
| 寒河江市商工観光課 | 山形県観光物産協会やまがた観光情報センター |
| 酒田観光物産協会 | |
| 酒田市観光物産課 | 山形県教育委員会 |
| 酒田市教育委員会社会教育課 | 山形県教育庁文化財保護推進課 |
| 鮭川村産業振興課 | 山形県郷土館「文翔館」 |
| JA全農山形営農企画部庄内営農推進グループ | 山形県生涯学習文化財団 |
| | 山形県花笠協議会 |
| 正源寺 | 山形県立博物館 |
| 乗船寺 | 山形市観光案内センター |
| 白子神社 | 一般社団法人山形市観光協会 |
| 新庄市商工観光課 | 山形市観光物産課 |
| 高畠町観光協会 | 山形商工会議所 |
| 鶴岡市観光物産課 | 山形大学附属図書館 |
| 鶴岡市観光連盟 | 米沢観光物産協会 |
| 天童市観光情報センター | 米沢市観光課 |
| 天童市観光物産協会 | 米沢市教育委員会文化課 |
| 長井市商工観光課 | 渡部俊三 |

本書に掲載した地図の作成にあたっては，国土地理院長の承認を得て，同院発行の2万5千分の1地形図，5万分の1地形図及び20万分の1地勢図を使用したものである(承認番号　平23情使，第15-M052887号　平23情使，第14-M052887号　平23情使，第13-M052887号)。

**【執筆者】**(五十音順)

**編集委員長・執筆者**
梅津保一 うめつやすいち(山形県立米沢女子短期大学非常勤講師)

**編集委員・執筆者**
川田貴義 かわだたかよし(山形県立天童高等学校長)
渋谷敏己 しぶやとしき(元山形県立長井高等学校長)
土岐田正勝 ときたまさかつ(前東北公益文科大学非常勤講師)
山内 励 やまのうちはげむ(前東海大学山形高等学校長)

**執筆者**
遠藤 英 えんどうえい(九里学園高等学校教諭)
押井真吾 おしいしんご(山形県立鶴岡北高等学校教諭)
兼子 崇 かねこたかし(山形県立楯岡高等学校教諭)
河口昭俊 かわぐちあきとし(山形県立鶴岡工業高等学校教頭)
齋藤和久 さいとうかずひさ(前山形県立山添高等学校長)
山家重之 やまかしげゆき(山形県立楯岡高等学校教諭)

歴史散歩⑥
山形県の歴史散歩
やまがたけん　れきしさんぽ

2011年10月20日　1版1刷発行　　2013年12月20日　1版2刷発行

編者―――山形県の歴史散歩編集委員会
　　　　　やまがたけん　れきしさんぽへんしゅういいんかい
発行者――野澤伸平
発行所――株式会社山川出版社
　　　　　〒101-0047　東京都千代田区内神田1-13-13
　　　　　電話　03(3293)8131(営業)　　03(3293)8135(編集)
　　　　　http://www.yamakawa.co.jp/　振替　00120-9-43993
印刷所――協和オフセット印刷株式会社
製本所――株式会社ブロケード
装幀―――菊地信義
装画―――岸並千珠子
地図―――株式会社昭文社

Ⓒ 2011　Printed in Japan　　　　　　　ISBN 978-4-634-24606-5
・造本には十分注意しておりますが，万一，落丁・乱丁などがございましたら，
　小社営業部宛にお送りください。送料小社負担にてお取り替えいたします。
・定価は表紙に表示してあります。

山形県全図
都道府県界
市郡界
町村界
JR線
高速道路
有料道路
国道
県庁
1:700,000
0
7.5
15km
酒田市
飛島
にかほ市
由利本荘市
羽後町
秋田県
横手市
東成瀬村
ゆざわ
湯沢市
皆瀬川
鳥海山
2236
飽海郡
遊佐町
羽越本線
丁岳
1146
真室川町
奥羽本線
神室山
1365
金山町
酒田市
さかた
庄内海岸
あまるめ
最上川
東田川郡
庄内町
庄内空港
三川町
赤川
鮭川村
鮭川
新庄市
しんじょう
最上町
大崎市
禿岳
1262
陸羽東線（奥の細道湯けむりライン）
みみずく山
862
戸沢村
陸羽西線（奥の細道最上川ライン）
つるおか
山形自動車道
最上郡
舟形町
翁峠
1075
尾花沢市
加美町
鶴岡市
山形県
北村山郡
大石田町
大蔵村
月山
1984
ねずがせき
山形新幹線
村山市